SPECIMINA PHILOLOGIAE SLAVICAE

Begründet von
Olexa Horbatsch und Gerd Freidhof
Herausgegeben von
Gerd Freidhof, Peter Kosta, Holger Kuße
und Franz Schindler

Supplementband 62

Anna Kretschmer

Zur Geschichte des Schriftrussischen Privatkorrespondenz des 17. und frühen 18. Jahrhunderts

VERLAG OTTO SAGNER · MÜNCHEN

1998

Verlag Otto Sagner, München 1998.
Abteilung der Firma Kubon und Sagner, München.
Druck: Völker und Ritter GmbH, Marburg/Lahn.

ISBN 3-87690-688-1
ISSN 0170-1320

Светлой памяти
моего учителя
Никиты Ильича Толстого

Vorwort

Diese Arbeit stellt eine unwesentlich veränderte Fassung meiner Habilitationsschrift dar, die im Wintersemester 1995/96 von der Fakultät für Philologie der Ruhr-Universität Bochum angenommen wurde. Ich möchte an dieser Stelle all jenen danken, die mir beim Erstellen der Arbeit geholfen haben. Für wertvolle Anregungen bei der Wahl des Materials danke ich Prof. H. Keipert. Ich danke herzlich Prof. H. Jachnow, der die Arbeit betreut hat. Ich danke ferner meinen russischen Kollegen, vor allem A. S. Demin, für die mir gebotene Möglichkeit, im Winter 1996 am Institut für Weltliteratur in Moskau meine Thesen vortragen und in der anschließenden Diskussion besprechen zu können. Meinen Bochumer Kolleginnen und Kollegen danke ich herzlich für ihre unschätzbare Hilfe bei der Erstellung des Typoskripts: Frau Sabine Dönninghaus, Herrn Marc Dietz, Frau Dr. Karin Tafel, Herrn Ralf Wenzel. Ich bedanke mich besonders herzlich bei meiner Familie, meiner Mutter, meinem Mann und meinen Kindern für ihre stetige Geduld, Hilfsbereitschaft und Aufmunterung, ohne die es diese Arbeit sicherlich nicht gegeben hätte.

Mein aufrichtiger Dank gilt schließlich den Herausgebern für ihre Bereitschaft, diese Arbeit in ihre Reihe aufzunehmen.

Bochum, im Mai 1998

Anna Kretschmer

Inhaltsverzeichnis

I. Objekt und Zielsetzung der Untersuchung

1. Zum theoretischen Hintergrund und zur Methode des Ansatzes

1.1. Moderne Linguistik und Sprachgeschichte - eine kritische Bestandsaufnahme

Jede nähere Beschäftigung mit der diachronen Slavistik führt unweigerlich zu der Schlußfolgerung, daß dieser Zweig der Slavistik, in besonderem Maße aber die historische Standardologie, wie sie hier konzipiert ist,- d. h., als die philologische Disziplin, deren Objekt die Entstehungsprozesse der Schrift- und Standardsprachen sind - heute keine einheitliche theoretische Basis und keine ausgearbeitete Methodologie vorweisen kann. Die Gründe dafür sind vielfältiger Natur. Zum einen scheint die slavistische Linguistik insgesamt den Paradigmenwechsel von der System- hin zur Pragmalinguistik nur partiell vollzogen zu haben. Somit wird auch die systemlinguistische Tradition der generellen Vernachlässigung der Diachronie und der schriftlichen Sprachformen in der Slavistik perpetuiert. Die diachrone Slavistik selbst aber hat, vor allem in den Nationalslavistiken, vielfach gar nicht erst den Strukturalismus rezipiert (was im übrigen für die historisch orientierte Forschung nicht unbedingt als Kritik zu werten ist). Somit ist die Kluft zwischen der synchronen und der diachronen Forschung in der Slavistik sehr groß. Dies behindert verständlicherweise jeden Syntheseversuch und damit die Ausarbeitung eines homogenen sprachtheoretischen Rahmens. Allerdings steht die Slavistik mit diesem Problem nicht allein da, dieses ist vielmehr in der rezenten Identitätskrise der Linguistik selbst begründet. Damit sind ihre Schwierigkeiten bei der Bestimmung des eigenen Standortes im Kreise anderer Wissenschaften gemeint. Dieses Problem ist zu komplex und zu umfangreich, um hier ausführlich besprochen zu werden. Da es aber m. E. in unmittelbar ursächlichem Zusammenhang gleichermaßen mit den Problemen der historischen slavischen Standardologie, mit denen sich diese Arbeit befaßt, wie mit dem nicht seltenen Eklektizismus und dem Fehlen einer Synthese in der modernen linguistischen Forschung steht, scheinen einige Bemerkungen angebracht zu sein.

Zu diesem Problemkomplex gehören u. a. die Fragen, ob die Linguistik den erklärenden oder den verstehenden, den empirischen oder den hermeneutischen, den induktiven oder den deduktiven, den Geistes- oder den Naturwissenschaften zuzurechnen ist. In diesem Zusammenhang sollte auch nicht unerwähnt bleiben, daß ein hierarchisches, wertendes Verständnis der Wissenschaften in der Linguistik noch immer nicht überwunden ist. Häufig werden dabei an die Spitze der Hierarchie die sog. exakten Wissenschaften plaziert. Zu der Identitätskrise trägt ferner die Trennung zwischen der Linguistik und der Philologie bei. Vor dem Hintergrund des Gesagten sollen nun einige Thesen aufgestellt werden, die zwar trivial erscheinen mögen, die aber für die hier behandelte Problematik relevant zu sein scheinen:

- Das Streben einer Wissenschaft nach dem höchsten möglichen Grad der Exaktheit ist nicht nur legitim, sondern unabdingbar, bedarf aber zweier wichtiger Einschränkungen:
  a) dieses Streben darf sich nicht verselbständigen, und
  b) der jeweilige Grad der Exaktheit darf nicht als Indikator für die Qualität einer Wissenschaft verstanden werden.

Diese These stützt sich auf die Tatsache, daß verschiedene Wissenschaften eben sui generis nur in unterschiedlichem Grade exakt[1] sein können. Es stellt sich hier auch die Frage nach dem Sinn und dem Wert von Vergleichen zwischen verschiedenen Wissenschaften. Ein solcher Vergleich kann nur zum Zwecke der Aufdeckung von objektiven strukturellen und intentionalen Divergenzen zwischen den Wissenschaften sinnvoll sein. Zu deren Wertung darf er nicht dienen.

- Die Feststellung, daß die Untersuchungsmethode dem Gegenstand der Untersuchung angemessen sein, sich nach seinen Merkmalen richten soll, ist an sich trivial. In der Praxis wird man aber häufig damit konfrontiert, daß zur Beschreibung und Erklärung sprachlicher Gegebenheiten das begriffliche und methodologische Instrumentarium anderer Wissenschaften eingesetzt wird. Ohne die prinzipielle Anwendbarkeit solcher fachfremder Hilfsmittel a priori in Abrede stellen zu wollen, sollte doch darauf hingewiesen werden, daß solcher Einsatz in der Praxis oft genug weder begründet noch hinterfragt wird. Ein Beispiel dafür ist die Überbewertung der Zeichensysteme der Mathematik und der Logik, die doch gegenüber der Sprache bestenfalls sekundäre Zeichenrepertoires darstellen.

- Auch das Streben nach der Erkenntnis, nach dem Verstehen und Erklären stellt ein immanentes Merkmal einer jeder Wissenschaft dar. Im Falle der Linguistik scheint aber die einzigartige Verbindung zwischen dem Menschen und seiner Sprache häufig nicht genügend beachtet zu werden. Diese Verbindung bedingt aber m. E. die Grenzen unserer Erkenntnis in bezug auf Sprache. Die Sprache kann von uns wohl weder jemals ganz verstanden noch erklärt werden. Viele der scheinbar unlösbaren Probleme

---

[1] Auf die Frage nach der näheren Bestimmung der Exaktheit einer Wissenschaft wird hier nicht weiter eingegangen, einerseits, um den thematischen Rahmen der Arbeit nicht zu sprengen, andererseits, weil diese wichtige wissenschaftstheoretische Frage eine eigene Arbeit verdient.

der Linguistik könnten sich vielleicht von selbst lösen, wenn man den prinzipiell approximativen Charakter der Sprachforschung zu akzeptieren bereit wäre.

- Die Trennung zwischen der Linguistik und der Philologie ist auf den unteren Abstraktionsebenen und in der empirischen Forschung sowohl sinnvoll als auch methodologisch notwendig. Ab einer bestimmten Abstraktions- und Synthesestufe stellt sich allerdings die Frage, ob eine komplexe Wissenschaft, wie die Philologie eine ist, dem komplexen Untersuchungsgegenstand Sprache nicht angemessener wäre als nur Linguistik allein.

Dieses letzte Postulat sollte etwas näher erläutert werden. Sprache ist komplex in dem Sinne, daß sie in struktureller wie in funktioneller Hinsicht ein vielschichtiges Phänomen darstellt, wobei die einzelnen Schichten, Elemente und Funktionen vielfältige interferentielle Verbindungen eingehen, und zwar untereinander, zum Menschen und zur außersprachlichen Wirklichkeit. Man kann dementsprechend Sprache auch als kybernetisches System betrachten, welches sowohl durch externe Faktoren als auch durch interne Mechanismen beeinflußt wird. Die Linguistik kann mit ihrem Instrumentarium nur bestimmte Aspekte der Sprache untersuchen. Andere Aspekte können dagegen nur mit Hilfe anderer Disziplinen adäquat erforscht werden. Deshalb kann m. E. eine integrative Disziplin wie die Philologie, deren Bestandteil auch die Linguistik ist, Sprache adäquater untersuchen, als es die Linguistik allein vermag. Unter Philologie wird hier somit eine ganzheitliche Herangehensweise an die Sprache verstanden. Das Objekt der philologischen Untersuchung ist immer ein konkreter Text. Die Linguistik stellt demnach eine der Komponenten der Philologie dar. Und gerade bei der Untersuchung von Schrift- und Standardsprachen ist die Aktivierung auch der nicht-linguistischen Komponenten der Philologie nicht nur sinnvoll, sondern unumgänglich.

1.2. Diskussion um die Entstehungsgeschichte des Standardrussischen

Es wurde bereits darauf hingewiesen, daß die diachrone Slavistik nur wenig Anteil an der Theoriebildung der Linguistik hat. So genügen hier die theoretischen Grundlagen der Forschung in vielfacher Hinsicht nicht dem Anspruch an eine moderne Wissenschaft. Auch sind sie alles andere als homogen, was mit der Inhomogenität und der mangelnden Stringenz des begrifflichen Apparats einhergeht. Diese Inhomogenität rührt z. T. noch aus den Anfangszeiten der Slavistik her, als sie stark von der Romantik beeinflußt war. Zu dem Erbe der Romantik gehört auch die Überbetonung des Nationalen, des Autochthonen, die bis zum heutigen Tag gerade für die diachrone Slavistik so prägend ist. Dabei wird nur zu häufig vergessen, daß die Grenze zwischen dem

Autochthonen und dem Autarken, dem zum Prinzip erhobenen Anspruch, auch im Hinblick auf die Schrift- bzw. Standardsprache sich selbst zu genügen, fließend ist und leicht überschritten werden kann. Die Ausrichtung auf das Eigene birgt immer die Gefahr eines xenophoben Purismus in sich. In der diachronen Slavistik hat sie u. a. dazu geführt, daß über die Grenzen der nationalen Schulen hinweg so gut wie keine Koordinierung der Forschung stattfindet. Das Ergebnis ist eine eklektische und wenig effiziente Arbeit. Die vorausgegangene Kritik sollte allerdings relativiert werden, denn sie gilt nicht allen slavistischen Schulen in gleichem Maße. Sie trifft aber in besonderem Maße für das Areal der alten *Pax Slavia Othodoxa* zu (im folgenden PSO). Als Illustration soll die große Diskussion um die Entstehungsgeschichte des Standardrussischen dienen (im folgenden *Genesediskussion* genannt). Die zentralen Fragen dieser Diskussion, die seit Jahrzehnten in unverminderter Intensität geführt wird, können folgendermaßen formuliert werden:

1) Wann ist der Beginn der schriftsprachlichen Tradition im ostslavischen/russischen Sprachbereich anzusetzen?
2) Welche Rolle haben verschiedene Sprachsysteme in der Geschichte des Schrift- resp. Standardrussischen gespielt?
3) Ist die russische schriftsprachliche Tradition als Kontinuum anzusehen?

Diese Fragen sind vielfach miteinander verbunden und können nur als Komplex angegangen werden. Die Positionen der Diskutanten sind relativ klar umrissen. Bis vor kurzem hätte man sie noch in etwa mit *sovjetisch* vs. *westlich* bestimmen können. In den letzten Jahren fängt allerdings die ehemals monolithische Front der sovjetischen Russistik an zu bröckeln. Die unterschiedlichen Positionen sollen im folgenden umrissen werden, und zwar in der Reihenfolge der eben formulierten Grundfragen der Diskussion.

ad 1) Beginn der schriftsprachlichen Tradition:

Hier sind vor allem zwei polare Standpunkte zu nennen: Einerseits wird der Beginn der Schriftsprache bei den Ostslaven mit dem Zeitpunkt der Christianisierung gleichgesetzt (988). Andererseits aber wird die schriftsprachliche Tradition in zwei Phasen getrennt: die erste (aruss.) von 988 bis Ende des 17. Jh.s und die zweite ab dem 18. Jh., wobei man hier von dem Postulat ausgeht, die eigentliche russ. Schrift- bzw. Standardsprache sei erst in der zweiten Phase aufgetreten. Mit dieser letzteren Sichtweise ist auch die These der Diskontinuität der schriftsprachlichen Tradition bei den Russen verbunden. Am deutlichsten wird sie von Unbegaun, Issatschenko und Hüttl-Folter vertreten (UNBEGAUN 1968, 1970a+b; ISSATSCHENKO 1974, 1975, 1980, 1983; HÜTTL-FOLTER 1978a, 1979 et pass.).[2]

[2] Wenigstens am Rande sollte hier die immer wieder auftauchende rein spekulative These erwähnt werden, die die Existenz der Schriftlichkeit (und zwar einer wohl entwickelten Schriftlichkeit) bei den Ostslaven lange

ad 2) Verschiedene Sprachsysteme in der Geschichte des Standardrussischen:

Bei dieser Frage geht es zunächst, vor allem für die älteren Epochen, um das Verhältnis zwischen dem Kirchenslavischen (im folgenden KSl bzw. (R)KSl) und dem Ostslavischen in der Schriftsprache der damaligen Zeit. Die sovjetische Schule (von Obnorskij über Filin bis Gorškov) vertrat traditionell den Standpunkt von der weitestgehend eigenständigen Entwicklung des Schrift- und Standardrussischen. Diese Tradition wird auch heute im allgemeinen weitergeführt, obwohl sich die Reihen ihrer Anhänger in letzter Zeit deutlich gelichtet haben. Die alte russische Schule und die westliche Slavistik räumen dagegen dem KSl eine wesentliche, wenn nicht bestimmende Rolle bei der Entstehung des Standardrussischen ein. Bei manchen wird sogar der Anteil des ostslavischen Sprachguts im heutigen Russischen als unvergleichlich gering gegenüber dem des KSl angesehen (UNBEGAUN 1970a et pass.).

Auch hierzu gibt es noch eine dritte These, die von den Anhängern der o. g. Diskontinuitätsthese vertreten wird, für die sich das Standardrussische erst im 18. Jh. zu formieren beginnt. Demnach spielen in diesem Prozeß weder (R)KSl noch Russisch die maßgebliche Rolle, sondern die zeitgenössischen westeuropäischen Sprachen, allen voran das Französische.

ad 3) (Dis)Kontinuität der schriftsprachlichen Tradition:

Auch hier begegnet man zwei unterschiedlichen Sichtweisen. Gemäß der einen stellt die schriftsprachliche Tradition in Rußland eine ununterbrochene sukzessive Entwicklung dar, wobei als russ. Schrift-/Standardsprache von den einen Ostslavisch/Russisch, von den anderen (R)KSl angesehen wird. Gemäß der anderen aber fand ungefähr zur petrinischen Zeit ein Bruch der alten schriftsprachlichen Tradition statt. Hier sind noch einmal zwei unterschiedliche Positionen erkennbar: während Issatschenko einen vollständigen Bruch und einen Neuanfang bei minimaler Anknüpfung an das alte Erbe postuliert, geht Hüttl-Folter eher von einer Umorientierung aus (ISSATSCHENKO 1975, 48f.; 1983, 561; HÜTTL-WORTH 1974; UNBEGAUN 1970a, 310ff.).

Mit den genannten drei Grundfragen der Genesediskussion sind viele andere untrennbar verbunden. Drei von ihnen sollen hier einer näheren Betrachtung unterzogen werden, da sie für das Anliegen dieser Arbeit von besonderer Relevanz sind:

a) die sogenannte Diglossiethese
b) das Problem der Extension des Schriftrussischen
c) die Frage der vorstandardsprachlichen Norm.

---

vor der Christianisierung postuliert. Da sich diese These mangels schriftlicher Belege nicht verifizieren läßt, wird sie hier nicht weiter berücksichtigt (s. dazu u. a. FILIN 1981b, 191ff.).

ad a): Die Diglossiethese Fergusons (FERGUSON 1959), von Uspenskij in die Russistik eingebracht, hat hier für viel Unruhe gesorgt, deren Ende noch nicht abzusehen ist. Unter Diglossie wird bei Ferguson die Koexistenz zweier Sprachsysteme innerhalb einer Sprechergemeinschaft verstanden, wobei diese Sprachsysteme miteinander das Verhältnis der komplementären funktionalen Distribution eingehen. Nach Uspenskij, der diesen synchronistischen soziolinguistischen Ansatz auf die aruss. Sprachsituation zu übertragen versucht, nimmt das (R)KSl die Stelle der Fergusonschen *high variety* ein, während dem Ostslavischen/Russischen die Rolle der *low variety* zukommt. Eine solche Diglossiesituation beginnt für die Ostslaven mit der Annahme des Christentums und des KSl als der Sakral- und Kultursprache; sie geht im 17. Jh. in Zweisprachigkeit (die sui generis eine instabile Sprachsituation darstellt) und nach einiger Zeit in eine monoglottische Situation über (USPENSKIJ 1983, 1987, 1994). Diese, zugegebenermaßen hier überaus kurz vorgestellte These fand sofort sowohl vehemente Verteidiger als vor allem auch vehemente Gegner. Die Hauptpunkte der Kritik, die gleichermaßen aus der westlichen wie östlichen Slavistik kommt, können so zusammengefaßt werden:

- das Modell sei zu mechanistisch und berücksichtige nicht die Komplexität der sprachlichen Situation im alten Rußland (KRISTOPHSON 1989);
- die These von KSl als der alleinigen Schriftsprache stelle eine ungebührliche Herabminderung des Ostslavischen/Russischen dar (sovjetische Schule; s. a. REHDER 1989, KRETSCHMER 1994);
- Uspenskij gehe nicht auf das Phänomen der sogenannten Amtssprache ein, die ja eine zweite schriftliche Sprachform darstellt - und zwar auf der Sprachbasis der *low variety* -, die es nach strenger Auslegung des Diglossiemodells gar nicht hätte geben dürfen (sovjetische wie westliche Slavistik; s. a. REHDER 1989; KRETSCHMER 1994).

Die Polemik pro und contra Diglossie im alten Rußland ist deutlich emotionsgeladen und hat mit wissenschaftlicher Auseinandersetzung zuweilen nichts mehr zu tun. Z. B. dann, wenn die nationale Ehre des Russischen als gefährdet angesehen wird (FILIN 1981b, 235; KLIMENKO 1986, DERJAGIN 1987 u. a. m.). Im Eifer der Polemik wird häufig der Modellcharakter des Ansatzes übersehen (ein Vorwurf, den sich aber auch Uspenskij selbst gefallen lassen muß). So wird die Diskussion in nicht unwesentlichem Maße an der These vorbei geführt. Es wird gar nicht erst die Anwendbarkeit des Ansatzes auf die konkrete Sprachsituation überprüft, man streitet sich darum, ob ein solcher Ansatz überhaupt erlaubt sei. Dabei bietet das Modell durchaus ernsthafte Angriffspunkte, von denen hier im folgenden allerdings nur einer berücksichtigt werden soll: die bereits erwähnte Existenz der Amtssprache, die eindeutig gegen die Diglossiemerkmale verstößt.

ad b): Als zweites Problem wurde oben das der Extension des Schriftrussischen genannt. Damit sind die stark divergierenden Auffassungen von dem Objekt der

Geschichte der russischen Schriftsprache gemeint, was sich in der Vielfalt der entsprechenden Bezeichnungen widerspiegelt. Traditionell wird dieses Objekt in der Genesediskussion als *Literatursprache* bezeichnet. Die Unbestimmtheit der Extension dieses Phänomens liegt in der Unbestimmtheit des Begriffes selbst begründet, der von den einen sehr eng, von den anderen überaus weit verstanden wird. Im ersten Fall wird Literatursprache mit der Sprache der (schöngeistigen) Literatur gleichgesetzt. Das schließt dann automatisch das gesamte Korpus der Amtssprache und des Alltagsschrifttums aus der Untersuchung aus. Im zweiten Fall wird jede schriftliche Manifestation der Sprache als zur Literatursprache gehörend angesehen. Zusätzlich erschwert wird das Problem durch die deutlich außerwissenschaftlich motivierte Handhabung der Extensionsgrenzen: die weite Auffassung der Schriftsprache dient häufig allein dem Zweck, möglichst viele schriftliche Formen des Ostslavischen/Russischen in das zu untersuchende Korpus aufzunehmen und so den Anteil des (R)KSl an der Geschichte des Schriftrussischen zu schmälern. Daher nimmt es nicht wunder, wenn dieselben Wissenschaftler, die für die Zugehörigkeit einer jeden Urkunde zur Literatursprache plädieren, das große und wichtige Korpus der Übersetzungsliteratur geflissentlich übergehen[3]. Wenn man aber solche außerwissenschaftlichen Ressentiments beiseite läßt, scheint eine möglichst weite Auffassung des Objekts, zumindest vorläufig, der einzig gangbare Weg zu sein. Als Objekt wird dann entsprechend nicht mehr die diffuse *Literatursprache* verstanden, sondern das gesamte Korpus des Schrifttums. Denn die Bestimmung der distinktiven Merkmale, der Invariante und der Varianz des Objekts ist nur auf der Basis eines (quantitativ wie qualitativ) repräsentativen Korpus möglich. Es muß leider in diesem Zusammenhang gesagt werden, daß weder die Anhänger der engen noch die der weiten Auffassung von dem Untersuchungsobjekt ihre Thesen durch Daten der Korpusanalyse untermauern. Bestimmte Bereiche des Schrifttums werden apodiktisch und in den meisten Fällen unkommentiert aus dem Untersuchungskorpus ausgeschlossen.

Hier wird im folgenden statt *Literatursprache* mit den Begriffen *Schriftsprache* und *Standardsprache* operiert. Die Schriftsprache wird dabei als Vorstufe der Standardsprache verstanden. Die Definition der Standardsprache stützt sich auf die vier bekannten Merkmale Issatschenkos:

- Polyvalenz
- Existenz einer kodifizierten Norm
- obligatorischer Gebrauch innerhalb der Sprachgemeinschaft
- stilistische Differenzierung (ISSATSCHENKO 1958).

---

[3] Vgl. dazu Lichačev und Tolstoj, für die die Übersetzungen einen immanenten und wichtigen Bestandteil des aruss. Schrifttums darstellen (*LICHAČEV* 1967, 302-307; 1968, 23ff.; TOLSTOJ 1961 et pass.; vgl. auch KEIPERT 1982 et pass.).

Diese Merkmale lehnen sich ihrerseits an die Arbeiten der Prager Linguistischen Schule zur Spezifik der Schriftsprache an, wie auch das Verständnis der Schriftsprache selbst, die eher ex negativo, in Abgrenzung von der Standardsprache determiniert wird. Sie ist demnach nicht polyvalent, verfügt in der Regel nicht über kodifizierte Norm, ihr Gebrauch ist nicht obligatorisch. Der Kreis ihrer Benutzer ist klein und sozial determiniert als Schicht der Gebildeten und sozial Privilegierten (wobei das erstere Kriterium wesentlich wichtiger ist); auch als Kreis der Kleriker, denn häufig ist die Schriftsprache gleichzeitig die Sakralsprache. Dieser Benutzerkreis wird weniger nach ethnischen als vielmehr nach konfessionellen und kulturellen Kriterien bestimmt. Vor kurzem wurde diese Polemik von P. Rehder wieder belebt, der ein dreistufiges Modell zur Bestimmung und Abgrenzung von (slavischen) Standardsprachen vorschlägt (REHDER 1995). Es handelt sich dabei zwar um einen primär synchronen Ansatz, er scheint aber auch für die russ. Sprachgeschichte relevant zu sein.

ad c): Auch die letzte hier zu behandelnde Frage der Genesediskussion ist auf vielfache Weise mit den bereits erwähnten zentralen Fragen dieser Diskussion verbunden. Es ist die Frage nach der Spezifik und der sprachlichen Manifestation der nicht kodifizierten vorstandardsprachlichen Norm. Gerade in bezug auf die Norm wird man häufig mit unkritischer mechanistischer Übertragung des modernen Normverständnisses auf die Vergangenheit konfrontiert: auch ein so seriöser Forscher wie Issatschenko begründet den Ausschluß der Amtssprache aus dem Untersuchungskorpus mit eben fehlender Normierung dieser Sprache (ISSATSCHENKO 1974; 1975; 1980, IV+XII; 1983, XVII+XVIII). Erfreulicherweise nimmt in letzter Zeit das Interesse an dieser Problematik zu. Die zentrale Frage, die sich hier stellt, ist die der Explizierung der Normspezifik für die älteren Sprachstufen, und dort für verschiedene Sprachformen. Denn die übliche Dichotomie - *usuelle* vs. *kodifizierte* Norm – greift hier nicht. Daher wird für die vorstandardsprachliche Zeit, genauer für die Zeit vor der Kodifizierung, eine eigene Art der Norm angenommen, eine *musterorientierte*. Die Norm wird dabei durch Mustertexte tradiert, die die kodifizierende und damit normstabilisierende Rolle übernehmen. Interessant sind in diesem Zusammenhang u. a. die Ausführungen Lichačevs, sowohl in seinen textologischen Studien als auch in den Arbeiten zur Spezifik der mittelalterlichen russ. (Schrift)Kultur (LICHAČEV 1962, 88ff.; 1968 et pass.). Intensiv wird dieses Thema in den neuesten Arbeiten Alekseevs und Remnevas angegangen, die weiter unten bei der Übersicht der diachronen Normforschung im Detail besprochen werden sollen. Vorab sei gesagt, daß die eigenen Textuntersuchungen die These von der spezifischen, musterorientierten, durch Muster tradierten Norm zu bestätigen scheinen, wenn auch in dem begrenzten Rahmen einer einzelnen Textsorte *Privatbrief*.

Die obigen Ausführungen dürften bereits eine wichtige Schwäche der Genesediskussion aufgezeigt haben: ihre Loslösung von der Empirie, von den konkreten Textuntersuchungen. Dieser Vorwurf gilt fast gleichermaßen für alle Strömungen und Ansätze in der Diskussion. Keine der dort vertretenen Thesen wurde jemals anhand eines repräsentativen Korpus überprüft. Vielmehr wird das Korpus, nicht zuletzt wegen der Beliebigkeit seiner Extension, manipuliert, um die eigenen, a priori aufgestellten Thesen durch selektive Handhabung des Korpus zu untermauern. Es wird dann nur das Material berücksichtigt, das den eigenen Thesen nicht widerspricht. Dies gilt auch für solch fundierte Arbeiten zur russischen Sprachgeschichte wie die Monographien von Issatschenko (ISSATSCHENKO 1980+1983) und Uspenskij (USPENSKIJ 1983, 1987, 1994). Eine derartige Trennung zwischen der empirischen Arbeit und der Theoriebildung behindert aber beide Bereiche. Dies soll weiter unten am Beispiel der vielleicht interessantesten empirisch arbeitenden Schule der linguistischen Quellenkunde (*лингвистическое источниковедение*) exemplifiziert werden (1.3.2.).

Abschließend ist festzustellen, daß die Ergebnisse der Genesediskussion, dieser vermutlich längsten Diskussion der Slavistik, gemessen am Zeit- und Arbeitsaufwand, recht bescheiden anmuten. Ihre zentralen Fragen sind auch heute noch ungelöst, es fehlt an Synthese; die theoretische Diskussion, losgelöst von der empirischen Arbeit, dreht sich im Kreise und ist zudem in nicht unerheblichem Maße außerwissenschaftlich motiviert. Vor diesem Hintergrund erscheint die dringend notwendige Ausarbeitung eines einheitlichen theoretischen Rahmens, eines einheitlichen begrifflichen Apparats und einer einheitlichen Methodologie in der nächsten Zukunft wenig wahrscheinlich.

Bei aller Kritikwürdigkeit fehlt es der diachronen Russistik durchaus nicht an interessanten und vielversprechenden Ideen, Thesen und Ansätzen. Was wirklich fehlt, ist die nächsthöhere Ebene, auf der diese koordiniert und einer integrativen Synthese unterzogen werden könnten. Einiges aus der rezenten Forschung, was Berührungspunkte zu der hier vorgestellten Konzeption der russischen historischen Standardologie aufweist, soll im folgenden in einer kleinen Skizze vorgestellt werden.

1.2.1. Interdisziplinäre Ansätze

An erster Stelle ist hier N. I. Tolstoj zu nennen. Gerade die Überschreitung der nationalsprachlichen Grenzen (in der diachronen Slavistik leider noch immer eine Ausnahme) ist einer der wesentlichen Vorteile seines Ansatzes. Tolstoj gehört neben R. Picchio zu den entschiedensten Verfechtern der Existenz einer *Pax Slavia Orthodoxa*, verstanden als ein kulturell, konfessionell und schriftsprachlich recht homogenes Areal (TOLSTOJ 1961 et pass.). Einen wichtigen Beitrag stellt auch sein Postulat eines hierarchisch geordneten festen Genrekanon in der PSO dar, der über Jahrhunderte tradiert wird. Nach Tolstoj sind solche feste Genrekanones ein Spezifikum gerade der mittelalterlichen Kultur. Wichtig ist in diesem Zusammenhang, daß Tolstoj auch die gesamte Übersetzungsliteratur in den Kanon der PSO aufnimmt. Er projiziert auch nicht ahistorisch und mechanistisch das heutige Sprachbewußtsein und Sprachempfinden auf die Vergangenheit, sondern ist immer bestrebt, mit dem aus den Texten mühsam eruierten Sprachempfinden der jeweiligen Epoche zu operieren (TOLSTOJ 1976 et pass.).

> Eine solche Haltung ist in der diachronen Russistik leider die Ausnahme, wie z. B. folgende Aussage zeigt:
>
> "духовные ценности народ творит на родном языке, в противном случае это уже другой народ и другая культура" (KLIMENKO 1986, 21).
>
> Demnach könne (R)KSl gar nicht die Schriftsprache der Ostslaven gewesen sein.
>
> Daß auch durchaus ernsthafte Forscher von dieser Schwäche nicht frei sind, zeigt folgendes Zitat von *□ukovskaja*, einer bekannten Mediävistin und Textologin, zur Herkunft des Schriftrussischen und zu dem von ihr postulierten Volk der *древнерусы*:
>
> "И для древнерусов в XI в. практически было неважно, что на близком языке говорили и те же книги использовали болгары, сербы и другие южнославянские народы. Для древнерусов это (*(R)KSl - A. K.*) был их собственный литературный язык." (*ŽUKOVSKAJA 1972, 75*).
>
> Aber auch Issatschenko verfällt zuweilen in eine ahistorische Haltung, wenn er, z. B., das mittelalterliche russ. Schriftum mechanistisch mit dem zeitgenössischen westeuropäischen vergleicht; ja am letzteren die Qualität des ersteren mißt,- in Verkennung der Gefahren, die eine solche wertende Komponente in die Forschung einbringt (ISSATSCHENKO 1980, IV et pass.).

Zum Schluß sei noch auf die recht aufschlußreichen Ausführungen Tolstojs zum Wesen des Stils in der Vergangenheit hingewiesen. Er sieht den Stil bis ins 18. Jh. hinein als ein geschlossenes System an, das auch die Sprachorganisation des Textes prägt. Damit wird für die Vergangenheit eine gegenüber der heutigen wesentlich stärkere Bindung zwischen der jeweiligen Textsorte und deren Textstruktur sowie Sprache postuliert (TOLSTOJ 1988).

Die Verbindung dieses Postulats mit dem Begriff *стиль эпохи* bei Lichačev ist unverkennbar. Der Beitrag Lichačevs zur Erforschung der Kultur- und Literaturgeschichte Rußlands, zur Spezifik der mittelalterlichen russischen Kultur kann nicht hoch genug eingeschätzt werden. Umsomehr verwundert es, daß seine Ausführungen von der Genesediskussion so gut wie nicht rezipiert wurden. Ausnahmen sind selten und bestätigen eher die Regel. Zu nennen sind hier u. a. Alekseev, Chaburgaev, Remneva, Tolstoj, Uspenskij, □ivov. Hier zeigt sich wieder einmal, welch schwerwiegende Auswirkungen die Abkoppelung der Linguistik von den allgemeinphilologischen Fragestellungen haben kann. In besonderem Maße gilt dies für die Geschichte der Schriftsprache. Bei seinen Ausführungen bleibt Lichačev, anders als Tolstoj, grundsätzlich im Rahmen des Russischen, auch wenn der weitere slavische und europäische Hintergrund zumindest impliziert wird. Allerdings mindert eine solche Einschränkung vornehmlich auf das Russische die Aussagekraft seiner Ausführungen nicht nennenswert. Im Rahmen dieser Arbeit mit ihren speziellen Zielsetzungen ist eine eingehende Auseinandersetzung mit seinem Beitrag zur russischen Kulturgeschichte weder möglich noch sinnvoll. Vieles von seinen Thesen ist dennoch für die hier vorgestellte Konzeption durchaus relevant. Daher sollen hier einige von ihnen stichwortartig wiedergegeben werden.

Da ist zunächst das Postulat von dem ganzheitlichen Charakter der mittelalterlichen Kultur zu nennen, und damit verbunden die These von der Notwendigkeit einer ganzheitlichen Herangehensweise an die Erforschung der älteren Kulturgeschichte. Darauf geht auch der o. g. Begriff *стиль эпохи* zurück (LICHAČEV 1968, 40ff.). Ferner gehört für Lichačev auch die Anonymität der Werke, das Fehlen des individuellen Autors zu den Spezifika der alten russischen Kultur. Damit verbunden ist für ihn das Phänomen der amorphen Grenzen der Einzelwerke, an die beliebig angeknüpft werden kann, die man in die eigenen Werke integrieren kann. Für die orthodoxe Kultur ist zudem ihre religiöse Determiniertheit bezeichnend. So gilt das Lesen von Büchern nicht dem Zwecke der Unterhaltung, sondern einzig und allein dem des Seelenheils des Lesers (bzw. des Hörers, denn die Werke werden in der nur wenig alphabetisierten russischen Gesellschaft oftmals mündlich vorgetragen - l. c., 29ff.+35ff.; 1972, 185ff.). Erst im Laufe des 17. Jh.s nimmt das Unterhaltungsmoment zu. Als negativ ist allerdings zu werten, das sich auch Lichačev wie Tolstoj nur mit dem traditionellen Textsortenkanon der PSO befaßt. Die Amtssprache bleibt aus diesen Untersuchungen ausgeschlossen. Gestützt auf Arbeiten Kotkovs (s. I.3.2.) und eigene Untersuchungen, halte ich die These von der engen Verbindung zwischen der Textsorte und ihrer Sprache für durchaus auch auf das amtssprachliche Schrifttum übertragbar, was im Analyseteil der Arbeit anhand von Textmaterial begründet werden soll.

Lichačev soll hier noch in einem anderen Zusammenhang erwähnt werden, nämlich als Textologe. Diese philologische Hilfsdisziplin wurde in der ehemaligen UdSSR über Jahrzehnte hinweg vernachlässigt. Und das zeitigte entsprechende Folgen: die Qualität der Editionen nahm deutlich ab, es fehlte auch an geschulten Fachleuten, die ältere Texte zur Edition hätten vorbereiten können. Lichačev gebührt das Verdienst, die Textologie in der UdSSR rehabilitiert zu haben. Vor dem Hintergrund der hier interessierenden Thematik und der hier vertretenen These vom Text als Ausgangspunkt und Bezugsgröße der historischen Standardologie kann die von Lichačev explizierte zentrale

Stellung des Textes in der Analyse nicht genug gewürdigt werden. Er nahm die in der sovjetischen Russistik in Vergessenheit geratene These von der engen Verbindung zwischen dem Text und dem Menschen, der Epoche, dem ganzen Weltanschauungsparadigma wieder auf:

> "История текста памятника стала рассматриваться в самой тесной связи с мировоззрением, идеологией авторов, составителей тех или иных редакций, памятников и их переписчиков. История текста явилась в известной мере историей их создателей и отчасти ... их читателей. На первое место в текстологии выступили человек (*gesperrt von Lichačev - A. K.*) и общество ..." (*LICHAČEV 1962, 24f.*).

Es muß allerdings angemerkt werden, daß seine textologischen Arbeiten in der diachronen Russistik bei weitem nicht gebührend rezipiert wurden und werden.

Wichtig ist ferner der Beitrag Lichačevs zur Rehabilitierung der Übersetzungsliteratur in der Geschichte des russischen Schrifttums, und damit verbunden auch die Explizierung der Rolle der byzantinischen Kultur für die russische Kultur- und Sprachgeschichte (vgl. KEIPERT 1982; KRETSCHMER 1992). In diesem Zusammenhang führt er die Begriffe *культура-посредница* (Vermittlerkultur) bzw. *язык-посредник* (Vermittlersprache) ein (LICHAČEV 1968, 19). Im konkreten Fall des alten Rußland sind es Byzanz und AKSl (bzw. das dahinter stehende Griechisch der Bibel). Eine solche Explizierung der Relevanz von Fremdelementen stellt ihn in deutliche Opposition zu den Anhängern einer autochthonen Entwicklung des Schriftrussischen. Gewisse Aspekte der Geschichte des Schriftrussischen fanden auch das Interesse der Moskauer-Tartuer Schule, vor allem die schicksalhafte Wende vom 17. zum 18. Jh. Es sei hier auch auf einige bemerkenswerte Versuche verwiesen, das Sprachempfinden der damaligen Zeit zu rekonstruieren (LOTMAN/USPENSKIJ 1975; USPENSKIJ 1976b; IVOV 1988; 1993).

Noch ein Thema, dessen Relevanz im Zuge der Korpusanalyse immer evidenter wurde, darf in dieser Übersicht nicht unerwähnt bleiben. Gemeint ist die Lehr- und Lerntechnik im alten Rußland. Interessante Ausführungen zu diesem Thema findet man bei Lichačev (LICHAČEV 1962, 53ff.) und Uspenskij (USPENSKIJ 1987, 28 et pass.). Eine der Schlüsselfragen ist hier das Verhältnis von Lese- und Schreibkompetenz. Diese beiden Fähigkeiten, die heute normalerweise in einem Atemzug genannt und auch gleichzeitig erworben werden, hatten im Bildungssystem des vorpetrinischen Rußland durchaus unterschiedlichen Status: lesen lernte jeder, der die Schule besuchte bzw. entsprechenden Unterricht bekam. Dies gilt jedoch nicht für die Schreibfähigkeit, die eher den Status einer beruflichen Fertigkeit hatte. Interessant ist der Vergleich der Standpunkte Uspenskijs und Kotkovs in dieser Frage, wie auch in der Stellung des (R)KSl in der aruss. Schulbildung. Während Uspenskij davon ausgeht, Lehr- und Lernsprache im alten Rußland sei (R)KSl gewesen, minimalisiert Kotkov dessen Rolle, ohne allerdings seine

Einschätzung durch Daten zu untermauern, wie es Uspenskij tut (l. c.). Viel mehr Beachtung verdienen dagegen die Ausführungen Kotkovs zum Erwerb von Schreibkompetenz in *скоропись*, ein Thema, das in der Literatur m. W. sonst nicht behandelt wird. Dabei darf diese Frage nicht übergangen werden: Zum einen wegen der Anzahl sowohl der *скоропись*-Texte als auch derer, die diese Schreibtechnik beherrschten (und deren Zahl gerade im 17. Jh. sprunghaft gestiegen ist). Zum anderen, weil diese Schrift nur für amtssprachliche, auf dem Idiom und nicht auf dem (R)KSl basierende Texte verwendet wurde. Damit kommt in das sonst eindeutig (r)ksl. orientierte Bildungssystem des alten Rußland eine neue, russische Komponente hinein (KOTKOV 1981et pass.).

1.2.2. Diachrone Normforschung

Im Laufe der Arbeit an dem Korpus hat sich eine Frage als zunehmend wichtig erwiesen: Es ist die Frage der nichtkodifizierten Norm, ihres Funktionierens und der Faktoren, die diese Norm erhalten und stabilisieren. Dieses Problem sollte im Zusammenhang mit einem anderen betrachtet werden, mit der bereits erwähnten Diskontinuitätsthese von Issatschenko. Hinter diesen Überlegungen steht die aus der Beschäftigung mit dem Sprachmaterial entstandene These, die Ausrichtung der Schriftsprache an der mündlichen Kolloquialsprache habe nicht, wie häufig angenommen, erst mit Karamzin im ausgehenden 18. Jh. begonnen, sondern schon gut ein Jahrhundert früher. Auch stellt diese Entwicklung, wie auch das Karamzinsche Modell der Schriftsprache, kein autochthones russisches Phänomen dar, sondern ist im Rahmen der zeitgenössischen, im europäischen Areal gültigen soziolinguistischen Entwicklungstendenzen zu betrachten. Denn die Aufwertung der Idiome zu Schriftsprachen findet in Europa wesentlich früher als in der Vorromantik statt, z. T. noch vor dem Humanismus. Und im 17. Jh. ist die Zahl solcher, auf dem Idiom basierenden Schriftsprachen in Europa schon recht beachtlich. Als besonders wichtig erscheint in diesem Zusammenhang, daß auch Polen, der nächste Nachbar Rußlands, eine solche Schriftsprache besaß. Denn die oft hervorgehobene deutliche Abkapselung des Moskauer Staates bedeutet keine vollständige Abschottung gegenüber Europa. Rußland war, allein schon durch seine geographische Lage, an die europäische politische Szene angeschlossen. Und die Ereignisse des 16. Jh.s (Expansionspolitik Ivans IV.) und vor allem die des 17. Jh.s (Zeit der Wirren und die polnisch-schwedische Invasion, permanenter Krieg mit Polen, Konflikte mit Schweden) brachten immer stärkeren Anschluß an das europäische politische Geschehen, aber auch an das kulturelle Leben mit sich. Diese These kann verständlicherweise nicht am Material einer einzigen Textsorte eindeutig belegt werden. Dennoch liefert die durchgeführte Briefanalyse durchaus interessante Daten für die weitere Aufarbeitung dieser für die russische Sprachgeschichte wichtigen Frage.

In diesem Rahmen bekommt die Frage der nichtkodifizierten Norm eine besondere Relevanz. Nun sind in den letzten Jahren bereits einige Arbeiten zu diesem Fragenkomplex erschienen, von denen einige im folgenden kurz vorgestellt werden sollen. Es handelt sich vor allem um die Arbeiten von Alekseev und Remneva, die sowohl das wichtige theoretische Gerüst als auch dessen Anbindung an die Empirie (Remneva) bieten. So betont Alekseev nicht nur die Relevanz der diachronen Normforschung, er betrachtet sogar als ihr primäres Anliegen nicht die Erforschung der Norm an sich, sondern die der Normmechanismen, denn erst

> "понимание механизма стабилизации нормы - если оно достигнуто, позволит выработать методику первичной относительной оценки лингвистических фактов" (*ALEKSEEV 1987, 34*).

In diesem Zusammenhang warnt er auch, und zu Recht, vor unkritischer Projizierung heutiger Normmechanismen auf die Vergangenheit. Er unterscheidet zwei Normtypen, den der musterorientierten und den der kodifizierten Norm, wobei für den ersteren Typ die Mustertexte die kodifizierende, normstabilisierende und stilbildende Rolle übernehmen. Diese seine These stellt Alekseev in den Zusammenhang des *этикетный стиль* Lichačevs und des *стилистический ключ* Picchios. Das Ende der alten musterorientierten Norm wurde nach Alekseev bedingt durch:

1) die Einführung des Buchdrucks und das damit verbundene Ende der Kopiertradition, die als ein wesentlicher normstabilisierender Faktor gesehen wird;
2) das Aufkommen von neuen Übersetzungstexten, was zur Minderung des Einflusses der traditionellen Mustertexte führt;
3) generelle Erweiterung des russischen Genrerepertoires;
4) das Aufkommen einer festen orthographischen Norm durch die Verbreitung des Buchdrucks (37f.).

Auch der Einfluß der grammatischen Tradition der Antike (über die Vermittlung der Renaissance) hat nach Alekseev hier mitgewirkt. Leider wird diese These, wie auch der zweite der o. g. Gründe, nicht weiter ausgeführt, so daß hier noch einiges der näheren Erläuterung bedarf. Fragen wirft auch die These auf, daß es dem Schriftrussischen im 17. Jh. gelungen sei, sich ganz vom Einfluß der Sprachmuster zu befreien und zum (durch die Grammatik Smotrickijs) kodifizierte KSl überzuwechseln. Es besteht nämlich durchaus kein Konsensus darüber, wie schnell und wie tiefgreifend sich die bei Smotrickij kodifizierte Norm auf den Sprachgebrauch ausgewirkt hat. Bedenkt man ferner die in nicht unerheblichem Maße artifiziellen Sprachstrukturen dieser Grammatik, den geringen Anteil der Wortbildung und der Syntax darin, so scheinen Aussagen wie die obige doch etwas voreilig zu sein.

Diese kritischen Anmerkungen mindern aber keineswegs den Wert der interessanten und innovativen Arbeit, zu deren zahlreichen Vorzügen auch die explizite Behandlung der Amtssprache gehört. Dabei sieht Alekseev die amtssprachliche Norm im Gegensatz zur (r)ksl. als nicht allein musterorientiert an: sie weise auch eine deutliche Anbindung an den Sprachgebrauch auf (41). Allerdings bedeute die Nähe der Amtssprache zum Idiom keine Gleichsetzung dieser beiden Erscheinungen, denn die Amtssprache sei wie alle schriftlichen Sprachformen sui generis stabiler und auch konservativer als das Idiom. Andererseits sei aber die Amtssprache auch keine tote Sprache wie das (R)KSl. (l. c.). So kommt Alekseev zu der Schlußfolgerung, die Amtssprache komme - in ihrer Abhängigkeit vom Sprachgebrauch und in ihrem ontologisch sekundären Charakter gegenüber diesem Sprachgebrauch, wie auch im Charakter der Sprachnorm - der modernen Standardsprache (Alekseev: *Literatursprache*) nahe (41f.). Diese Aussage hat besondere Relevanz, wenn man bedenkt, daß gerade die Frage nach der Verbindung, nach dem Verhältnis zwischen dem heutigen Standardrussisch und der Amtssprache zu den umstrittensten in der Genesediskussion gehört und sehr kontrovers behandelt wird. Die Diskussion stützt sich dabei allerdings auf keinerlei empirische Daten. Auch Alekseev führt keine Belege für seine These an. Er ist allerdings ein ausgezeichneter Kenner des aruss. Schrifttums, so daß das Fehlen von empirischen Daten wohl eher durch die von ihm bevorzugte Form von kleinen Aufsätzen zu erklären ist als durch den Hang zur spekulativen Thesenbildung. Eigene Untersuchungen der Amtssprache führten im übrigen zu einer ähnlichen Schlußfolgerung. In diesem Zusammenhang soll noch die, m. E. wichtige Bemerkung Alekseevs erwähnt werden, die Amtssprache weise Normierung nicht nur in der Anfangs- bzw. der Schlußformel der Texte auf (der übliche Standpunkt), sondern auch in ihrem narrativen Teil (39).

Interesse verdienen auch seine Ausführungen zu dem Verhältnis zwischen (R)KSl und Russisch im Sprachbewußtsein der Gesellschaft. Diese Frage wird im Zusammenhang mit den sogenannten Mischtexten aufgeworfen, wobei Alekseev das gesamte ostslav. Element eines solchen Textes als markiert gegenüber dem (r)ksl. ansieht,- wie auch das gesamte Schriftrussisch in Opposition zum (R)KSl im Rahmen der schriftlichen Zweisprachigkeit des alten Rußland (42). Von hier kommt er dann zum Schluß:

> "все, что не нужно было писать по-русски, можно было писать по-церковнославянски" (*l. c.*).

Bemerkenswert ist diese Aussage deshalb, weil in der offiziellen sovjetischen Russistik die entgegengesetzte Auffassung vertreten wird; so auch bei Kotkov, der das (r)ksl. Element als das markierte, an einen distinkten, kleinen Anwendungsbereich gebundene sieht (KOTKOV 1980, 36).

Bei der globalen Bewertung der aruss. Sprachsituation geht Alekseev von der Existenz zweier Sprachen (und zweier Normmechanismen) aus: *(r)ksl.* resp. *russ.* Auch ihre ständige Interferenz führt seiner Meinung nach nicht zum Aufkommen eines neuen Normenmechanismus, einer neuen Sprache, denn diese Interferenz sieht er als rein äußerlich, mechanisch an (44). Vereint in einem linguistischen System werden sie erst zur Zeit der Formierung der neuen Literatursprache, d. h. nicht vor Lomonosov (45). Aber die Interpretation dieser Sprachsituation und der Existenz zweier Sprachen wirft viele Fragen auf. Für Alekseev ist diese Situation weder mit *двуязычие* noch mit Diglossie gleichzusetzen (er folgt hier den Definitionen Uspenskijs für diese beiden Phänomene, wonach bei *двуязычие* vor allem das Merkmal der komplementären funktionalen Distribution aufgehoben wird). So entscheidet er sich für folgende unscharfe Bestimmung der aruss. Sprachsituation:

> "особого рода конгломерат близкородственных и вместе с тем гетерогенных лингвистических структур" (*l. c.*).

Aussagekräftiger erscheint dagegen sein Einwand gegen das konventionelle Verständnis der Literatursprache als "Sprache der Literatur":

> "Применение письменного языка в художественно-повествовательных целях не может рассматриваться как ведущий признак литературного языка, особенно для той эпохи, когда художественная литература как своеобразное явление культуры и вид художественного творчества отсутствовала или же ограничивалась рамками устного фольклора" (*l. c.*).

Aufschlußreich sind auch seine Thesen zur Periodisierung der russischen Sprachgeschichte, die weiter unten zusammen mit einigen anderen besprochen werden sollen (I.3.3.).

Während die Arbeiten Alekseevs überwiegend den theoretischen Fragen der diachronen Normforschung gewidmet sind, verbinden sich bei Remneva theoretisch-methodologische Ansätze mit empirischer Arbeit. Die zentralen Thesen ihrer Arbeit sind in der Monographie *Литературный язык Древней Руси. Некоторые особенности грамматической нормы* (REMNEVA 1988) formuliert. Sie geht vom Dualismus der sprachlichen Situation im alten Rußland aus, manifestiert durch die Opposition *(R)KSl* : *Russisch* (= Amtssprache + Idiom) sowie durch die entsprechende Opposition zweier Normen (3f.). Es geht Remneva vor allem darum, die distinktiven Merkmale dieser Normsysteme zu ermitteln, um so die Analyse auf konkrete Daten stützen zu können. Es sei in diesem Zusammenhang darauf hingewiesen, daß Remneva sich nur auf die grammatische Norm beschränkt. Als deren distinktiven Merkmale postuliert sie:

> *Tempussystem*, *Dual*, *Imperativ*, *dativus absolutus*, *Ziel-* und *Bedingungskonstruktionen*, *Lang-* und *Kurzformen* der *Adjektive* und *Partizipien*.

Hier muß leider auf die fehlende Begründung dieser Merkmalliste hingewiesen werden; noch stärker fällt ins Gewicht, daß auch der jeweilige Status der einzelnen Merkmale, ihre jeweilige Relevanz nicht erläutert wird.

In ihrer Bewertung der Spezifik der mittelalterlichen Schriftsprachen folgt Remneva im wesentlichen Lichačev und der Prager Schule (Nähe zu den Sakralsprachen, sehr schmale soziale Basis etc.). Wenn auch eher implizit, geht sie von der Existenz einer Diglossie im Sinne Uspenskijs aus und bezeichnet das Verhältnis der aruss. *книжники* zum (R)KSl als das zur kodifizierten Unterart der eigenen Sprache. Die beiden Sprachsysteme haben getrennte Funktionsbereiche, es findet aber permanente Interferenz statt (5). Sie postuliert demnach die Existenz zweier bewußter distinkter Normen, interferierend und doch oppositiv (12). Von besonderer Relevanz ist auch die Auffassung Remnevas, die Norm sei im Text manifestiert und solle auch aus dem Text eruiert werden. Diese These, die ausdrücklich die Wichtigkeit der konkreten Korpusanalyse unterstreicht, vertritt sie auch in anderen Arbeiten und setzt sie auch in die Tat um. In diesem Zusammenhang weist auch sie wie Lichačev und Alekseev auf die normstabilisierende Rolle von Mustertexten hin.

Was nun speziell die grammatische Norm betrifft, so scheint hier der Verbalbereich wesentlich ergiebiger zu sein als der nominale. Ferner weist Remneva darauf hin, daß die Normopposition einem gewissen Wandel unterliegt: so wird für die Kiever Zeit zwar noch eine deutliche Dualität der Normen angenommen (was am Textmaterial auch hinreichend belegt wird); für das 17. Jh. aber wird schon eine Trias angenommen. Dabei steht an einem Pol die strenge ksl. Norm und am anderen eine nur noch durch das Tempussystem mit dem (R)KSl lose verbundene; in allen anderen Fällen werden die distinktiven (r)ksl. Merkmale durch die russischen ersetzt. Zwischen diesen beiden Polen aber liegt eine hybridisierte, vereinfachte (r)ksl. Norm (vgl. *простой славянский язык* in ALEKSEEV 1993, 241f.). Zum Schluß noch einige kritische Bemerkungen, die sich aber mehr gegen technische Details richten als gegen den Ansatz an sich: Die Thesen werden nicht immer durch Textmaterial untermauert, was ihre Aussagekraft mindert; auch insgesamt sind die Textbelege eher spärlich. Die Arbeit lehnt sich wiederholt an andere Theorien und Ansätze an, ohne daß eine Begründung gegeben würde bzw. eine kritische Auseinandersetzung mit solchen übernommenen Thesen stattfände. Da als Ausgangspunkt bei der Bestimmung der distinktiven Normmerkmale die (r)ksl. Norm dient, bleibt die Norm der Amtssprache etwas vage, nur ex negativo, in Abgrenzung von der (r)ksl., bestimmbar.

Viele der Thesen der Monographie wiederholen sich in Remnevas späteren Arbeiten, so daß diese hier nur kurz skizziert werden sollen. So z. B. die Studie zum Gebrauch von Dualformen im (r)ksl. und im amtsspr. Schrifttum

(REMNEVA/KIJANOVA 1991). Da der Dual als lebendige Kategorie im Ostslavischen schon recht früh schwindet, wurde er nach Meinung der Verfasserinnen als "erstarrte Formel" empfunden (26). Diese These wird durch zahlreiche Textbeispiele belegt. Als dann das (R)KSl kodifiziert wird, wird durch die Grammatiken der Gebrauch des Duals als obligatorisches Merkmal der beschriebenen Variante des KSl etabliert (32). Die Künstlichkeit von Dualformen wird nach Meinung der Autorinnen in den Grammatiken durch das strikte Regelwerk manifestiert, das starre Paradigma, m. a. W. durch das Fehlen jeglicher Varianz (l. c.). Demnach stellt der Gebrauch der Dualformen in den Texten des 17. Jh.s ein Mittel dar, die ksl. Norm der russischen gegenüberzustellen, wobei

> "существенным являлся лишь сам факт употребления форм двойственного числа, поскольку для этого периода, как показывает материал, нельзя назвать позицию их обязательного использования" (*33*).

Der Aufsatz *К вопросу об эволюции грамматической нормы житийных текстов* (REMNEVA 1993) befaßt sich mit der Hagiographie und berührt daher nur sehr mittelbar die hier interessierende Thematik. Einige der allgemeinen Bemerkungen zum Wesen der nichtkodifizierten, vornationalen Norm sollten hier dennoch angeführt werden. Eine solche (literatursprachliche) Norm wird als ein real existierendes soziolinguistisches Phänomen verstanden. Zum Status und zur Funktion der normstabilisierenden Mustertexte sagt Remneva, daß sie:

> "предопределяли строгость требований, несли в себе высокую степень императивности и характеризовались общественным признанием, опирающимся на традицию" (*32*).

Interessant sind auch ihre Ansätze zur Normdefinition. Es wird für jede Sprachform die Existenz einer Norm postuliert, wobei aber auf die Unterschiede zwischen der usuellen Norm eines mündlichen Idioms und der Norm einer Literatursprache hingewiesen wird. Diese letztere sieht Remneva als ein wesentlich komplexeres und differenzierteres Phänomen an, auch ein stabileres als die usuelle Norm der mündlichen Kolloqialsprache. Im Unterschied zur (r)ksl. ist die amtssprachliche Norm dynamischer und stärker dem Einfluß der mündlichen Kolloqialsprache ausgesetzt. Zu erwähnen ist schließlich die These von der bewußten Handhabung und Selektion der Sprachmittel durch aruss. *книжники* (9) (vgl. KOVTUN 1976; TOLSTOJ 1976; TARABASOVA 1974; DEM'JANOV 1982a+b et pass.). Gerade durch die Verbindung von Theorie und Empirie, durch permanente Projizierung von Thesen auf das konkrete Sprachmaterial kommt den Arbeiten Remnevas besondere Relevanz zu. Im analytischen Teil dieser Arbeit soll daher noch wiederholt auf sie rekurriert werden.

1.3. Historische russische Standardologie: Theorie, Methode, Gegenstand

Es wurde im vorangegangenen Teil dieses Kapitels gezeigt, daß weder die moderne Sprachwissenschaft im allgemeinen noch die Slavistik im besonderen einen schlüssigen theoretischen Hintergrund für die Untersuchung des Schrifttums älterer Epochen bieten können. Als eine mögliche Alternative wurden nach und nach die Grundzüge der *historischen Standardologie* erarbeitet, die sich selbst als eine philologische Disziplin versteht und deren Untersuchungsobjekt der Entstehungsprozeß von Schrift- und Standardsprachen ist.

Eines der zentralen Postulate der Disziplin ist das von der Existenz der PSO, die hier (in Anlehnung an Picchio und Tolstoj) als ein kulturell, sprachlich und vor allem konfessionell determiniertes Areal verstanden wird. Die These von der Existenz einer PSO ist nicht unumstritten. Der häufigste Einwand ist hier, daß ein solches Areal nicht distinkt einzugrenzen sei, weder zeitlich noch regional, noch strukturell. Nun ist aber ein Kulturareal m. E. eher als ein Kontinuum zu verstehen, das sui generis nicht distinkt abgrenzbar oder bestimmbar ist. Als die wichtigsten distinktiven Merkmale der PSO werden hier die Zugehörigkeit der Gesellschaft zum orthodoxen Glauben und der Gebrauch des KSl als Schrift- und Sakralsprache gesehen. Von zentraler Bedeutung ist auch das über das rein linguistische hinausgehende philologische Selbstverständnis der historischen Standardologie. Damit im Zusammenhang steht auch die Forderung nach der prinzipiellen Trennung zwischen der immanenten Sprachgeschichte und der Geschichte von Schrift- und Standardsprachen einerseits und zwischen der Mündlichkeit und der Schriftlichkeit andererseits (auch dies eine Anlehnung an Vorarbeiten der Prager Linguisten: vgl. JEDLIČKA 1978, 53; HAVRÁNEK 1963, 346ff.; 1971a, 344). In der konventionellen Forschung werden diese Unterscheidungen in der Regel nicht vorgenommen. Die Aufarbeitung dieser Fragen ist aber für die Thesenbildung der historischen Standardologie unerläßlich. Als ein entsprechender Beitrag sind folgende Thesen zu betrachten, die aus der Beschäftigung mit dem Korpus entstanden sind und vorläufig nur den Status von Arbeitshypothesen haben:

1) Das Idiom und die Schriftsprache weisen sowohl deutliche und prinzipielle Unterschiede als auch ebenso deutliche Übereinstimmungen auf. Beides muß bei der Aufarbeitung der Spezifik dieser Sprachformen Berücksichtigung finden.

2) Während die Übereinstimmungen vor allem im innersprachlichen Bereich zu finden sind (zumal im Falle zweier verwandter Sprachen wie Ostslavisch / Russisch und (R)KSl), ist als das wohl wichtigste differentielle Merkmal der jeweilige Status des sozialhistorischen und kulturellen Paradigmas zu sehen. Zwar ist jede Manifestation von Sprache auch ein soziales Phänomen,

beeinflußt von diversen externen Faktoren; der Grad dieser Determinierung und des Einflusses kann jedoch stark variieren und im Falle einer Schriftsprache sogar über die innersprachlichen Faktoren dominieren.

3) Die Opposition *Idiom* : *Schriftsprache* darf nicht mit der Opposition *Mündlichkeit* : *Schriftlichkeit* gleichgesetzt werden, auch wenn sie sich in nicht unwesentlichem Umfang überlappen[4].

Die Anbindung der historischen Standardologie in ihrem jetzigen Zustand an ein breiteres theoretisches Paradigma, sei es im Rahmen der Slavistik oder in dem globaleren Rahmen der linguistischen Theoriebildung, erweist sich als ein schwieriges Unterfangen. Zu einem nicht unerheblichen Teil hängt es sicherlich mit den noch beträchtlichen theoretischen Lücken in der Disziplin selbst zusammen. Diese Lücken sind aber (auch zu einem nicht unwesentlichen Teil) durch die allgemeinen sprachtheoretischen Defizite bedingt. Auf diese Defizite wurde am Anfang des Kapitels verwiesen, wie auch darauf, daß sie Symptome der aktuellen Identitätskrise und des fehlenden Konsensus in der Sprachwissenschaft sind.

Somit erscheint eine definitive theoretische Anbindung des Konzeptes der historischen russischen Standardologie, bedingt durch den diffusen Charakter der modernen diachronen Russistik, nicht möglich. Zu einigen rezenten theoretischen Ansätzen kann man aber gewisse Berührungspunkte ausmachen. Trotz ihrer Verschiedenheit haben sie eines gemeinsam: sie sind ohne Ausnahme interdisziplinär, sie lassen sich nicht in die starren Grenzen weder der Linguistik noch der Literaturwissenschaft etc. allein zwängen. Daß gerade sie sich als Anhaltspunkte für die Ausarbeitung und die Etablierung der Disziplin anbieten, ist nicht zufällig, versteht sich doch diese als eine integrative philologische Disziplin und als Synthese- und Koordinierungsinstanz für solche einzelne Thesen, Ansätze und Gedanken. Alle o. g. Ansätze stammen übrigens aus der Russistik, nur wenige beziehen den weiteren slavischen Raum mit ein. Auf eine wesentlich über die russischen Grenzen hinausgehende theoretische Anbindung wurde auch hier bewußt verzichtet, da sowohl die theoretische als auch die methodologische Seite des Konzeptes noch erheblicher Vervollständigung bedürfen. Und das kann m. E. am sinnvollsten in kleineren sukzessiven Schritten geschehen, d. h. konkret: ausgehend von einer Einzelsprache und deren Geschichte. Dabei dürfte der nächste Generalisierungsschritt, die Einbeziehung der gesamten PSO, recht unproblematisch sein. Aber schon ein weiterer Schritt, der Übergang auf die gesamtslavische Basis, dürfte erhebliche Probleme mit sich bringen (u. a. wegen der Heterogenität der nicht-orthodoxen Slavia).

---

[4] Interessante Beiträge zu diesem Thema gibt es in der modernen Textlinguistik, vor allem in der rezeptionsorientieren, vgl. z. B. WIENOLD 1975. Im folgenden bleibt diese Problematik hier aber unberücksichtigt.

Auch müßte wohl noch einige Zeit ein gewisser Vorlauf der Methoden- vor der Theoriebildung in Kauf genommen werden. Denn die neue Disziplin startet in einem – etwas überspitzt formuliert – theorie- und methodenleeren Raum. In einer solchen Situation ist die Dominanz der Empirie unausweichlich und, damit verbunden, der Vorrang der Methodenbildung. Der Weg führt hier damit von der Empirie zur Theorie, allerdings nicht ganz ohne Vorverständnis und Hypothesenbildung. Im übrigen ist damit zu rechnen, daß sich der theoretische Rahmen mit der Ausweitung der Analysebasis vervollständigen wird. Ähnlich unergiebig wie die Suche nach theoretischen Anhaltspunkten gestaltete sich auch die nach den geeigneten Analysemethoden. Sowohl die Slavistik als auch die gesamte Sprachwissenschaft bieten erstaunlich wenig methodologische Hilfe für die sprachhistorische Arbeit an, insbesondere dann, wenn sie sich mit der schriftsprachlichen Problematik befaßt. Das trifft auch auf die diachrone Russistik zu. Zwar können hier einige Bereiche der immanenten Sprachgeschichte durchaus brauchbare Analysemethoden präsentieren (historische Dialektologie, Wortbildung und andere Teilbereiche der Formenlehre, historische Akzentologie), vielfach aber kann man die Arbeitsmethoden wie auch die Theoriebildung nur als atomistisch und eklektisch bezeichen. In besonderem Maße aber trifft es auf die Erforschung der Geschichte des *Schrift*russischen zu. So konnte Verwertbares für das eigene Vorhaben hauptsächlich außerhalb der Linguistik gefunden werden: bei der Gattungstheorie bzw. -geschichte, bei der Textologie (eingeschränkt auch in der Textlinguistik) und in der Kulturologie. Aber auch hierbei handelt es sich nicht um ausgearbeitete Methoden, sondern um einzelne punktuelle Entlehnungen, im wesentlichen theoretische, aber auch einige praktische. Denn auch diese Disziplinen bieten für die historische Standardologie nichts, was über das Niveau der einzelnen Erkenntnisse und Thesen hinausginge. Eine Analysemethode, die alle Aspekte eines vorstandardsprachlichen Textes oder alle Seiten des Entstehungsprozesses von Schrift- und Standardsprachen berücksichtigen würde, gibt es noch nicht. In einer solchen Situation muß der methodologische Apparat Schritt für Schritt erstellt werden, ein mühsamer, aber unumgänglicher Weg.

Ein weiteres Spezifikum des Ansatzes ist seine explizite empirische Ausrichtung, was aber keineswegs den Verzicht auf Vorüberlegungen bedeutet: Die Methode versteht sich selbst als hermeneutisch im Sinne des hermeneutischen Zirkels des Verstehens (STEGMÜLLER 1975), aufbauend auf einer sukzessiven Abfolge von *Vorverständnis – Verifizierung durch empirische Daten – Synthese*, die sui generis endlos ist. Die Methode ist damit prinzipiell offen, approximativ und damit wandelbar. Von großer Bedeutung für den Ansatz ist ferner das Postulat von der zentralen Stellung des Textes, der das unmittelbare Objekt und der unmittelbare Ausgangspunkt der Analyse ist. Da jeder Text ein über das rein sprachliche hinausgehendes Phänomen ist, bedeutet das die Einbeziehung auch der textstrukturellen und außerlinguistischen Faktoren in die Analyse. Ein solches Verständnis des Textes stellt in der Philologie und auch in der Russistik kein Novum dar. Man findet entsprechende Hinweise z. B. auch bei Lichačev und Kotkov. Dennoch sind die Unterschiede zwischen deren Ansätzen und dem hier vorgestellten m. E. evident: In der diachronen Slavistik werden die Texte nicht als autonome Größen der Analyse behandelt, sondern auf diverse einzelne, im Vorfeld der Analyse - nicht selten aprioristisch - als distinktiv bzw. relevant postulierte Merkmale hin untersucht. Dagegen ist eine der wichtigsten Prämissen des hier vorgestellten Ansatzes die Ableitung von distinktiven Merkmalen des Korpus (d. h. der Texte) aus diesem Korpus selbst. Zudem werden die unterschiedlichen Sprachbereiche in der konventionellen Forschung sehr ungleichmäßig berücksichtigt: die linguistische Quellenkunde präferiert z. B. die (Ortho)Graphie und das dahinter stehende Lautsystem. Bereits deutlich schwächer ist der Formenbestand vertreten, die Behandlung der Lexik ist selektiv (vor allem wird die Dialektlexik berücksichtigt), die Syntax aber wird nur am Rande behandelt. Eine Begründung für ein derartig selektives Vorgehen bleibt die Schule schuldig. Genauso aprioristisch wie die Auswahl der untersuchten Sprachmerkmale ist auch die permanente Überbetonung des Dialekts in der Analyse zuungunsten der eigentlichen Schriftsprache. Dahinter steht die übliche (und auch aprioristische) Überbewertung des Idioms in der diachronen Russistik. Erwartungsgemäß geht sie mit der expliziten Minimalisierung der Rolle des (R)KSl einher.

1.4. Zum Untersuchungsgegenstand

In diesem Zusammenhang sei vorab darauf hingewiesen, daß die bisherigen Analyseergebnisse die Relevanz der eigentlichen Sprachanalyse für die Deskription und Abgrenzung der untersuchten Textsorte *Privatbrief* stark relativiert haben. Zumindest auf der jetzigen Etappe der Arbeit scheinen vor allem die textstrukturellen, bedingt auch einige der soziolinguistischen Merkmale für diese Textsorte distinktiven Charakter zu haben. Dieses Postulat bedarf näherer Erläuterungen. So wird der Privatbrief in der Forschung dem amtssprachlichen Bereich zugeordnet, sein Standort innerhalb dieses Bereichs aber nicht näher bestimmt. Das ursprüngliche Vorhaben beschränkte sich auch auf eine rein lexikalische Analyse von ca. 300 Briefen. Es zeigte sich aber, daß der Privatbrief gerade in der Lexik eine so starke Ähnlichkeit mit vielen anderen Textsorten der Amtsprache aufweist, daß die Lexik keineswegs den optimalen Sprachbereich für die Eruierung von spezifischen Merkmalen dieser

Textsorte darstellt. Eine rein lexikalische Analyse wäre demnach nur im wesentlich breiteren Rahmen der gesamten Amtssprache sinnvoll. Diese Erkenntnis führte zu dem Entschluß, das Untersuchungskorpus möglichst weit zu fassen, um eine adäquate Beschreibung und Bestimmung der Textsorte *russischer Privatbrief des 17.-frühen 18. Jh.s* vornehmen zu können.

Im Prinzip sollten bei einem solchen Vorhaben alle Ebenen und Bereiche der Sprache gleichermaßen berücksichtigt werden. Die nähere Beschäftigung mit dem Textmaterial führte aber zur Revision dieses Ausgangspostulats. Es stellte sich heraus, daß nicht nur die Lexik, sondern auch noch andere Bereiche der Sprache für die Privatkorrespondenz als nicht oder weniger relevant anzusehen sind. In ganz besonderem Maße trifft dies für die (Ortho)Graphie und damit für das Lautsystem zu, eingeschränkt aber auch für fast den gesamten Bereich der traditionellen Morphologie. Daher nehmen diese Bereiche in der Korpusanalyse einen untergeordneten Platz ein. Zu dieser Entscheidung trug zusätzlich der Umstand bei, daß gerade (Ortho)Graphie und Morphologie zu den am besten erforschten Bereichen der Amtssprache gehören, nicht aber die Syntax (vgl. KOTKOV 1963, 1974, 1980; POPOVA 1969; TARABASOVA 1986). Und gerade die Syntax der Privatkorrespondenz ist (wie auch bei anderen amtssprachlichen Textsorten) der Bereich mit der ausgeprägtesten Spezifik.

Für den Privatbrief stellte sich im übrigen die Textorganisation als das wichtigste differentielle Merkmal heraus (was für die amtssprachlichen Textsorten generell zu gelten scheint). Zur Textorganisation gehören der durch die jeweilige Intention (Bittschrift, Anweisung, Protokoll, Bericht, etc.) bedingte Duktus, in wesentlich stärkerem Maße aber das sog. "Formular" (*формуляр, трафарет*): die textsortenspezifische Formel, ihre Struktur und ihre Position im Text. Daher werden hier als die wichtigsten distinktiven Merkmale des vorpetrinischen Privatbriefes das strukturelle und das intentionale gesehen. Die Grundintention des Briefes kann als *privater Informationstransfer mit deutlicher phatischer Färbung* bestimmt werden und ist gut von den anderer amtsprachlicher und (r)ksl. Textsorten zu unterscheiden. Das Formular des Privatbriefes besteht aus Anfangs- und Schlußformel, die die eigentliche Mitteilung umrahmen und deren Struktur, vor allem die des Anfangsteils, sich als erstaunlich stabil zeigte.

Durch den strukturellen und den intentionalen Parameter kann man also die Privatbriefe nach außen hin von den anderen Textsorten abgrenzen. Zur inneren Differenzierung, zur Subklassifizierung dienen andere Parameter. Definitive Aussagen sind vorläufig nur begrenzt möglich, dafür bedarf es der Untersuchung weiterer Korpora, aber auch das bereits untersuchte Korpus bietet einige Anhaltspunkte. Es soll hier noch einmal erwähnt werden, daß die hier präsentierte Analysemethode mit möglichst wenigen Vorannahmen und in größtmöglicher Anlehnung an das Korpus operiert. So ist auch die vorläufige Liste der Analyseparameter zur inneren Subklassifizierung der Textsorte vom Korpus abgeleitet und durch die Korpusanalyse überprüft worden. Folgende Parameter scheinen hier relevant zu sein, und zwar sowohl als Einzelparameter als auch in bestimmten Konstellationen, auf die weiter unten näher eingegangen wird: *Datierung, soziale Herkunft, etwaige verwandtschaftliche Beziehungen, Sexus, Thema, Umfang.*

Nachdem sowohl die theoretische Grundlage als auch die Methode der historischen Standardologie etwas (wenn auch sicherlich nicht ausreichend) konkretisiert werden konnten, soll das auch hinsichtlich des Anliegens der Arbeit geschehen. Das ist - zunächst - die Deskription (linguistische, textologische und soziolinguistische) eines größeren Korpus von russischen Privatbriefen des 17. und frühen 18. Jh.s, ein Unternehmen, das m. W. bislang noch nicht verwirklicht wurde. Auf einer solchen Deskription aufbauend, sollen dann das Wesen und die Spezifik der Textsorte *russ. Privatbrief der o. g. Epoche* näher bestimmt werden. Und das in zweifacher Hinsicht: Zum einen, um durch die Ermittlung der distinktiven Merkmale der Textsorte sie von anderen Textsorten abgrenzen zu können; zum anderen, um die Varietätsbreite der Merkmale bestimmen zu können und so einen Einblick in die innere Substrukturierung der Textsorte zu gewinnen. Die Korpusanalyse dient aber noch anderen, weiterreichenden Zwecken. Die Arbeit versteht sich als ein Beitrag zur notwendigen Umorientierung der diachronen Russisitik hin zur Synthese, zur Verbindung von empirischer Arbeit und Theoriebildung. Die Arbeit befaßt sich zwar nur mit einem kleinen Ausschnitt sowohl des aruss. Korpus als auch der Gesamtproblematik der Geschichte des Schriftrussischen. Gerade die gewählten Aspekte scheinen aber für die Lösung zumindest einiger der *проклятые вопросы* (ALEKSEEV 1986, 4) der Genesediskussion relevant zu sein. Dazu gehört u. a.:

- die Problematik der Amtssprache
- die Bestimmung ihres Status im russischen Schrifttum
- ihre Struktur und mögliche Wirkung auf das entstehende Standardrussisch.

Die Aufdeckung der Spezifik des *Privatbriefs* und generell der Amtssprache und ihrer Stellung innerhalb des gesamten russischen Schrifttums sollen, wie die Erörterung von drei bereits genannten, noch ungelösten Fragen der Genesediskussion (Diskontinuitätsthese, Diglossiethese , Spezifik der nichtkodifizierten Norm), zur weiteren Ausarbeitung von Theorie und Methode der historischen russ. Standardologie beitragen. Da zu ihren zentralen Aufgaben auch die Klärung der Rolle des 17. Jh.s und der petrinischen Zeit in der russischen Sprachgeschichte gehört, ist der folgende Abschnitt dieser Epoche gewidmet.

2. Das 17. Jh. in der russischen Sprachgeschichte

2.1. Sozial-historischer Überblick

Gerade dieses Jahrhundert (wie auch die darauf folgende petrinische Epoche) stellt einen der interessantesten, gleichzeitig aber auch einen der am wenigsten erforschten Abschnitte der russischen Sprachgeschichte dar. Konsens herrscht hier nur darin, daß dieser Epoche in der Sozial-, Kultur- und Sprachgeschichte Rußlands gleichermaßen ein besonderer Stellenwert zukomme. Sie gilt als Grenze zwischen dem russischen Mittelalter und der Neuzeit. In der Tat belegen die Daten der Geschichte den Übergangscharakter dieses Jahrhunderts: von einer feudalen zu einer absolutistischen Monarchie, von der außenpolitischen Isolation und wirtschaftlicher Autarkie hin zu schwerwiegendem weltpolitischen Engagement. Am Anfang wie am Ende dieses Jahrhunderts stehen Revolte, Krieg und Zerstörung der alten Strukturen. Es beginnt mit der *Смута* (*Zeit der Wirren*), die auf das Erlöschen der alten Zarendynastie der Rurikiden folgt. Um den russischen Thron werden erbitterte Kämpfe geführt, und zwar unter aktiver Mitwirkung fremder Regierungen und Heere. Der Adel, der sich jahrhundertelang dagegen gewehrt hat, seine Feudalmacht an den Zaren abzugeben, beteiligt sich aktiv an diesen Kämpfen: ergreift Partei für diverse Prätendenten, erhebt auch selbst Ansprüche auf den Zarenthron (Godunov und Šujskij). Das Land versinkt in Krieg und Chaos. Fast wie ein Wunder erscheint daher vor diesem düsteren Hintergrund der letzte, verzweifelte und doch am Ende erfolgreiche Versuch, das Land zu retten, initiiert und angeführt von Minin und Po□arskij (bezeichnenderweise keine Vertreter des mächtigen alten Adels, sondern zwei soziale Aufsteiger, was zunehmend typisch für das 17. Jh. und noch mehr für die petrinische Zeit wird). 1613 wird dann aus dem alten Bojarengeschlecht der Romanovs ein neuer Zar gewählt. Dieser Zar, Michail Romanov, damals erst 16jährig, regiert zunächst zusammen mit seinem Vater. Dieser, schon früher politisch sehr aktiv, wird nun auch zum Patriarchen und damit zum geistigen Oberhaupt Rußlands. Michail regiert mehr als 30 Jahre (1613-1645). Es ist die Zeit der allmählichen und mühevollen Konsolidierung der staaatlichen und wirtschaftlichen Strukturen des Landes.

Diesen Prozeß setzt Michails Sohn Aleksej (1645–1676) fort. Den beiden ersten Romanovs gelingt es, die weitgehend zerstörten Strukturen wiederherzustellen und sogar in gewissem Umfang zu modernisieren. In dem Maße, in dem die Konsolidierung des Staates voranschreitet, expandiert der administrative Apparat. Das 17. Jh. ist auch das Jahrhundert der immer mächtiger werdenden Beamtenklasse. Dabei tritt auf die politische Bühne eine nicht nur zahlenmäßig starke Gruppe; es sind auch durchweg Leute, die des Lesens und des Schreibens kundig sind. Damit einher geht auch eine zunehmende Expansion der sog.

Amtssprache. Die neue Beamtenklasse ist eine Klasse von sozialen Aufsteigern und somit von treuen Staatsdienern. Die Erstarkung der Verwaltung ist eine Folge der Erstarkung der Zentralmacht, auf die sie wiederum stärkend wirkt. Die Zentralisierung hat aber auch negative Auswirkungen: Sie hemmt die lokale Initiative und wirkt als Bremse für die wirtschaftliche, soziale und politische Entwicklung des Landes. Man denke in diesem Zusammenhang an die tiefgreifenden Unterschiede der gesellschaftlichen Strukturen Rußlands und Westeuropas: Rußland hat kein vergleichbares Stadtwesen, keine vergleichbare Kaufmannsklasse, keine Handwerkerzünfte, kaum lokale Jurisdiktion etc. Die Entwicklung der sozialen Strukturen geht im wesentlichen in Richtung der asoluten Monarchie, der Verknechtung der Bauernschaft und der Übermacht der Verwaltung gegenüber dem Bürger. Man kann durchaus von einer Stagnation der gesellschaftlichen Entwicklung sprechen, zusätzlich noch dadurch verstärkt, daß Rußlands Außenkontakte planmäßig eingedämmt werden. Diese Haltung des Staates und vor allem der Kirche, die in Rußland einen nicht unerheblichen Machtfaktor darstellt (aber immer der Staatsmacht untertan bleibt!), mag durch die tragischen Ereignisse der Wirrenzeit verständlich erscheinen,- als Reaktion auf die Epoche, in der Überfremdung und Verlust der staatlichen und konfessionellen Souveränität eine unmittelbare Gefahr darstellten. Diese Haltung führt Rußland aber in eine außenpolitische Isolation, die zu überwinden es später großer Anstrengungen bedarf. In gewissem Umfang bestehen Außenkontakte dennoch. Eine wichtige Vermittlerrolle zwischen Rußland und Westeuropa spielt in dieser Zeit Polen. An solchen Außenkontakten teilnehmen und von ihnen profitieren können natürlich nur wenige, in erster Linie der Dienstadel, überhaupt die Beamten, die Kaufleute, und zwar vor allem aus der Moskauer Region. Aber gerade diese sozialen Gruppen sind ja als treibende Kraft der russischen Gesellschaft dieser Zeit zu sehen. Auch die wirtschaftlichen Strukturen sind in der Zeit der Wirren stark in Mitleidenschaft gezogen worden, und ihre Wiederherstellung geht nur langsam voran. Dies, zusammen mit der zunehmenden Verknechtung der Bauernschaft, führt im 17. Jh. zu mehreren Aufständen. Hinzu kommt das Problem der Kosaken, die einen permanenten Faktor der politischen Instabilität darstellen. Innen- wie außenpolitische Ruhe gibt es nicht bis in die letzten Regierungsjahre Aleksejs, im Gegenteil: nur wenige Jahre vor seinem Tod bricht der Kosakenaufstand Razins aus (1670–1671), der bald die Dimensionen eines Bürgerkrieges annimmt. Die innenpolitische Instabilität wird noch zusätzlich durch das Kirchenschisma, *раскол*, verstärkt, ausgelöst durch die Kirchenreform des Patriarchen Nikon (1653-56). Diese Reform hat ein an sich hehres Ziel: die Kirchenbücher und der Gottesdienst sollen den griechischen Vorlagen wieder angenähert werden. Die Masse des Volkes, für die das Wesen der Orthodoxie vorwiegend in den Äußerlichkeiten des Ritus besteht (man denke hier nur an die

Magie des Wortes u. ä.), sieht in den geplanten Änderungen die Häresie, den Einfluß Roms. Auch ein nicht unwesentlicher Teil des Klerus, der genauso ungebildet ist wie die Gemeinden (auch dies ein Spezifikum der slavischen Orthodoxie), schlägt sich auf die Seite der Schismatiker, der sogenannten Altgläubigen (*старообрядцы*). Der Konflikt wird noch zusätzlich durch die innerkirchlichen Machtkämpfe verschärft, in deren Verlauf Nikon seines Amtes enthoben und in die Verbannung geschickt wird (1667). Solche Kämpfe in und um die offizielle Kirche können verständllicherweise nicht zur Stärkung ihres Ansehens in der Gesellschaft beitragen. Sie treiben vielmehr immer neue Tausende in das Lager der Schismatiker, die dem Volke und dem einzelnen wesentlich näher stehen als die Staatskirche. Die Altgläubigen werden vom Staat erbarmungslos verfolgt. Viele wählen den freiwilligen Feuertod: ganze Gemeinden verbrennen sich in ihren Kirchen und Häusern. Und der Staat verliert durch die in unwegsame Gebiete des russischen Nordens und Sibiriens und zu den Kosaken flüchtenden Massen der Altgläubigen immer mehr Menschen, und das, nachdem die Wirrenzeit das Land schon stark entvölkert hatte.

Wie brüchig die vermeintliche Stabilität ist, die die beiden ersten Romanovs in insgesamt 63 Jahren ihrer Regierung in mühevoller Arbeit herstellen konnten, zeigt sich schon wenige Jahre nach dem Tode Aleksejs. Als 1682 sein ältester Sohn Fedor ohne Nachkommen stirbt, leben noch zwei minderjährigen Söhne Aleksejs aus zwei Ehen. Es entflammt ein Krieg um den verwaisten Zarenthron, eingeleitet von einem blutigen Aufstand der Strelitzen, des halbregulären und recht disziplinlosen russischen Heeres. Daraufhin wird die faktische Macht von einer Tochter Aleksejs, der gebildeten und willensstarken Zarevna Sof'ja, usurpiert. Formal aber werden die beiden verbliebenen minderjährige Söhne Aleksejs, Ivan und Peter, zusammen zu Zaren gekrönt. Das feminine Interregnum wird 1689 beendet, als Peter I. die Macht übernimmt. Unter Peter vollzieht sich nun die schon unter Ivan IV. eingeleitete Wandlung der feudalen Monarchie zu einer absolutistischen. 1696 gelingt Peter der erste außenpolitische Erfolg, ein erster Sieg über die Türken. Sein nächster Schritt auf der politischen Szene ist von weitaus größerer Bedeutung: 1697 unternimmt Peter incognito eine anderthalbjährige Reise nach Europa, die erste und einzige derartige Reise eines russischen Monarchen. 1700 tritt Rußland dann in den Nordischen Krieg ein und gehört von da an endgültig zu den maßgebenden Akteuren auf der europäischen politischen Bühne. Diese außenpolitischen Schritte werden von umwälzenden innenpolitischen Reformen begleitet. Alle diese Reformen lehnen sich unverkennbar an zeitgenössische westeuropäische Vorbilder an. So gesehen, vollzieht sich in Rußland im 17. Jh. tatsächlich der Übergang von einem politischen Zeitalter zum anderen.

2.2. Kultur- und Sprachparadigma des 17. Jh.s

Es gilt nun, die in der Russistik häufig unkommentiert vertretene These von der Übertragbarkeit der sozialen Entwicklung auf die Entwicklung der Kultur und damit auch der Sprache zu überprüfen. Diese These stützt sich auf die marxistische Auffassung von der Sprache als Widerspiegelung der außersprachlichen Realität wie auch konkret auf die Ausführungen Lenins. Für ihn ist das 17. Jh. die Zeit der Formierung des Nationalmarktes und des Nationalstaates in Rußland, was dann in der Russistik kritiklos und mechanistisch mit dem Beginn der Nationalsprache gleichgesetzt wurde (so wurden bis vor kurzem die meisten Beiträge zur Sprachsituation des 17. Jh.s in den sovjetischen Arbeiten mit den entsprechenden Leninzitaten eingeleitet).

Bei näherer Betrachtung findet man aber in der russischen Kultur des 17. Jh.s keine so weitreichende Umwälzungen vor wie in der Sozialgeschichte, obwohl auch hier ein gewisser Wandel durchaus zu beobachten ist und ein bestimmter Einfluß der Sozial- auf die Kulturgeschichte nicht verneint werden kann. Als Beispiel könnte u. a. der deutliche polnische Einfluß auf unterschiedliche Bereiche der russischen Kultur genannt werden. Er setzt schon zu Beginn des 17. Jh.s ein, verbunden auch mit der polnischen Invasion zur Zeit der Wirren, und bleibt durch das ganze Jahrhundert hindurch bestehen. In der petrinischen Zeit schwächt er sich zugunsten diverser westeuropäischer, vor allem deutscher und holländischer Strömungen ab, was wiederum durch Phänomene der Sozialgeschichte bedingt ist. Im 17. Jh. aber spielt fast auschließlich Polen die Rolle des Vermittlers zwischen Rußland und der zeitgenössischen westeuropäischen Kultur. Verstärkt und gefördert wird dieser Prozeß durch die Übernahme der ukrainischen Gebiete ab 1654. Die Bevölkerung dieser Gebiete ist mehrheitlich orthodox, hat aber unter polnischer Herrschaft auch Berührung mit dem westeuropäischen Kulturparadigma gehabt, auch mit dem europäischen Bildungsmodell, das sich vom russischen deutlich unterscheidet. Zu diesem Paradigma gehören eine andere Literaturauffassung, ein anderer Lektürekanon, andere Umgangsformen. Dazu gehört auch das Städtewesen (mit dem Magdeburger Recht), die Handwerkerzünfte (und die damit im Zusammenhang stehenden und gerade für das ukrainische Bildungsmodell und durch seine Vermittlung auch für Großrußland so wichtigen *братства*, die Schulen unterhalten) u. v. a. m. Der Einfluß, der von diesen neuen russischen Gebieten ausgeht, berührt zwar vonehmlich nur den kleinen Kreis der sozialen Oberschicht (so werden z. B. die Kinder des Zaren Aleksej aus der ersten Ehe von Zöglingen ukrainischer und polnischer Schulen unterrichtet), er breitet sich aber unaufhaltsam auch auf andere Bevölkerungschichten aus. Unter Aleksej wächst auch die Zahl der in Rußland lebenden Ausländer. Auch sie bringen ihr eigenes kulturelles Paradigma mit sich, zu dem auch das in Rußland bis dahin unbekannte Theater, Tänze, Belletristik im eigentlichen Sinne, usw. gehören. Den Einfluß der Sozialgeschichte erkennt man ferner in dem starken Anwachsen der Zahl der historiographischen Werke, von denen ein Großteil sich mit den Ereignissen der *Смута* befaßt. Noch wichtiger als die quantitativen Änderungen ist hier aber, daß diese neue Historiographie keine Fortführung der alten Chroniken darstellt, die im Laufe dieses Jh.s und der ersten Jahre des folgenden verschwinden. Die neuen Werke sind eine strukturell und intentional eigenständige Textsorte. Im weiteren Zusammenhang der Veränderungen der Gesellschaftsstrukturen ist vermutlich auch das Aufkommen des individuellen Autors zu sehen, ein Novum im Kulturparadigma der PSO. Abschließend ist zu sagen, daß es im 17. Jh. eher zu einer Erweiterung des traditionellen Kulturparadigmas kommt, nicht aber zu seiner Ablösung. Die erfolgt erst im Verlaufe des 18. Jh.s und vollzieht sich recht allmählich, ausgehend von der sozialen Oberschicht. Die Veränderungen des sozialen und politischen Lebens sind im 17. Jh. wesentlich ausgeprägter als die der Kultur.

Was die Sprachsituation und Sprachdynamik dieser Epoche betrifft, so wird in der Genesediskussion eine Korrelation zwischen dem Verlauf der sozialen und der Sprachgeschichte recht einstimmig und, wie ich meine, allzu mechanistisch und unhinterfragt angenommen. Für die Anhänger der autochthonen Entwicklung wie für die der Diglossie, für die der Kontinuität wie der Diskontinuität der schriftsprachlichen Tradition - für sie alle stellt das 17. Jh. das Ende der aruss. Sprachperiode dar. Es soll nun im folgenden der Versuch unternommen werden, durch das Zusammentragen von einigermaßen verläßlichen Daten der Sprachgeschichte die Sprachsituation dieser Zeit und die Tendenzen ihrer Entwicklung aufzuzeigen. Ein solches Vorhaben ist mit nicht unerheblichen Schwierigkeiten verbunden. Einer der Gründe ist die Vernachlässigung der Korpusanalyse durch die Forschung: es fehlen Arbeiten, die sich eingehend und theoretisch fundiert mit der Sprache dieser Zeit befassen. Zum anderen stammen die verfügbaren Daten häufig aus recht heterogenen und meist nicht-linguistischen Quellen. Z. B. haben sich sowohl die literatur- und gattungsorientierte Schule Lichačevs als auch Historiker intensiv mit dem 17. Jh. befaßt. Sie alle interessieren sich aber für die Belange der Sprachgeschichte nur marginal. Angesichts dieses Zustandes mußte z. T. auf Daten aus eigenen Untersuchungen zurückgegriffen werden. Die Skizze erhebt daher auch keinen Anspruch auf Vollständigkeit, die erst durch umfassende Korpusanalyse, permanent begleitet von theoretischer Reflexion, erreichbar ist.

Das Bild, das die Sprachsituation in Rußland im 17. Jh. bietet, scheint weitgehend mit dem oben entworfenen Bild der allgemeinen Kulturdynamik übereinzustimmen. Der ganze traditionelle Textsortenkanon der PSO bleibt bestehen, wird aber durch neue Textsorten erweitert: Liebes- und Abenteuerroman, neue Historiographie, Drama, Lyrik, kirchliche Polemik und

Rhetorik. Auch die Schriftsprache scheint im wesentlichen stabil zu sein: so behalten z. B. bemerkenswerterweise nicht nur die tradierten Genres ihren Sprachduktus bei, auch die neu hinzugekommenen Textsorten passen sich dem Kanon weitgehend an. Dennoch sind bestimmte Veränderungen auch in der Schriftsprache zu verzeichnen. Es dringen immer stärker die Elemente der Amtssprache und damit des Russischen in die Schriftsprache ein. In besonderem Maße gilt das für die neuen weltlichen Textsorten, die oft durch *приказные люди* vermittelt werden, sei es in ihrer Rolle als Übersetzer, als Kompilatoren oder als Bearbeiter fremder Textsorten (zur Rolle des *Посольский Приказ* als "literarischen" Zentrums s. KOVTUN 1983, NIKOLAEV 1980+1989). Einen nicht unwesentlichen Anteil an den neuen Sprachelementen stellen auch Barbarismen: im 17. Jh. vor allem Polonismen, zur petrinischen Zeit zunehmend Germanismen. Auch außerhalb der eigentlichen Schriftsprache, außerhalb des Lektürekanons sind Änderungen zu beobachten. Damit ist vor allem die generelle Expansion der Amtssprache gemeint, in all ihren unterschiedlichen Ausprägungen. Ohne hier auf die Vielfalt, die Spezifik und das Problem der Ausgrenzung der Amtssprache im einzelnen einzugehen (s. dazu I.4.), soll hier diese quantitativ wie qualitativ nicht unerhebliche Erweiterung des Schrifttums zumindest festgestellt werden. Die sprachliche Basis dieses neuen Schrifttums ist russisch, auch wenn Elemente des (R)KSl verständlicherweise dort Eingang finden. Die Amtssprache mutet erstaunlich einheitlich, normiert an. Das gilt für die Textorganisation wie auch für die Sprache als solche. Zu den textlinguistischen Normmerkmalen gehört auch die strikte, fast starre Struktur der einzelnen Textsorten, ferner formelhafte Versatzstücke, die wiederum strengen Strukturabfolgeregeln unterliegen. Gerade in diesen Formeln wie auch in der Phraseologie sind übrigens Elemente des (R)KSl v. a. zu finden. Die Sprache unterliegt den Regeln der jeweiligen Textsorte, und zwar auf allen Sprachebenen, wenn auch in unterschiedlichem Maße: Die Lexik wird wesentlich stärker determiniert als z. B. die Morphologie. Die größte lexikalische Vielfalt weisen Privatbriefe, *расспросные речи, челобитные* und *сказки* (Anhörungs- bzw. Verhörprotokolle) auf. Wesentlich begrenzter ist die Lexik der eigentlichen Akten, aber auch des Zeitungsvorläufers *Вести-Куранты*, was mit deren Inhalten zusammenhängt. Die Expansion der Amtssprache steht in deutlichem Zusammenhang mit den Ereignissen der sozialen Geschichte, mit der Zentralisierung der Macht und mit dem Erstarken des Verwaltungsapparats. Aber auch für die Sprachsituation des 17. Jh.s kann man nicht von einer tiefgreifenden Änderung des schriftsprachlichen Modells sprechen; wohl aber von einem Wandel, der zu einem Wechsel der Sprachsituation hätte führen können, denn die alte Schriftsprache bekommt in Gestalt des Amtsrussischen Konkurrenz. Dieses letztere dringt zwar im 17. Jh. nur unwesentlich in die Domäne der alten

Schriftsprache ein, es erfährt sogar selbst den Einfluß des (R)KSl. Die parallele Existenz einer zweiten, eigenständigen schriftlichen Sprachform stellt aber bereits einen Instabilitätsfaktor für die Sprachsituation dar. Solche Koexistenz kann sehr leicht in Konkurrenz und damit in die Konfrontation. Auf der Grundlage unseres heutigen Wissens über die Sprachdynamik dieser Zeit können hier noch keine definitiven Aussagen gemacht werden. Sicher ist nur, daß diesem Zustand der Koexistenz das Aufkommen einer prinzipiell neuen Entwicklungsstufe des Schriftrussischen folgte, des Standardrussischen. Es als das Ergebnis der Konfrontation zwischen dem (R)KSl und der Amtssprache zu sehen, scheint zumindest nicht abwegig zu sein, auch wenn der konkrete Prozeß seiner Herausbildung von sicherlich mehr als nur diesen zwei Faktoren determiniert wird und längere Zeit in Anspruch nimmt.

Somit stellt sich die Sprachsituation im 17. Jh. als Koexistenz zweier auf verschiedenen Sprachen basierender schriftlicher Sprachformen heraus, die zwar noch deutliche funktionale komplementäre Distribution aufweisen, aber auch schon Tendenz zur funktionalen Interferenz (wie die Korrelation dieser Sprachsysteme von der damaligen russischen Gesellschaft empfunden wurde, bedarf einer gesonderten Untersuchung). Diese Sichtweise der russischen Sprachsituation des 17. Jh.s ist aus der Arbeit am Korpus erwachsen. Im folgenden Kapitel sollen nun die in der konventionellen Forschung vertretenen Auffassungen zur Stellung dieser Epoche in der russischen Sprachgeschichte erörtert werden.

3. Das russische 17. Jh. in der Forschung

3.1. Nichtlinguistische Forschung

Bereits im späten 18. Jh. setzt die Auswertung der Texte des 17. Jh.s ein, vornehmlich allerdings als Quelle für die historische Forschung, wie z. B. in *Древняя Российская Вивлиофика* Novikovs. Solche historische Auswertung wird auch später fortgeführt. Verständlicherweise interessiert sich diese Forschung v. a. für nicht-belletristische Texte, d. h. für *деловая письменность* und für nicht-linguistische Fragen. So sind auch die zahlreichen im Rahmen solcher Untersuchungen erstellten Editionen der Texte des 17. Jh.s für die Zwecke der linguistischen Analyse nur sehr bedingt brauchbar: die Graphie und die Sprache der Texte werden modernisiert, Interpunktionszeichen eingesetzt, Kürzungen vorgenommen, Seiten- und Zeilenumbrüche nicht vermerkt usw. - all das ohne jeglichen, auch textologischen bzw. archäographischen Kommentar. In Ermangelung besserer Editionen sollten aber auch sie hinzugezogen werden, denn sie stellen ein beträchtliches Korpus dar: Man denke an solche Reihen, wie *Памятники древней письменности и искусства*, *Русская историческая библиотека*, *Полное собрание русских летописей*, *Чтения в обществе истории и древностей Российских при Московском университете* u. a. m. In neuerer Zeit hat sich auch die literatur- und gattungshistorische Forschung in zunehmendem Maße dem 17. Jh. zugewandt, das früher im Schatten der für die russische Sozial- und Literaturgeschichte reizvolleren früheren Jahrhunderte stand. Hier ist in erster Linie die Schule Lichačevs zu nennen. Auch wenn ihre Interessen außerlinguistischer Natur sind und sich vor allem auf das traditionelle Textsortenkorpus der PSO konzentrieren, verdanken wir ihr wichtige Vorarbeiten und Editionen, auch der amtssprachlichen Texte. Das Interesse der Sprachhistoriker für das 17. Jh. blieb dagegen eher mäßig. Den größten Beitrag hat hier unzweifelhaft die Schule des *лингвистическое источниковедение* geleistet, deren Arbeit im folgenden vorgestellt werden soll.

3.2. Linguistische Quellenkunde und das russische 17. Jh.

Diese Schule wurde von Kotkov 1959 initiiert. Ein wichtiges Ergebnis ihrer mehrjährigen Arbeit ist das beachtliche Korpus von vorbildlichen Editionen. Wichtiger ist aber, daß diese linguistische (Hilfs)Disziplin den Anspruch erhebt, den notwendigen theoretischen Rahmen für die ganze diachrone Forschung zu bieten. Alle ihre drei Richtungen, die theoretische, die empirische und die editorische werden im folgenden vorgestellt, wenn auch in knapper Form.

3.2.1. Theoretischer und methodologischer Hintergrund

Der theoretische und methodologische Hintergrund dieser Schule wurde fast ausschließlich von Kotkov selbst erarbeitet. *Лингвистическое источниковедение* wird von ihm als l i n g u i s t i s c h e Disziplin definiert und damit von nicht-linguistischen Disziplinen, wie Textologie oder Archäographie abgegrenzt. Andererseits ist ihnen allen die Textbezogenheit und damit der sehr hohe Stellenwert der graphischen Manifestation gemeinsam. Zwei Begriffe sind für die neue Disziplin von zentraler Bedeutung:

лингвистическая содержательность und

лингвистическая информационность.

Der erste ist ein linguistischer Begriff und wird definiert als

> "совокупность заключенных в источнике лингвистических данных, определяемая его содержанием и отношением данного источника к определенному лингвистическому образованию (языку, наречию, говору), а также степенью познания последнего" (*Котков 1980, 10*).

Лингвистическая информационность dagegen,

> "представляет собой определяемую условиями образования источника степень прямой и косвенной отраженности в нем лингвистической содержательности"..."имеет отношение прежде всего к внешним средствам выражения языка и внешним условиям его существования (характер графики и орфографии, правописные навыки писцов, уровень и состояние звукозаписывающей техники итд) (*l. c.*).

Die Aufgabe des *лингвистическое источниковедение* ist demnach

> "исследование источников со стороны их лингвистической содержательности и информационности" (*l. c., 11*).

Was die Methode der neuen Disziplin betrifft, so gehört hierher:

> <исследование> "лингвистической содержательности в соответствии с иерархией ее обусловленности содержанием источника, в направлении от непосредственной ко все более опосредованной, а также в исследовании лингвистической информационности в ее многообразной обусловленности культурой запечатления языка" (*l. c.*).

Wesentlich mehr wurde zum theoretischen und methodologischen Hintergrund der neuen Disziplin weder von Kotkov selbst noch von seiner Schule gesagt. Das theoretische Gerüst in seiner vorliegenden Form scheint aber dem erhobenen Anspruch, einen ausreichenden Rahmen für die sprachgeschichtliche Forschung zu bieten, nicht genügen zu können. Zu vieles bleibt offen, ungeklärt. Die Definitionen der beiden zentralen Begriffe sind zu diffus, zu generell, die Begriffe selbst werden in keiner Weise theoretisch eingebunden. Auch fehlt jeglicher sprachtheoretische Bezug. Die Frage nach der Ortsbestimmung der Disziplin im Kreise anderer linguistischer und philologischer Disziplinen, nach den Verbindungen zu anderen Ansätzen und Theorien, nach den differentiellen Merkmalen der Disziplin werden weder gestellt noch beantwortet. Auch die Überbetonung der graphischen Seite (wie sie z. B. in der Definition der *лингвистическая информационность* deutlich wird) bleibt unkommentiert. Sie mag z. T. darin begründet sein, daß Kotkov sich sehr intensiv mit der historischen Dialektologie des Russischen befaßt hat, und hier vor allem mit dem Verhältnis von süd- und nordrussischen Mundarten bei der Herausbildung des Neurussischen. Die von ihm vorgenommene akribische Auswertung der graphischen Daten und des dahinter stehenden Lautsystems hat tatsächlich zur Widerlegung einiger liebgewordener Postulate der russischen historischen Dialektologie geführt (hier speziell der Überbetonung der nordrussischen Mundarten). Kotkov war auch einer der ersten (und wenigen), die darauf hingewiesen haben, das die zirkuläre Theoriebildung, von der empirischen Sprachuntersuchung losgelöst, die vielen offenen Fragen der Forschung nicht werde beantworten können. Und am Beispiel der Auswertung von graphischen Daten konnte er überzeugend belegen, welch schwerwiegende Folgen das Nichtkennen des Korpus nach sich ziehen kann (KOTKOV 1963; 1980, 76ff., 238ff.). Dennoch muß sich Kotkov den Vorwurf der Einseitigkeit gefallen lassen. Denn er berücksichtigt andere als die graphische und (über deren Vermittlung) die lautliche Sprachebene nur am Rande. Wie sich das auf die empirische Arbeit der Schule auswirkt, soll weiter unten gezeigt werden. Es findet auch keine textlinguistische Auswertung des Korpus statt: es wird nur auf die deutliche strukturelle Norm, z. B. bei den Briefen hingewiesen, ohne daß auch nur ansatzweise versucht wird, die strukturellen Invarianten und die distinktiven Merkmale der Textsorte zu ermitteln.

Leider gilt auch für die Schule Kotkovs das, was über die Genesediskussion insgesamt gesagt wurde: die Beeinflussung der Forschung durch außerwissenschaftliche Ressentiments. Kotkov vertritt (unhinterfragt) die These Vinogradovs von den zwei Typen e i n e r aruss. Literatursprache. Er geht sogar noch einen Schritt weiter und weist - hier allerdings zu Recht - auf die traditionelle Vernachlässigung der Amtssprache in der diachronen Russistik hin. Gleichzeitig aber versucht er, den Stellenwert des (R)KSl zu minimalisieren:

> (*собственно русская письменность*) "обслуживала всю совокупность общественно-экономических отношений, центральное и местное управление, межгосударственные связи, обыденное общение посредством грамоток и т. п. За церковнославянским языком оставалось обслуживание религиозного культа (*sic! - A. K.*), а за отдельными элементами этого языка, преимущественно лексическими и фонетическими, - выполнение определенных стилистических функций в текстах, которые в основном были собственно русскими (челобитные, сатирические повести, грамотки и т. д.) (*Котков 1980, 36*).

Es bleibt insgesamt festzustellen, daß der Ansatz Kotkovs deutliche theoretischen Defizite aufweist.

3.2.2. Empirische Arbeit

Die meisten der empirischen Sprachuntersuchungen dieser Schule sind in Form von Aufsätzen in den zahlreichen seit 1963 herausgegebenen Sammelbänden erschienen. Der Anteil der Monographien ist wesentlich kleiner, zudem liegen sie größtenteils nur in Form von unveröffentlichten Dissertationsschriften vor. Für die folgende Übersicht wurden insgesamt 82 Aufsätze untersucht, darunter auch einige von Kotkov selbst, sowie neun Monographien. Das wichtigste Auswahlkriterium war die Beschäftigung mit der Sprache des 17.- frühen 18. Jh.s. Unberücksichtigt blieben Arbeiten zur (Ortho)Graphie bzw. Phonetik, Archivbeschreibungen und rein archäographische Arbeiten. Die Übersicht soll mit einer Analyse der Arbeiten Kotkovs beginnen, da sie gewissermaßen als Muster innerhalb der Schule gelten. Kotkov war ein ausgezeichneter Korpuskenner, und es ist ihm gelungen, auf der Basis von minutiösen Textanalysen einige der traditionellen Sichtweisen der russischen

Sprachgeschichte in Frage zu stellen. Kotkov zeigte in seinen Arbeiten eindrucksvoll, wie vorsichtig man mit der Projizierung heutiger Dialektmerkmale auf vergangene Epochen sein muß; er wies an mehreren Beispielen nach, daß vieles, was heute zu den distinktiven nord- bzw. südgroßrussischen Dialektmerkmalen gehört, in der Vergangenheit diesen distinktiven Status nicht hatte (KOTKOV 1963a; 1970; 1980, 76-154). Auch seine Beschäftigung mit der Moskauer koiné (die nach der Auffassung der sovjetischen Schule als Grundlage des Nationalrussischen anzusehen ist) brachte neue Erkenntnisse. Es erscheint nach Kotkovs Vorarbeiten als wahrscheinlich, daß sie sich keineswegs bereits zum 15.-16. Jh. herausgebildet hatte. Damit aber gewinnen die sogenannten späten Texte des 16. und vor allem des 17. Jh.s - in der Forschung lange vernachlässigt - deutlich an Gewicht (KOTKOV 1968, 3-8; 1971; 1974).

Neben diesen unbestreitbaren Vorzügen, zu denen an erster Stelle die Rehabilitierung der Amtssprache gehört, weisen die sprachanalytischen Arbeiten, sowohl die Kotkovs als auch die seiner Mitarbeiter, ernsthafte Mängel auf. Zunächst ist hier auf die fehlende theoretische und methodologische Explizierung hinzuweisen. Stattdessen werden mechanistisch die üblichen Thesen der sovjetischen Schule zur russischen Sprachgeschichte wiedergegeben, so die o. e. These Vinogradovs. Auch wird der von Vinogradov postulierte *народно-разговорный* Typ ungebührlich glorifiziert, und die Analyse konzentriert sich häufig auf die Suche nach den Merkmalen nur dieses Sprachtyps. Ferner wird die Analyse grundsätzlich nicht systematisch durchgeführt, die Wahl der untersuchten Merkmale wird nicht begründet; es findet auch keine Gewichtung der Merkmale untereinander statt, so daß man nichts über deren jeweilige Relevanz für die russische Sprachgeschichte weiß. Auch die graphische Präsentation läßt zu wünschen übrig: man begegnet ausschließlich bloßen Auflistungen von einzelnen Beobachtungen, die weder tabellarisch zusammengefaßt noch ausgewertet werden. Entsprechend findet in den meisten Fällen auch keine abschließende Synthese statt. Diese Vorwürfe treffen im wesentlichen auch auf Arbeiten Kotkovs zu, in unvergleichlich höherem Maße aber auf die seiner Schüler und Mitarbeiter. Denn bei allen erwähnten Mängeln stellen die Beiträge Kotkovs immer noch solide und sorgfältige Sprachanalysen dar, zeigen ihn als einen ausgezeichneten Textologen und Korpuskenner. Die russische sprachhistorische Forschung verdankt ihm viele neue Impulse und Erkenntnisse[5].

Bei den meisten Arbeiten seiner Schule ist dagegen die Diskrepanz zwischen der Menge an vorliegenden Publikationen und dem Umfang der dadurch

[5] Eine gute Übersicht über Kotkovs Werk findet man in IVANOV/SUMKINA 1987, 3-13. Im selben Sammelband ist auch eine Liste der Werke Kotkovs veröffentlicht (254-259).

gewonnenen Einsichten in Sprachzustand und Sprachdynamik der untersuchten Epoche recht deutlich. Zumindest einer der Gründe dafür liegt m. E. in der erwähnten Loslösung der Empirie von der Theoriebildung, die der gesamten historischen Russistik eigen ist. Da die Thesen nicht durch die Korpusanalyse überprüft werden, findet auch keine Rückkoppelung statt. So werden die ungeprüften Thesen weiter vertreten, ihre Mängel bleiben unerkannt, und die konzeptionellen Lücken des Ansatzes bleiben bestehen. Die praktische Analyse aber muß, in Ermangelung theoretischer und methodologischer Stützen, notwendigerweise eklektisch und atomistisch bleiben, mit unscharfen Begriffen operieren, die zudem rein mechanistisch in die Arbeiten übernommen werden.

Von den untersuchten 82 Aufsätzen und 9 Monographien wird nur in 15 auf Theorie und Methode des Ansatzes rekurriert. In 6 davon ist dieser Bezug rein deklarativer Natur: die beiden zentralen Begriffe *лингвистическая содержательность* und *лингвистическая информационность* werden hier eingangs rein mechanisch samt den Definitionen (oft als bloßes Zitat aus Kotkov) als der theoretische Hintergrund der Arbeit aufgeführt. Es findet keine wirkliche Rezeption bzw. praktische Anwendung dieser Begriffe in der Analyse statt. Von den übrigen 9 Arbeiten sind vier die theoretischen Abhandlungen Kotkovs zur linguistischen Quellenkunde. Somit wird nur in fünf (!) Arbeiten überhaupt der Versuch unternommen, die theoretischen Grundlagen der Disziplin auf die Empirie zu projizieren. Meist gelingt dieser Versuch dann auch nicht. Es ist übrigens schon bemerkenswert, daß nicht einmal Kotkov selbst in seinen empirischen Beiträgen auf eigene theoretische Thesen Bezug nimmt. Genauso mechanistisch und unkritisch wie die beiden zentralen Begriffe des Ansatzes wird die These Vinogradovs übernommen, wobei die dabei grundsätzlich stattfindende Überbewertung des *народно-разговорный* Typ in keiner Weise begründet oder kommentiert wird. Damit erschöpft sich auch schon der theoretische Hintergrund der meisten Arbeiten, der auch in solch bescheidener Form nur in 30 der untersuchten 91 Arbeiten zu finden ist. Nicht besser verhält es sich mit der Analysemethode. Expliziert wird sie in irgendeiner Form nur in 29 der 91 Arbeiten. Als in theoretischer und methodologischer Hinsicht einigermaßen fundierte Arbeiten können von diesen 29 nur 17 bezeichnet werden. Dagegen fehlt in 22 von 91 Arbeiten jeglicher theoretische und methodologische Bezug bzw. eine derartige Explikation. Dies hat unmittelbare Auswirkung auf die Qualität der Analyse. Diese schwerwiegenden Vorwürfe sollen im folgenden durch die exemplarische Analyse einiger der Arbeiten belegt werden. Es wurden zu diesem Zweck vor allem neuere Arbeiten ausgewählt, um den rezenten Stand der empirischen Forschung vorzustellen. In diesem Zusammenhang sollte allerdings erwähnt werden, daß sich die Forschungsmethode in den fast 40 Jahren ihrer Existenz praktisch nicht verändert hat. Ein weiteres Kriterium bei der Auswahl war die

Nähe der Arbeiten zu den Fragen und der Thematik dieser Arbeit. Einige der Beiträge stellen durchaus interessante Ansätze vor, die geeignet scheinen, die theoretische und methodologische Stagnation innerhalb der Schule zu überwinden.

Hierher gehört z. B. der funktionale Ansatz von Sabenina. In ihrem Aufsatz *Связочные конструкции в функциональном аспекте* (SABENINA 1987) untersucht sie die Korrelation zwischen dem Vorkommen/Fehlen von nichtverbalen Kopulakonstruktionen und der Zugehörigkeit des Textes zu einer der beiden von ihr postulierten Gruppen:

1) hohe Genres bzw. das gesamte amtssprschliche Schrifttum oder

2) schriftliche Fixierung der mündlichen Rede / Privatkorrespondenz (l. c.).

In der zweiten Gruppe kommen Kopulakonstruktionen nämlich gar nicht vor, so daß sie tatsächlich als distinktives Merkmal für die Texttypologie eingesetzt werden können. Interessant erscheint in diesem Zusammenhang auch die Interpretation Sabeninas für die einzige Ausnahme, die Konstruktion vom Typ *есмь коузнець*. Für sie handelt es sich dabei funktional nicht um kopulalose Variante eines nicht-verbalen Satzes, sondern um einen rein nominalen Satz, analog dem *я нужен* (182). Diese Interpretation wird durch die Beobachtung gestützt, daß bei Verneinung nicht die Kopula selbst negiert, sondern die Negationspartikel hinter die Kopula eingesetzt wird. Trotz der sehr begrenzten Untersuchungsbasis und der etwas apodiktischen Thesenbildung zeichnet sich dieser Beitrag durch überdurchschnittliche methodologische Fundierung aus. Zu bemängeln ist allerdings, daß die Wahl gerade der Kopulakonstruktion nur durch das - auch nicht weiter begründete oder ausgeführte - Postulat gestützt wird, die Kopulakonstruktionen seien für die Schriftsprache des 11.-17. Jh. besonders charakteristisch (179).

In der Arbeit Kožins *Описательные типы текста в деловой письменности XVII века* (KOŽIN 1987), die eine deutlich textlinguistische Ausrichtung hat, wird die textkonstituierende Rolle von solchen Wörtern wie *живот*, *хлеб* untersucht (die als Schlüsselworte der Amtssprache postuliert werden), ihre Distribution und strukturell bedingte Postition im Text, ihre Auswirkung auf die Abfolge von Textelementen, die Rolle von diversen Qualifikatoren etc. Auch diese interessante und methodologisch innovative Arbeit zeigt leider die üblichen Schwächen: Man vermißt die Explikation des theoretischen Bezugs und der Methode selbst; weder die Amtssprache im allgemeinen noch das untersuchte Korpus werden näher bestimmt. Zu bemängeln ist auch die allzu unkritische Übernahme der konventionellen Sichtweise der russischen Sprachgeschichte. Ein Beispiel dafür ist die Behandlung der Frage der amtssprachlichen Norm. Der Autor nimmt, wenn auch sehr vorsichtig ausgedrückt, die Existenz einer solchen Norm an, begründet es aber mit dem Argument, diese Norm sei:

> "отражение общих, общерусских процессов, находивших свое отражение в сближении языка деловой письменности с формами книжно-письменного языка в пору перерастания языка велико-русской народности в язык русской нации" (*122*).

Somit wird hier das 17. Jh. aprioristisch als die Zeit der Formierung der - auch nicht näher definierten - Sprache der russ. Nation postuliert.

Näher mit der Normierung der Amtssprache befaßt sich die Arbeit *К вопросу о региональной деловой письменности XVII-XVIII вв. как источнике изучения истории лексики русского литературного языка* (BORISOVA 1987). Die Evolution der lexikalischen Norm wird als einer der zentralen Faktoren bei der Formierung des Nationalrussischen betrachtet. Diese Evolution sei am besten am Beispiel von minimalen lexiko-semantischen Gruppen (Synonympaaren/-reihen) zu erforschen (diese These wird leider nicht näher begründet). Borisova nimmt ferner an, daß sich das Russische bis ins letzte Viertel des 18. Jh.s in einem Übergangsstadium befunden habe, gekennzeichnet durch starke lexikalische Varietät und dementsprechend überreiche Synonymik. Den Grund dafür sieht sie in dem für diese Epoche charakteristischen Eindringen von lexikalischen Elementen unterschiedlichster Provenienz in die Schriftsprache, was die frühere lexikalische Homogenität ins Wanken brachte. Diese Thesen will Borisova durch die Untersuchung des Lexempaares *крыша - кровля* in einem größeren Textkorpus belegen. Ihre Analyse ist ein Beispiel für sorgfältige und umfassende Korpusuntersuchung. Zu bemängeln wäre hier allenfalls das Zuwenig an statistischer Auswertung und fehlende Aufschlüsselung der Archivsignaturen. Auch eine nach Textsorten differenzierte Auswertung der Ergebnisse würde vielleicht neue Einsichten in die Dynamik der lexikalischen Norm bringen. Schließlich muß auch auf die sehr enge Untersuchungsbasis (ein (!) Lexempaar) hingewiesen werden.

Mit der Syntax der Amtssprache (allerdings der des 18. Jh.s) beschäftigt sich seit längerem Sumkina. Sie vertritt die These vom direkten Zusammenhang zwischen den Textsorten der Amtssprache (im engeren Sinne) und deren syntaktischer Struktur (SUMKINA 1987a+b). Als das Hauptmerkmal der syntaktischen Struktur sieht sie das Verhältnis zwischen Parataxe und Hypotaxe an. Dahinter steht der Gedanke, daß die logischen Strukturen, die durch die Intention des Textes vorgegeben sind, sich in gewisser Weise in seiner Syntax widerspiegeln. Weiter wird dieser durchaus interessante Gedanke leider nicht ausgeführt. Als Material dienen diverse amtssprachliche Textsorten: *сказки, челобитные, расспросные речи* u. ä. Als Kontrastmaterial werden nicht-belletristische Texte hinzugezogen, die außerhalb der eigentlichen Amtssprache stehen (Memoiren, eine Stadtbeschreibung). In ihrer Monographie *Синтаксис московских актовых и эпистолярных текстов XVIII в.* (SUMKINA 1987a) wird allerdings auch eine Aufteilung in die Intention des Textes (der objektive

Faktor) und die Einstellung des Verfassers (der subjektive Faktor) vorgenommen (6; vgl. SUMKINA 1987b). Die postulierte Korrelation wird auch hier auf das Verhältnis zwischen Parataxe und Hypotaxe im Text projiziert. Die Parataxe markiert dabei die Kontrastierung, während durch Hypotaxe Analyse bzw. Wertung ausgedrückt werden (7f.). Der Ansatz lehnt deutlich an Potebnja (und auch Buslaev) an; auffallend ist, daß keine nicht-russischen Arbeiten berücksichtigt werden, obwohl die Anbindung z. B. an die Diskursanalyse sich hier geradezu anbietet (diese Nichtbeachtung der nicht-sovjetischen Forschung stellt übrigens ein Charakteristikum der gesamten russischen diachronen Schule dar. Das gilt allerdings auch vice versa: so hat die westliche Forschung die Arbeiten zum *лингвистическое источниковедение* praktisch noch gar nicht rezipiert). Vor dem Hintergrund ihrer Thesen postuliert Sumkina einen prinzipiellen Unterschied zwischen dem Akten- und dem epistolaren Schrifttum: bei dem einen dominiert die Intention und damit objektive Faktoren, manifestiert durch Parataxe; bei dem anderen, der Korrespondenz, ist der Anteil des subjektiven Faktors stärker ausgeprägt, was einen höheren Anteil an Hypotaxe mit sich bringt. Die Analyse operiert nicht auf Satzebene; als Grundeinheit dienen hier *текст* bzw. *сообщение* (10). Der Begriff *Text* wird übrigens innerhalb der Arbeit in verschiedenen Bedeutungen benutzt. Die Grenzen variieren hier von *сообщение* bis hin zu *памятник*. Manchmal drängt sich auch der Verdacht auf, daß die Analyse weniger als Verifizierungsmittel, sondern vielmehr zur Untermauerung eigener Thesen gebraucht wird. Der Aussagewert dieser nicht uninteressanten Untersuchung wird auch durch das Fehlen der Auswertung und der Synthese gemindert, sowie durch die fehlende Belegung der Thesen durch Texmaterial. Obwohl Sumkina selbst ihre Arbeit als durchaus im Rahmen des *лингвистическое источниковедение* stehend versteht, geht auch sie nicht über das bloße Zitieren von Kotkov hinaus, weder im theoretischen noch im analytischen Teil der Arbeit (9, 139).

Leider muß auch bei dieser Autorin auf die Diskrepanz zwischen dem theoretischen Anspruch und seiner Einlösung in der Textanalyse hingewiesen werden: es fehlt die Auswertung der Daten, und die Analyse verkommt zur bloßen Aufzählung einzelner Merkmale. Zum Schluß noch eine kleine kritische Anmerkung, die sich allerdings nicht nur gegen Sumkina, sondern gegen fast die gesamte diachrone Russistik richtet: die Spezifik der jeweiligen Epoche wird nicht beachtet. So findet bei Sumkina keine entsprechende Differenzierung des untersuchten Briefmaterials statt. Dabei gehören zu diesem Korpus so unterschiedliche Briefe wie die M. M. Ščerbatovs, eines hochgebildeten Intellektuellen der katharinischen Epoche, die Postnikovs, eines Gesandten Peters I., der noch ganz ein Mensch des 17. Jh.s ist, und zweier petrinischer Hofdamen, der Tochter und der Schwägerin B. I. Kurakins, eines Gefährten Peters I., in denen sich eine eigenartige Mischung der alten und neuen Sprach-

und Stilelemente findet. Abgesehen von der hier relevanten zeitlichen und sozialen Divergenz, ist das Korpus auch intentional inhomogen: Postnikovs Briefe sind weniger Privatbriefe als vielmehr Diplomatenberichte; die Briefe Ščerbatovs stehen ganz in der für das späte 18. Jh. charakteristischen Tradition eines moralisierenden Vaterbriefes; und in den Briefen der beiden Kurakinas ist der Einfluß der *грамотки*-Tradition noch sehr deutlich. Und diese drei so unterschiedlichen Korpora werden dann als ein Ganzes dem Korpus der Aktentexte gegenübergestellt (Es sei in diesem Zusammenhang darauf hingewiesen, daß das von mir untersuchte Korpus auch einige Briefe dieser Adressanten enthält: einen Brief Postnikovs (Z1696) sowie mehrere Briefe der Kurakinas im Grundkorpus; mehrere Briefe Ščerbatovs in dem kontrastiven Korpus).

Smolina, die nicht zur eigentlichen Schule der linguistischen Quellenkunde gehört und sich auch nicht unmittelbar mit der Privatkorrespondenz befaßt, untersucht die Besitztumslexik im Russischen im 11.-17. Jh. Ihre Arbeit (SMOLINA 1990) soll hier aus folgenden Gründen vorgestellt werden: zum einen stützt sich die Analyse auf eine solide und explizierte theoretische Basis (historische Semasiologie mit deutlicher Anbindung an den inhaltsbezogenen Ansatz Karaulovs), zum anderen ist auch der analytische Teil wohlstrukturiert, die Analyse wird nach einheitlichen, explizierten Kriterien durchgeführt, und die einzelnen Daten werden einer Synthese unterzogen. Es wird das gesamte lexikalische Feld des Besitzes in die Analyse einbezogen, wobei von der allgemeinen zur immer engeren, konkreten Bedeutung vorgegangen wird. Die einzelnen Lexeme werden nach einheitlichem Schema untersucht, das auch solche Faktoren berücksichtigt wie die Daten der anderen slavischen Sprachen, den semantischen wie distributionellen Wandel, die Kollokationen, das Alter der einzelnen Lexeme u. a. m. So ist diese Arbeit trotz einiger Schwächen, auf die weiter unten verwiesen wird, als eine fundierte und aussagekräftige Analyse eines wichtigen semantischen Feldes des Russischen zu werten. Etwas abgeschwächt wird der Gesamteindruck durch nicht immer ausreichende Untermauerung des recht hohen theoretischen Anspruchs durch das Datenmaterial. Das geht manchmal so weit, daß einige der zentralen Thesen gar nicht durch Analysedaten gestützt werden, so die These von der weitgehenden Korrelation zwischen dem sozialen und dem semantischen Wandel (33, 179). Auch wird von der Autorin der für die sovjetische Schule charakteristische Versuch, die lexikologische mit der semantischen Analyse zu verschmelzen, unkritisch und unkommentiert übernommen. So kommt sie zu einer zirkulären Definition der lexikalischen Bedeutung bzw. des Sems:

> "Совокупность сем (семантических компонентов) составляет лексическое значение слова. Лексическое значение слова ... - это определенным образом организованная совокупность семантических компонентов - сем. Под семантическим компонентом (семой) нами

понимается минимальная единица лексического значения, отражающая отдельный признак денотата, с которым соотнесено данное лексическое значение" (*12 - hervorgehoben von Smolina – A. K.*).

Smolina übernimmt auch allzu unkritisch fremde Thesen und Theorien (5, 33f.). Unter der Fülle dieser fremder Thesen leidet dann die Distinktheit des eigenen, doch recht interessanten Ansatzes. Zum Schluß sei noch auf den sehr weiten zeitlichen Rahmen der Untersuchung hingewiesen, der allerdings von der Autorin explizit begründet wird (7, 32f.). Dieses an sich nicht ungefährliche Verfahren wird auch dadurch entschärft, daß mit der Weite der zeitlichen Spanne die Eingrenzung auf nur ein semantisches Feld einhergeht. Es sei hier noch einmal ausdrücklich darauf hingewiesen, daß all diese Mängel die prinzipielle Relevanz der Arbeit von Smolina nicht in Frage stellen.

Außerhalb der Schule der linguistischen Quellenkunde steht auch die etwas ältere Arbeit *О применении формализации к описанию деловых текстов* (OREŠNIKOV 1964), die auf dem applikativ-generativen Modell Šaumjans aufbaut. Auch wenn zu bezweifeln ist, daß dieses Modell ein adäquates Bescheibungsinstrument für die Amtssprache sein kann, sollte dieser m. W. einzige Versuch, Šaumjans Modell auf altes russisches Schrifttum anzuwenden, hier nicht unerwähnt bleiben.

Viele Arbeiten aus der Schule Kotkovs befassen sich mit der lexikalischen Analyse. Im Vordergrund steht dabei häufig die Frage der Normierung der Amtssprache. So auch in dem Beitrag Majorovs *Формуляр и лексическая содержательность явочных челобитных* (MAJOROV 1987). Der Autor geht hier davon aus, daß diese Textsorte eine deutliche Norm aufweist, (und daß man den zeitlichen Verlauf dieses Normierungsprozesses beobachten kann). Die Normierung wird am *формуляр* festgemacht, das aus drei Klauseln besteht, von denen nur die Schlußklausel eine gewisse Varianz aufweist. Das wird am Textmaterial überzeugend belegt. Der Übergang vom theoretischen Teil zur konkreten Lexikanalyse kommt allerdings etwas unvermittelt. Untersucht wird die semantische Gruppe *неправомочные действия*. Dabei werden auch diverse historische Lexika hinzugezogen. Auch der analytische Teil hört etwas unvermittelt auf, ohne daß auf die Analyse eine Synthese folgt. Diese Arbeit stellt einen guten textologischen Beitrag dar, weist aber in anderer Hinsicht Schwachstellen auf: Auch hier wird die Methode nicht erläutert, die theoretische Einbeziehung des Vorhabens ist recht dürftig, die Analyse beschränkt sich auf die bloße Auflistung von Einzeldaten, ohne jede Auswertung, ohne Synthese, und dazu operiert sie noch auf der überaus engen Basis einer einzigen lexikalischen Gruppe.

Die Existenz einer deutlichen, wenn auch nicht kodifizierten Norm für die Amtssprache des 17. Jh.s postuliert auch Kotkova in ihrem Aufsatz *Выявление московских лексических норм XVII в. путем сравнения с периферийными данными* (KOTKOVA 1987). Diese Norm basiert einerseits auf der Moskauer koiné, andererseits auf *приказная традиция*. Die Norm wird eruiert, indem die Sprache der lokalen Dokumente mit der Moskauer verglichen wird, und zwar unter der Prämisse, daß der Anteil der Lokallexik in den Moskauer Texten unvergleichlich kleiner sei. Dank dem Usus, in allen möglichen amtlichen Antwortschreiben den Inhalt des erhaltenen Schreibens wiederzugeben, und zwar wörtlich, hat man jeweils zwei Fassungen ein und desselben Textes zur Verfügung. Diese These wird an zahlreichen Textbeispielen überzeugend belegt. Die Rolle der normtradierenden Mustertexte spielten nach Kotkova hier *образцовые книги*. Obwohl auch diese Arbeit von theoretischen und methodologischen Schwächen nicht ganz frei ist, bietet sie auf jeden Fall eine sorgfältige und fundierte Textuntersuchung.

Der Lexik ist auch die Monographie *Лексика западносибирской деловой письменности (XVII - первая половина XVIII в.)* gewidmet (PANIN 1985). Hier werden bestimmte Gruppen der konkreten Lexik untersucht: Begriffe für Baulichkeiten, Kleidung, Schule, Gewerbe, geographische Begriffe. Diese Auswahl wird eher soziolinguistisch begründet: sie deckt nach Panin *"основные виды деятельности человека"* ab (8). Das zentrale Anliegen der Arbeit ist die Beschreibung des lexikalischen Systems von westsibirischen Mundarten. Praktisch stellt die Analyse aber nur eine Auflistung einzelner Lexeme der genannten thematischen Gruppen dar, und zwar jeweils von der allgemeinen hin zur speziellen Lexik. Wie auch in vielen anderen Arbeiten fehlen auch hier sowohl die statistischen Daten als auch ihre Auswertung, wie auch eine Synthese. Zu den leider auch sonst verbreiteten Mängeln gehört ferner die sehr ungünstige graphische Präsentation der Analyseergebnisse: der Analysetext wird hier nicht einmal durch Absätze unterteilt, ganz zu schweigen von fehlenden Tabellen, Übersichten u. ä. Die Analysemethode wird nicht einmal im Ansatz erläutert, ja sie wird nicht einmal genannt. Das gilt auch für den theoretischen Bezug; die Analyse stützt sich auf so vage Thesen wie die von der Existenz zweier *речевые стихии* (95). Es taucht auch der diffuse Begriff *общенародный язык* wiederholt auf. Die eingangs formulierten Ziele der Analyse (wie die Angaben zur Genese, zu semantischen Verbindungen und zum späteren Schicksal der untersuchten Lexik) werden nur ungenügend erfüllt. Angesichts der fehlenden Stringenz der Analyse verwundert es nicht, wenn Panin zu der an Generalisierung nicht zu überbietenden Schlußfolgerung kommt, das Schicksal der untersuchten Lexeme sei recht unterschiedlich (42).

Nicht unproblematisch erscheinen auch einige Postulate Panins. Er geht z. B. explizit von der Existenz der Kodifizierung auch für die Amtssprache aus, die er in Abgrenzung von der des (R)KSl bestimmt, die als in sich geschlossenes System gesehen wird. Die Kodifikation der Amtssprache dagegen "не замыкалась внутри себя, как это, например, имело место в церковнославянском языке сравнительно поздней эпохи, но имела своим и отправным и конечным пунктом разговорную речь" (*6*).

Eine Begründung für diese Sichtweise (und für die übliche These von der Formierung der Nationalsprache im 17. - frühen 18. Jh.) bleibt Panin schuldig (181). Es sei auch darauf hingewiesen, daß das Korpus nicht einmal auf der Ebene der Textsorten bestimmt wird: Panin beschränkt sich auf so globale Angaben wie *Чаусская судная изба, Сибирский приказ* u. ä. (8).

Ein Beispiel dafür, wie oberflächlich der Bezug zur Theorie in vielen Arbeiten ist, bietet der Aufsatz *Некоторые данные о составе лексики отказных книг* (VAŠČENKO 1982), dessen Ziel es ist, *лингвистическая содержательность* wie auch *лингвистическая информационность* dieser Textsorte aufzuzeigen. Der Analyse wird die (weder näher erläuterte noch begründete) These zugrundegelegt, daß *отказные книги* in sich sowohl Merkmale der Amtssprache als auch des *народно-разговорный язык* und der südrussischen Mundarten vereinen. Konkret werden einige lexikalische Gruppen untersucht, deren Auswahl auch nicht begründet wird. Die Analyse enthält keine statistische Aufschlüsselung, keine Interpretation und keine Synthese.

Ähnlich unbefriedigend ist die Analyse im Aufsatz *Употребление глаголов перемещения и местонахождения в южновеликорусских отказных книгах XVII в.* (POPOVA 1987). An theoretisch-methodologischen Ausführungen findet sich hier jeweils nur ein knapper Verweis auf Filin, der sich mit ähnlicher Thematik befaßt hat, und auf Kotkov, denn die Arbeit versteht sich als Fortsetzung von dessen Studien zum Südgroßrussischen. Untersucht werden 16 Verben, deren Auswahl unkommentiert bleibt. Hier ein Beispiel für den Aufbau der Analyse:

"Глагол *лежать* сочетается с лексемами *дорога, поле* и обозначает местонахождение горизонтально расположенного объекта. Примеры со словом поле обычно имеют вторичную номинацию (*лежит порозже, лежит впусте*), которая усиливает в глаголе значение пребывания (ср. аналогичное толкование в СлРЯ XI-XVII вв., вып. 8, с. 197)" (*162*).

Angesichts so dürftiger Analyse bleibt unklar, wie die Verfasserin zur folgenden Schlußfolgerung gelangt:

"итак, в отказных книгах лексическая сочтаемость очень широко отражает географические производно-номинативные значения глаголов перемещения и местонахождения; выявляет значительное число употреблений этих глаголов для обозначения поселений и переселений людей;" (*163*).

Noch dürftiger ist die Analyse in der Arbeit *Употребление конструкции отдать ся грамотка в письменности XVII в.* (VLADIMIROVA 1987). Abgesehen von den auch sonst verbreiteten und bereits mehrfach erwähnten Mängeln, wie der fehlenden Explikation der Methode und des theoretischen Hintergrunds, dem Fehlen von statistischen Angaben, dem Fehlen einer näheren Bestimmung des

Korpus, der sehr engen Untersuchungsbasis, ist diese Arbeit dadurch gekennzeichnet, daß sie die zu demselben Thema bereits erschienenen Arbeiten weder berücksichtigt noch auch nur erwähnt. Das erscheint um so verwunderlicher, als ja gerade Kotkov zu der Konstruktion *трава косить* sich wiederholt geäußert hat (KOTKOV 1980, 141ff.; 218f.). Daß die Arbeit Vladimirovas in der Gedenkschrift für Kotkov erschienen ist, macht diese Nichtbeachtung seiner Arbeiten noch auffälliger.

Die 1991 erschienene Arbeit *Отводные книги Соловецкого монастыря 1649-1711гг. (Оружейная лексика)* (ODINCOV 1991) zeigt, daß die o. e. Schwächen auch heute noch nicht überwunden sind. In dieser Arbeit sucht man vergebens nach Hinweisen sowohl zur Theorie als auch zur Methode der Analyse, die selbst auch nur eine Auflistung von Einzeldaten ist, bar jeder Interpretation, Auswertung oder Synthese.

Auf einem anderen Gebiet zeigen allerdings viele Arbeiten ein deutlich höheres Niveau. Man begegnet hier häufig fundierten, umfassenden und sehr sorgfältigen textologischen und archäographischen Kommentaren zu den untersuchten Texten. Ein gutes Beispiel für eine minutiöse kontrastive textologische Studie bietet der Aufsatz *Оуказъ како кнги перѣплѣтати как источник по специальной лексике книжного дела* (KALUGIN 1987), in dem der Verfasser anhand mehrerer Abschriften den Protographen rekonstruiert und ihn von anderen ähnlichen Anweisungstexten überzeugend abgrenzt.

3.2.3. Editorische Leistung

Als eingangs auf die herausragende Leistung der Schule Kotkovs hingewiesen wurde, die sie bei der Aufarbeitung des 17. Jh.s geleistet hat, bezog sich das vorwiegend auf deren editorische Arbeit. Dieser Schule verdanken wir zahlreiche Editionen von hoher Qualität, und das nicht nur zum 17. Jh. Um die Breite dieser Leistung zu zeigen seien hier einige von ihnen genannt (die Zahlen in den Klammern beziehen sich auf das jeweilige Erscheinungsjahr):

Изборник 1076 г. (1965)
Отказные книги (1969)
Успенский сборник (1971)
Вести-Куранты 1600-1650 гг. (4 Bde; 1972-1983)
Акты Русского государства 1505-1526 гг. (1975).

Hinzu kommen mehrere Editionen von sogenannten *грамотки* des 17.- frühen 18. Jh.s. Mit diesen Editionen wurde eine große Menge des alten russ. Schrifttums zum ersten Mal der wissenschaftlichen Öffentlichkeit zugänglich gemacht, und zwar überwiegend solche Texte, die genauso lange wie unverdient außerhalb des Interessenkreises der diachronen Russistik gestanden haben. Das Hauptverdienst gebührt hier unbestritten Kotkov, der jahrzehntelang unermüdlich seine Aufklärungsarbeit betrieben hat. Immer wieder wies er auf die Notwendigkeit hin, die theoretische Diskussion durch gesicherte empirische Daten zu stützen. Dies setzt verständlicherweise die Existenz von für linguistische Zwecke geeigneten Textausgaben voraus. Besonders dringend ist solcher Bedarf im Falle von *скоропись*-Texten des 16. und 17. Jh.s, die man ohne spezielle Schulung kaum lesen kann. Dadurch ist nach Kotkov auch die Tatsache bedingt, daß die sprachhistorischen Untersuchungen sich immer wieder auf dieselben Texte stützen und ein unverhältnismäßig großes Korpus des alten Schrifttums unberücksichtigt lassen (KOTKOV 1980, 6, 57, 170: In diesem Zusammenhang sei auch auf die Klagen Lichačevs zum niedrigen Niveau der textologischen Kompetenz der russ. Philologen verwiesen (LICHAČEV 1962)).

Kotkov hat sich aber nicht auf Appelle beschränkt, er war maßgeblich an der Erarbeitung und Etablierung neuer Editionsregeln beteiligt und hat selbst mehrere Textausgaben veröffentlicht. Ihm ist es zu verdanken, daß die zahlreichen innerhalb seiner Schule erstellten Editionen nach einheitlichen Regeln angefertigt wurden und sich sowohl für linguistische als auch für allgemein philologische Analysen eignen. Hier einige dieser Regeln:

> der Text wird in Wörter segmentiert (eine besonders wichtige Leistung bei *скоропись*-Texten); die Graphie des Originals wird weitestgehend beibehalten; die über der Zeile liegenden *выносные буквы* werden in die Zeile integriert, allerdings graphisch abgesetzt; die Abkürzungen des Originals werden beibehalten; die Zeilen- und Seitenbrüche werden markiert; die abweichenden Schreibweisen sowie Schreibfehler und Defekte der Handschrift werden vermerkt und kommentiert.

Die editorische Arbeit erschöpft sich nach Meinung Kotkovs nicht allein in der korrekten Wiedergabe des Originals; er weist wiederholt auf die Notwendigkeit von historischen, kulturologischen, soziolinguistischen Kommentaren hin und bemängelt das Fehlen solcher quellenkundlicher Begleitung in der historischen Russistik (KOTKOV 1980, 59). Er stimmt in diesem Punkt mit Lichačev überein, der seit Jahrzehnten die Notwendigkeit einer ganzheitlichen Behandlung des alten Schrifttums betont, wobei die Texte als komplexe überlinguistische bzw. überliterarische Einheiten zu behandeln sind. Es darf in diesem Zusammenhang allerdings nicht unerwähnt bleiben, daß auch in Kotkovs Editionen solche Kommentare in sehr unterschiedlichem Umfang vertreten sind. Dennoch kann das editorische Werk von Kotkovs Schule nicht hoch genug bewertet werden. Um so unverständlicher erscheint es, daß diese Leistung außerhalb des eigentlichen Kreises der linguistischen Quellenkunde kaum wahrgenommen wird und man bei der Behandlung der russischen Sprachgeschichte auf diese Editionen nur sehr zögerlich zurückgreift.

3.2.4. Zusammenfassung

Es bleibt abschließend festzustellen, daß der hervorragenden editorischen Arbeit der Schule Kotkovs, die auch durchaus theoretisch und methodologisch fundiert ist, keine vergleichbaren Leistungen auf den anderen Arbeitsgebieten gegenüberstehen. Es scheint an der Zeit, daß sich die linguistische Quellenkunde auf ihr eigenes Postulat besinnt, daß die linguistisch verwertbaren Editionen eine zwar unverzichtbare, jedoch nur eine Vorstufe für die eigentliche Sprach- und Textanalyse darstellen. Es ist notwendig, die Forschung zu koordinieren und in einen weiteren methodologischen Gesamtrahmen zu integrieren. Dabei wird auch kein Weg daran vorbeiführen, die von Kotkov vor fast 40 Jahren ausgearbeiteten ersten Thesen und Richtlinien der Disziplin einer kritischen Prüfung zu unterziehen, um so die heute evidente Diskrepanz zwischen dem allzu abstrakten und allzu generellen theoretischen Rahmen des Ansatzes und dessen empirischer Richtung zu überwinden. Angesichts des praktischen Zerfalls dieser Schule nach dem Tode Kotkovs ist damit allerdings in der nächsten Zukunft kaum zu rechnen.

3. 3. Das 17. Jh. und die Periodisierung des Schriftrussischen

Das 17. Jh. wird häufig als das Ende der aruss. Sprachepoche angesehen. Im folgenden sollen in einer kleinen Übersicht einige Auffassungen zur Periodisierung der russischen Sprachgeschichte und zur Stellung des 17. Jh.s in ihr gegeben werden. In diesem Zusammenhang soll auch die Stellung der petrinischen Epoche erörtert werden. Auch hierzu gibt es durchaus divergierende Auffassungen, sowohl in der Einschätzung des frühen 18. Jh.s als auch in der Frage des Verhältnisses zwischen dem 17. Jh. und dieser Epoche. Einig ist man sich eigentlich nur darüber, daß die Sprache des 16. Jh.s sich von der des 19. Jh.s deutlich unterscheidet. Genauso deutlich aber divergieren die Einschätzungen der Zeit zwischen 1600 und 1800.

3.3.1. Traditionelles Periodisierungsschema

Das konventionelle Periodisierungsschema des Schriftrussischen (*Literatursprache*) sieht folgendermaßen aus:

I. Altrussische Epoche:
  1. Kiever Zeit (10.-13. Jh.)
  2. Moskauer Zeit (14.-16. Jh.)

II. Neurussich: spätestens ab Puškin.

Dabei wird die fragliche Zeit (17.-18. Jh.) recht unterschiedlich in das Schema integriert. Während das 17. Jh. noch durchaus einstimmig der aruss. Zeit zugerechnet wird, scheiden sich bei der Bewertung des 18. Jh.s die Geister, vor allem über seine erste Hälfte (die zweite wird normalerweise ohne Kommentar der Neuzeit zugeordnet), wobei die Aussagen zu dieser Periode der russischen Sprachgeschichte meist spärlich und von sehr allgemeiner Natur sind. So geht Uluchanov von der Existenz einer sprachlichen Dichotomie aus, deren Zerfall er um die Mitte des 16. Jh.s ansetzt (ULUCHANOV 1972, 76f.). Im Zuge dieses Zerfalls kommt es zur Expansion sowohl der Amtssprache als auch des *древнерусский литературный язык*, wobei diese Expansion auf Kosten des (R)KSl geschieht. So entsteht das neue Schriftrussisch, als Resultat von Interferenz zwischen der Belletristik und der Amtssprache (106). Ab wann aber der Wandel von der alten zur neuen Sprache als vollzogen anzusehen ist, bleibt unklar.

Während für Uluchanov die Amtssprache außerhalb der eigentlichen Literatursprache liegt, schließt sie Kovalevskaja in die Extension des Schriftrussischen mit ein und vertritt die bekannte Vinogradovsche These von zwei Typen e i n e r Literatursprache (KOVALEVSKAJA 1978). Für die Moskauer Epoche wird von ihr sprachliche Dualität angenommen, manifestiert durch die Opposition *schriftlich* : *mündlich* (109f.). Die Amtssprache wird als die eigentliche Sprache des russischen Volkes verstanden (131), deren Basis die Moskauer koiné bildet. Von der Mitte des 17. Jh.s an zerfällt die alte Sprachsituation, wobei sich die beteiligten Sprachsysteme gegeneinander öffnen (130ff.). In der petrinischen Zeit kommt es dann zur Konvergenz von Schrift- und Kolloquialsprache (diese letztere wird nicht näher erläutert); somit wird der sprachliche Dualismus aufgehoben und durch die neue einheitliche Schriftsprache abgelöst. Diese zeigt allerdings in ihrer Anfangsphase noch deutliche Heterogenität und Varietät (166). In der nachpetrinischen Zeit setzt eine bewußte Auseinandersetzung mit der schriftsprachlichen Problematik ein. So kommt es auch zur Erarbeitung der Stiltheorie von Lomonosov, deren *средний стиль* für Kovalevskaja die Basis des modernen Russischen bildet. Mit Karamzin kommt dann die Ausrichtung an der Syntax der *художественная литература* und der kultivierten Konversationssprache (231ff.).

Diese Arbeit Kovalevskajas bietet zwar eine differenziertere Behandlung der hier interessierenden Epoche als allgemein üblich, sie ist jedoch noch immer nicht genügend distinkt. Und auch hier ist die deutliche Anlehnung an die Periodisierung der Sozialgeschichte zu vermerken.

Meščerskij lehnt im Gegensatz zu Uluchanov und Kovalevskaja die Existenz des sprachlichen Dualismus sowohl für die Kiever als auch für die Moskauer Zeit ab (MEŠČERSKIJ 1981, 42ff.). Er postuliert eine einheitliche aruss. Sprache, mit sowohl schriftlicher als auch mündlicher Variante. Die schriftliche Variante weist in der Kiever Zeit drei Typen auf: *церковно-книжный, деловой* und *народно-литературный* (111). In der Moskauer Zeit sind dann nur noch die beiden ersten Typen repräsentiert (113). Sein Schema baut auf dem Zeitpunkt der Nationbildung um die Mitte des 17. Jh.s auf. Im übrigen folgt er aber der traditionellen Periodisierung mit ihrer undifferenzierten Behandlung des 17. Jh.s und der petrinischen Epoche.

Solche Anbindung der Periodisierung der Sprachgeschichte an die der Sozialgeschichte findet man auch bei Gorškov, der zwei Hauptperioden des Schriftrussischen ausmacht, die vornationale, die im 17. Jh. endet, und die nationale, die im 17. Jh. beginnt (GORŠKOV 1984, 55). In der Tradition der russischen Schule bleibt er auch, wenn er die Kontinuität und den sukzessiven Charakter der Sprachentwicklung annimmt:

> "Деление истории русского литературного языка на эпохи, периоды и подпериоды не означает, что между ними существуют разрывы традиции. Все смежные этапы истории языка связаны и соотнесены друг с другом." (57).

Er schlägt folgendes Periodisierungsschema vor:

I. Vornationale Epoche (Bildung und Entwicklung der aruss. Literatursprache)
   1) Literatursprache des aruss. Volkes (ein durchaus frequenter Begriff in der historischen Russistik - A. K.; vgl. dazu □UKOVSKAJA 1972, 75): vom 11. bis zum frühen 14. Jh.s;
   2) Literatursprache des großruss. (russ.) Volkes: 14.-17. Jh.;

II. Nationale Epoche der russ. Literatursprache
   1) Formierung der nationalen russ. Literatursprache: ab ca. 1650 bis Puškin;
   2) Entwicklung der russ. Literatursprache von Puškin bis Anfang des 20. Jh.s;
   3) Sovjetische Epoche der russischen Literatursprache (l. c.).

Auch Gorškov gehört wie die ganze offizielle sovjetische Schule zu den Gegnern der Diglossiethese von Uspenskij und zu den Anhängern der weitgehend autochthonen Entwicklung des Standardrussischen. Bemerkenswert ist allerdings (auch das gilt nicht nur für ihn), daß sich seine Argumentation nicht auf die Daten der Sprache als solcher stützt, sondern mit den Thesen und Postulaten diverser russistischer Autoritäten von Šachmatov und Obnorskij bis in die Gegenwart operiert (57-73 et pass.). Im übrigen vetritt auch er die Vinogradovsche These. In der zweiten Hälfte des 17. Jh.s kommt es nach Gorškov zur Expansion der *демократическая литература* (noch ein beliebter und undefinierter Topos der diachronen Russistik) und zum *"решительный отход от старых книжно-славянских традиций"*,- zur Ausrichtung der Schriftsprache an der Kolloquialsprache (155). Gleichzeitig findet ein Prozeß der Konvergenz zwischen dem *народно-литературный тип* und der

Amtssprache statt, wobei die letztere in das einheitliche System der Literatursprache integriert wird (160). Diese Tendenz ist auch für die petrinische Zeit charakteristsch. Sie nimmt aber andere Dimensionen an:

> "в петровское время не просто изменялся состав литературного языка, а разрушались старые системные связи языковых единиц в пределах текста, создавались новые словесные ряды, которые пока еще не получали четкого композиционного оформления в сложном единстве целого." (*168*).

In der nachpetrinischen Zeit setzt dann mit Kantemir die bewußte Arbeit an der neuen Literatursprache ein (172ff.).

Die Korrelation zwischen der Sozial- und der Sprachgeschichte gehört auch heute noch zu den zentralen, obgleich nicht hinterfragten Postulaten der diachronen Russistik. Man findet sie auch in einer 1992 erschienenen Arbeit *Введение в историю русского литературного языка* wieder, die eigentlich gar nicht in der Konvention der offiziellen Russistik steht, sondern deutliche soziolinguistische Ausrichtung und eine ungewöhnlich differenzierte Behandlung verschiedener Sprachformen aufweist (LYKOV 1992).

Auch Filin hat sich intensiv mit der Geschichte der Schriftrussischen befaßt. Das Ergebnis seiner langjährigen Arbeit stellt die Monographie *Истоки и судьбы русского литературного языка* dar (FILIN 1981). Auch er, wie Meščerskij, räumt dem KSl höchstens die Rolle eines Katalysators bei der Entwicklung des Schrift- und Standardrussischen ein. Das heutige Russisch ist für ihn das Ergebnis einer kontinuierlichen, sukzessiven und autochthonen Entwicklung des Ostslavischen (Filin: *Altrussischen*) an. Allerdings geht er von der Existenz zweier selbständiger Schriftsprachen in der Zeit vor dem zweiten südslavischen Einfluß aus, die jeweils zwei Untertypen aufweisen:

I. (R)KSl
   a) liturgisch
   b) slavenorussisch

II. Altrussische Literatursprache
   a) Amtssprache
   b) *повествовательно-литературный* Typ (259).

Beide Schriftsprachen weisen Norm auf und werden von der russischen Gesellschaft als zwei Sprachen empfunden (232ff.). Nach dem 2. südslavischen Einfluß setzt dann ein Prozeß der Divergenz ein. Im 17. Jh. kommt es zur Nationbildung, was sich auch auf die Sprachentwicklung auswirkt. Als Basis der sich formierenden russ. Nationalsprache sieht Filin die Moskauer koiné an (102). Aber auch die sogenannte Mischsprache (Chroniken u. ä), sowie die Entlehnungen aus Fremdsprachen sollen dabei eine Rolle gespielt haben (170). Das 17. Jh. wird aber auch bei Filin nur gestreift, den Schwerpunkt seiner Ausführungen bildet die Polemik pro autochthone Entwicklung des Russischen.

Einer der besten Kenner der russischen Sprachgeschichte war unbestritten Larin. Auch er neigt allerdings dazu, die Rolle des KSl herunterzuspielen, wenn auch nicht so stark wie Meščerskij oder Filin. Was die hier interessierende Epoche betrifft, so geht Larin davon aus, daß im 16.-17. Jh. in den Moskauer *посады* eine neue Schicht von für damalige Verhältnisse gebildeten Amtsträgern und Kaufleuten entsteht, deren Kolloquialsprache im ausgehenden 17. Jh. den Rang einer homogenen mündlichen Verkehrssprache errreicht. Diese wird dann auch in der Literatur der *посады* benutzt, was das alte Genresystem ins Wanken bringt. Die alte Opposition *kirchliches* vs. *weltliches* Schrifttum wird schrittweise aufgehoben (LARIN 1975, 258ff.). Dieser Prozeß der Säkularisierung und der Demokratisierung der Schriftsprache wird durch die petrinischen Reformen stark beschleunigt. Die Schriftsprache dieser Epoche tendiert zur Konvergenz mit der Volkssprache, was ein sehr heterogenes Sprachbild ergibt. Die nachpetrinische Zeit bringt dann eine sozialpolitisch bedingte Kehrtwende in der Sprachentwicklung. Die Oberschicht tendiert nun dazu, "ihre" Sprache von der des gemeinen Volkes abzugrenzen. Die Ausrichtung auf ein westeuropäisches Schriftsprachenmodell ist dabei deutlich (Gallomanie). So bewertet Larin (zu Recht) auch die üblicherweise als eigenständige russische Entwicklung reklamierte Theorie der drei Stile Lomonosovs als eine Entlehnung aus Westeuropa (307). Gleichzeitig mit den Bestrebungen der adligen Gesellschaft, ihre Sprache von der des Volkes abzugrenzen, ist aber nach Larin auch die immer stärker werdende Tendenz der Bildungselite zu verzeichnen, die Kolloquialsprache in die Wissenschaft und Literatur zu integrieren. Dieses Ziel soll aber erst zur Puškins Zeit erreicht worden sein (296: dabei ist eine solche für die gesamte Gesellschaft gültige Verkehrssprache für diese Epoche eine Fiktion, und zwar gleichermaßen für Rußland wie für Westeuropa - A. K.).

Die eben erläuterten Standpunkte gehören alle der sovjetischen Zeit an. Zum Kontrast soll hier noch die Auffasssung Sobolevskijs vorgestellt werden, eines der besten Kenner der russischen Sprachgeschichte im vorrevolutionären Rußland. Demnach besaß der Kiever Staat zwei Schriftsprachen, das (R)KSl und die Amtssprache (Sobolevskij erwähnt in diesem Zusammenhang noch einzelne Lokalvarianten, deren Status aber nicht näher bestimmt wird - Sobolevskij 1980, 22f.). In der Moskauer Zeit entfernt sich das Russische immer mehr vom (R)KSl (50f); gleichzeitig nimmt die Amtssprache an Umfang und Bedeutung zu (53f.). Im ausgehenden 17. Jh. formiert sich die neue Konversationssprache, die sich nach und nach von ihrer volkssprachlichen Basis entfernt. Dies ist bedingt durch das ksl. orientierte Bildungsmodell, das selbst ein Resultat des ukrainisch-weißrussischen Einflusses ist (Sobolevskij geht ausführlich auf dieses Phänomen des sogenannten 3. ksl. Einflusses ein (92ff.), das in der sovjetischen Russistik meist unter die autochthone russische

Entwicklung subsumiert wird). Das neue Schriftrussisch entsteht im 18. Jh., was Sobolevskij u .a. in den Zusammenhang der petrinischen Reformen stellt. Diese Sprache lehnt sich an die o. e. Konversationssprache an. In nachpetrinischer Zeit kommt es zunehmend zur bewußten und aktiven Auseinandersetzung mit dem Phänomen der Schriftsprache. Mit Karamzin nimmt sie nach Sobolevskij im wesentlichen ihre endgültige Gestalt an, die wie folgt beschrieben wird:

> "Так явился новый литературный язык, смесь двух прежних языков - вполне русский в звуковом, почти вполне русский в формальном отношении, но далеко не русский в словаре" (*113*).

Es ist m. E. nicht zufällig, daß die Darstellung der Sprachentwicklung des 17. und 18. Jh.s bei Sobolevskij wesentlich detaillierter ist als in den meisten Arbeiten der sovjetischen Schule. Zum einen unterstand er keinen außerwissenschaftlichen ideologischen Zwängen; zum anderen war er ein exzellenter Textkenner, so daß seine Ausführungen auf profunder Korpuskenntnis basieren.

3.3.2. Diskontinuitätsthese Issatschenkos

Ganz so unvoreingenommen sind die Arbeiten Issatschenkos nicht. Zwar spielen auch hier ideologische Ressentiments keine Rolle, wohl aber verläßt er in seinem polemischen Eifer zuweilen den Boden der Tatsachen. Dennoch muß sein Beitrag zur russischen Sprachgeschichte als einer der bedeutendsten dieses Jh.s gewertet werden. Nachfolgend eine kurze Skizze seiner Sichtweise der Sprachentwicklung der hier interessierenden Zeit. Die Darstellung basiert vor allem auf seiner zweibändigen Monographie *Geschichte der russischen Sprache* (ISSATSCHENKO 1980+1983).

Issatschenko nimmt für das 17. Jh., wie schon für die Jahrhunderte davor, die Koexistenz zweier Sprachsysteme an, des (R)KSl und des Russischen. Dabei weist er ausdrücklich auf den qualitativen Unterschied zwischen dem Ostslavischen der ersten Jahrhunderte nach der Christianisierung und dem Russischen des 17. Jh.s hin (346): ein Unterschied, der von der offiziellen sovjetischen Schule häufig geflissentlich übersehen wird. Wesentlich schwerwiegender ist allerdings seine These von den qualitativen Unterschieden "zwischen den Texten des 17. Jh.s und der kultivierten, genormten und vielschichtigen Sprache der Zeit Puškins" (l. c.). Charakteristisch für diese ältere Sprachsituation ist, daß trotz der unverkennbaren westlichen Einflüsse "die Kulturwerte und die sittlichen Normen ... im Prinzip für den Zaren und den Leibeigenen dieselben " waren (l. c.). So bleibt auch die Diglossie im Sinne Ludolfs ("loquendum est russice et scribendum est slavonice") bis etwa 1700 erhalten (diese Zeitgrenze wird allerdings im zweiten Band revidiert und weiter ins 18. Jh. verlegt). Mit dem Zerfall der Diglossie aber verliert das (R)KSl seine frühere Bedeutung und muß durch ein adäquateres Sprachsystem abgelöst werden. Es folgt eine längere Zäsur in der schriftsprachlichen Entwicklung. Damit verneint Issatschenko eindeutig die in der Russistik üblicherweise vertretene Auffassung vom 17. Jh. als der Vorphase des sich formierenden Standardrussischen (347). Er lehnt auch die u. a. von Uspenskij (und Sobolevskij) präferierte These von dem bestimmenden ukrainischen bzw. polnischen Einfluß auf diesen Formierungsprozeß ab (l. c.). Während also das 17. Jh. für ihn noch ganz dem russischen Mittelalter angehört und von der Neuzeit deutlich abgegrenzt ist, weist er der petrinischen Zeit den Status einer entscheidenden Phase in der russischen Sprachgeschichte zu (561). Da diese Epoche selbst noch nicht über eine Literatursprache verfügt (und so von Issatschenko als das *sprachliche Niemandsland* bezeichnet wird (l. c.)), liegt die eigentliche Bedeutung dieser Zeit eben in der Existenz der Zäsur. Zur petrinischen Zeit entstehen höchstens die Vorbedingungen "für das spätere Entstehen und Ausreifen einer modernen russischen Sprache" (l. c.). Bis zu diesem Zeitpunkt sollten aber noch viele Jahre, ja Jahrzehnte vergehen. In einer früheren Arbeit nimmt er eine ganz eindeutige Position in bezug auf die Periodisierung der russischen Sprachgeschichte ein (ISSATSCHENKO 1975). Dort bezeichnet er die ganze Periode vom 11.-17. Jh. (für ihn die Zeit der Diglossie) als "eindeutig zur Vorgeschichte der russischen Gegenwartssprache" gehörend (49), wobei für ihn diese letztere nicht als "Fortsetzung des Altkirchenslavischen" anzusehen ist (48). Leider hat der Tod Issatschenko daran gehindert, den zweiten Band seiner Monographie zu beenden. Etwas über seine Sichtweise der Sprachentwicklung in den Dekaden nach Peter I. sagt aber schon das Titel des letzten Kapitels seiner Arbeit aus: *Auf der Suche nach einer Hochsprache*, in dem wohlgemerkt die ganze nachpetrinische Zeit bis einschließlich Lomonosov behandelt wird. So datiert Issatschenko die ersten Versuche, eine dem westeuropäischen Modell entsprechende Schriftsprache zu schaffen, erst auf das zweite Viertel des 18. Jh.s (563). Diese Zeit ist für ihn auch durch die bewußte Auseinandersetzung der Schreibenden mit dem Problem der adäquaten Schriftsprache gekennzeichnet:

> "Fast jedes Werk, das in der unmittelbar nachpetrinischen Zeit erscheint, ist als Grundmanifest zu sprachlichen Fragen zu verstehen, wobei mancher Autor seinen Standpunkt mit der Zeit ändert und ins andere Lager hinüberwechselt. Die theoretische, oder wenn man will, ideologische Einstellung zur Sprache jedes einzelnen Autors läßt eine einheitliche Entwicklungslinie im sprachlichen Bereich kaum erkennen" (*563*).

Um die tatsächliche Sprachsituation dieser Zeit und ihre Dynamik aufzudecken, schlägt Issatschenko die Heranziehung von solchen Texten vor, "die von Vertretern der gebildeten Kreise stammten, aber nicht für die Veröffentlichung bestimmt waren" (l. c.). Er begründet es damit, daß die in der Sprachpolemik vertretenen Positionen nicht selten eine erhebliche Divergenz zu dem tatsächlichen Sprachgebrauch der Diskutanten aufwiesen. Und die Analyse gerade solcher nicht-offizieller Texte erlaube eine tiefere Einsicht in die Sprachsituation. Dies gilt m. E. beileibe nicht nur für die petrinische Zeit: Ähnliche Überlegungen führten auch zur Wahl der Privatkorrespondenz als Mittel zur Aufdeckung der Sprachsituation des 17. Jh.s.

3.3.3. Rezente Ansätze zur Stellung der petrinischen Zeit

Einen ungewöhnlich breiten Raum nimmt die Darstellung der fraglichen Epoche bei Uspenskij ein. Allerdings betrachtet er die Sprachsituation des 17. Jh.s im Rahmen seiner Diglossiethese: als deren Endphase. Durch solche Eingrenzung des Blickwinkels bedingt, konzentriert sich seine Darstellung nur auf die Dichotomie *(R)KSl* : *Russisch* bzw. *schriftlich* : *mündlich*. Daher kommt bei ihm die Amtsspache auch gar nicht als eigenständige Größe vor. Uspenskij geht von der Existenz einer diglottischen Situation in Rußland bis ins 17. Jh. aus. In der zweiten Hälfte dieses Jh.s kommt es dann zu entscheidenden Änderungen der Sprachsituation, deren Tendenzen allerdings bereits in den Jahrzehnten davor sichtbar werden (USPENSKIJ 1987, 321). Eine dieser Änderungen ist die Kirchenbuchreform des Patriarchen Nikon, die nach Uspenskij aber im Rahmen der allgemeinen Politik des Zaren Aleksej Michajlovič zu bewerten ist. Dahinter steht die nach der Florentiner Union unumgänglich gewordene Abkehr von der griechischen Kirche und die Anlehnung an die Tradition von Byzanz (278). Einen nicht zu unterschätzenden Einfluß auf die Sprachentwicklung dieser Zeit, auf den Zerfall der Diglossie, hat auch der sog. 3. ksl. Einfluß (vgl. o. Sobolevskij). In seinem Gefolge kommt auch das westeuropäische Schul- und Schriftsprachenmodell nach Rußland. Dabei wird auch das funktionale Schema der Sprachdistribution auf die russische Situation projiziert. Es kommt gewissermaßen zur Latinisierung des (R)KSl (284). Auch wird die Opposition *проста мова* : *KSl* auf das Verhältnis *Russisch* : *(R)KSl* übertragen. Während diese beiden Systeme von der russischen Gesellschaft früher als ein funktionales (diglottisches) Ganzes empfunden wurden, treten sie nun im Sprachbewußtsein der Russen in Opposition zueinander (275). Gleichzeitig werden auch die alten Funktionsbereiche revidiert: die Gebrauchssphäre des (R)KSl wird deutlich erweitert (auch durch die Erweiterung des Textsortenkanons). Dabei kommt es zur Substituierbarkeit der beiden Systeme (zumindest partiell), was gegen das wichtigste Merkmal der Diglossie verstößt, die komplementäre funktionale Distribution (323). Es entsteht auch ein *гибридный церковнославянский язык* (329; vgl. auch Živov, Remneva, Alekseev). Damit wird die Diglossie aufgehoben und von der Zweisprachigkeit abgelöst, die aber per definitionem eine instabile Sprachsituation darstellt. Damit geht auch die vorher in Rußland kaum bekannte soziolinguistische Schichtung der Gesellschaft einher (345).

Dies ist nach Uspenskij die Sprachsituation zu Beginn des 18. Jh.s. Leider bleibt auch er die Antwort auf die Frage schuldig, wie und wann sich das Standardrussische formierte, und welchen Bezug es zu den Sprachsystemen des alten Rußland hat. Die Situation zu Beginn des 18. Jh.s ließ nach Uspenskij nämlich sowohl die Möglichkeit einer Annäherung an das (R)KSl als auch die der Abwendung von ihm als Optionen zu:

> "Итак, в XVIII в. языковая ситуация радикально меняется, поскольку утверждается в своих правах новый русский литературный язык. Этот язык, с одной стороны, противопоставлен ц.-сл. языку, с другой же стороны, он принимает на себя функции ц.-сл. языка. Это амбивалентное отношение к ц.-сл. языку - противопоставленности и преемственности - определяет возможные направления эволюции рус. литературного языка, который может развиваться как по пути отталкивания от ц.-сл. языка, так и по пути сближения с ним. Обе эти возможности и реализуются на различных этапах кодификации рус. литературного языка" (*l. c.*).

Diese These wird in einer anderen Arbeit weiterentwickelt (USPENSKIJ 1985), allerdings konzentriert sich die Darstellung auf die Parallelen zwischen dem jungen Trediakovskij und Karamzin sowie zwischen dem späteren Trediakovskij und Šiškov; auf die petrinische Epoche wird nicht eingegangen. Auch hier bleibt die Amtssprache unberücksichtigt. Das zeitigt bei Uspenskij wie schon bei Issatschenko unliebsame Folgen: gestützt auf seine These von der Erweiterung der Gebrauchssphäre des (R)KSl im Laufe des 17. Jh.s, postuliert er als ein Novum des russischen Schrifttums das Aufkommen von (r)ksl. Briefen (323). Dabei sind solche Briefe viel eher ein Phänomen der älteren Epochen, im 17. Jh. stellen sie eine absolute Ausnahme dar Es bleibt allerdings unklar, ob Uspenskij sich hier auf das gesamte Briefkorpus bezieht, oder nur auf den literarischen Brief-*послание.*

Auch Živov hat sich wiederholt mit den sprachlichen Ereignissen der petrinischen Zeit und der Jahrzehnte davor befaßt. Obwohl seine Arbeiten sehr informativ sind und wie die Uspenskijs den großen Vorteil haben, den soziokulturellen Hintergrund in die sprachhistorischen Darstellungen einzubeziehen, findet man bei ihm doch wenig Definitives zu Sprachprozessen dieser Zeit, speziell zu den hier interessierenden Phänomenen der Amtssprache und der Privatkorrespondenz. Das mag daran liegen, daß auch er sich bei seinen Untersuchungen auf den engeren Bereich der eigentlichen Schriftsprache beschränkt.

In einer neueren Arbeit weist Alekseev ausdrücklich darauf hin, daß die Periodisierung einer Literatursprache auf prinzipiell anderen Kriterien basiert als die des Idioms (Alekseev: *Dialektsprache*: 1993, 238). Gestützt auf seine

These von der Relevanz des *"механизм стабилизации языковой нормы"* (239), schlägt er folgendes Periodisierungsschema vor:

I. vor 1580, d. h. vor Einführung des Buchdrucks; das ist die Zeit der musterorientierten Norm.

II.1. 1580-1730 (*"период кодификации церковнославянского языка с целью придать ему характер национального языка"*)

2. 1730-1830er (*"период кодификации русской письменной речи* (leider wird dieser Begriff nicht weiter erläutert - A. K.) *на основе разнообразных источников"*)

3. ab 1830er (*период кодификации литературного языка, прежде всего в его устной форме, на основе образцового узуса"*) (243f.)

Dabei bilden die Abschnitte II.1.-2. die Epoche des Übergangs von einer mittelalterlichen zu einer modernen nationalen Literatursprache. Sowohl die musterorientierte als auch die kodifizierte Norm seien für ihn stabil gewesen, wobei die Stabilitätsfaktoren allerdings unterschiedlicher Natur seien. Ein solcher Faktor sei für die erste Epoche die Unabhängigkeit der Schriftsprache von dem Alltagsusus, die Enge ihrer sozialen Basis. Bei der nationalen Literatursprache seien es dann umgekehrt die Nähe (bis hin zur Identität) zur Umgangssprache, die Tendenz zur Übereinstimmung der Grenzen der nationalen mit der der Sprachgemeinschaft, die sich der Literatursprache bedient.

Interessant erscheint ferner die Auffassung Alekseevs von der Grenzziehung zwischen den einzelnen Periodisierungsabschnitten. Er weist hier auf die prinzipielle Unschärfe solcher Grenzen hin, denn die neue Periode beginnen die gleichen Menschen und die gleichen Texte, die die alte beenden. Grenzpunkte sind für ihn:

> "такие исторически значимые события, которые по своей сущности уже не принадлежат прошлому, но знаменуют новое" (*240*).

Ohne diese These im Prinzip anzufechten, sollte doch auf ihren etwas apodiktischen Charakter und die Unschärfe ihrer Begriffe hingewiesen werden.

Zu erwähnen wäre noch eine Bemerkung Alekseevs, daß das Objekt der Kodifizierung zwar allein (R)KSl war, das Wirken dieser Norm aber sowohl zur Konsolidierung von Ausdrucksmitteln des ksl. Schrifttums als auch der Sprache der amtlichen russischen Dokumente geführt habe (241). Damit verbunden ist bei Alekseev die Vorstellung von *простой славянский язык* (vgl. *гибридный церковнославянский*, z. B. bei Remneva und Živov). Nicht unerwähnt bleiben darf auch seine Auffassung vom Status der petrinischen Epoche in der Geschichte des Schriftrussischen. In diesem Punkt widerspricht er Živov, für den diese Epoche eine neue Periode in der Geschichte der Schriftsprache eröffnet. Für Alekseev beendet diese Epoche dagegen einen bestimmten

Abschnitt. Gestützt wird dies durch das Argument, gerade zur petrinischen Zeit erreichten die Widersprüche in der soziolinguistischen Situation den höchsten Grad (242). Eine neue Periode beginnt daher für Alekseev erst von 1730 an, markiert durch die Sprachreform Trediakovskijs, die das Ende der Versuche manifestiert, (R)KSl in den Rang der neuen Literatursprache zu erheben. Interessant ist auch seine Wertung des gesamten 18. Jh.s: die Literatursprache im 18. Jh. stelle *"совокупность относительно замкнутых стилей"* dar (vgl. *стиль эпохи* als geschlossenes System bei Lichačev und Tolstoj). Diese *лингвистическая многостильность* löse die vorausgegangene *лингвистическая многосистемность* ab, was eine deutliche Bewegung der soziolinguistischen Situation in Richtung einer omnifunktionalen Literatursprache bedeute (l. c.). Mit der Karamzinschen Ausrichtung der Literatursprache an *"образцовое употребление русских авторов"* und der damit verbundenen Entstehung der mündlichen Variante der Literatursprache werde die Kodifizierung nunmehr des Russischen eingeleitet (243).

Es bleibt festzustellen, daß der Status des 17. Jh.s und der petrinischen Zeit in der russischen Sprachgeschichte noch immer ungeklärt bleibt. Einer der Gründe dafür liegt m. E. in der Nichtberücksichtigung des amtssprachlichen Schrifttums. In diesem Zusammenhang erscheinen folgende Fragen von besonderer Relevanz zu sein:

a) Welchen Status und welche Funktionen hatte die Amtssprache bzw. ihre diversen Textsorten zu Beginn der petrinischen Zeit?
b) Welche Sprachsysteme und in welcher funktionalen Distribution weisen die petrinische und die erste nachpetrinische Zeit auf?
c) Was vom vorpetrinischen schrift- und amtssprachlichen Erbe findet man in der ausgeformten und stabilisierten Schriftsprache des späten 18. Jh.s wieder?
d) Ab wann ist die Existenz dieses neuen Schriftrussischen bzw. dieser neuen Phase des Schriftrussischen anzusetzen?

4. Privatbrief als Textsorte des 17. Jh.s und as Phänomen der Amtssprache

4.1. Zum Status und Wesen der Amtssprache

Die Darstellung wendet sich nun dem eigentlichen Untersuchungsgegenstand, dem russischen Privatbrief des 17. - frühen 18. Jh.s zu. Dies kann allerdings nur vor dem Hintergrund einer vorausgegangenen Bestimmung des Wesens und der Grenzen der sogenannten Amtssprache (*деловой язык*) erfolgen, da der Brief in der diachronen Russistik üblicherweise diesem Bereich zugeordnet wird. Das *лингвистическое источниковедение* weist den Brief, wie die gesamte Amtssprache, dem von Vinogradov postulierten *народно-разговорный тип языка* zu. Allerdings wird in der Russistik der große Komplex der Amtssprache auch heute noch ex negativo bestimmt, und zwar:

a) intentional (= außerhalb des traditionellen Textsortenkanons der PSO stehend) und
b) sprachlich (= basierend auf dem russischen Sprachmaterial, bei fast völligem Fehlen der (r)ksl. Elemente).

Diese Arbeit, die sich selbst als überwiegend empirisch versteht, setzt sich nicht zum Ziel, das theoretische Problem der Extension des Schriftrussischen zu lösen. Es wird hier die These vertreten, daß eine Bestimmung der Grenzen dessen, was Schriftsprache ist, nur durch die Einbeziehung eines möglichst umfassenden schriftlichen Korpus möglich ist. Es wurde oben darauf hingewiesen, und dies soll hier noch einmal unterstrichen werden, daß aus heuristischen Gründen zumindest in der ersten Phase der Untersuchung eine möglichst breite Untersuchungsbasis wünschenswert ist. Damit gehört auch die Erforschung der Amtssprache zu den unmittelbaren Aufgaben der diachronen Russistik. Es wurden bereits die zwei Kriterien (ex negativo) zur Bestimmung der Amtssprache genannt. Ein drittes ist m. E. das zeitliche, denn die Amtssprache ist vor allem ein Phänomen des 17. Jh.s. Selbstverständlich hatte man auch in den Jahrhunderten davor Schrifttum, das die administrativ-rechtlichen Bereiche abdeckte. Im Laufe des 16. Jh.s aber, und vor allem im 17. Jh., ist eine bis dahin unvorstellbare Expansion von amtssprachlichen Texten zu verzeichnen.

Die Behandlung der Amtssprache in der Forschung ist recht uneinheitlich. Die Anhänger der autochthonen Entwicklung des Schriftrussischen sehen darin den Beweis für die Existenz einer eigenständigen ostslavischen Schrifttumstradition (deren Anfänge z. T. lange vor der Christianisierung postuliert werden). Die Amtssprache ist auch ein willkommenes Argument gegen die Diglossiethese Uspenskijs, die jeweils nur eine mündliche und eine schriftliche Variante zuläßt. In Rußland haben wir aber eine Trias:

a) (R)KSl (schriftlich)
b) Amtssprache (schriftlich)
c) mündliches Russisch.

Die wohl interessanteste Interpretation der ostslav./russ. Amtssprache hat vor einigen Jahren Seemann vorgelegt (SEEMANN 1982+1983), wobei er sich allerdings auf die Rechtssprache im engeren Sinne bezieht. Er weist auf den stark performativen Charakter der Rechtsprechung als solcher und auf den fast rituellen Status der mündlichen Formeln hin, die die rechtliche Handlung begleiten und durch die sie erst als vollzogen gelten kann. Solche mündliche

Rechtssprechtradition müsse zur Zeit der Missionierung bei den Ostslaven bereits so verfestigt gewesen sein, daß das KSl in diese Domäne nicht einzudringen vermocht habe. Leider entwickelt Seemann diese These nicht weiter. Dabei bieten sich gerade vor dem von ihm entworfenen Hintergrund interessante Erklärungsmöglichkeiten für die Existenz einer auf dem Idiom basierenden Rechtssprache nur und eben bei den Ostslaven, und nicht z. B. bei den auch zur PSO gehörenden Südslaven. Eine der möglichen Erklärungen bieten die Kontakte der Ostslaven zu Skandinavien (man denke z. B. an die altnordische *Graugans*). Solche Kontakte hatten die Südslaven nicht, wohl aber eine starke Anbindung an Byzanz, wo Rechts- und Schriftsprache die gleiche sprachliche Basis hatten. Diese These bedarf natürlich der Untermauerung durch Textuntersuchungen. Als geeignet erscheint hier eine kontrastive Untersuchung von *Русская Правда* und eben der *Graugans* (aber auch von *Nomokanon* und *Sachsenspiegel*).

Obwohl sich die These Seemanns nur auf die Rechtssprache im engeren Sinne bezieht, ist sie m. E. durchaus auf den gesamten Bereich der Amtssprache projizierbar. Denn die Rechtssprache bildet den Kernbereich der Amtssprache, und es ist durchaus vorstellbar, daß sich die hier bereits etablierte Norm auch auf die anderen schriftlichen Sprachformen übertragen ließe, die im Bewußtsein der Gesellschaft außerhalb des übernommenen Kanons des ksl. Schrifttums lagen. Denn das Textsortenrepertoire der Amtssprache erweiterte sich, und im 17. Jh. gehören in diesen Bereich so unterschiedliche Texte wie Akten, Diplomatenberichte, Untersuchungsprotokolle, Bittschriften, Anzeigen, fiskalische Unterlagen, Vermessungsberichte u. v. a. m. Diese Textsorten unterscheiden sich voneinander sowohl in der Sprache als auch (und in stärkerem Maße) in der Textorganisation, ganz zu schweigen von der Intention. Viel stärker unterscheiden sie sich aber von dem tradierten Schrifttum der PSO, und zwar ebenfalls in all den genannten Merkmalen. Eine brauchbare Subklassifizierung dieses Korpus liegt derzeit noch nicht vor, obwohl hier bereits einige Vorarbeiten geleistet wurden. Zu nennen ist in diesem Zusammenhang vor allem die auf Kotkov zurückgehende Dreiteilung der Amtssprache in:

1) *эпистолярная*
2) *актовая* und
3) *статейная* (KOTKOV 1980, 74).

Er schlägt auch eine Zweiteilung in *деловая* (als Oberbegriff) und in den Kernbereich der *приказная письменность* vor. Leider beschränkt er sich auf solche recht allgemeine Aussagen und geht nicht näher auf das Problem der Subklassifizierung ein. Dennoch scheint hier die von ihm vorgeschlagene Drei- bzw. Zweiteilung ein durchaus geeigneter erster Schritt zu sein.

Vor dem Hintergrund der vorgestellten Ansätze wird die vorpetrinische Amtssprache im folgenden als Hyperonym für den weiten Bereich des nicht-(r)ksl. Schrifttums, für das Gebrauchsschrifttum verstanden. Ihren Kern bildet die Kanzlei-, d. h. die eigentliche Amtssprache (***приказный язык***).

4.2. Zur Textsorte "vorpetrinischer Privatbrief"

Eine wichtige perspektivische Einschränkung sollte bereits hier erwähnt werden: die Analyse der Briefe dient nicht primär epistolographischen Zwecken. Dies ist durch mehrere Faktoren bedingt. Zum einen ist der russische Privatbrief als Textsorte weder in synchroner noch in diachroner Hinsicht auch nur annähernd befriedigend erfaßt. So liegen z. B. zum älteren Brief erst einige Vorarbeiten vor (die weiter unten vorgestellt werden sollen: I.4.4.). Zum anderen dient die Analyse der Privatkorrespondenz hier nicht allein der Bestimmung dieser Textsorte, sondern wird als Mittel zur Rekonstruktion der Sprachsituation der Epoche und ihrer Entwicklungstendenzen verstanden.

Die Privatkorrespondenz wird hier vorläufig als autonome russische Textsorte des 17. - frühen 18. Jh.s betrachtet, die sich intentional, strukturell und sprachlich von anderen zeitgenössischen Textsorten abgrenzt. Dabei basiert die Abgrenzung gegenüber dem (r)ksl. Schrifttum vorwiegend auf dem sprachlichen Kriterium, denn die Privatbriefe haben eine eindeutig russische sprachliche Basis. Aber auch das intentionale Kriterium spielt eine gewisse Rolle: Die Briefe sind privat, nicht zur öffentlichen Lektüre bestimmt, und dienen trotz ihrer Formelhaftigkeit doch vorwiegend dem Informationstransfer; auch gehören sie keinem Genre des traditionellen (r)ksl. Kanons an. Bei der Abgrenzung innerhalb der Amtssprache spielt dagegen das strukturelle Kriterium die entscheidende Rolle, da der Brief eine eigene, deutlich ausgeprägte Textstruktur und ein eigenes stringentes Formular aufweist (distinktives Mittel auch bei der Abgrenzung von dem (R)KSl). Das intentionale Kriterium spielt hier nur eine untergeordnete Rolle (eher ex negativo, als das Fehlen des Bezugs auf öffentlich-rechtliche Strukturen und Belange). Das gilt auch für das sprachliche Kriterium, da die Amtssprache und die Privatkorrespondenz sprachlich weitestgehende Übereinstimmung aufweisen.

Der Gegenstand der Untersuchung ist eingangs noch durch drei andere Merkmale eingegrenzt worden: *russisch*, *privat* und *17.– frühes 18. Jh.* Diese Eingrenzung wird wie folgt begründet:

ad 1): Man weiß heute noch viel zu wenig über den russischen Brief im allgemeinen wie auch in diachroner Hinsicht, um die Untersuchung in den weiteren Rahmen der allgemeinen Epistolographie zu stellen;

ad 2): Der offizielle und der private Brief scheinen - zumindest in der hier interessierenden Epoche - jeweils ausgeprägte eigene Spezifik zu haben, auch wenn es hierüber noch keine durch Korpusanalyse ausreichend gesicherten Erkenntnisse gibt; daher ist die Ausgrenzung methodologisch berechtigt;

ad 3): Die Beschränkung auf das 17.- frühe 18. Jh. ist unmittelbar mit einem der zentralen Anliegen dieser Arbeit verbunden: mit dem Versuch, die sprachliche Situation und Sprachentwicklung dieser Zeit zu rekonstruieren, wenn auch zunächst an einem begrenzten Material.

Dieses Anliegen legte die Wahl der Privatkorrespondenz als Objekt nahe, da der Brief als Schaltstelle zwischen den Bereichen der Schriftlichkeit und der Mündlichkeit gesehen werden kann. Eines der hier angestrebten Ziele ist demnach, eine mögliche Wirkung des mündlichen Russisch der vorpetrinischen und petrinischen Epoche auf die Schriftsprache zu prüfen (die sich m. E. etwa um diese Zeit zu formieren beginnt). Eine solche Wirkung wird von der sovjetischen Schule nicht nur bejaht, sondern als der wichtigste Faktor dabei gesehen; für Issatschenko dagegen (aber auch für Unbegaun, Živov, Uspenskij) war eine solche Wirkung, wenn überhaupt vorhanden, von nur untergeordneter Bedeutung, während die zentrale Rolle hier den zeitgenössischen europäischen schriftsprachlichen Modellen zukommt. Für die Klärung dieser Frage stellt der Privatbrief m. E. ein geradezu optimales Analyseobjekt dar.

Interessantes bieten Privatbriefe auch in manch anderer Hinsicht. So z. B. in ihrer intendierten Dialogizität, ihrer thematischen Breite (und der dadurch bedingten Vielfalt der sprachlichen Mittel) u. a. Auch unter soziolinguistischem Aspekt sind die Privatbriefe einzigartig: unter den Verfassern wie Adressaten finden sich Vertreter aller sozialen Schichten der damaligen Gesellschaft, vom Leibeigenen über Beamte, Kaufleute, Adlige bis hin zum Zaren. Durch Briefe erhält man auch interessante Einblicke in die gesellschaftlichen und familiären Strukturen dieser Zeit. Auch die Tatsache, daß die Briefe vielfach gar nicht von den Absendern selbst geschrieben, sondern nur diktiert wurden, ändert nichts an ihrer Relevanz. Angesichts all dieser genannten Eigenschaften der Privatkorrespondenz scheint es unverständlich, daß dieses quantitativ wie qualitativ beachtliche Korpus von der großen Genesediskussion bis heute unbeachtet geblieben ist.

4.3. Privatbrief in der linguistischen Quellenkunde

Erstaunlich wenig findet man zur Privatkorrespondenz auch in den Arbeiten zur linguistischen Quellenkunde. In den 13 analysierten Sammelbänden dieser Schule, herausgegeben vom von 1963-1991, befassen sich ganze 14 Aufsätze mit dem Brief. Und 13 davon sind reine Textpublikationen, begleitet von einem kleineren textologischen und evtl. historischen Kommentar. Die einzige Ausnahme bildet der Aufsatz *Из истории частной переписки на Руси* (PANKRATOVA 1969a). Auf knappem Raum werden hier wichtige Thesen zur Textsorte Privatbrief und zu den Methoden ihrer Erforschung vorgestellt. Als das zentrale distinktive Merkmal des Briefes wird seine feste Struktur (*трафарет*) postuliert. Es gelingt Pankratova, durch den Vergleich der Briefe des 17. Jh.s mit denen älterer Epochen (Birkenrindenbriefe, Briefe des 16. Jh.s) überzeugend zu zeigen, daß sich dieses Merkmal erst allmählich herausbildet und festigt (135ff.). Die Dominanz des strukturellen Schemas ist dann im 17. Jh. so deutlich ausgeprägt, daß weder die überaus weite Thematik der Privatbriefe, noch auch z. B. die engste Verwandtschaft die Macht der festen Formelnorm zu durchbrechen vermögen (147). In dem Aufsatz wird auch der Aufbau sowohl der Anfangs- als auch der Schlußformel im Detail aufgezeigt, mit ihrem invarianten Kern und der ganzen Varianzbreite (138f.: die Präsentation der Schlußformel ist alerdings etwas zu knapp).

Von besonderem Interesse scheinen ferner ihre Beobachtungen zur Rolle von Briefstellern (*письмовники*) zu sein, und zwar deswegen, weil sie der geläufigen Auffassung der Epistolographen widersprechen. Pankratova verneint nämlich, eindeutig und gestützt auf ein großes Korpus, den Einfluß von *письмовники* auf den Briefduktus des 17. Jh.s bzw. hält ihn für nicht nachweisbar (137). In der russischen Epistolographie wird dagegen den Briefstellern eine normative, ja metatextuelle Rolle zugeschrieben. Im folgenden Unterkapitel soll auf diese Frage näher eingegangen werden.

Bemerkenswert sind auch die Ausführungen zu der Technik des Verschickens von Briefen (ein Thema, das m. W. noch nie bearbeitet wurde), ferner zum Problem der Datierung und Lokalisierung der Briefe sowie zur Feststellung des jeweiligen Verfassers/Schreibers (149f.). Leider fehlt auch in dieser ansonsten ausgezeichneten Arbeit jegliche Auswertung der Einzeldaten, die die Thesen untermauern würde. Im übrigen aber stellt ihr Aufsatz von 1969 die einzige ernsthafte Beschäftigung der linguistischen Quellenkunde mit dem Privatbrief dar. Es ist unverständlich, daß diese Arbeit, die immerhin vor fast 30 Jahren erschienen ist, keinerlei Anklang und Fortsetzung gefunden hat, sieht man vom Aufsatz Kotkovs *Старинная русская частная переписка* (KOTKOV 1980, 155-237) einmal ab. Leider weist seine durchaus interessante Arbeit bei weitem nicht die Distinktheit und die Prägnanz der Pankratovas auf. Zudem werden Briefe hier weniger als solche betrachtet, sondern vielmehr als Quelle zur Rekonstruktion des nebulösen *народно-разговорный* Sprachtyps. Auch dient die Analyse vornehmlich dem Ziel,

> "выяснить состояние той речевой культуры, которую унаследовал национальный язык от времен великорусской народности" (*156*).

Dementsprechend werden - wieder einmal - einzelne Sprachelemente untersucht, deren Wahl nicht näher erläutert oder begründet wird. Allerdings wird dies von z. T. recht interessanter Interpretation begleitet. Das Ganze macht dennoch einen etwas eklektischen Eindruck, was auch durch den diffusen Charakter des dahinter stehenden theoretischen Rahmens bedingt ist wie durch den Bezug auf solch undefinierte (und wohl undefinierbare) Größen wie *язык великорусской народности*, *народно-разговорный тип языка*, *народная речь* etc. Es ist auch bezeichnend, daß Kotkov auf das feste strukturelle Schema des Briefes, das z. B. Pankratova für sein wesentliches distinktives Merkmal hält (und das scheinen eigene Untersuchungen zu belegen), so gut wie nicht eingeht. Dieses Schema wird bloß erwähnt, in einer Reihe mit anderen, nicht nur für den Brief relevanten Merkmalen, wie breite soziale Fächerung, Vielfalt der Thematik, organische Integration von Elementen der Phraseologie und der Folkloresprache, breite Palette von Wortbildungsmustern etc. All das findet sich auch in *челобитные* wieder, in etwas geringerem Umfang auch in *сказки* oder *расспросные речи*.

Auch wenn vieles an den Thesen Kotkovs sich nicht primär mit dem Brief als solchem befaßt, sind sie dennoch für die hier behandelte Thematik von Interesse. Nachfolgend als Beispiel seine Einschätzung des desolaten Zustands der diachronen Syntaxforschung, der man nur beipflichten kann:

> "отсутствие необходимой дифференциации между синтаксическими явлениями, характерными, с одной стороны, для народной речи, а с другой - для деловой официальной письменности и еще более удаленной от народной речи книжности" (*217*).

Auch seine Verweise auf die Relevanz von *лингвистическое сопутствие* verdienen Beachtung. Damit bezeichnet er

> "лингвистические особенности, способные пролить некоторый свет на принадлежность писца, автора источника к носителям определенного говора, на состояние его правописной культуры, степень начитанности и т. п." (*209*).

Mit diesen beiden Aufsätzen von Pankratova und Kotkov erschöpft sich aber auch schon der theoretisch-methodologische Beitrag der linguistischen Quellenkunde zur Erforschung des alten russischen Privatbriefes.

4.4. Zum rezenten Stand der russischen epistolographischen Forschung

Einen entsprechend breiteren Raum nimmt Privatkorrespondenz in der epistolographischen Forschung ein. Da aber diese Arbeit sich, wie bereits erwähnt, nicht als eine epistolographische versteht, kann hier nur auf einige besonders relevante Beiträge - und auch das in knapper Form - eingegangen werden. Dieser Überblick erhebt daher keinen Anspruch auf Vollständigkeit.

Einige Aufsätze zum russischen Brief sind in *Труды Отделения Древнерусской Литературы* (ТОДРЛ) erschienen (vgl. GORBUNOVA 1957, GEJMAN 1958, DEMIN 1964 et pass.). Besonders intensiv haben sich mit dem aruss. Brief Brogi Bercoff, Demin und Schmücker-Breloer befaßt. Leider ist die Dissertationsschrift Demins *Русские письмовники XV-XVII вв. (К вопросу о русской эпистолярной культуре)* bis heute unveröffentlicht geblieben.

Mehrere Arbeiten zum älteren russischen Brief hat Schmücker-Breloer verfaßt. Einige von ihnen sollen hier kurz vorgestellt werden. Bereits vor mehr als 30 Jahren hat sie ein größeres Korpus von über 400 Briefen des 17. Jh.s untersucht, die fast alle an Mitglieder der Zarenfamilie gerichtet und/oder von ihnen verfaßt sind. Den Kern des Korpus bilden 371 Briefe von 1619-1631, die innerhalb der Familie des ersten Romanovs geschrieben wurden. Als Kontrastmaterial dienen Briefe aus der Zeit der *Смута* (1608-1611), deren Verfasser bzw. Adressaten überwiegend dem Hochadel angehören, sowie der Briefwechsel zwischen dem Zaren Aleksej und dem Patriarchen Nikon und drei andere Privatbriefe Aleksejs, alles aus der Zeit von 1646-1662. Schmücker-Breloer weist hier explizit auf das feste Strukturschema des Briefes als sein distinktives Merkmal hin und beschreibt es systematisch. Beim Vergleich der Briefsprache mit der Amtssprache (*Kanzleisprache*) kommt die Verfasserin zu der Schlußfolgerung, daß wie in Westeuropa:

> "so muß auch in Rußland der Kanzleibrief als Muster für die äußere Form des Privatbriefes gegolten haben" (*BRELOER 1964,54*).

Dies steht in gewissem Gegensatz zu ihrer später aufgestellten These von dem determinierenden Einfluß der Briefsteller auf die Form des Briefes, wie sie z. B. im Aufsatz *Zur Bedeutung von "pis'movniki" in der altrussischen Epistolographie* (SCHMÜCKER-BRELOER 1984) vertreten wird. Hier werden gewisse Ansätze aus der erwähnten Monographie Demins dargestellt und weiterentwickelt. Man kann der Verfasserin nur beipflichten, wenn sie hier auf die Relevanz solcher Analysen wie der Demins zur Geschichte der Briefkultur und der Briefstellertradition in Rußland hinweist, und bedauern, daß auch die wenigen vorhandenen Arbeiten zu dieser Problematik in der Forschung, speziell in der sprachhistorischer Forschung, so wenig beachtet werden. Dennoch muß festgestellt werden, daß die These von der Relevanz der Briefsteller in der Arbeit nicht überzeugend belegt wird. Ihre Schlußfolgerung, es bestehe

> "kein Zweifel, daß bei der dichten Distribution der pis'movniki und der Evolution der Briefkultur das in der Pis'movnikitradition gebotene, gesellschaftlich verbindliche und artifiziell geformte System der Adresse vielfältig praktiziert worden ist. Dabei fällt nicht so sehr ins Gewicht, ob ein einzelner Brief spiegelbildlich ein Pis'movnikimuster generiert. Dem einzelnen Briefschreiber werden Möglichkeiten zur Verfügung gestanden haben, und zwar in Bezug auf die Wahl eines bzw. auf die Kombination mehrerer Muster" (*163f.*: Nach Demin (DEMIN 1964) sind aus der gesamten Zeit vom 16.-20. Jh gerade 170 pis'movniki-Abschriften überliefert - A. K.),

läßt sich durch das von mir untersuchte Briefmaterial nicht bestätigen. In ihrer früheren Arbeit, wo sie vom Korpus ausging, ohne a priori aufgestellte Postulate, scheint sie dem tatsächlichen Sachverhalt näher gekommen zu sein. Sie unterscheidet hier deutlich zwischen den Briefen der Zaren bzw. des Patriarchen (des weltlichen und des geistigen Oberhauptes des Landes) und denen "normaler" Leute. Der Unterschied ist in der Tat mehr als deutlich. Und gerade in den Briefen der höchsten weltlichen und geistigen Würdenträger sind gewisse Übereinstimmungen mit den *письмовники*-Mustern zu beobachten. Leider geht sie in ihrer Arbeit zu *письмовники* (SCHMÜCKER-BRELOER 1984) nicht auf das zu diesem Zeitpunkt bereits in mehreren Textsammlungen erschienene Korpus der wirklichen Privatbriefe ein. Die Arbeiten Schmücker-Breloers, die m. E. den wichtigsten westlichen Beitrag zur Geschichte des russischen Briefes darstellen, können hier nur fragmentarisch erfaßt werden, zumal ihre Fragestellungen und die Intention mit denen dieser Arbeit nur bedingt übereinstimmen. Einige ihrer Thesen sollen dennoch erwähnt werden. So weist sie auf die Spezifik der Altgläubigenliteratur, die ihrer Menung nach so deutlich ausgeprägt ist, daß zu überlegen ist, ob nicht auch die Briefe der Altgläubigen für sich bzw. im Rahmen des Altgläubigenschrifttums untersucht werden sollten, und nicht zusammen mit anderen Briefen (SCHMÜCKER-BRELOER 1988, 286f.). In der Tat scheinen diese Briefe, die im 17. Jh. meist aus der Verbannung oder dem Gefängnis geschrieben wurden, eine über das rein Private hinausgehende Intention zu haben, vergleichbar religiöser Polemik und den *послания*. Die Andersartigkeit macht sich aber auch in der Struktur bemerkbar, und vor allem in der Sprache, die eine gegenüber den üblichen Privatbriefen unvergleichlich reichere Metaphorik und Rhetorik enthält, was verständlicherweise mit einem viel höheren Anteil an (r)ksl. Elementen einhergeht. Diese Brieftradition erwies sich als recht langlebig: bis in unser Jahrhundert hinein kann man sie verfolgen. Die Arbeiten Schmücker-Breloers zeichnen sich auch durch eine fundierte und ausführliche Kommentierung der Texte aus, die auch den gesamten sozialen, kulturhistorischen, archäographischen und sonstigen Hintergrund der Texte miteinbezieht. Es wäre vielleicht etwas mehr an statistischer Präsentation und auch an Interpretation wünschenswert.

Am Schluß noch eine kleine Bemerkung: das in den familiären Briefen frequente Epitheton *свѣтъ* führt Schmücker-Breloer auf die byzantinische Tradition zurück, woher es schon recht früh in die ostslavische Literatur übernommen worden sei (SCHMÜCKER-BRELOER 196, 77f.). Hier zeigt sich deutlich die Relevanz von grägistischer bzw. byzantinischer Kompetenz bei der Analyse älterer ostslav. / russ. Texte (dies gilt im übrigen auch für andere Kontaktsprachen des Russischen). Leider wird in der diachronen Russistik üblicherweise nicht einmal die Verbindung zu den anderen Slavinen hergestellt (vgl. PANIN 1985). Auch beherrschen nur wenige Russisten Griechisch, eine Kompetenz, die traditionell gar nicht als notwendig erachtet wird. Speziell zum Epitheton *свѣтъ* vertritt z. B. Kotkov die Meinung (die von seinen Schülern unhinterfragt übernommen wird), es sei ein Element der *"народно-разговорной стихии и фольклорной поэзии"*, (KOTKOV 1980, 175).

Es sollen hier zwei weitere Arbeiten zur älteren russischen Epistolographie vorgestellt werden. Es handelt sich um die Monographie *Эпистолярное наследие Древней Руси (X-XIII вв.). Исследования, тексты, переводы* (PONYRKO 1992) und den Aufsatz *Gattungs- und Stilprobleme der altrussischen Briefliteratur (XI-XV Jh.)* (BROGI BERCOFF 1984). Wie bereits aus den Titeln ersichtlich, befassen sich beide Arbeiten mit wesentlich älteren Epochen als der hier interessierenden. Daß sie hier dennoch vorgestellt werden, geschieht aus zweierlei Gründen: zum einen, um den Überblick über den rezenten Stand der historischen russischen Epistolographie zu vervollständigen; zum anderen zeigen diese Arbeiten deutlich den qualitativen Unterschied zwischen den Briefen des 17. Jh.s und denen der älteren Epochen.

Der Aufsatz von Brogi Bercoff ist den gattungstheoretischen Problemen der russischen Epistolographie gewidmet, die sie in den weiteren Rahmen der abendländischen, an die Traditionen des Altertums und Byzanz anknüpfenden epistolographischen Kultur sieht. Nun scheint es auf den ersten Blick durchaus einleuchtend, eine Verbindung zwischen Byzanz und Rus' auch auf dem Gebiet der Epistolographie anzunehmen. Diese These wird allerdings durch die weiteren Ausführungen der Verfasserin nicht gestützt. In der Monographie Ponyrkos wird dagegen ausdrücklich auf die Unterschiede zwischen den beiden epistolographischen Systemen hingewiesen (4). Daher erscheint die Anwendbarkeit der These von Brogi Bercoff,

> "für die Epistolographie, wie für andere Gattungen, bestehen gewisse Vorschriften, die im Altertum entwickelt wurden und im großen und ganzen auch für das Mittelalter und bzw. bis zum 18. Jahrhundert Gültigkeit hatten",

wie auch der, daß diese Normen auch für andere geographisch-kulturelle Bereiche Geltung gehabt haben sollen (98), auf die aruss. Situation nicht unproblematisch; zumindest bedarf sie weiterer Untermauerung durch Textmaterial. Die Forderung nach strikter Trennung zwischen dem *literarischen* und dem *sachlichen* Brief scheint dagegen dem tatsächlichen Sachverhalt wesentlich näher zu kommen (l. c.). Da die Arbeit Brogi Bercoffs sich nur dem literarischen Brief, der Briefliteratur widmet, kann hier auf die weitere Darstellung ihrer Thesen verzichtet werden, allerdings mit zwei Ausnahmen. So bemerkt die Verfasserin in bezug auf die Privatbriefe (in der von ihr untersuchten Zeitspanne recht spärlich vertreten), daß bei ihnen "eher stilistische Eigenschaften gattungsbestimmend zu sein scheinen" (118). Da diese These von der Verfasserin nicht am konkreten Textmaterial belegt wird, kann man hierüber keine definitiven Aussagen machen. Eigene Untersuchungen, allerdings an wesentlich jüngerem Briefmaterial, weisen diese Rolle viel eher dem strukturellen Merkmal zu. Was den Status der *письмовники* betrifft, weicht die Auffassung von Brogi Bercoff nicht von der Schmücker-Breloers und Demins (der die Rolle der Briefsteller in jüngster Zeit allerdings stark relativiert) ab. Auch die "größere Ausdruckseinheit" der Briefe im 16.-17. Jh. führt sie auf die Verbreitung von Briefstellern zurück, ohne allerdings auch dies durch Textmaterial zu belegen. Insgesamt muß die Arbeit dennoch als ein wichtiger Beitrag zur Geschichte des russischen Briefes gewertet werden. Allerdings sollte die von Brogi Bercoff selbst ausdrücklich geforderte Trennung zwischen dem literarischen und dem sachlichen Brief auch konsequent durchgehalten werden, denn eine Übertragung von Daten und Erkenntnissen, die aus der Analyse des literarischen Briefes gewonnen wurden, auf den eigentlichen Privatbrief erscheint nicht unbedenklich.

Die Arbeit Ponyrkos ist keine theoretische Abhandlung, sondern eine sehr sorgfältige Edition von 14 *послания* aus dem 11.-13. Jh. Nur in der Einleitung werden, in sehr knapper Form, einige theoretische Bemerkungen gemacht. So sieht Ponyrko den Brief als in dem Grenzgebiet zwischen Literatur und Alltag liegend (3). Das wesentliche Kriterium für die Abgrenzung von der Alltagssphäre und damit für die Zugehörigkeit zur Literatur ist für sie "сам факт включения отдельного послания в литературную традицию" (l. c.). Sie weist in diesem Zusammenhang auch auf die größere Extension der aruss. Literatur gegenüber der neuen hin (4):

> "общепризнанный постулат о "функциональном" характере древнерусской литературы, "деловом" назначении всех без исключения ее жанров неизбежно расширяет границы "литературного", поскольку заключает в них, по существу, всю древнерусскую книжность в той мере, в какой она отражала систему культурных ценностей своего времени".

Ponyrko weist auch auf die Unterschiede zwischen dem epistolographischen Repertoire in Byzanz und in Kiever Rus′ hin (vgl. o. Brogi Bercoff). So findet der in Byzanz verbreitetste Typ des Briefes, *дружеское послание*, so gut wie keine Verbreitung bei den Ostslaven/Russen vor dem 15.-16. Jh. Dieser Typ des Briefes soll aber nach Ponyrko (die sich dabei auf Pančenko beruft) im 17. Jh. besonders große Verbreitung erlangt haben. Eigene Untersuchungen zum Brief des 17. Jh.s konnten diese These nicht bestätigen. Es ist allerdings denkbar, daß Ponyrko sich hier wiederum auf den literarischen Brief bezieht, sie expliziert dies aber nicht. In der Kiever Zeit ist für sie dagegen der häufigste literarische Brieftyp *послание-поучение*, der "минимальное использование нормативных черт эпистолографии" aufweist (4). Dies erscheint relevant, denn auch damit grenzt sich der literarische Brief von *грамотки* ab. Abschließend sei noch einmal auf das hohe Niveau der Edition hingewiesen, die eine gute Basis für vielfältige philologische Untersuchungen bietet. Es bleibt zu hoffen, daß dieser Arbeit noch andere folgen werden, damit die jahrzehntelangen Appelle Lichačevs zum Wiederaufbau und zur Rehabiltierung der Textologie in der Russistik doch noch Früchte tragen.

II. Korpusanalyse

1. Zum Korpus

1.1. Grundkorpus

Die Gesamtzahl der untersuchten Briefe beträgt 1057. Die Liste der Briefe mit den genauen bibliographischen Angaben befindet sich im Anhang dieser Arbeit. Um die gleichmäßige Qualität der Analyse zu gewährleisten, wurden nur Texte berücksichtigt, die nach den strengen Regeln des *лингвистическое источниковедение* ediert wurden. Die meisten Briefe stammen aus:

1) *Источники по истории русского народно-разговорного языка XVII - начала XVIII в.* (KOTKOV/PANKRATOVA 1964; im folgenden: KP64).
2) *Памятники русского народно-разговорного языка XVII столетия (Из фонда А. И. Безобразова)* (KOTKOV/TARABASOVA 1965: KT65).
3) *Московская деловая и бытовая письменность XVII в.* (KOTKOV et al. 1968: KO68).
4) *Грамотки XVII - начала XVIII в.* (KOTKOV et al. 1969: KT69).
5) *Памятники московской деловой письменности XVIII в.* (KOTKOV/SUMKINA 198: KS81).
6) *Памятники деловой письменности XVII века. Владимирский край* (KOTKOV et al. 1984: KA84).

Die restlichen 21 Briefe entstammen diversen Sammelbänden (in den Klammern die Quellenangaben und die im folgenden verwendete Signatur):

1) Privatbrief von 1603 (MOROZOV 1982; Z1603);

2 + 3) Zwei Briefe an Verwandte aus dem Troice-Sergiev-Kloster von 1609 (FLORJA 1982; Z1609 a+b);

4) Fingierter Privatbrief einer Kosakenfrau an ihren Mann, verfaßt 1618 von Beamten des *Посольский Приказ* (MORDOVINA/STANISLAVSKIJ 1982; Z1618);

5-6) Zwei fingierte Privatbriefe, verfaßt 1634. von einem Diener (MORDOVINA/STANISLAVSKIJ 1979; Z1634a+b);

7-9) Drei Briefe des Novgoroder Kaufmanns V. Kisel'nikov, 1655-1656 (DAVIDSSON 1982; Z1655a+b; Z1656);

10-16) Sieben Briefe von Beamten aus Nordrußland (Belozersk), 1670-90 (EVTJUŠINA 1971; Z1670, Z1672, Z1675a-c, Z1678, Z1690);

17) Brief des Arztes und Diplomaten P. V. Postnikov an Peter I. von 1696 (SUMKINA 1969; Z1696);

18) Brief D. Larionovas an ihren Ehemann, ca. 1696-98 (PANKRATOVA 1969b; Z1696-98);

19-21) Zwei Briefe und ein Briefentwurf Ludolfs an seine russischen Bekannten, 1698 (ŠEPELEVA 1991; Z1698a-c).

Die o. g. sechs Editionen, denen die meisten Briefe des Korpus entnommen wurden, enthalten auch andere amtssprachliche Textsorten: *сказки*, *расспросные речи*, *отказные* (u. a.) *книги*, *челобитные* u. a. m. Einige von ihnen sind in das Vergleichskorpus aufgenommen worden, die übrigen wurden hier nicht weiter berücksichtigt. Die Selektion betraf auch einige der eigentlichen *грамотки*: erheblich defekte Texte wurden aus dem Korpus ausgeschlossen. Eine weitere Selektion betraf intentionale Kriterien, die hier - neben den strukturellen - als die wichtigsten für die damalige Privatkorrespondenz postuliert werden. Die intentionale Selektion stützt sich auf die - empirisch gewonnene - These: die Privatbriefe sind fast nie monothematisch und haben zudem deutliche phatische Färbung. Daher wurden reine Anweisungen, Berichte, Bittschriften bzw. Quittungen, Empfangsbestätigungen u. ä. aus der Analyse ausgeschlossen. Eindeutige Grenzziehung war allerdings nicht in jedem Fall möglich, daher wurde die intentionale Selektion durch die strukturelle unterstützt: es wurden solche Texte von der Analyse ausgeschlossen, die keine Elemente der spezifischen Briefformel aufweisen. Allerdings blieben auch dann noch Fragen offen. Eine weitere Restriktion betraf die normalerweise am Ende des Briefes nach der Schlußformel stehende Adresse. Ihre Einbeziehung in die Analyse würde zum einen die Zahl der Analyseparameter noch weiter erhöhen, zum anderen sind solche Adressenpassagen recht heterogen, sowohl im Umfang als auch in der Sprache, und bedürfen daher einer eigenen Untersuchung.

Leider werden in den hier verwendeten Editionen die Numerierung und Notation der Texte nicht nach einheitlichen Regeln gehandhabt. Auch die hier im folgenden benutzte Notationstechnik ist sicherlich noch verbesserungsbedürftig. Aber auch in ihrer jetzigen Form macht sie es möglich, die Texte nach ihren Signaturen eindeutig zu bestimmen. So setzt sich die Signatur der 21 Briefe, die nicht den o. g. großen Editionen entstammen, aus einem Z (= Zusatztext) und der Datierung des Briefes zusammen: z. B. Z1603 bzw. Z1675b (wenn mehr als ein Brief aus demselben Jahr vorhanden ist). Die Notation der anderen Briefe ist etwas komplizierter. Die Signatur setzt sich hier zusammen aus:

a) der o. a. Abkürzung für die jeweilige Edition (also KP64 bis KA84)

b) der laufenden Nummer des Briefes in der Edition.

Bsp.: *Der Brief E. B. Kurakinas an ihren Vater vom 12.6.1723, der 1981 in Памятники московской деловой письменности XVIII века unter der Nr. 32 veröffentlicht wurde, bekommt die Signatur KS81/32.*

Die uneinheitliche Notationstechnik in den Editionen machte einige Zusätze notwendig: So sind z. B. in KP64 Briefe aus den Archiven mehrerer Familien enthalten, aber nur in den Grenzen der jeweiligen Archive durchlaufend numeriert. Um die Verbindung zur Quelle aufrechtzuerhalten, wurde diese Nummer beibehalten und in die Signatur zusätzlich die Kennzeichnung der Familie aufgenommen: *K* für Kireevskijs, *L* für Larionovs, *M* für I. A. Maslov, *MA* für seine Nachkommen (diese Archive sind auch in der Edition getrennt), *P* für Pazuchins, *S* für Samarins und *Č* für Čeliščevs.

<u>Bsp.:</u> *Der Brief F. Varaksins an D. I. Maslov ist in KP64 im Archiv von D. I. Maslov unter der lfd. Nr. 11 veröffentlicht und bekommt hier entsprechend die Signatur KP64/MA11.*

In KT65 stammen fast alle Briefe aus dem Archiv A. I. Bezobrazovs. Die fünf Briefe der Brüder Ščerbatov bekommen in der Signatur zusätzlich ein *ŠČ*. In KO68 sind viele Briefe an den Fürsten V. V. Golicyn gerichtet oder von ihm verfaßt. Sie sind in der Edition nach dem jeweiligen Verfasser gruppiert und innerhalb dieser durchlaufend numerierten Gruppen zusätzlich durch Buchstaben gekennzeichnet. Auch hier wurde versucht, die Notationstechnik so zu gestalten, daß der Zugriff zur Quelle nicht erschwert wird.

<u>Bsp.:</u> *Der Band enthält u. a. 11 Briefe der Fürstin Golicyna an ihren Sohn. Diese Gruppe hat in der Edition die Nr. 2, die einzelnen Briefe sind durch Buchstaben numeriert. Dieses Prinzip wird auch in der hier verwendeten Notation beibehalten, nur werden die kyrillischen Buchstaben durch lateinische ersetzt. So bekommt der Brief T. I. Golicynas vom 26.8.1677 die Signatur KO68/2f.*

Einige der Texte vereinen in sich zwei (selten drei) Briefe. Meist sind sie von verschiedenen Angehörigen des Adressaten verfaßt. Sie bekommen zusätzliche Numerierung (KA84/274-1). Allerdings gelten auch für Doppelbriefe die gleichen Selektionsregeln.

Eine detaillierte Deskription des Korpus, aufgeschlüsselt nach einzelnen Parametern und deren Kombinationen erfolgt im nächsten Kapitel. Hier sollen daher nur erste allgemeine Informationen zum Korpus gegeben werden: Die Zeitspanne der untersuchten Briefe beträgt fast 130 Jahre (1603-1731), bei allerdings sehr ungleichmäßiger Distribution. Unter den Verfassern und Empfängern trifft man Vertreter praktisch aller Schichten der damaligen russischen Gesellschaft. Auch hier ist aber die Verteilung ungleichmäßig, es überwiegt das, was man mit einigem Recht als die damalige russische Mittelschicht bezeichnen könnte. Das Korpus enthält zahlreiche Briefe von und an Kleriker. Der Anteil der Frauen ist unter den Verfassern wie Empfängern gleichermaßen gering. Die Thematik der Briefe ist breit gefächert, wobei das Geschäftliche eindeutig dominiert. Auch die lokale Streuung ist sehr breit, wobei die Briefe der Moskauer allerdings eine sehr starke Gruppe darstellen. Da die lokale Zuordnung keine allzu große Aussagekraft für die Analyse zu haben scheint, wurde dieser Parameter hier nicht näher untersucht. Seine Relevanz sollte aber in einem entsprechend differenzierten Korpus überprüft werden. Nach dieser ersten Präsentation des Analysematerials sollen in dem nächsten Abschnitt die Parameter der Analyse vorgestellt und begründet werden.

1.2. Analyseparameter

1.2.1. Vorbemerkungen

Die Korpusanalyse wurde sowohl nach Einzelparametern als auch nach bestimmten Parameterkombinationen durchgeführt. Es wurden drei Arten von Parametern in der Analyse berücksichtigt, die strukturellen, die außersprachlichen und die innersprachlichen, die in den nächsten Abschnitten dieses Kapitels im einzelnen vorgestellt und begründet werden. Die Liste der Parameter wurde auf empirischem Wege erstellt und erhebt in ihrer jetzigen Form keinen Anspruch auf Vollständigkeit. Sie ist prinzipiell modifizierbar und soll an weiteren Korpora differenziert und vervollständigt werden. Dennoch erlaubt auch die am Material eines doch recht umfangreichen Korpus bereits durchgeführte Analyse eine erste Thesenbildung. Die größte Relevanz kommt der (auch empirisch gewonnenen) These zu, die sprachlichen Merkmale seien für die Bestimmung und Abgrenzung der Textsorte "Privatbrief des 17.-18. Jh.s" nicht distinktiv. Da die untersuchten Texte große Übereinstimmung in fast allen Sprachbereichen mit vielen anderen Textsorten der Amtssprache aufweisen, ist deren Sprache nur in dem weiteren Rahmen der gesamten Amtssprache als differentielles Merkmal zu sehen. Dagegen kommt den Strukturmerkmalen besonders große Relevanz zu. Nachfolgend die vorläufige Liste (in der Reihenfolge der vorläufig postulierten Relevanz der Parameter).

1.2.2. Merkmale der Textstruktur

1.2.2.1. Briefformel

Zu den analyserelevanten Strukturmerkmalen gehören zunächst zwei: die spezifische Briefformel und der Briefumfang. Dabei gehört der Vorrang eindeutig der Briefformel. Es sei noch einmal darauf hingewiesen, daß in der derzeitigen Analysephase der narrative Teil des Briefes vorläufig als weniger relevant als die Formel angesehen wird. Daher wird hier die Briefformel als das überhaupt wichtigste distinktive Merkmal des untersuchten Korpus gesehen. Diese These ist auf emprischem Weg entstanden und gilt vorläufig nur für das untersuchte Korpus. Angesichts des Umfangs des Korpus und seiner zeitlichen

Grenzen von fast 130 Jahren scheint sie allerdings durchaus Berechtigung zu haben. Die Untersuchung hat gezeigt, daß die spezifische Formel das unabdingbare Merkmal eines Privatbriefes und auch, daß diese Formel wohlstrukturiert und genormt war.

Die gesamte Briefformel besteht aus zwei gut zu unterscheidenden Teilen: der Anfangs- (im folgenden AF) und der Schlußformel (SF), wobei die AF gewissermaßen das Kernstück ist; sie weist eine festere Struktur auf, und auch ihr Gebrauch ist in höherem Maße verbindlich als der der SF. Die komplette Briefformel enthält 10 Elemente, sieben in der AF und drei in der SF. Die AF ist in sich noch einmal zweigeteilt. Im ersten Teil (AFI = F1-4), werden Adressant und Adressat genannt, der Gesundheits- und Wohlergehenswunsch an den Adressaten ausgesprochen, sowie der Wunsch, auch in der Zukunft über das Wohlergehen des Adressaten informiert zu werden. Der zweite Teil (AFII = F5-7) und ist ausschließlich der Information über das Wohlergehen des Adressanten gewidmet. Die Abfolgeregeln der einzelnen Elemente sind recht streng, auch die möglichen Variationen sind geregelt. In der SF kommen bis zu drei Elemente (F8-10) vor; hier werden Absender und Empfänger noch einmal genannt und eine schablonenhafte Demutsbezeugung ausgesprochen (*челом бью* u. ä.). Die SF muß nicht unbedingt am Briefende stehen, während am absoluten Anfang des Briefes immer F1 steht. Die AF und SF können als Blöcke oder distant auftreten (durch Textfragmente getrennt). Auch in diesem letzteren Fall scheinen gewisse Regeln zu existieren, wie noch gezeigt werden soll (II.2.1.1.3.-5.).

Nachfolgend die erste knappe Präsentation der einzelnen Formelelemente (im folgenden wird, außer bei Zitaten, die moderne russische Graphie verwendet):

I. ANFANGSFORMEL

FI: Kanonische Form:

> *Государю моему* + (Titel + Vor-/Vatersname des Adressaten im Dativ) + (Vorname (+ Vatersname) des Absenders) + *челом бьет.*

Neben der Nennung des Adressaten im Dativ kommt als recht häufige Variante die nominativische Form vor:

> *Гсдрь мои* ... (weiter wie o. a.).

Diese kanonische Form kann auf bestimmte Art und Weise erweitert und modifiziert werden, z. B. durch

1) die Nennung des jeweiligen Verwandtschaftsgrades;
2) diverse Varianten von konventionellen Demutsbezeugungen:

> *раб твои*
> *твои вскормленник*
> *рабски челом бьет* u. a.

Auch der Name des Absenders dient der Demutsbezeugung: sein Vatersname wird üblicherweise nicht genannt, der Vorname bekommt entsprechende diminutive Suffixe: *Івашка, Илюшка* etc.

3) die Attribuierung des Adressaten, Ausschmückung seines Titels, z. B. *блгодетел, кормилцу, млстивому блгодетелю* etc.

Bestimmte Briefgruppen zeigen allerdings Abweichungen von dieser kanonischen Form. Dazu gehören z. B. Briefe von/an die Eltern, ein Teil der Briefe von Ehemännern sowie Briefe an/von Geistliche(n). Im Analyseteil werden diese abweichenden Formen noch im einzelnen vorgestellt.

F2: Kanonische Form:

многолетно гсдрь здравствуи со всем своим праведным домом.

Auch sie kann erweitert bzw. abgewandelt werden:

многолетно и благополучно ...
здравствуи о хрте (на веки) ...
буди гсдрь мои здрав на многие лета ...

Auch hier weichen bestimmte Briefgruppen (z. B. die Elternbriefe) von der Grundform erheblich ab.

F3 tritt in zwei Varianten auf, die sowohl einzeln als auch zusammen vorkommen können:

a) *пиши гсдрь мои ко мне о своем здоровье как тебя бгъ милует* (Varianten hier: *прикажи писать / как бгъ сохраняет*);

b) *челом бью гсдрь на твоем жалованье что жалуешь пишешь о своем здоровье.*

Diese Grundformen können erweitert werden, vor allem durch Attribute zu *гсдрь, здравствуи, жалованье.*

F4: Kanonische Form:

а я про твое гсдря моего здоровье всечасно слышати желаю.

Häufige Variante (bei unmittelbarem Anschluß an F3):

а мне б слыша про твое гсдря моего здоровье радоватца.

Auch F4 wird hauptsächlich durch Attribute erweitert.

F1-F4 bilden zusammen den autonomen Block AFI, die letzten drei Elemente der AF (F5-7) - den Block AFII, der Auskunft über das Befinden des Absenders enthält. Syntaktisch und semantisch bilden F3 und F4 einen Block. Daß sie hier dennoch als zwei selbständige Elemente behandelt werden, liegt daran, daß F3 im Gebrauch starke Autonomie aufweist und im Text durchaus ohne den Partner vorkommen kann.

F5: Kanonische Form:

а про меня гсдрь изволишь млстию своею напамятовать (ведать)

Die Varietät gerade bei diesem Formelelement ist allerdings recht groß, so daß hier nur bedingt von einer kanonischen Form gesprochen werden kann. Auch fehlt dieses Element häufig in bestimmten Briefgruppen, so z. B. in den Elternbriefen (vgl. II.3.2.3.), auch wenn die AF sonst komplett auftritt.

F6: Die hier häufigsten Varianten sind:

a) *и я на/в* + lokale Bestimmung + Datum (*декабря въ/по ... де*) *млстию бжию з живыми*

b) *и я в печали своеи* + Datum + *еще в живых обретаюся*

c) *и я в* + lokale Bestimmung + Datum + *еще жив до воли бжии*

d) *и моему окаянству всещедрыи владыко еще терпит по* + Datum.

Auch hier ist eine große Varianz des sprachlichen Ausdrucks zu beobachten. Dennoch ist die semantische Struktur (und damit auch die des Ausdrucks) deutlich festgelegt. Zu den obligatorischen Grundelementen scheinen hier die zeitliche und lokale Bestimmung und die Nennung der Personen, über deren Befinden berichtet wird, zu gehören (übrigens muß der Absender selbst dabei nicht unbedingt erwähnt werden - dann vor allem, wenn es sich um einen Untergebenen u. ä. handelt).

Diese beiden Elemente der AFII, F5 und F6 scheinen inhaltlich genauso eng zusammen zu gehören wie F3 und F4, werden auch aus ähnlichen Gründen dennoch als zwei autonome Elemente behandelt: sie zeigen im Gebrauch weitgehende Autonomie und können durchaus ohne den jeweiligen Partner vorkommen.

F7: Kanonische Form: *а впред(и) бгъ волен.*

Dieses Element ist in seiner Form recht stabil, die Varianz eher gering. Nachfolgend die häufigsten Abwandlungen der kanonischen Form:

а впред уповаю на млсть бжию
а впред уповаю на его творца волю
а впред его ж праведного воля.

Weitere Modifizierung wird auch hier vor allem durch die Attribute (zu *бгъ* und *воля*) erreicht.

II. SCHLUSSFORMEL

Die Elemente der SF (F8-F10) sind weniger autonom als die der AF, die Varianz des Ausdrucks ist stärker ausgeprägt, die einzelnen Elemente weisen auch recht unterschiedlichen Stabilitätsgrad auf. Eine kanonische Form für die SF zu ermitteln, ist daher schwierig. Hier eine der häufigsten Varianten:

по семъ тебе гсдрю моему (=F8) *писавыи* + Vorname (oft in Diminutivform) (=F9) + *(пре)много челом бью* (=F10).

M. a. W. wird in der SF (allerdings in abgewandelter Form) F1 wiederholt. Die Varianz des Ausdrucks wird auch hier vor allem durch Attribute erreicht, häufig auch in Diminutivform (sofern sie sich auf den Absender beziehen). Es gibt auch gereimte SF.

Zur Veranschaulichung einige Beispiele von vollständigen SF:

a) по сем г (= *гсдрь -А. К.*) въ млсти бжиеі пребываі а к нам в любви своеі не забываі Івашка К (= *Киреевский - А. К.*) рабскии стократно челом бьет (*KP64/K63*);

b) по семъ писавыі сие челомь бью, и паки искавыі млсти твоея челомъ бью (*KP64/S20*);

c) по семъ здравствуи гсдрь мои о хрсте а я раб твои много челомъ бью (*KT69/19*).

Die o. g. kanonischen Formen gelten allerdings nicht gleichermaßen für alle Brieftypen, auch wenn die Abweichungen zahlenmäßig gering sind. Deutliche Eigenspezifik weisen z. B. die Briefe von Eltern, vor allem von Vätern auf, aber auch die Briefe an die Eltern weichen von dem sonst üblichen Muster in gewissen Punkten ab. Ferner gehören auch die Briefe von und an Geistliche zu einer Sondergruppe. Im einzelnen soll die jeweilige Spezifik der Formel in diesen Briefen weiter unten bei der Analyse entsprechender Parameterkombinationen erörtert werden. Zum Schluß ein Beispiel für eine komplette Briefformel. Da es sich um einen relativ kleinen Brief handelt, soll er im Ganzen wiedergegeben werden:

> Приятелю моемѹ[6] Іванѹ Івановичю Митка Яблачьковъ челомъ бьетъ здравствѹі ириятел моі на множество лѢтъ са въсеми любящимя табою Пожалѹі прикажи писатъ про свое многолѢтъноя здаровя а нам бы слышавъ про твое здаровя о ХрстѢ радоватися
> А про нас пожалѹешь изволишь напаметоват и мы сентебря по ѕ число дал бгъ обретаемъся въ живых а выпред упаваемъ на него ж всещедраго бга да послал я члвка своего Триѳѹткѹ къ МосквѢ и ты пожалѹі не покин ево а я на миласть твою надежан во вьсемъ
> За симъ писавыі Митка Яблочьков челомъ бьеть (KP64/K12)

1.2.2.2. Briefumfang

Auch Umfang des Briefes gehört zu seinen strukturellen Merkmalen. Zwar bieten bisherige Beobachtungen kaum Anhaltspunkte dafür, daß es sich hierbei um ein wichtiges distinktives Merkmal handelt. Ausgehend von der Prämisse, die Analysemethode sei vor allem empirisch vom Korpus abzuleiten und von dem damit zusammenhängenden Postulat, möglichst wenige Selektionen im Vorfeld der Analyse vorzunehmen, wurde dieser Parameter dennoch in die Liste aufgenommen. In Kombination mit bestimmten anderen Parametern kann er im übrigen durchaus in distinktiver Funktion auftreten (vgl. II.1.3.).

1.2.3. Außersprachliche Parameter

1.2.3.1. Vorbemerkungen

Auch diese Liste wurde aus dem Korpus selbst abgeleitet. Die Analyse hat gezeigt, daß einige dieser Merkmale für das untersuchte Korpus in hohem Maße distinktiv sind. Die Untersuchung ergab auch bereits gewisse Hinweise auf die Gewichtung der einzelnen Parameter. Zur weiteren Präzisierung der Liste bedarf es allerdings einer quantitativen wie qualitativen Erweiterung des

---

6 Da das zur Verfügung stehende Zeichenrepertoire kein einfaches ksl. "u" hat, wurde hier und im folgenden zu seiner Kennzeichnung der Digraph ѹ verwendet.

Korpus (dieser zweiten Bedingung wurde hier - wenn auch in eingeschränktem Maße - durch die Einbeziehung eines Vergleichskorpus entsprochen). Die Liste enthält folgende außersprachliche, vor allem soziolinguistische Parameter:

1) soziale Stellung von Absender/Adressat;
2) ggf. deren verwandtschaftliche Beziehung;
3) Sexus;
4) Datierung der Briefe;
5) Thema bzw. Intention.

Diese Reihenfolge stellt keine Rangordnung dar, sie ist präsentationstechnisch bedingt. Als die (vorläufig) relevantesten Parameter werden hier die soziale Stellung und das Thema (bzw. Intention), bedingt auch die verwandtschaftliche Beziehung postuliert.

1.2.3.2. Soziale Stellung von Absender/Empfänger

Dieser Parameter wird in der Analyse zweifach Weise berücksichtigt, einmal absolut, als konkreter sozialer Status eines bestimmten Menschen, und einmal relativ, als die jeweilige Konstellation der sozialen Ränge von Absender und Empfänger. Die zentrale Frage lautet: ob, und wenn ja, wie sich der soziale Status auf die Sprache und die Struktur des Briefes auswirkt.

Unter den Verfassern und Adressaten der untersuchten Briefe sind zwar praktisch alle Schichten der damaligen russischen Gesellschaft, vom Leibeigenen bis zum Zaren vertreten (Z1696 ist an Peter I. gerichtet), allerdings sehr ungleichmäßig. Es gibt sehr viele Briefe von Gutsbesitzern und Beamten (auch aus den *посады*); recht zahlreich sind auch die Briefe der Kaufleute und des Klerus. Die höchsten geistliche (Patriarch) und weltliche (Zar) Würdenträger treten dagegen als Absender nicht auf. Auch die Bauern sind deutlich unterrepräsentiert. Diese soziale Streuung sollte unbedingt bei der Interpretation der Analysedaten berücksichtigt werden: in dem untersuchten Korpus ist überwiegend die damalige russische Mittelschicht vertreten, ihre Sprache, ihre Interessen. Spätestens an diesem Punkt stellt sich die Frage nach dem Verhältnis zwischen der sozialen und der kulturellen - und damit auch sprachlichen - Schichtung der russischen Gesellschaft im 17. Jh. und zur petrinischen Zeit. Dazu im folgenden einige Überlegungen, die wiederum aus der Beschäftigung mit den Texten entstanden sind - aber auch aus der intensiven Beschäftigung mit der russischen Geschichte dieser Epoche. Es soll vor allem auf die Spezifika des damaligen russischen soziokulturellen Paradigmas hingewiesen werden.

Das 17. Jh. ist die Zeit der sozialen Aufsteiger, der neuen, sehr großen Beamtenklasse, die sowohl aus dem Kleinadel als auch aus *посадские* rekrutiert wird. Sie sind treue Diener des Zaren und werden von ihm mit Landbesitz entlohnt. Sie stärken die Zentralmacht und fördern so das Erstarken des Absolutismus. Als unter Fedor Alekseevič die alten *Степенные книги* verbrannt werden, markiert dies das Ende der alten gesellschaftlichen Strukturen, die praktisch keinen Zugang nach oben gewährten und die Macht in den Händen der wenigen alten Bojarenfamilien ließen, die unter sich eine feste Rangordnung wahrten. Jetzt wurde der Weg nach oben geöffnet, wenn auch zunächst nur für den Adel. Aber jetzt konnte es ein kleiner Gutsbesitzer aus der Provinz durch treue Dienste sehr weit nach oben bringen. Unter Peter I. wurde dann, wenn auch nur vorübergehend, dieser Weg auch den Nichtadligen zugänglich gemacht.

Ein anderes Spezifikum, allerdings nicht speziell des 17. Jh.s, sondern der gesamten vorpetrinischen russischen Kultur ist die Diskrepanz zwischen der ausgeprägten sozialen Schichtung und der Homogenität der Kultur und des Alltagslebens. Im Unterschied zu Westeuropa gab es weder eine gesonderte höfische noch eine städtische Kultur. Die Unterschiede zwischen der Ober- und der Unterschicht waren eher quantitativer als qualitativer Art. Ein Bojare hatte wohl Silbergeschirr und Pelzmäntel, in vielem anderen unterschied er sich aber nicht von seinen Bauern: er hörte dieselben Lieder und Märchen, las oder hörte dieselben Bücher, sprach dieselbe Sprache. Bezeichnenderweise gibt es im vorpetrinischen Rußland auch nur eine Anredeform "Du" für alle. Das "Sie"/"Ihr" ist auf recht wenige Anlässe offizieller Natur beschränkt, und dann auch nur den höchsten geistlichen und weltlichen Würdenträgern vorbehalten, die im übrigen genauso mit "Du" angeredet werden konnten.

Gerade die Privatkorrespondenz bietet eine gute Basis für die Untersuchung des Verhältnisses zwischen der sozialen und der sprachlichen Schichtung der Gesellschaft. Die durchgeführte Analyse hat hier recht interessante, z.T. auch unerwartete Ergebnisse gebracht, die einmal im Analyseteil und dann noch einmal im letzten Teil der Arbeit besprochen werden sollen.

1.2.3.3. Verwandtschaftliche Beziehungen

Auch heute stellt die Familie eine der wichtigsten sozialen Strukturen in Rußland dar, in der Vergangenheit war ihr Stellenwert noch höher. Zudem bedeutete Familie damals Großfamilie, Sippe, die mehrere Generationen umfaßte sowie Verwandte teilweise recht unterschiedlichen Grades. Im Rußland des 17. Jh.s, in einer deutlich rural geprägten Gesellschaft, war das Gefühl der Zugehörigkeit zu solchen Großfamilien stark ausgeprägt (möglicherweise stärker als in vielen zeitgenössischen Gesellschaften Westeuropas). Dieses Gefühl der Sippenzugehörigkeit machte aber bei der Korpusanalyse die genaue Bestimmung des Verwandtschaftsgrades wiederholt unmöglich, weil im

Russischen dieser Epoche keine differenzierten Bezeichnungen für die verschiedenen Verwandtschaftsarten verwendet wurden. Man könnte fast sagen, daß das distinktive Merkmal hier eher das Alter als der Grad der verwandtschaftlichen Beziehung zueinander ist. So werden im Korpus sowohl Brüder als auch Cousins diverser Grade mit *братец* angeredet; auch die angeheirateten älteren männlichen Verwandte mit *дядюшка*, ganz gleich, ob es sich dabei nun um den "wirklichen" Onkel handelt oder um den Mann einer Tante x-ten Grades. Bei sehr großen Altersunterschieden finden sich auch Anreden *дедушка* und *бабушка*. Schwiegereltern werden als Eltern angeredet und übernehmen diese Bezeichnung in der schriftlichen Kommunikation auch für sich selbst (z. T. als *богоданный/ богоданная / богоданная матушка* u. a.). Analoges gilt für die Schwiegerkinder.

Wesentlich interessanter und auch ergiebiger für die Analyse ist allerdings die nahe Verwandtschaft, der engere Familienverband. Die Fragestellung lautet hier: besteht eine Korrelation zwischen der verwandtschaftlichen Bindung bzw. deren Art einerseits und der Sprache bzw. Struktur der untersuchten Briefe andererseits? Im Grunde bildet dieser Parameter eine Unterart des der sozialen Stellung, denn familiäre Strukturen gehören - in der Vergangenheit in besonderem Maße - zu den wichtigsten sozialen Strukturen.

1.2.3.4. Sexus

In der modernen soziolinguistischen Forschung ist die Berücksichtigung dieses Parameters eine Selbstverständlichkeit. Anders in der Diachronie, hier in der diachronen Russistik. Leider bot das untersuchte Korpus nur sehr begrenzt Ansatzpunkte für eine derartige Analyse, da Frauen sowohl unter den Absendern als auch unter den Empfängern der Briefe stark unterrepräsentiert sind. Dennoch wurde das Korpus auch auf die etwaige Spezifik von Männer- und Frauensprache bzw. von Männer- und Frauenbriefen hin untersucht. Eine definitive Aussage ist angesichts der sehr geringen Menge von Briefen von oder an Frauen verständlicherweise nicht möglich, einige interessante Beobachtungen konnten dennoch gemacht werden (vgl. u. II.2.2.3.).

1.2.3.5. Datierung

Die gesamte Zeitspanne des untersuchten Korpus beträgt fast 130 Jahre (1603-1731), wobei aber die verschiedenen Epochen unterschiedlich stark vertreten sind. Die Berücksichtigung dieses Parameters wäre allein schon wegen einer solch großen Zeitspanne sinnvoll gewesen. Noch wichtiger ist hier aber, daß es sich dabei um das 17. Jh. und die petrinische Zeit handelt, die zu den umstrittensten in der Geschichte der russischen Schriftsprache gehören. Die durchgeführte Untersuchung des zeitlichen Faktors verfolgte mehrere Ziele:

1) die Feststellung der zeitlichen Distribution des Korpus (so liegen aus der Zeit der *Смута* nur drei Briefe vor, daher ist die Aussagekraft eines solch kleinen Korpus zur Sprachsituation dieser Zeit entsprechend begrenzt);
2) die permanente Berücksichtigung des Zeitfaktors kann den (dringend notwendigen) Aufschluß über die Sprachentwicklung der untersuchten Epoche geben, z. B. auch über die Richtigkeit von Issatschenkos These vom Abbruch der alten schriftsprachlichen Tradition der PSO zur petrinischen Zeit. Daher sollte dieser Parameter m. E. unbedingt bei jeder diachronen Korpusanalyse berücksichtigt werden.

1.2.3.6. Thema bzw. Intention

Da die Grundintention (privater Informationstransfer bei stark ausgeprägter (bis hin zur Dominanz) phatischer Funktion) allen untersuchten Briefen immanent ist, wird sie im folgenden nicht behandelt. Es können allerdings innerhalb des Korpus durchaus verschiedene intentionale Färbungen ausgemacht werden: *Bitte*, *Anweisung*, *Bericht*, *Protektion* etc. In der Thematik kann zunächst zwischen privaten und geschäftlichen sowie zwischen mono- und polythematischen Briefen unterschieden werden. Alle diese Unterarten kommen fast nie in reiner Form vor, man kann aber durchaus von Dominanten sprechen. Als besonders schwierig erweist sich die klare Unterscheidung zwischen dem Privaten und dem Geschäftlichen, zumal in den Briefen der Gutsbesitzer, die einen Großteil der Korrespondenten stellen. Einer der Hauptgründe dürfte die Spezifik des russischen Alltagslebens sein: die Lebensgrundlage der Gutsbesitzer war die Bewirtschaftung des Landes und der Handel mit ihren Erzeugnissen. Dies gilt auch für Klöster, und damit für zahlreiche Klosterangehörige unter den Absendern und Empfängern (zudem entfällt hier die familiäre Thematik). Ein weiterer Grund für die Vermengung von geschäftlicher und privater Thematik ist m. E. die im europäischen Kontext dieser Epoche fast einmalige Homogenität der Kultur, das Fehlen von sozial determinierter Kulturspezifik innerhalb der damaligen russischen Gesellschaft. Im Korpus macht es sich dadurch bemerkbar, daß hier im Grunde nur zwei Interessengebiete vertreten sind: Bewirtschaftung des Besitzes (bei Kaufleuten: Abwicklung von Geschäften) und familiäre Ereignisse. Weder Politik noch Kunst, Literatur etc. tauchen als Themen in den Briefen auf.

In (fast) reiner Form kommt die geschäfliche Thematik allerdings nur in der Korrespondenz der Kaufleute vor, die in dem untersuchten Korpus auch eine recht starke Gruppe darstellt. Dagegen sind die Briefe mit rein privaten Inhalten eine singuläre Erscheinung, meist relativ kurze Briefe, in denen der Formelanteil stark über den informativen dominiert. Der Anteil der privaten Thematik in geschäftlichen Briefen ist minimal. Das liegt sicherlich auch daran, daß ein Großteil dieser Briefe von Kaufmannsgehilfen (*приказчик*) bzw. Untergebenen an ihre Dienstherren gerichtet sind. Da eine definitive Abgrenzung zwischen der geschäftlichen und der privaten Thematik vielfach nicht möglich war, ergab sich eine beachtliche Untergruppe von Briefen mit gemischter geschäftlich-privater Thematik. Eine dritte (relativ kleine) Gruppe bilden die Briefe, die sich mit diversen dienstlichen Angelegenheiten befassen. Sie stammen meist von Staatsbeamten bzw. sind an solche gerichtet. Neben rein dienstlichen Briefen gibt es auch hier solche mit gemischter, dienstlich–privater und dienstlich–geschäftlicher Thematik. Nur wenige, vor allem sehr kurze Briefe sind im übrigen monothematisch. Normalerweise werden mehrere Gegenstände behandelt, und das oft nicht nach-, sondern nebeneinander, ineinander verflochten.

1.2.4. Sprachliche Parameter

1.2.4.1. Vorbemerkungen

Auch die linguistische Komponente der Analyse operiert in maximaler Annäherung an das Korpus und mit möglichst wenigen im Vorfeld der Analyse gefaßten Prämissen. Dies bedeutet u. a., daß im Prinzip alle Bereiche der Sprache Berücksichtigung in der Analyse finden sollen, allerdings mit unterschiedlicher Gewichtung. Dies soll erläutert werden.

Die Sprache des Korpus scheint die in der Fachliteratur geläufige These zu untermauern, die Privatkorrespondenz gehöre dem Bereich der Amtssprache (wenn auch nicht ihrem Kern, der Kanzleisprache) an. Daher wurden die Sprachebenen, die besonders deutliche Übereinstimmung mit denen anderer amtssprachlicher Textsorten zeigen, weniger stark berücksichtigt. Dazu gehört die Phonetik (und damit zusammenhängend die (Ortho)Graphie), aber auch bestimmte Bereiche der Morphologie. Zudem sind gerade sie durch die Schule Kotkovs bereits in größerem Umfang bearbeitet worden. Eine gewisse Spezifik zeigt nur die Syntax der Privatkorrespondenz, in wesentlich eingeschränkterem Maße auch die Lexik. Daher wird diesen beiden Bereichen in der Analyse ein breiterer Raum eingeräumt. Dies gilt auch für die Idiomatik. Die Analyse hat nämlich gezeigt, daß der Privatbrief nicht nur eine genormte spezifische Anfangs- und Schlußformel aufweist, sondern auch im eigentlichen narrativen, informativen Teil über eine erstaunlich reiche Idiomatik verfügt. Leider bieten hier weder das Grund- noch das Vergleichskorpus eine ausreichende Basis für eine umfassende Analyse, ein Vorhaben, das m. W. in der Forschung noch nicht einmal thematisiert worden ist. So muß die hier wohl wichtigste Frage, inwiefern die Idiomatik des Korpus ein Spezifikum der Privatkorrespondenz darstellt und wie das Verhältnis zwischen dieser Idiomatik und der anderer, der Privatkorrespondenz nahestehenden Textsorten der Amtssprache (*челобитные, расспросные речи, сказки*) ist, offen bleiben. Einige erste Voruntersuchungen konnten hier allerdings am Material der im Vergleichskorpus enthaltenen Textsorten der Amtssprache bereits vorgenommen werden (s. II.4.7.+II.4.8.).

Es wurden auch die von Remneva postulierten distinktiven Merkmale der grammatischen Norm(en) des alten russ. Schrifttums berücksichtigt. Dabei sollte dieses Modell, das bislang nur an wenigen Texten des 17. Jh.s angewandt wurde, die zudem eher dem tradierten Lektürekanon der PSO angehören, nun am größeren Korpus einer bestimmten Textsorte erprobt werden (wobei die Daten, wenn auch in knapper Form, mit entsprechenden Daten des kontrastiven Korpus verglichen werden). Die einzelnen Merkmale wurden entsprechend auf die Bereiche der Syntax bzw. der Morphologie verteilt.

Es ist zu beachten, daß die Sprachanalyse zwar bestrebt ist, ein möglichst adäquates Bild der Korpussprache zu geben, die vollständige (auch statistische) Erfassung aller sprachlichen Daten aber nicht als ihr vorrangiges Ziel betrachtet. Denn die linguistische Auswertung des Korpus stellt hier nur eine (und nicht die relevanteste) Komponente des gesamten Vorhabens dar, dessen Ziel die Deskription und die Bestimmung der Textsorte *vorpetrinischer russ. Privatbrief* und darauf aufbauend die Ausarbeitung von geeignetem methodologischem Instrumentarium für die Belange der historischen russischen Standardologie ist. Eine vollständige Erfassung und Auswertung aller sprachlichen Daten des Korpus (ein Vorhaben, das im übrigen den Rahmen dieser Arbeit unweigerlich sprengen würde) muß daher einer gesonderten Abhandlung vorbehalten bleiben.

1.2.4.2. Syntax

Die Syntax gehört zu den am wenigsten erforschten Bereichen in der diachronen Russistik. In besonderem Maße trifft es auf die Syntax der Amtssprache zu. Auch *лингвистическое источниковедение*, die einzige Schule, die sich ernsthaft mit der Amtsprache befaßt hat, konzentrierte sich auf die (Ortho)Graphie bzw. das Lautsystem und den Formenbestand. Angesichts der fehlenden Vorarbeiten ist es nicht verwunderlich, daß die Analyse gerade hier oft vor schwierige Probleme gestellt wurde, die nicht alle zufriedenstellend gelöst werden konnten. Es bleibt zu hoffen, daß auch hier die Ausweitung der Analysebasis Abhilfe schaffen wird. Aber die durchgeführte Analyse hat bereits einige der offenen Fragen der historischen Syntax des Russischen (zumindest für den Privatbrief und die ihm nahestehenden Textsorten der Amtssprache) beantworten können (vgl. II.2.3.2.).

Die Syntax des Grundkorpus weist den höchsten Grad an Autonomie auf: gegenüber anderen amtsspr. Textsorten wie auch gegenüber dem traditionellen Schrifttum der PSO. Besondere Relevanz scheinen zu haben: Satzstruktur, Art der Nebensatzanschlüsse, Satzgliedabfolge, eingeschränkt auch Rektion. Ein zusätzliches Problem ergab sich aus dem Fehlen der Interpunktionszeichen: nicht alle Satzgrenzen konnten definitiv bestimmt werden.

1.2.4.3. Lexik

Da die Lexik der Briefe große Ähnlichkeit mit der einiger anderer amtssprachlicher Textsorten aufweist, wurde die Analyse hier schwerpunktmäßig durchgeführt. Das besondere Interesse galt dabei der Sprachdynamik der petrinischen Zeit, d. h., der Überprüfung der Diskontinuitätsthese Issatschenkos. Konkret bedeutet es, daß im Mittelpunkt der Analyse die Bestimmung der sprachlichen Provenienz des untersuchten Wortschatzes stand (Kirchenslavismen, Ostslavismen, gemeinslavisches Wortgut, Barbarismen, Lehnübersetzungen etc.), sowie das Aufkommen neuer lexikalischer Elemente. Wegen der vielen noch ungeklärten Fragen der historischen Lexikologie konnten auch einige noch nicht definitiv beantwortet werden. In besonderem Maße betrifft es die distinkte Ausgrenzung von ksl. Elementen (einschl. der Neubildungen aus ksl. Elementen) sowie von gemeinslavischem Sprachgut. Auch mehrfache Entlehnungen (z. T. über Vermittlung anderer Slavinen) bedürfen weiterer Klärung. Dennoch hat die Untersuchung des Grundkorpus und die Kontrastierung mit dem Vergleichskorpus in nicht unerheblichem Maße zur Erhellung der lexikalischen Dynamik gerade der petrinischen Zeit beitragen können.

1.2.4.4. Merkmale der grammatischen Norm Remnevas

Die Untersuchung stützt sich hier auf die Liste von normrelevanten sprachlichen Merkmalen, die nach Remneva eine relativ sichere Zuordnung des jeweiligen Textes zum Bereich der Schriftsprache im engeren Sinne ((R)KSl - A. K.) bzw. zur Amtssprache erlauben sollen. Es handelt sich dabei ausschließlich um die grammatische Norm, als deren distinktive Merkmale:

a) Tempussystem
b) Dual
c) Dativus absolutus
d) Imperativ
e) Finalsätze und -konstruktionen

f) Kausalsätze und -konstruktionen
g) Lang- und Kurzformen der Adjektive
h) Partizipien

postuliert werden (REMNEVA 1988). Sowohl die Konzeption Remnevas als auch ihre Liste der normrelevanten Merkmale bedürfen noch in vielfacher Hinsicht näherer Erläuterung bzw. Überprüfung. Es ist aber m. W. die einzige derzeit vorhandene Konzeption zur Spezifik der vorstandardsprachlichen Norm.

1.2.4.5. Idiomatik und Stilmerkmale

Dieser Parameter markiert bereits den Übergang vom eigentlichen innersprachlichen Bereich zur Textstruktur. Gerade die genaue Bestimmung der Stilmerkmale bietet erhebliche Schwierigkeiten. Der hier gebrauchte Begriff *Stil* lehnt sich an die Aufassung Lichačevs, Tolstojs, Picchios an. Auch die Bestimmung von stilrelevanten Merkmalen war entsprechend schwierig und wurde zudem von den spezifischen Fragestellungen und Zielsetzungen dieser Arbeit beeinflußt. Im Vordergrund der Stilananyse standen hier einerseits die (r)ksl. Elemente und andererseits diverse westeuropäische Entlehnungen, und zwar im Kontrast zu den ostslavischen. Als relevant wurde dabei sowohl ihr jeweiliger Anteil als auch ihr Ko- und Kontext angesehen. Unter Kontext werden hier vor allem die intentionalen Färbungen verstanden (Bitte, Anweisung etc.). Im weiteren Sinne gehören hierher aber auch die o. g. außersprachlichen Parameter. Auch dieser Teil der Analyse wurde eher schwerpunktmäßig durchgeführt, und es bleiben hier noch Fragen offen. Denn auch hier mußte vielfach sowohl theoretisch als auch methodologisch Neuland betreten werden.

Als ein konkretes Feld zur Untersuchung der Stilmerkmale wurde Idiomatik gewählt, deren Relevanz im Zuge der Korpusaufarbeitung immer deutlicher wurde. Es wurden drei in dem Grundkorpus festgestellten analyserelevanten Bereiche der Idiomatik untersucht: die situativ gebundene, die Phraseologismen im engeren Sinne (Sprichwörter, Metaphern u. ä.) und die (r)ksl. Idiomatik.

1.3. Parameterkombinationen

Nicht nur die einzelnen Parameter haben sich als korpusrelevant erwiesen, das gilt, z. T. sogar in stärkerem Maße, auch für bestimmte Parameterkombinationen. Die im folgenden präsentierte Liste enthält bei weitem nicht alle möglichen Kombinationen. Die Auswahl und die Selektion wurden auch hier in Anlehnung an das Korpus vorgenommen. Daher ist auch diese Liste prinzipiell offen und wandelbar. Die Reihenfolge ist präsentationstechnisch bedingt und gibt keine Auskunft über die jeweilige Relevanz. Die vorläufige Liste enthält folgende Kombinationen:

1) Formel/Datierung
2) Formel/soziale Stellung
3) Formel/Verwandtschaft
4) Formel/Thema bzw. Intenion
5) Formel/Sexus
6) Sprache/Datierung
7) Sprache/soziale Stellung
8) Sprache/Thema bzw. Intention.

Für das untersuchte Korpus scheinen folgende Kombinationen von besonderer Bedeutung zu sein:

- Formel/Datierung
- Sprache/Datierung
- Formel/soziale Stellung
- Sprache/soziale Stellung.

Für definitivere Aussagen bedarf es eines wesentlich größeren Korpus. Auch die Einbeziehung von größeren Gruppen ist möglich:

- Datierung/Sprache/Struktur
- soziale Stellung/Sprache/Struktur oder
- Thema (Intention)/Sprache/Struktur.

Es scheint aber sinnvoller zu sein, die Komplexität nur schrittweise zu steigern.

1.4. Vergleichskorpus

1.4.1. Vorbemerkungen

Die in der Analyse des Grundkorpus gewonnenen Daten und Erkenntisse sollen in einem weiteren Schritt mit den Daten des kontrastiven Korpus verglichen werden, das somit als Kontrollinstanz der Analyse auftritt. Da das erste und unmittelbare Anliegen dieser Arbeit die Deskription der Textsorte *russischer Privatbrief des 17. und frühen 18. Jh.s* und deren Abgrenzung von anderen zeitgenössischen Textsorten ist, dient ein solcher Vergleich der Überprüfung und der Präzisierung von aufgestellten distinktiven Merkmalen des Privatbriefes. Noch wichtiger scheint aber die Heranziehung des kontrastiven Korpus für andere, darüber hinausgehenden Ziele der Arbeit zu sein. Gemeint sind die eingangs genannten strittigen und ungelösten Fragen der Geschichte des Schriftrussischen und die Ausarbeitung des methodologischen Apparats der historischen russischen Standardologie. Vieles hier könnte durch die Einführung permanenter Kontrastierung geklärt werden, sei es innerslavisch oder darüber hinausgehend, - ein Desiderat, dem leider auch heute nicht entsprochen wird.

Theoretisch sollte das Vergleichskorpus folgendes Textmaterial enthalten:

1) gleiche Textsorte, d. h. Privatbriefe aus älteren sowie späteren Epochen als der im Grundkorpus vertretenen;
2) andere Textsorten der gleichen Epoche;
3) andere Textsorten älterer Epochen;
4) andere Textsorten späterer Epochen.

Im Rahmen dieser Arbeit konnte aus ersichtlichen Gründen keine eingehende und umfassende Analyse eines allen genannten Forderungen gleichermaßen genügenden Korpus vorgenommen werden. Gewisse Selektionen waren somit unumgänglich, und der Kontrast wird hier zu eher illustrativen Zwecken eingesetzt, um die prinzipielle methodologische und heuristische Bedeutung des Vergleichverfahrens für die historische Standardologie zu veranschaulichen. Dabei sollten die o. g. vier Grundforderungen wegen ihrer offensichtlichen prinzipiellen Relevanz möglichst berücksichtigt und die leider unumgänglichen Einschnitte an anderen, weniger bedenklich erscheinenden Stellen vorgenommen werden: am Umfang des herangezogenen Textmaterials und an der Zahl der zu berücksichtigenden Parameter. Die vorgenommenen Selektionen werden in den nächsten Abschnitten im Detail erörtert werden.

Das Vergleichskorpus enthält - in etwa chronologischer Reihenfolge - folgende Texte (in Klammern jeweils die bibliographischen Angaben):

1. *Домострой* (DMITRIEV/LICHAČEV 1985)
2. Briefe des Zaren Aleksej Michajlovič (DMITRIEV/LICHAČEV 1988 + BARTENEV 1856);
3. Briefe der Fürstin E. P. Urusova (DMITRIEV/LICHAČEV 1988);
4. Bericht G. Kotošichins (DMITRIEV/LICHAČEV 1989);
5. *Вести-Куранты* (KOTKOV et al. 1976);
6. *Челобитные* (KP64, KT65, KO68, KS81, KA84);
7. *Сказки* (KO68, KS81, KA84);
8. Briefe Peters I. (O*BNORSKIJ*/BARCHUDAROV 1949; KO□IN 1989);
9. *Статейный список* P. A. Tolstojs (1697-98; l. c.);
10. Tagebuch eines Teilnehmers an der *Großen Gesandtschaft* 1697-98 (KOTKOV 1976);
11. *Повесть о Василии Кариотском* (OBNORSKIJ/BARCHUDAROV, l. c.);
12. Memoiren B. I. Kurakins (l. c.);
13. Briefe des späten 18. Jh.s, 1748-1790 (MAKOGONENKO 1980; KS81).

Diese Texte sollen weiter unten noch genau beschrieben, und ihre Wahl begründet werden. Zunächst aber soll erklärt und begründet werden, warum einiges von dem, was man in einem solchen Vergleichskorpus erwarten würde, dort keine Aufnahme fand.

Es fehlt hier z. B. der gesamte tradierte Lektürekanon der PSO. Ein Grund dafür ist der, daß durch diese jahrhundertelange Tradierung der Zeitfaktor gewissermaßen neutralisiert wird. Eine konkrete Abschrift, eine konkrete Variante eines solchen Textes sollten daher zuerst in dem globalen Zusammenhang seiner Überlieferungsgeschichte untersucht und gewertet werden (vgl. LICHAČEV 1962). Ein weiterer Grund ist, daß die hier untersuchte Privatkorrespondenz eindeutig auf dem Idiom basiert und nur eine schwache Beziehung zum (R)KSl aufweist. Traditionell wird sie dem Bereich der Amtssprache zugeordnet, der an sich aber noch sehr diffus und wenig erforscht ist und eher ex negativo, in Abgrenzung vom (R)KSl determiniert wird. M. a. W., hier sind noch so viele Fragen offen, daß es vorerst wenig sinnvoll erscheint, eine einzelne Textsorte nicht ganz geklärter Provenienz mit dem zeitlich nicht bestimmbaren und auch in anderer Hinsicht heterogenen Schrifftum des traditionellen Genrekanons der PSO zu vergleichen.

Aus ähnlichen Gründen blieben aber auch einige durchaus wichtige Textsorten der Amtssprache (wie Akten oder Gesetze) in dem Vergleichskorpus unberücksichtigt. Denn diese Textsorten, die nach Kotkov den eigentlichen Kernbereich der Amtssprache bilden (was eigene Untersuchungen bestätigten), weichen einerseits deutlich in Sprache und Textstruktur von Privatbriefen ab, sind aber andererseits weder linguistisch noch textlinguistisch hinreichend aufgearbeitet. Dagegen blieben die *статейные списки*, die Diplomatenberichte (ein sehr umfangreiches Korpus) allein aus Platzgründen unberücksichtigt.

Das Fehlen von Privatbriefen vor 1600 hat andere Gründe. Zum einen scheinen zwischen diesen früheren und den Briefen des 17. Jh.s prinzipielle Unterschiede zu bestehen. Es sei in diesem Zusammenhang noch einmal an den Aufsatz *Из истории частной переписки на Руси* (PANKRATOVA 1969a; vgl. I.4.3.) erinnert, in dem auf solche Unterschiede hingewiesen wird (l. c., 136f.). Dennoch dürften an sich ältere Privatbriefe in einer epistolographisch ausgerichteten Arbeit trotz oder gerade wegen solcher Unterschiede nicht fehlen. Daß sie hier dennoch fehlen, hat eher technische Gründe: aus dieser Zeit sind nur vereinzelte Privatbriefe überliefert, und nur wenige von ihnen sind überhaupt ediert. So lag mir ein einziger edierter Privatbrief aus der Zeit vor dem 17. Jh. vor, der zudem stark defekt war (ZIMIN 1963). Es bleibt zu hoffen, daß solche editorischen Lücken möglichst bald geschlossen werden können. Für die älteste ostslavische Korrespondenz, die Birkenrindeninschriften, liegen dagegen sogar vielfache Editionen vor. Diese Texte wurden aus methodologischen Gründen nicht in das Vergleichskorpus aufgenommen. Einerseits ist dieses Schrifttum in sich heterogen, und bei weitem nicht alle Texte sind als Privatbriefe zu werten; andererseits sind hier noch allzuviele Fragen offen, z. B. auch in Bezug auf die

Fertigungs– und Wiedergabetechnik dieser Texte. (vgl. dazu WORTH 1977 und neuere Arbeiten von Zaliznjak (s. Literaturliste)).

Noch eine andere Art von Briefen fand im Vergleichskorpus keine Berücksichtigung: gemeint ist das, was Ponyrko (1992) *письмо-послание* nennt (BROGI BERCOFF 1984: *literarischer Brief*), d. h. die mehr oder weniger offiziellen Sendschrieben aus vorpetrinischer Zeit, oft mit belehrender, moralisiersender Intention, deren Verfasser in der Regel hohe Würdenträger waren und die bereits in den ersten Jahrhunderten nach der Christianisierung zum festen Genrekanon des ostslavischen Schrifttums gehörten. Da dazu bereits einige aussagekräftige Arbeiten vorliegen und der zeitliche Abstand zu der hier interessierenden Epoche zu groß ist, wurden auch sie aus der Analyse ausgeschlossen.

1.4.2. Zum Korpus

Es wurde bereits erwähnt, daß die Kontrastierung in erster Linie der Veranschaulichung dient und daß gewisse Einschnitte unumgänglich waren, vor allem am Umfang der Vergleichstexte und an der Zahl der Parameter. Was das letztere anbelangt, so liegt der Schwerpunkt der Kontrastierung – anders als bei der Analyse des Grundkorpus – auf den innerlinguistischen Merkmalen, vornehmlich auf der Syntax; etwas weniger stark werden die Lexik und die normrelevanten Merkmale Remnevas berücksichtigt.

Die Ausrichtung auf die Sprachanalyse ist dadurch bedingt, daß das ältere russische Schrifttum bis jetzt weder in textlinguistischer noch in soziolinguistischer Hinsicht auch nur annähernd hinreichend beschrieben und erforscht worden ist. Daher konnten die außersprachlichen Parameter nur sehr begrenzt berücksichtigt werden: z. B. wurden vor allem solche Texte in das Vergleichskorpus aufgenommen, deren Rezipientenkreis in etwa dem der Verfasser und Empfänger der untersuchten Privatbriefe entsprechen dürfte. Die Bevorzugung der Syntax und der Lexik in der Analyse erklärt sich dadurch, daß gerade in diesen beiden Bereichen die Sprache der Privatbriefe die stärkste Spezifik aufzuweisen scheint. Mit der Erweiterung der beiden Korpora sollte sich die Sprachanalyse allerdings auch auf die anderen Bereiche der Sprache ausdehnen, die hier nur schwerpunktmäßig berücksichtigt werden konnten. Die Heranziehung der normrelevanten Merkmale Remnevas dient vordergründig der Überprüfung ihrer Konzeption.

Auch die strukturellen Merkmale spielen bei der Kontrastierung eine eher untergeordnete Rolle. Das liegt daran, daß die untersuchten Textsorten der Amtssprache gerade in dem zentralen textstrukturellen Merkmal, dem spezifischen Formular, eindeutig voneinander abweichen. Für die nähere

Untersuchung der Spezifik der Formulare bedarf es aber größerer Korpora. Dies gilt auch für die in das Vergleichskorpus aufgenommenen Texte, die außerhalb der eigentlichen Amtssprache liegen. Dennoch wurden sowohl bei den Briefen des Vergleichskorpus, als auch bei entsprechenden Textsorten der Amtssprache (*челобитные, сказки*) sowohl die Sprache als auch das Formular untersucht.

Es waren ferner Einschnitte am Umfang der Vergleichstexte erforderlich: Nur kleinere Texte wurden im vollen Umfang untersucht. Sonst wurden größere Fragmente entnommen, möglichst ohne den strukturellen und inhaltlichen Zusammenhang zu beeinträchtigen (z. B. als ganze Kapitel). Genaue Angaben zu den in das Korpus aufgenommenen Fragmenten und deren Größe werden bei der folgenden Deskription des Korpus gegeben.

Zum Schluß noch eine Anmerkung: die ausgewähkten Texte wurden in dieser Arbeit gemäß ihren speziellen Fragestellungen und Zielen betrachtet und die zu diesen Texten bereits vorliegenden philologischen oder linguistischen Untersuchungen daher nicht berücksichtigt.

1.4.2.1. *Домострой*

Dieser Text des 16. Jh.s gehörte auch im 17. Jh. (und noch lange danach) zur Standardlektüre der russischen Mittelschicht. Es ist anzunehmen, daß auch die meisten der Korrespondenten bestens mit *Домострой* bekannt waren. Seine Sprache basiert eindeutig auf dem Idiom, trotz einiger, meist intentionsbedingter (r)ksl. Einschlüsse. Es ist zwar nicht ausgeschlossen, daß es kein russ. Originaltext ist, dies ist hier aber weniger von Belang als die Tatsache, daß es sich dabei ohne Zweifel um einen der verbreitensten Texte des vorpetrinischen und petrinischen Rußland handelt. Auch deckt sich seine Thematik weitgehend mit der des Grundkorpus. Dagegen sind die intentionalen Unterschiede deutlich: die Grundintention hier ist die Belehrung. Zu erwarten wären daher Übereinstimmungen in der Lexik und Divergenzen in der Syntax.

Als Vorlage diente die o. g. Edition aus der Reihe *Памятники литературы Древней Руси*, und zwar alle Kapitel außer Kap. 64 (*Послание и наказание от отца к сыну*). Das ergibt, abzüglich der neurussischen Übersetzung, ein Textfragment von ca. 44 Seiten (158-173). Diese Edition wurde u. a. deswegen ausgewählt, weil sie nicht nur einzelne Passagen von *Домострой* enthält (wie z. B. in OBNORSKIJ/BARCHUDAROV 1949). Zwar handelt es sich auch hierbei um keine den Anforderungen einer sprachhistorischen Untersuchung adäquate Vorlage, sie steht aber dem Original noch relativ nah.

1.4.2.2. Briefe des Zaren Aleksej Michajlovič

Die hier verwendeten Editionen (BARTENEV 1856 und LICHAČEV/DMITRIEV 1988) entsprechen in vielfacher Hinsicht nicht den Anforderungen einer philologischen Untersuchung. Da hiervon aber vor allem die graphische Präsentation betroffen ist, sind die Texte m. E. für die Vergleichsanalyse dennoch geeignet, zumal im Grundkorpus keine Zarenbriefe enthalten sind. Ein weiterer Grund ist die Möglichkeit, die Thesen von Schmücker–Breloer zu überprüfen, die auch die Zarenbriefe untersucht hat (BRELOER 1964; vgl. I.4.4.).

Für die Vergleichsanalyse wurden nur solche Schreiben ausgewählt, die noch deutlich den Charakter eines Privatbriefes haben: einige der Briefe an den Vertrauten des Zaren A. I. Matjuškin, ein Brief an den Fürsten N. I. Odoevskij, in dem dieser über den Tod seines Sohnes vom Zaren informiert wird, ein Brief an die Familie und zwei Briefe an Nikon (damals noch nicht Patriarchen).

Es sei hier auch auf die vielen und z. T. umfangreichen Fragmente aus den Briefen der ersten beiden Romanovs in den Arbeiten zur russichte Geschichte (z. B. bei S. M. Solov'ev und I. E. Zabelin) verwiesen. Auch diese Editionen genügen den modernen Anforderungen nicht, in Ermangelung besserer muß aber auf sie zurückgegriffen werden.

1.4.2.3. Briefe der Fürstin E. P. Urusova

E. P. Urusova wie auch ihre Schwester, die bekannte Bojarin Morozova, gehörte zu den überzeugtesten Anhängern des Anführers der Altgläubigen, des Protopopen Avvakum. Beide wurden bis in den Tod verfolgt. Die hier verwendeten Briefe Urusovas an ihre Kinder sind aus der Verbannung geschrieben. Es sind keine typischen Briefe einer Mutter, es sind eher belehrende religiöse Sendschreiben, fast schon wie Predigten anmutend. Mit den Briefen Urusovas hat sich auch Schmücker–Breloer befaßt, deren Arbeit einen sehr sorgfältigen historischen, textologischen und archäographischen Kommentar enthält (SCHMÜCKER–BRELOER 1988). Sie vertritt in ihrer Arbeit erneut die These von einem "präskribierten Regelsystem" des Briefeschreibens, das "gerade im 17. Jh. in der Pis'movniki–Tradition manifestiert worden ist" (286). Allerdings stellen nach Schmücker-Breloer die Briefe Urusovas eine deutliche Abweichung von diesem Regelsystem dar (l. c.). Ohne hier auf die postulierte Musterrolle der *письмовники* im einzelnen eingehen zu wollen (das wird im dritten Teil dieser Arbeit geschehen), soll die Interpretation dieser Abweichung, wie sie Schmücker-Breloer bietet, näher betrachtet werden. Demnach sei die Spezifik des Altgläubigen-Schrifttums so ausgeprägt gewesen, daß sie die Spezifik der jeweiligen konkreten Textsorte überwogen habe. In diesem Zusammenhang stellt sie auch die Frage,

> "ob es ohne weiteres erlaubt ist, – hier im Falle einer Gattungsevolution – die Praktizierung der Gattung aus der Altgläubigenbewegung herauszulösen und mit der Praktizierung der Gattung außerhalb der Altgläubigenbewegung zu verknüpfen" (*286f.*).

Sie weist hier auch auf die erstaunliche Zeitresistenz des Altgläubigenschrifttums hin, was in besonderem Maße eben auf die Brieftradition zutrifft: Sie belegt es übrigens an einem Brief aus dem Jahre 1897. Aber auch im nachrevolutionären Rußland bewahrten die Briefe der Altgläubigen ihre Struktur und die Spezifik ihrer Sprache. Diese Zeitrestienz des Altgläubigenschrifttums erinnert an das durch Jahrhunderte tradierte Lektürekorpus der PSO. In beiden Fällen scheint der Grund in der Angst zu liegen, durch die Veränderung der Texte Häresie zu begehen, m.a.W. spielt hier die übertrieben empfundene Magie des Wortes eine nicht geringe Rolle – vgl. in diesem Zusammenhang die interessante These Seemanns zur Empfindung solcher Wortmagie im alten Rußland (SEEMANN 1982+1983).

Hier wurde die Edition der Reihe *Памятники литературы Древней Руси* (DMITRIEV/LICHAČEV 1988, 587-593) benutzt. Es sind vier Briefe Urusovas an ihre Kinder und ein Brief an einen Unbekannten, alle geschrieben ca. 1672-73.

1.4.2.4. Bericht G. Kotošichins

Dieser Text, geschrieben in den 60er Jahren des 17. Jh.s, ist eine umfassende Beschreibung der zeitgenössischen russischen Gesellschaft dieser Zeit. Ihr Verfasser war ein Beamter des *Посольский приказ* und ein schwedischer Agent. 1664 floh er nach Polen und später nach Schweden, wo er sein Werk verfaßt hat. Bei Kotošichin ist eine deutliche Übereinstimmung des soziokulturellen Hintergrunds mit dem der Verfasser und Empfänger des Grundkorpus anzunehmen. Auch in der Sprache zeigt sein Werk große Ähnlichkeit mit dem Grundkorpus. Allerdings sind auch hier, wie bei *Домострой*, die intentionalen Unterschiede zu berücksichtigen: Kotošichins Bericht ist der eines Spions an eine ausländische Regierung.

Als Vorlage für die Analyse diente die Edition in *Памятники литературы Древней Руси* (LICHAČEV/DMITRIEV 1989, 252-285) und zwar Kap. 1 (*О царѣхъ, и царицахъ, и о царѣвичах, и о царѣвнах, и о женитбѣ царской - какимъ обычаем бывает веселие*) und Kap. 8 (*О владѣтельствѣ царствъ, и государствъ, и земель, и городов, которые под росийским царством лежатъ, и тѣхъ государствъ о воеводахъ*). Vom Umfang her wäre schon das erste Kapitel repräsentativ genug für das Vergleichskorpus gewesen. Ein zweites Kapitel wurde wegen der auffälligen Unterschiede in der Sprache zwischen diesen beiden Kapiteln gewählt, ein auch sonst für den Bericht Kotošichins charakteristisches Merkmal. Aber auch innerhalb des ersten Kapitels koexistieren und konkurrieren zwei Normen des schriftlichen Ausdrucks, die (r)ksl. und die russisch-amtssprachliche. In der folgenden Übersicht soll sowohl auf die distinktiven Merkmale der beiden Normen als auch auf die Regeln der Sprachdistribution eingegangen werden, wenn auch in recht knapper Form.

1.4.2.5. *Вести-Куранты*

Diese Texte werden in der Forschung und in den Lehrbüchern oft als die erste russische Zeitung bezeichnet. Dies trifft indes nur in sehr eingeschränktem Maße zu. Zum einen gibt es intentionale Unterschiede zu den üblichen Zeitungen: *Вести-Куранты* waren nur für den Zaren und seine Umgebung bestimmt, dienten also nicht der Information der Bevölkerung oder auch nur einiger Bevölkerungsteile. Zum anderen handelt es sich größtenteils um Übersetzungen von Texten sehr unterschiedlicher Herkunft: ausländische Zeitungen, Berichte von Agenten im Ausland, Zusammenfassungen, verfaßt von den Beamten des *Посольский Приказ*. Einer der Gründe, *Вести-Куранты* in die Untersuchung einzubeziehen, war, daß in ihnen wiederholt versucht wird, die den Russen dieser Zeit unbekannten Realien und Sachverhalte russisch zu versprachlichen. Ein anderer war die zeitliche Koinzidenz mit dem Grundkorpus, wobei anzunehmen ist, daß sich die jeweiligen Verfassergruppen zumindest partiell decken. Bei der Auswahl der Texte für das Vergleichskorpus wurde versucht, die Vielfalt des Originals möglichst beizubehalten. Besonders interessant erscheinen übrigens Übersetzungen von Privatbriefen. Dieses spezielle Korpus konnte hier allerdings nicht eingehend behandelt werden; es verdient auch unbedingt eine eigene Untersuchung. Auch wäre es an der Zeit, *Вести-Куранты* in toto einer eingehenden Analyse zu unterziehen. Auch das muß einer späteren Arbeit vorbehalten bleiben.

Für das Vergleichskorpus wurden Texte aus dem zweiten Band der Edition ausgewählt (KOTKOV et al. 1976), herausgegeben von der Schule der linguistischen Quellenkunde und damit eine optimale Basis für die Sprachanalyse:

1) Nachrichten aus Frankreich, August 1643 (Nr.4);
2) Übersetzung eines Briefes von P. A. Lefel'di, Nov.-Dez. 1643 (Nr. 32);
3) Übersetzung eines Privatbriefes an den Dolmetscher M. Vejres von seiner Frau und einem Freund, Januar 1644 (Nr. 47);
4) Zwei *отписки* der hohen Beamten an den Zaren Michail Fedorovič, Februar 1644 (Nr. 57)
5) Nachrichten aus deutschen Ländern, aus Polen, Holland, Dänemark, England, Frankreich und anderen Orten, März-Mai 1644 (Nr. 73).

1.4.2.6. *Челобитные*

Unter verschiedenen Textsorten der Amtssprache scheinen *челобитные*, die Bittschriften, neben *сказки* und *расспросные речи* in der Sprache die größte Ähnlichkeit mit den Privatbriefen zu haben. Auch die jeweiligen Benutzerkreise dieser Textsorten sind weitgehend identisch. *Челобитная* ist auch eine der langlebigsten Textsorten der Amtssprache. Bei der Auswahl der Texte für das Vergleichskorpus wurde versucht, diesem Umstand Rechnung zu tragen: die Zeitspanne der Auswahltexte umfaßt fast 160 Jahre (1613-1772). Nachfolgend die Auswahlliste in chronologischer Reihenfolge (bibliographische Angaben in den Klammern; Titel wie in den entsprechenden Editionen angegeben):

1) Челобитная владимирских оброчников об уравнении в тягле с посадскими людьми, 1613 (KA84/105);
2) Челобитная шуянина Ивашки Степанова на таможенных откупщиков, требовавших пошлину не по ряде, 20.3.1623 (KA84/121);
3) Челобитная крестьянина Федьки Семенова на крестьян села Гостева в бое и грабеже, 16.6.1641 (KA84/144);
4) Челобитная вдовы Авдотьицы об освобождении из-за решетки ее человека И. Татарина, 15.10.1656 (KO68/54);
5) Челобитная сотского Овдокимки Григорьева на крестьян в питье табака и иных худых делах, 1665 (KA84/161);
6) Челобитная шуянина Федьки Игнатьева сына Сыромятника на целовальников кружечного двора в бое и грабеже, 2.3.1680 (KA84/176);
7) Челобитная С. Бутурлиной о дворовом месте отца, 1682 (KO68/116);
8) Челобитная крестьянина Федьки Иванова на притеснявшего его крестьянина Михаила Емельянова, 1698 (KA84/205);
9) Челобитная Г. Бражникова, 31.1.1741 (KS81/255);
10) Челобитная М. Протопопова, 7.3.1747 (KS81/283);
11) Челобитная Я. Мушникова, 20.10.1772 (KA81/298).

Auch einige der in den großen Editionen als *грамотки* deklarierten Texte haben sich als *челобитные* erwiesen und wurden daher nicht in das Grundkorpus aufgenommen (insgesamt 78 + 3 Grenzfälle). In einem Punkt unterscheiden sie sich allerdings von den o. g. Texten: sie sind nicht an die Behörden bzw. an den Zaren gerichtet, sondern an den jeweiligen Grundherrn oder die geistliche Obrigkeit, in jedem Fall an eine auf der sozialen Rangleiter wesentlich höher als der Bittsteller stehende Persönlichkeit. Sie sind, wenn man so will, privater als die kanonischen *челобитные*. Einige von ihnen wurden zu Vergleichszwecken in die Analyse miteinbezogen:

12) Bittschrift des Bauern A. Emel'janov an seinen Herrn I. I. Kireevskij, verm. nach 1680 (KP64/K52);
13) Bittschrift der Bauern des Dorfes Elec an ihre Herrschaft, die Samarins, um 1700 (KP64/S65);

14) Bittschrift des Schulzen und der Bauern an ihren Herrn F. M. Čeliščev, nach 1650 (KP64/C20);
15) Bittschrift O. Laptevs an seinen Nachbarn A. I. Bezobrazov, 1670-1682 (KT65/120);
16) Bittschrift des Diakons Makarij an den Erzbischof Gavriil, Juli 1688 (KT69/472).
17) Bittschrift des Bauern F. Fedorov an seinen Herrn M. V. Golochvastov, Jan. 1696 (KT69/136);

1.4.2.7. *Сказки*

Als *сказки* wurden schriftliche Protokolle von Aussagen recht heterogener Art bezeichnet, etwa im fiskalischen, zivil- und strafrechtlichen Bereich. Sie weisen noch deutlicher als *челобитные* ein festes Formular auf und gehören wie diese letzteren zu den vermutlich langlebigsten Textsorten der Amtssprache. Ferner zeichnen sie sich durch breite Streuung sowohl der Thematik als auch der sozialen Zugehörigkeit ihrer Verfasser aus und kommen somit hier dem Grundkorpus recht nahe. Auch in einer weiteren Hinsicht: Privatbriefe, *сказки*, *челобитные*, *распросные речи* sind gleichermaßen in der mündlichen Kolloquialsprache und im Kanzleirussischen (*приказный язык*) verankert. Diese Beobachtung basiert auf eigenen Untersuchungen und bedarf weiterer Konkretisierung und Überprüfung. Die Ergebnisse der eigenen Voruntersuchungen deuten hier allerdings darauf hin, daß Akten, Gesetze, aber auch *Вести-Куранты* und *статейные списки* der Diplomaten eine schwächere Bindung an das mündliche Russisch als an die Kanzleisprache haben.

Bei der Auswahl der Texte für das Vergleichskorpus wurde darauf geachtet, die Vielfalt dieser Textsorte möglichst zu bewahren und auch die Zeitspanne möglichst weit zu fassen. Nachfolgend die Auswahlliste (in chronologischer Reihenfolge; Titel wie in entsprechenden Editionen):

1) Сказки о пожаре на Кулишках 17.5.1646 (9 Kurzaussagen von Moskauern; KO68, 125-127);
2) Сказка шуян о завладении двором и лавками Ивана Лопухина Ортемием Неупокоевым, 11.4.1657 (KA84/235, 235);
3) Сказка торговых людей Суконной сотни об оскудении от медных денег, 22.4.1662 (KO68, 137f.);
4) Сказка муромского попа Федора о расспросе подозревавшегося в татьбе крестьянина Ивашки Игнатьева, 2.7.1681 (KA84/238, 236f.);
5) Сказка стольников Г. С. и В. С. Васильчиковых против челобитья И. Малыгина о животах и вотчинах У. А. Малыгиной, 15.1.1688 (KO68, 149f.);
6) Сказки жителей Москвы об имущественном состоянии, торговле и прочем:
   a) Т. Александрова Рыбника, 1704 (KS81/121)
   b) А. Алмазниковой, Juli 1704 (KS81/124)

c) И. Михайлова Харчевника, 1704 (KS81/145)
d) И. Алексеева, Aug. 1744 (KS81/166).

Damit umfassen die Auswahltexte eine Zeitspanne von rund 100 Jahren (1646-1747). Die soziale Streuung ist allerdings nicht so breit wie im Grundkorpus: es überwiegen die Vertreter der *посады*. Dies ist aber auf die entsprechende Begrenztheit des zur Verfügung gestandenen edierten Materials zurückzuführen.

1.4.2.8. Briefe Peters I.

Die untersuchten Briefe stammen aus folgenden Editionen:

- *Хрестоматия по истории русского языка. Часть вторая. Вып. первый* (Obnorskij/Barchudarov 1949) und
- *История русского языка. Хрестоматия* (Ko□in 1989).

Obwohl diese Editionen die üblichen Mängel aufweisen, dürften die Briefe Peters I. in dieser Arbeit nicht fehlen. Für die Analyse wurden nur Privatbriefe ausgewählt, und zwar fünf Briefe an die Mutter (1689-1693), ein Brief an Apraksin (1707) und ein Brief an die spätere Kaiserin Katharina I. (1708). Untersucht wurden hier, wie auch bei allen anderen Briefen des Vergleichskorpus, sowohl die Sprache als auch das Formular.

1.4.2.9. *Статейный список* P. A. Tolstojs (1697-98)

Es ist ein in der Forschung wohlbekannter Text, hier vor allem deswegen von Interesse, weil sein Verfasser mit der Notwendigkeit konfrontiert wird, die für ihn neuen Realien und Sachverhalte russisch zu verbalisieren. Zudem handelt es sich bei ihm, anders als z. B. bei Kurakin, um einen Menschen, der seinem Alter und seiner Erziehung nach noch ganz ein Mensch des vorpetrinischen Rußland ist. Als Vorlage diente auch hier die Anthologie von Obnorskij/Barchudarov (l. c., 69-82). Das untersuchte Textfragment umfaßt ca. 13 Seiten.

1.4.2.10. Tagebuch eines Teilnehmers an der "Großen Gesandtschaft" 1697/98.

Dieser Text ist in mehreren Abschriften bekannt; die hier verwendete ist zuerst Kotkov 1976 nach den strengen Regeln des *лингвистическое источниковедение* ediert worden. Der Umfang des Textes beträgt ca. 20 Seiten. Nach Kotkov handelt es sich hier um eine Abschrift wiederum von einer Abschrift, dazu einer etwas defekten, erstellt an der Grenze zu Weißrußland. Kotkov datiert die

Abschrift auf die erste Hälfte des 18. Jh.s. Es wurde der ganze Text analysiert. Zu berücksichtigen ist hier allerdings, daß er stark defekt ist.

Dieser Text ist aus mehreren Gründen interessant. Zum einen, stammt er aus der petrinischen Zeit. Zum anderen, wurde sein Verfasser mit vielen Phänomenen und Situationen während seiner Reise konfrontiert, die im soziokulturellen Paradigma des russischen 17.Jh.s nicht vertreten waren und die er zu versprachlichen suchte. Bemerkenswerterweise führt auch Issatschenko eine Variante dieses Textes in seiner *Geschichte der russischen Sprache* an (ISSATSCHENKO 1983, 549–551). Allerdings nur als Beleg für die *Sprachlosigkeit* der petrinischen Zeit – eine These, die es hier u. a. zu überprüfen gilt.

1.4.2.11. Memoiren des Fürsten B. I. Kurakin

B. I. Kurakin (1676–1727) war einer der Vertrauten Peters I., zudem auch verwandtschaftlich mit dem Zaren verbunden. Er war längere Zeit im diplomatischen Dienst tätig. Im Grundkorpus sind einige Briefe an ihn enthalten: von seiner Tochter, seiner Schwägerin und Nichte.

Die Memoiren Kurakins, ganz zu Anfang des 18. Jh.s verfaßt, sind hier in erster Linie als Denkmal der petrinischen Epoche von Interesse. Ihr Verfasser, ein Altersgenosse Peters.I, war gleichzeitig ein Mensch des alten und des neuen Rußland: noch ganz im traditionellen Verständnis erzogen, hatte er die Möglichkeit, das zeitgenössische Westeuropa sehr gut kennenzulernen. (R)KSl war ihm genauso vertraut wie diverse westeuropäische Sprachen; und sie alle haben in seiner eigenen Sprache Spuren hinterlassen. Es wurden für das Vergleichskorpus alle drei Fragmente aus der Anthologie von Obnorskij/Barchudarov verwendet (OBNORSKIJ/BARCHUDAROV 1949, 138–144).

1.4.2.12. *Повесть о Василии Кариотском*

Dies ist der einzige Text des Korpus, der belletristische Ansprüche erhebt. Er ist repräsentativ für die petrinische narrative Prosa und gehörte zu den beliebtesten dieser Gattung. Es war eine damals neue Textsorte – im traditionellen Genrekanon der PSO fehlen solche Liebes- und Abenteuerromane. Die ersten von ihnen erscheinen im 17. Jh. und zeigen noch deutlichen Einfluß der traditionellen ksl. Vitae. Diese petrinischen Erzählungen zeichnen sich durch das eigenartige Gemisch des Alten mit dem Neuen aus: im Erzählduktus, in der Syntax, in der Lexik. Auch der Einfluß der (alten wie neuen) Kanzleisprache ist hier deutlich erkennbar.

Untersucht wurde die Fassung aus der Anthologie von Obnorskij/Barchudarov (zugrunde liegt die Edition Majkovs von 1880 nach der Abschrift Zabelins (Nr. 229)); das Fragment umfaßt etwa neun Seiten (226-231).

1.4.2.13. Briefe der nachpetrinischen Zeit (1748–1790)

Diese letzte Textgruppe des Vergleichskorpus enthält 20 Privatbriefe aus der Zeit von 1748-1790. Leider standen dabei nur Briefe der sozialen und intellektuellen Oberschicht zur Verfügung, so daß die Aussagekraft dieser Analyse entsprechend begrenzt ist. Bei der Bewertung gerade dieses Korpus ist unbedingt zu berücksichtigen, daß viele, wenn nicht die meisten Privatbriefe dieser sozialen Kreise gar nicht russisch geschrieben wurden. Ein Vergleich der französischen (selten der deutschen) mit den russischen Briefen desselben Absenders wäre sicherlich eine reizvolle Aufgabe für die diachrone russische Epistolographie.

Da es sich um Privatbriefe handelt, wurden sowohl die Sprache als auch die Formel untersucht. Ein Teil der Briefe stammt aus einer Edition der linguistischen Quellenkunde (KS81) und ist gemäß ihren strengen Regeln ediert; die übrigen Briefe stammen aus der Anthologie *Письма русских писателей XVIII века* (MAKOGONENKO 1980) und zeigen die üblichen editorischen Mängel. Es wurden nur wirkliche Privatbriefe in die Analyse aufgenommen, und zwar folgende:

1) Brief A. P. Sumarokovs an Elagin, 15.12.1748 (MAKOGONENKO 1980, 69);
2). Brief F. V. Karžavins an seinen Vater, 20.12.1754 (l. c., 224);
3). Brief I. Šokurovs an P. I. Čulkov, 24.4.1762 (KS81/70);
4). Brief I. F. Bogdanovičs an Bulgakov, 17.3.1768 (MAKOGONENKO l. c., 248);
5). Brief A. P. Sumarokovs an G. V. Kozickij, 4.3.1770 (l. c., 137);
6)+7). Zwei Briefe V. B. Golicyns an seinen Bruder, 9.9.1770 (KS81/19) + 25.4.1771 (l. c./24);
8)+9). Zwei Briefe F. Alekseevs an P. A. Čulkov, 23.3.1771 (l. c./2) und vom 14.2.1773 (l. c./8);
10). Brief I. B. Golicyns an seinen Bruder, 14.5.1771 (l. c./28);
11). Brief M. N. Murav'evs an seinen Vater und die Schwester, 26.7.1777 (MAKOGONENKO l. c., 262f.);
12). Brief V. Jakovlevs an I. P. Čulkov 3.3.1778 (KS81/120);
13). Brief A. Barykovas an I. P. Čulkov, 1779 (l. c./18);
14). Brief N. M. Golicyns an V. B. Golicyn, 7.11.1779 (l. c./29);
15). Brief M. M. Ščerbatovs an die Verlobte seines Sohnes A. F. Glebova, 10.12.1781(l. c./76);
16). Brief M. M. Ščerbatovs an seinen Sohn D. M. Ščerbatov, 16.1.1783 (l. c./78);

17). Brief N. I. Fonvizins an I. I. Melissino, 3.8.1785 (MAKOGONENKO l. c., 383);
18). Brief M. M. Ščerbatovs an A. N. Voroncov, 5.10.1786 (l. c./95);
19). Brief M. M. Ščerbatovs an seine Schwiegertochter, 26.4.1787 (l. c./113);
20). Brief N. A. L'vovs an V. V. Kapnist, 28.11.1794 (l. c., 389f.).

Einige der Briefe befinden sich in der Anlage zu dieser Arbeit.

1.5. Zusammenfassung

In diesem ersten Kapitel des Analyseteils wurden allgemeine Informationen zu dem Aufbau der Analyse, zu deren Parametern und zu den beiden untersuchten Korpora gegeben. Damit sollte vermieden werden, die eigentliche Analyse durch solche doch notwendigen Angaben unübersichtlich zu machen. Es folgt jetzt die Präsentation der Analyseergebnisse, zunächst nach den einzelnen Parametern, dann nach den o.g. Parameterkonstellationen. Zuerst sollen dabei die Daten aus der Analyse des Grundkorpus vorgestellt und kurz kommentiert werden, dann erfolgt die Kontrastierung mit den Daten des Vergleichskorpus.

Die Graphie und die Interpunktion der Vorlagen wurden weitestgehend beibehalten. Zum Schluß sei noch darauf hingewiesen, daß die Wiedergabe der Analyseergebnisse aus Platzgründen nur in komprimierter Fassung stattfinden konnte, um keine Abstriche an dem konzeptionellen Teil der Arbeit vornehmen zu müssen.

2. Analyse des Grundkorpus

2.1. Strukturelle Parameter

2.1.1. Briefformel

Dieser Teil der Analyse befaßt sich zum einem mit der Distribution und der Frequenz von Formelelementen: einzeln und in bestimmten Kombinationen. Dazu gehören u. a. statistische Angaben zu den Komplexitätsstufen der Formel, zu der relativen Häufigkeit des Auftretens einzelner Elemente etc. Zum anderen sollen hier die Grundformen der einzelnen Formelelemente und deren Varianz ermittelt werden. Diese Angaben werden dann weiter unten noch einmal in Kombination mit bestimmten anderen Parametern ausgewertet. Es sei auch darauf hungewiesen, daß die statistische Auswertung hier in erster Linie der Veranschaulichung dient und daher einen untergeordneten Rang in der Analyse einnimmt, die sich primär als eine philologische Studie versteht.

2.1.1.1. Komplexität der Formel

Die Formel der Briefe zeigt im Allgemeinen eine erstaunliche Resistenz. Dennoch können bestimmte Einzelelemente wie auch Elementensequenzen fehlen. Das unterliegt allerdings deutlichen Regeln, deren Aufdeckung die folgenden Ausführungen gewidmet sind. Es können von einem bis zu neun Elementen der Formel fehlen. Nachfolgend die entsprechenden Analysedaten in der Reihenfolge der abnehmenden Komplexität der Formel:

Tabelle 1 (von 1057 Briefen fehlen von der Formel:)

1. 0%	13	(1,2%)
2. 10%	89	(8,4%)
3. 20%:	142	(13,4%)
4. 30%:	186	(17,6%)
5. 40%:	169	(16%)
6. 50%:	155	(14,7%)
7. 60%:	158	(15,0%)
8. 70%:	69	6,5%)
9. 80%:	45	(4,3%)
10. 90%:	31	(2,9%)

Die nächste Tabelle gibt diese Daten in der Reihenfolge der abnehmenden Frequenz der einzelnen Komplexitätsstufen wieder:

Tabelle 2

1.	-30%: 186 Fälle	(17,6%)
2.	-40%: 169 Fälle	(16%)
3.	-60%: 158 Fälle	(15,0%)
4.	-50%: 155 Fälle	(14,7%)
5.	-20%: 142 Fälle	(13,4%)
6.	-10%: 89 Fälle	(8,4%)
7.	-70%: 69 Fälle	(6,5%)
8.	-80%: 45 Fälle	(4,3%)
9.	-90%: 31 Fälle	(2,9%)
10.	-0%: 13 Fälle	(1,2%).

Nimmt man vier Stufen der Formeldefizienz an (in der Reihenfolge der abnehmenden Komplexität), ergibt sich folgendes Bild:

Tabelle 3

1. vollständige Formel (-0%):	13 Fälle (1,2%)
2. leicht defiziente Formel (-10-30%):	417 Fälle (39,4%)
3. deutlich defiziente Formel (-40-60%):	482 Fälle (45,6%)
4. stark defiziente Formel (-70-90%):	145 Fälle (13,7%).

Demnach sind die Briefe mit vollständiger und mit stark defizienter Formel (-80-90%) eher Ausnahmen (insgesamt 8,4%). Es überwiegen eindeutig solche Briefe, in denen mehr als die Hälfte der Formel vertreten ist (60–90%): 586

Fälle bzw. 55,4%. Relativ stark ist auch die Gruppe, in der noch fast die Hälfte (40–50%) der Formel erhalten ist: 313 Fälle bzw. 29,7%.

2.1.1.2. Frequenz der einzelnen Formelelemente

Die Korpusanalyse hat gezeigt, daß der Gebrauch verschiedener Formelelemente im vorpetrinischen Privatbrief in sehr unterschiedlichem Maße verbindlich war. Für jedes der Elemente wurden daher Frequenzen ermittelt.

Tabelle 4 (Es fehlte in der Reihenfolge der Formelstruktur:)

(1) AFI

F1:	14x	(1,3%)
F2:	221x	(20,9%)
F3:	545x	(51,6%)
F4:	783x	(74%)

(2) AFII

F5:	478x	(45,2%)
F6:	370x	(35%)
F7:	854x	(80,7%)

(3) SF

F8:	373x	(35,3%)
F9:	663	(62,7%)
F10:	208x	(19,7%).

Die nächste Tabelle präsentiert die Ergebnisse in der Reihenfolge der abnehmenden Stabilität der einzelnen Formelelemente:

Tabelle 5 (Es fehlte:)

1.	F1:	14x	(1,3%)
2.	F10:	208x	(19,7%)
3.	F2:	221x	(20,9%)
4.	F6:	370x	(35%)
5.	F8:	373x	(35,3%)
6.	F5:	478x	(45,2%)
7.	F3:	545x	(51,6%)
8.	F9:	663x	(62,7%)
9.	F4:	783x	(74%)
10.	F7:	854x	(80,7%)

Das stabilste Element der Formel, das fast nie fehlt, ist somit F1, eine Art Adresse und Gruß (in den 6 von 14 Fällen, wo F1 fehlt, handelt es sich zudem um einen defekten Briefanfang, so daß es dort vermutlich ursprünglich doch präsent war; in diesem Fall würde die Fehlfrequenz nur noch 0,7% betragen).

Als relativ stabil sind auch F10 (das abschließende *челом бью* bzw. *поклон (отдаю)* zu bezeichnen, das nur in 19,7% der Briefe fehlt, und F2 (der

Gesundheitswunsch an den Adressaten), der in 20,9% der Briefe fehlt. Immerhin noch eine beträchtliche Frequenz weisen auf:

F6 (Information über das Befinden des Absenders: 65%);
F8 (Anfangsteil der SF: *по том тебе гсдрю моему*: 64,7%);
F5 (Anfangsfloskel der AF II: *а обо мне похочешь ведать*: 54,8%).

Die instabilsten Einzelelemente sind F7 (*а впреди бгъ волен*), das in vier von fünf Briefen fehlt, und F4 (*а я о твоем здоровье слышати всечасно рад*), das in nur 25% der Briefe vorkommt.

Insgesamt ergab die Korpusanalyse eine deutliche Tendenz, jeweils nur einzelne Elemente der Blöcke, nicht aber ganze Blöcke auszulassen. Aber auch beim Fehlen einzelner Elemente zeigten sich gewisse Regelmäßigkeiten: die meisten Elemente neigen dazu, nur in Kombination mit bestimmten anderen zu fehlen. So fehlen F1, F3, F6 und F10 nur zusammen mit anderen Formelelmenten. Auch die meisten übrigen Elemente fehlen nur selten allein: solche Fälle sind eine Ausnahme (wobei ein gewisser Anteil hier, v. a. bei F2, auf die defekten Stellen im Brief zurückzuführen ist). So fehlt als einziges Element der Formel

F2:	2mal
F5:	3mal
F4/F8	je 6mal.

Nur F7 (29x) und F9 (39x) scheinen recht häufig zu fehlen.

2.1.1.3. Frequenz von Elementengruppen

Noch aufschlußreicher als die Daten zur Stabilität einzelner Formelelemente sind solche zur Stabilität von bestimmten Elementenblöcken. Die gesamte Formel wurde eingangs nach semantischen und intentionalen Kriterien in zwei (Anfangs- vs. Schlußformel) bzw. drei (AF I (F1-4), AF II (F5-7) und SF (F8-10)) Blöcke unterteilt. Die Analyse sollte Aufschluß darüber geben, ob dieser semantisch-intentionalen Gruppierung die tatsächliche Distribution im Korpus entspricht.

Die folgende Tabelle gibt Übersicht über Fehlfrequenzen aller im Korpus vorkommenden Elementenkombinationen (in abnehmender Reihenfolge):

Tabelle 6 (Es fehlen):

1.	F3–F7 in	83 Briefen (7,8%)
2.	F7, F9 in	67 Briefen (6,3%)
3.	F3–4,7,9 in	59 Briefen (5,6%)
4.	F4,7,9 in	54 Briefen (5,1%)
5.	F3–7,9 in	49 Briefen (4,6%)
6.	F3–4,7–10 in	43 Briefen (4%)
7.	F3–8 in	41 Briefen (3,9%)

8.. F2–10 in 30 Briefen (2,8%)
9. F3–10 in 29 Briefen (2,7%)
10. F2, 4–5, 7–10 in 24 Briefen (2,3%)
11. F3,4, 7
F3-4, 9 in je 22 Briefen (2%)
F5–7
12. F2, 4, 9 in 19 Briefen (1,8%)
13. F4, 7 in je 18 Briefen (1,7%)
F2–7, 9
14. F2, 4, 7, 9 in je 17 Briefen (1,6%)
F3-4, 7-8
15. F4–7 in 15 Briefen (1,4%)
16. F4,9 in 13 Briefen (1,2%)
17. F5,7 in 11 Briefen (1%)

Kleinere Fehlfrequenzen (kleiner als 11) gelten als okkasional und werden hier nicht aufgelistet. Besonders instabil ist demnach die Kombination F3-7 (AFI/2+AFII), die in allen möglichen Kombinationen 250mal fehlt (23,6%).

Die nachfolgenden Tabellen stellen eine Kombination von Tab. 1 und Tab. 6 dar: es wird die Stabilität / Fehlfrequenz von diversen Kombinationen von Elementen für die einzelnen Komplexitätsstufen der Formel (von 80%–10%), ermittelt. Zum Schluß sollen diese Daten noch einmal zusammengefaßt und ausgewertet werden, vor allem im Hinblick auf postulierte Formelblöcke und deren Untergruppen (AF, SF, AFI, AFII, AFI/1, AFI/2).

1. Formel zu 80% präsent (142 Fälle)

Tabelle 7 (es fehlen in abnehmender Frequenz:)

1. F7 + F9: 67x (47,2%)
2. F4 + F7: 18x (12,7%)
3. F4 + F9: 13x (9,1%)
4. F5 + F7: 11x (7,7%)
5. F2 + F9: 9x (6,3%)
6. F4 + F8: 8x (5,6%)
7. F7–8: 6x (4,2%)
8. F3–4 (=AFI/2): 5x (3,5%)
9. F1 + F7:
F2 + F4:
F5 + F9: Je 1x (0,7%)
F5 + F10:
F8–9:

Nur eine Elementenkombination zeigt hier hohe Instabilität: F7+F9 (auch als EinzelelementeinstBIL: F7 fehlt insgesamt 103x (72,5%), F9 91x (64%)). In dieser Gruppe haben die Elementensequenzen viel niedrigere Fehlfrequenzen als Kombinationen von nicht aufeinander folgenden Elementen. Das beständigste Einzelelement ist auch hier F1, das nur einmal fehlt.

Nachfolgend die Präsenz von Elementensequenzen und -blöcken hier:

Tabelle 8 (von insgesamt 142 Fällen sind präsent:)

1. F1–2 (=AFI/1) 131x (92,2%)
2. F3–4 (=AFI/2) 97x (68,3%)
3. F1–4 (=AFI) 87x (61,3%)
4. F5–7 (=AFII) 37x (26%)
5. F8-10 (=SF) 36x (25,3)
6. F1–7 (=AF) 1x (0,7%).

Sehr stabil ist damit die AFI/1(Fehlfrequenz unter 8%). Recht stabil ist auch der Rest der AFI; die AFII ist in über 60% der Fälle erhalten. Allerdings tritt hier die ganze AF nur ein einziges Mal auf. Recht instabil ist auch die SF, die nur in einem Viertel der Fälle vollständig vertreten ist. Nur unwesentlich frequenter ist auch die AFII. Die Untersuchung ergab keine Präferenzen für bestimmte Block-Kombinationen, v. a. nicht für unmittelbar aufeinander folgende Blöcke. Es kommen zusammen vor (in der Reihenfolge der abnehmenden Frequenz):

1. AFI/1 + AF II 21x (14,8%)
2. AFI/1 + SF 18x (12,7%)
3. AFI + SF 11x (7,7%)
4. AFI/2 + AFII 9x (6,3%)
5. AFI/1 + AFII 5x (3,5%).

Bei 1. und 2. spielt sicherlich die sehr hohe Frequenz von AFI/1 eine Rolle. Die einzige längere Elementenabfolge ist hier F1-7.

2. Formel zu 70% präsen (186 Fälle)

Die nächste Tabelle stellt die Fehlfrequenzen von Elementenkombinationen in dieser Gruppe dar.

Tabelle 9 (es fehlen (in abnehmender Reihenfolge):)

1.	F4, 7, 9	54x	(29%)
2.	F3–4 (=AFI/2), 7 F3–4 (=AFI/2), F9 F5–7 (=AFII)	je 22x	(11,8%)
3.	F2,4,9	19x	(10,2%)
4.	F2, 7, 9 F4, 8–9 (Teil der SF) F5, 7–8	8x	(4,3%)
5.	F3–4 (=AFI/2), 8	6x	(3,2%)
6.	F2,5, 9 F3,7,9 F4–5, 7 F5,7, 9.	Je 2x	(1%)
7.	F1,4,8 F2,4,8 F2,5,7 F3–5, (=AFI/2)		

F3–4,10 (=AFI/2) je 1x
F3, 7–8
F5,7,10
F7, 9–10 (=Teil der SF)
F8–10 (=SF).

Auch in dieser Gruppe ist die Beständigkeit der Elementenblöcke recht hoch, die höchste Fehlquote einer Elementengruppe beträgt nur 29%. Der instabilste Block ist F3-4 (AFI/2), der 52x fehlt (28,2%). Auch hier fehlen eher die nicht aufeinander folgenden Formelelemente, die zu verschiedenen Blöcken gehören. Das instabilste Einzelelement ist F4 (Fehlquote 138x = 74,2%), gefolgt von F7 (124x = 67,3%). Das stabilste Einzelelement ist auch hier F1, das nur 1x fehlt.

Nachfolgend die Übersicht über die Frequenz einzelner Elementenblöcke hier:

Tabelle 10 (von insgesamt 186 Fällen sind vollständig vertreten:)

1.	AFI/1 (F1–2)	154x	(82,8%)
2.	AFII	59x	(31,7%)
3.	SF	48x	(25,8%)
4.	AFI/2	46x	(24,7%)
5.	AFI	35x	(8,8%).

Zwar kommt die ganze AF (die einzige größere Elementensequenz hier) nur 1x vor. Der Formelanfang ist dennoch auch hier der stabilste Block. Die Frequenzen aller anderen Blöcke sind wesentlich niedriger, sie sind als instabil zu werten. Die Analyse hat auch in dieser Gruppe keine Präferenzen für bestimmte Blockkombinationen ergeben: 29x (15,6%) kommen AFI/1+AFII vor, 25x (13,4%) die Kombination AFI/1+SF, 22x: AFI/1 zusammen mit SF. In allen Blockkombinationen tritt AFI/1 auf, der stabilste Elementenblock dieser Gruppe.

3. Formel zu 60% präsent (169 Fälle)

Tabelle 11 (analog zu Tab. 7+9: in der Reihenfolge der abnehmenden Fehlfrequenz)

1.	F3–4 (=AFI/2), 7, 9	59x	(34,9%)
2.	F2, 4, 7, 9 F3–4 (=AFI/2) 2), F7–8	17x	(10%)
3.	F4–7 (=A	15x	(8,9%)
4.	F7–10 (=SF)	9x	(5,3%)
5.	F3–5,7 (=AFI/2) F5–8 (=AFII)	7x	(4,1%)
6.	F4, 8–10 (=SF)	6x	(3,5%)
7.	F5–7,9 (=AFII)	5x	(2,9%)
8.	F2,4,8–9	4x	(2,4%)
9.	F2,5–7 (=AFII) F3–5 (=AFI/2),9 F4, 7–9	Je 3x	(1,8%)
10.	F3–4 (=AFI/2), 8-9 F5,7–8,10	Je 2x	(1,2%)

11. F1–2 (=AFI/1),8–9
F2,8–10 (=SF)
F2–4,9 (=AFI/2)
F2,4–5,9
F2,7–9
F3,5–7 (=AFII) Je 1x (0,6%)
F3–5,8 (=AFI/2)
F3–4,7,10 (=AFI/2)
F4–5, 7–8
F5, 7–9

Auch hier ist nur ein Elementenblock instabil: F3-4 (= AFI/2), der in jedem dritten Brief fehlt. Die instabilsten Einzelelemente sind F7 (fehlt 149x = 88,1%) und F4 (138x = 81,6%). Zur besseren Übersicht nachfolgend die Angaben zur Frequenz einzelner Elementenblöcke in dieser Gruppe:

Tabelle 12 (in 169 Briefen vollständig vertreten:)

1.	AFI/1 (F1–2)	140x	(82,8%)
2.	AFI/2 (F3–4)	30x	(17,7%)
3.	SF (F8–10)	26x	(15,4%)
4.	AFI (F1–4)	24x	(14,2%)
5.	AFII (F5–7)	15x	(8,9%)

Auch hier weist der Formelanfang den höchsten Stabilitätsgrad auf. Alle anderen Elementenblöcke sind als recht instabil zu werten. Faßt man die Daten der beiden Tabellen 10 und 11 zusammen, so kommt man zu dem Schluß, daß auch in dieser Gruppe relativ selten ganze Elementenblöcke fehlen, sie aber recht häufig in defizitärer Form auftreten: Es fehlen z. B. recht häufig einzelne Elemente der SF (127x = 75,1%), die ganze SF aber nur 16x (9,5%). Und auch hier kommen noch Kombinationen von Blöcken vor, wenn auch nicht häufig:

AFI/1 + SF: 23x (13,6%)
AFI/1 + AFII: 8x (4,7%)
AFI/2 + AFII: 2x (1,2%)

AFI/2+AFII ist hier übrigens die einzige größere Elementensequenz.

4. Formel zu 50% präsent (155 Fälle)

Tabelle 13 (Fehlfrequenzen von Elementenkombinationen):

1.	F3–7 (=AFI/2 + AFII)	83x	(53,5%)
2.	F3–4 (=AFI/2), 8–10 (=SF) F4,7–10 (=SF)	9x	(5,8%)
3.	F2,4–5,7,9	7x	(4,5%)
4.	F2–4,7,9 (=AFI/2) F4–8 (=AFII) F4–7, 9 (=AFII)	6x	(3,9%)
5.	F2,4, 7–9 F3–5,7,9 (=AFI/2)	4x	(2,6%)
6.	F2,5,7 F3–5,7–8 (=AFI/2)	3x	(1,9%)

7.	F2,7–10 (=SF) F3,5–7,9 (=AFII) F3–4 (=AFI/2),7–9	Je 2x	(1,3%)
8.	F1–4,7 (=AFI) F1,3–4,7,9 (=AFI/2) F2–4 (=AFI/2), 8–9 F3–4,7–8,10 (=AFI/2) F3,5–8 (=AFII) F5–9 (=AFII).	Je 1x	(0,6%):

Die Dominanz ist hier klar erkennbar: die Kombination AFI/2+AFII fehlt in mehr als der Hälfte der Briefe.

Nachfolgend die Fehlfrequenzen für die Elementenblöcke dieser Gruppe:

Tabelle 14:

1.	AFI/2	114x (73,5%)
2.	AF II	102x (65,8%)
3.	SF	20x (12,9%)
4.	AFI (einschl. AFI/1)	1x (0,6%).

Die drei instabilsten Einzelelemente dieser Gruppe sind somit:

F4	Fehlquote:	94,1%,
F7	Fehlquote:	99,2%
F5	Fehlquote:	76,7%.

In der folgenden Tabelle werden die Frequenzen von vollständig vertretenen Elementenblöcken und von Blockkombinationen in dieser Gruppe angegeben.

Tabelle 15

1.	AFI/1 (F1–2)	128 von 155	(82,6%)
2.	SF (F8–10)	87 von 155	(56,1%)
3.	AFII (F5–7)	10 von 155	(6,4%)
4.	AFI/2 (F3–4)	5 von 155	(3,2%)
5.	AFI (F1–4)	1 von 155	(0,6%).

Der absolute Formelanfang ist auch hier der frequenteste Formelblock. Recht stabil ist in dieser Gruppe auch die SF. Alle anderen Formelblöcke sind in hohem Grade instabil. Die einzige frequente Kombination von Elementenblöcken ist AFI/1+SF, die in insgesamt 83 Briefen vorkommt (53,5%). Die zweite überhaupt vertretene Blockkombination ist AFI/1+AFII (9x vorhanden). In beiden Fällen ist der auch hier frequenteste Block AFI/1 vertreten. Wenn man berücksichtigt, daß in dieser Gruppe immerhin 50% der Formel fehlen, ist es erstaunlich, daß auch hier hauptsächlich einzelne Elemente aus verschiedenen Blöcken und keine Elementenblöcke fehlen, die ja aus nur 2–4 Elementen bestehen. Eine der möglichen Interpretationen ist die, daß in der Formel generell möglichst hohe Komplexität angestrebt wird: es dürfen einzelne Blockelemente fehlen, nicht aber ganze Blöcke.

5. Formel zu 40% präsent (158 Fälle)

Die folgende Übersicht gibt die Fehlfrequenzen (in abnehmender Reihenfolge) von Elementensequenzen und -blöcken in dieser Gruppe an:

Tabelle 16

1.	F3–7 (=AFI/2 + AFII), F9	49x	(31%)
2.	F3–4 (=AFI/2), F7–10 (=SF)	43x	(27,2%)
3.	F3–8 (=AFI/2+ AFII)	41x	(25,9%)
4.	F2–7 (=AFI/2 + AFII)	5x	(3,2%)
5.	F2–5 (=AFI/2), F7, F9 F2, F4, F7–10 (=SF)	4x	(2,5%)
6.	F2, F4–5, F7–9	3x	(1,9%)
7.	F5–10 (=AFII + SF)	2x	(1,3%)
8.	F1–2 (=AFI/1), F4, F7–9 F1, F3–7 (=AFI/1 + AFII) F2–3, F5–7 (=AFII), 9 F2–5 (= AFI/2), F7–8 F3–4 (=AFI/2), F6-9 F3–5 (=AFI/2), F7–9 F3–4 (=AFI/2), F7–8, F10	Je 1x	(0,6%)

Somit fehlen hier immer die gleichen drei Kombinationen:

F3-F7 (AFI/2+AFII, d. h. fünf von sieben Elementen der AF);
F3-4+F7-10 (AFI/2+SF)
F3-8 (AFI/2+AFII+ein Element der SF).

Das instabilste Einzelelement ist auch hier F7, das in allen Briefen fehlt. F4 kommt nur 2x vor, F5 - 6x, F6 - 15x. Dagegen fehlt F1 nur 2x und F2 nur 19x.

In dieser Untergruppe, bedingt durch die erhebliche Defizienz der Formel, fehlen auch schon ganze Blöcke recht häufig. In 90 Briefen (57%) fehlt sogar eine Blocksequenz: AFI/2–AFII (F3-7). Die unterschiedlichen Formelblöcke zeigen sehr unterschiedliche Stabilitätsgrade. So ist vollständig präsent:

AFI/1:	138x (87,3%)
AFI/2:	nur 2x (1,3%)
SF:	nur 1x (0,6%)

Die AFII ist in keinem der Briefe vollständig erhalten. Damit ist auch hier der absolute Formelanfang der stabilste Block. Allerdings ist auch hier die Tendenz zu beobachten, Blöcke, wenn auch in defizienter Form, doch zu erhalten.

6. Formel zu 30% präsent (69 Fälle)

Die folgende Tabelle gibt Auskunft über die Fehlfrequenzen von verschiedenen Elementenkombinationen hier (in abnehmender Reihenfolge):

Tabelle 17

1.	F2, 4–5, F7–10 (=SF)	24x	(34,8%)
2.	F2–7 (=AFI/2+AFII), F9	18x	(26%)
3.	F2–8 (=AFI/2+AFII)	7x	(10,1%)
4.	F3–5 (=AFI/2), F7–10 (=SF)	5x	(7,2%)
5.	F1, F3–8 (=AFI/2+AFII)	3x	(4,3%)
6.	F2–7 (=AFI/2+AFII), F10	Je 2x	(2,9%)
	F3, 5–10 (=AFII+SF)		
	F3–9 (=AFI/2+AFII).		
7.	F1, F3–7 (=AFI/2+AFII), F9		
	F2–4 (=AFI/2), F7–10 (=SF)		
	F3–4, F6–10 (=AFI/2; SF)	Je 1x	(1,4%)
	F3–8 (=AFI/2+AFII), F10		
	F3–7 (= AFI/2+AFII), F9–10		

Tabelle 18 (Fehlfrequenzen ganzer Blöcke in dieser Gruppe):

1.	AFI/2 fehlt	42x (61,5%)
2.	AFII	35x (50,7%)
3.	SF	33x (47,8%)

Dagegen fehlen die ganze AFI/2 bzw. die ganze AFI nie, auch wenn sie häufig in defizienter Form vorkommen. Die instabilsten Einzelelemente sind auch hier F4 und F7 (Fehlquote je 67x = 97%). Auch F2 ist recht instabil (fehlt 53x = 77,6%). Das stabilste Einzelelement ist auch hier F1 (Fehlquote 5,8%).

Tabelle 19 (Präsenz von einzelnen Elementenblöcken):

AFI/1	12x	(17,4%)
SF	5x	(7,2%)
AFII	1x	(1,4%).
AFI/2	0x	

Hier ist die Formel bereits stark defekt; daher die schwache Präsenz von nicht defekten Elementenblöcken. Aber auch hier ist die Tendenz evident, nur einzelne Elemente, nicht ganze Blöcke auszulassen. Zwar ist die AFI/1 (auch hier der stabilste Elementenblock) nur in 12 von 69 Briefen vollständig enthalten, in den meisten Briefen ist aber eins ihrer beiden Elemente vorhanden; ganz fehlt sie in keinem der Briefe. Meistens ist übrigens ihr erstes Element, F1 erhalten, das hier nur 5x (7,2%) fehlt und damit das stabilste Einzelelement auch in dieser Gruppe ist.

7. Formel zu 20% präsent (45 Fälle)

Tabelle 20 (Fehlfrequenzen von Elementenkombinationenen)

1.	F3–10 (AFI/2+AFII+SF)	29x	(64,4%)
2.	F2–5, F7–10 (AFI/2; SF)	9x	(20,%)
3.	F2–9 (AFI/2+AFII)	4x	(8,9%)
4.	F1–8 (AF)		
	F2–8, F10 (AFI/2+AFII)	Je 1x	(2,2%)
	F2–7, F9–10 (AFI/2+AFII)		

Tabelle 21 (Fehlfrequenzen der Elementenblöcke)

1.	AFI/2	45x	(100%)
2.	SF	38x	(84,4%)
3.	AFII	36x	(80%)
4.	AFI/1	je 1x	(2,2%).
	AFI		
	AF		

Hier fehlen häufiger auch Blocksequenzen:
AFI/2+AFII+SF (F3-F10): 29x (64,4%)
AFI/2+AFII+Teil SF (F2-F9): 4x (8,9%).
Auch viele Einzelelemente zeigen hohe Instabilität: F3, F4, F5, F7 fehlen ganz; es folgen F8 (fehlt in 98,7%), F9 (96,5%), F10 (88,9%) und F6 (80%). Dagegen ist auch hier der Formelanfang sehr stabil: F2 fehlt zwar 16x (35,5%), F1 aber nur 1x (2,2%). Bedingt durch die starke Defizienz der Formel kommen fast alle Blöcke nur als Fragmente vor. Die einzige Ausnahme ist - erwartungsgemäß - die AFI/1, die immerhin noch in 29 Briefen vorkommt (64,4%).

8. Formel zu 10% präsent (31 Fälle):

F1: 30x präsent; F8: 1x.

Dieser Darstellung der Stabilität innerhalb einzelner Komplexitätsstufen der Formel soll nun eine Übersicht über die Präsenz von Formelblöcken folgen.

Tabelle 22 (ganze Blöcke sind erhalten (in der abnehmenden Reihenfolge):)

1.	AFI/1	833x	(78,8%)
2.	AFI/2	280x	(26,5%)
3.	SF	266x	(25,2%)
4.	AFI	246x	(23,3%)
5.	AFII	188x	(17,8%)
6.	AF	60x	(5,7%).

Demnach ist der Formelanfang mit Abstand der stabilste Formelblock.

Die nächste Übersicht gilt der Präsenz von Kombinationen und Sequenzen von Formelblöcken im Korpus (in der Reihenfolge der abnehmenden Frequenz):

<u>Tabelle 23 (gerechnet auf die Gesamtmenge von 1044 Briefen, da in 13 Briefen die Formel vollständig ist:)</u>

1.	AFI/1+SF	149x	(14,3%)
2.	AFI/1+AFII	75x	(7,2%)
3.	AFI+SF	72x	(6,9%)
4.	AFI/2+AFII (Sequenz!)	11x	(1%)
	AFI/1+AFII+SF (Sequenz!)		
5.	AFI/2+SF	5x	(0,5%)
6.	AFI/2+AFII+SF (Doppelsequenz!)	2x	(0,2%)
7.	AFII+SF (Sequenz!)	1x	(0,1%)

Die Daten der Tab. 22+23 machen deutlich, daß die AFII (= Doppelsequenz) die frequenteste Blockkombination ist. Aber auch die dreifache Sequenz AF (AFI/1+ AFI/2+AFII = Abfolge von 7 Elementen), ist in 43 Briefen präsent.

Sowohl <u>F3-4 (AFI/2)</u> als auch <u>F5-6</u> weisen semantisch und syntaktisch besonders enge Bindung auf. Da sie sich aber im Korpus als jeweils selbständige Elemente verhalten, werden sie hier auch als solche geführt. Hierzu einige Daten:

<u>Tabelle 24 (zu F3-F4)</u>

präsent: F3	präsent: F4	280x
präsent: F3	fehlt: F4	245x
fehlt: F3	präsent: F4	10x
fehlt: F3	fehlt: F4	526x.

Aus dieser Aufstellung wird ersichtlich, daß diese Elementenabfolge zwar tatsächlich eine enge Bindung aufweist; daß aber eigentlich nur F3 wirklich autonom ist und somit als der Kern, die Dominante dieses Blockes gelten kann. Die Zahlen belegen auch den Blockstatus dieser Elementenkombination: sie fehlen bzw. sind präsent wesentlich häufiger zusammen als einzeln.

<u>Tabelle 25 (zu F5-F6)</u>

präsent: F5	präsent: F6	586x
präsent: F5	fehlt: F6	2x,
fehlt: F5	präsent: F6	118x
fehlt: F5	fehlt: F6	355x.

Die Zahlen belegen auch hier deutlich die enge Bindung der beiden Elemente (das dritte Element dieses Blocks, F7, zeigt eine so hohe Instabilität, daß es hier nicht berücksichtigt wurde). Die Zahlen zeigen auch hier eine klare Dominante, nämlich F6, das durchaus auch allein vorkommen kann. Die Unbeständigkeit von F5 hängt vermutlich mit seinem Propositionsgehalt zusammen: *а про меня похочешь ведать* leitet nur die eigentliche Aussage ein und kann nicht ohne sie stehen. Daß es dennoch in zwei Fällen geschehen ist, ist am ehesten damit zu erklären, daß der Verfasser die Formelelemente nur als bloße Floskeln empfunden hat, nicht als semantisch und pragmatisch gefüllte Einheiten. Es wäre sicherlich interessant, dies an einem größeren Korpus weiter zu untersuchen.

Die Untersuchung der Formelstruktur hat recht unterschiedlichen Status innerhalb der Formel sowohl für einzelne Formelelemente als auch für Formelblöcke ergeben: Der Gebrauch des absoluten Formelanfangs (AFI/1) ist in viel höherem Maße verbindlich als der aller anderen Formelblöcke, die Frequenzen von 26,5%-17,8% zeigen. Das schwächste Glied ist die Mitte der Formel, AFII (17,8% Frequenz), die sich mit dem Wohlergehen des Adressanten befaßt. Ob dies im Zusammenhang damit steht, daß der Adressant in den Briefen generell im Hintergrund zu stehen hat, kann vorläufig nur vermutet werden. Die Untersuchung hat ferner gezeigt, daß die vollständige Formel zwar eine Ausnahme darstellt, in der Mehrheit der Briefe die Formel aber nicht stark defizient ist, was ihre Relevanz als distinktives Merkmal des Privatbriefes noch einmal bestätigt. Zusätzlich unterstützt wird dies auch durch die deutlich erkennbare Tendenz, die Formelblöcke, wenn auch in fragmentarischer Form, beizubehalten. Diese Tendenz konnte, mit Ausnahme der beiden letzten Gruppen mit der sehr stark defizienten Formel, durchgehend beobachtet werden.

Im folgenden Abschnitt sollen nun die Invarianten bzw. die kanonischen Formen der einzelnen Formelelemente und deren jeweilige Varietät vorgestellt werden. Auch die Frage nach dem Verhältnis zwischen dem Umfang und der Struktur der Formel soll hier Gegenstand der Untersuchung sein.

2.1.1.4. Umfang und Strukturvarietät der Formel

Der Umfang der Formel kann zwar in erheblichem Maße schwanken, es besteht aber kein direktes Verhältnis zwischen der Komplexität der Formel und ihrem Umfang. Daher wurde der Formelumfang gesondert untersucht. Die Tabellen 26+27 geben die Ergebnisse dieser Untersuchung wieder (in 10-Wort-Schritten):

<u>Tabelle 26 (in der Reihenfolge des steigenden Umfangs der Formel):</u>

1–10 Wörter	12x (1,1%)
11–20 Wörter	89x (8,4%)
21–30 Wörter	118x (11,1%)
31–40 Wörter	139x (13,1%)
41–50 Wörter	119x 11,2%)
51–60 Wörter	117x (11%)
61–70 Wörter	125x (11,8%)
71–80 Wörter	106x (10%)
81–90 Wörter	76x (7,2%)
91–100 Wörter	46x (4,3%)
101–110 Wörter	38x (3,6%)

111–120 Wörter	22x	(2%)
121–130 Wörter	21x	(2%)
131–140 Wörter	14x	(1,3%)
141–150 Wörter	7x	(0,7%)
151–160 Wörter	3x	(0,3%)
161–170 Wörter	2x	(0,2%)
172 Wörter		
230 Wörter	1x	(je 0,1%)
265 Wörter		

Tabelle 27 (in der Reihenfolge der abnehmenden Frequenz der Einzelgruppen):

1.	139x (13,1%):	31–40 Wörter
2.	125x (11,8%):	61–70 Wörter
3.	119x (11,2%):	41–50 Wörter
4.	118x (11,1%):	21–30 Wörter
5.	117x (11%):	51–60 Wörter
6.	106x (10%):	71–80 Wörter
7.	89x (8,4%):	11–20 Wörter
8.	76x (7,2%):	81–90 Wörter
9.	46x (4,3%):	91–100 Wörter
10.	38x (3,6%):	101–110 Wörter
11.	22x (2%):	111–120 Wörter
12.	21x (2%):	121–130 Wörter
13.	14x (1,3%):	131–140 Wörter
14.	12x (1,1%):	1–10 Wörter
15.	7x (0,7%):	141–150 Wörter
16.	3x (0,3%):	151–160 Wörter
17.	2x (0,2%):	161–170 Wörter
18.	je 1x (0,1%):	172, 230, 265 Wörter

Es dominiert deutlich die Gruppe mit einem Formelumfang von 21–80 Wörtern (68,2%), wobei die einzelnen Gruppen relativ gleichmäßig vertreten sind. Die sehr kurze Formel (1–10 Wörter) kann dagegen als okkasional betrachtet werden (man beachte hier allerdings einen gewissen Anteil an defekten Texten). Dasselbe gilt auch für die Formel von mehr als 100 Wörtern Umfang.

Auch das Mengenverhältnis zwischen dem Formel- und dem eigentlichen Textanteil variiert stark. Die Untersuchung konnte zwischen diesen beiden Größen keine Relation feststellen. Daher soll hier nur der Sonderfall der absoluten Formeldominanz vorgestellt werden: In 48 Fällen (4,5%) besteht der Brief nur aus der Formel; in weiteren 39 Fällen (3,7%) beträgt der Umfang des eigentlichen Textes weniger als 20 Wörter. Interessanterweise variiert auch hier der Umfang der Formel sehr stark: der Formelumfang in der ersten Gruppe (Brief = reine Formel) variiert von 31-142, in der zweiten von 18–139 Wörtern. Auch hier ist mit insgesamt 26 Fällen (66,7%) am stärksten die mittlere Formelgröße (41–90 Wörter) vertreten, Und auch hier sind Formeln unter 20 und über 100 Wörtern Umfang nur marginal vertreten.

Der letzte Punkt, der hier behandelt werden soll, betrifft die Varianz der Formelstruktur, der Elementenanordnung. Es wurden folgende Abweichungen von der o. a. Strukturnorm festgestellt: *Inversion*, *SF-Präponierung* (damit sind solche Fälle gemeint, in denen die SF nicht am Ende des Briefes steht) und *Verdoppelung*.

Unter *Inversion* ist sowohl die unmittelbare Inversion von aufeinanderfolgenden Elementen und Elementenblöcken der AF zu verstehen, als auch die distante Inversion: Postponierung einzelner Elemente und Blöcke. *Inversion / Postponierung von einzelnen Fomelelementen* kommt insgesamt 43x vor. Am häufigsten ist davon F3 betroffen (18x), einmal handelt es sich um die Inversion einer ganzen Sequenz F3-4 (AFI/2). Zu berücksichtigen ist ferner, daß 12x F4 in der Formel fehlt (wie weiter unten gezeigt werden wird, zeigt der Block F3-4 generell eine starke Stellungsvarianz). Auch F6 wird oft verschoben (10x), häufig fungiert es als (Teil der) SF bzw. als Postskriptum. In 8 von 43 Fällen handelt es sich um Inversion zweier unmittelbar aufeinander folgender Elemente. In fünf davon betrifft es die Sequenz F9-10.

Inversion/Postponierung von Elementenblöcken und Sequenzen tritt 59x auf. Am stärksten ist davon die Sequenz F3-4 betroffen (50x), wobei wiederholt die Inversion zweier aufeinander folgender Sequenzen vorkommt: F3-4 und F5-6 (15x). Rechnet man die Fälle hinzu, in denen nur eines der Elemente der AFI/2 seine Stellung verändert, weil sein Partner in der Formel fehlt, muß festgestellt werden, daß diese Sequenz, F3-4, die einzige ist, deren Position in der Formel als instabil bezeichnet werden kann.

Auch die SF kann ihre Position im Text verändern: sie wird gewissermaßen vorverlegt. Solche Fälle, insgesamt 92, werden im folgenden als *Präponierung der SF* bezeichnet. Die SF wird dabei im Text z. T. weit nach vorn verschoben (bis hin zur Mitte des Briefes).

Verdoppelung von Formelelementen kommt in 45 Briefen vor. Es sind davon sowohl Einzelelemente als auch Elementensequenzen und -blöcke betroffen. Auch hier ist F3 deutlich überrepräsentiert: es wird insgesamt 35x wiederholt, in zwei dieser Fälle sogar verdreifacht. Allerdings wird bei der Wiederholung (wie auch bei Inversion) die Form des jeweiligen Elementes abgewandelt. Nachfolgend einige Beispiele (Verdoppelungen markiert):

> ... пожалꙋи впред прикажи о своемъ многолѣтном здорове писать ... а что ныне пожаловал ты блгодатель мои писал к намъ о своем многолѣтном здорове с человѣкомъ своимъ ...[7] пожалꙋи і впред о своемъ здорове не держи нас без вести ... (*KT69/19*)

[7] Durch ... werden hier und im folgenden die in den Textbeispielen ausgelassenen Stellen markiert, die für das jeweilige Beispiel irrelevat sind.

Пожалоуи гсдрь мои млстивои прикажи ко мнѢ оубогамоу писать о своемъ многолетномъ здорове...Челомъ гсдрь бью на твоемъ жаловане что ты жаловал ко мнѢ писал двожды о своемъ многолетномъ здорове ... (*KT65/6*).

Zum Schluß sei noch ein Sonderfall erwähnt: F2 wird in F1 integriert:

Гсдрю моему Івану Івановичю многолѢтно и блгополучно радостно здравствуі на многие лѢта
Івашка Аблочков челомъ бьеть (*KP64/K13*).

Insgesamt sind in 218 Briefen Abweichungen von der Strukturnorm zu verzeichnen (wobei auch mehrere Abweichungen in ein und demselben Brief vorkommen können), d. h. in ca. jedem fünften Brief. In 92 Fällen handelt es sich allerdings um die Präponierung der SF, die wohl einen Verstoß gegen die Rahmenposition der Formel darstellt, die aber kaum als schwerwiegender Verstoß gegen die Regeln der inneren Formelstruktur zu werten ist. Auch Verdoppelungen von Formelelementen sind eher als Varietät denn als Verletzung der Formelstruktur zu betrachten. Schwerwiegendere Eingriffe in diese Struktur stellen eigentlich nur Inversionen dar, die in 98 Briefen vorkommen, d. h. in weniger als 10% des Korpus. Die Struktur der Briefformel kann somit als recht stabil nicht nur im Hinblick auf die Komplexität, sondern auch im Hinblick auf die Elementenabfolge betrachtet werden; zumal ein Großteil der Normabweichungen nur eine Formelsequenz betrifft: F3–4. Diese Elemente haben sich auch sonst als recht instabil erwiesen.

2.1.1.5. Beispiele von Formelvarianten

Hier werden verschiedene im Korpus vertretene Formelvarianten vorgestellt, unter Berücksichtigung sowohl der Komplexitätsstufe als auch der Varianz des Ausdrucks. Jedem Beispiel wird ein kurzer Kommentar mit den Daten zum Absender bzw. Empfänger und zur Datierung des Briefes beigegeben. Die Auflistung erfolgt in der Reihenfolge der abnehmenden Formelkomplexität.

a) Vollständige Briefformel

1) D. Jabločkov an I. I. Kireevskij (Verwandte, Gutsbesitzer), 6.9.1697:

Приятелю моемоу Іваноу Івановичю Митка Яблачьков челомъ бьетъ здравствоуі приятел моі на множество лѢтъ са въсеми любящимя табою Пожалоуі прикажи писатъ про свое многолѢтъноя здаровя а нам бы слышавъ про твое здаровя о ХрстѢ радоватися
А про нас пожалоуешь изволишь напаметоват и мы сентебря по ꙅ число дал бгъ обретаемъся въ живых а выпред упаваемъ на него ж всещедраго бга *(AF)* ... За симъ писавыі Митка Яблочьков челомъ бьеть (*SF*) *(KP64/K12).*

2) Kaufmannsgehilfe U. Vladykin an den Kaufmann Isidor Mihajlovič, um 1700:

> Гсдрь мωи батюшкω Исидωр Михаилωвич благωполучнω гсдрь мωи здравствуи бжиею милостию с сожителницею своею Дωмнωи Тимоѳевною и с чедωродиемъ своимъ и со всѣмъ своимъ праведнымъ домомъ на множесвω лѣтъ а про меня гсдрь послѣднегω раба своего милостию своею изволишь напамятовать и я бжиею помощию и ѕаступлениемъ пресвтыѧ бдцы в Чебоксарех мсца ѳевраля пω КЅ числω телеснω жыв ωбретаюсѧ а душею единорωдныи снъ слωво бжие вѣсть а впредь уповаю на него жъ содѣтеля моего влдку и на всесилную ѕаступницу мою пресвтую бдцу и на твою свѧтую молитву прикажи гсдрь мωи писат к намъ про свое гсдръское здоровье чтωб намъ слышит ω тωмъ радоватисѧ ω господе *(AF)* ... по семъ писавы послѣднеи рабъ милости твоеи Улѧнкω Владыкин челомъ бьет до лица ѕемнагω *(SF)* *(KT69/421).*

Hier kommt es zu Inversion von AFI/2 und AFII. Die AF ist stark erweitert.

<u>b) Defekte AFI/1:</u>

3) *F. und V. Vyndomskij an ihren Vater (Gutsbesitzer), um 1696:*

> Гсдрю моемꙋ батюшъку Вавилы Тиханωвичю детишка твои Ѳѳдоткω да Васка благωсловѣния твоего у тебя гсдря своего прωсим и челом бьем
> Прикажи гсдрь батюшъкω Вавила Тиханωвичь писат прω свое могωлѣтъное здорове а мы убогия прω твое многωлѣтъное здорове слышети повсечаснω желаем со въсяким усердием
> А прω нас гсдрь батюшъкω Вавила Тихановичь изъволишъ напамѣтωват и мы гсдрь батюшъкω Вавила Тихановичь твоимъ благословѣниемъ на службе великогω гсдря живы марта въ КГ день а въпрѣть надежа наша Христос волѣнъ и с нами *(AF)* ... за сем у тебя гсдря своего батюшъка Вавилы Тихановича детишъка твои Ѳедотко да Васка благослωвѣния твоегω у тебя гсдря своегω просим и пад на землю челом бью *(SF)* *(KT69/155).*

Die AF und die SF sind hier erweitert, F2 fehlt.

<u>c) Fehlt nur AFI/2:</u>

4) I. Vaskov an seinen Schwiegervater (Gutsbesitzer), um 1700:

> Гсдрю моемꙋ батюшъку Михаилꙋ Панѳильевичю зятишъко твои Івашъко Васков челомъ бьет здравъствꙋи гсдрь батюшъко Михаило Панѳильевичь и с Огроѳеною Михаиловнои и с Овъдотьею Дмитревною и Михалом Івановичемъ и с Марьею Івановною а про меня гсдрь изволишь в свох святых молитвах милостию своею напаметовать и я на слꙋжбѣ великого гсдря на Валуике по сю грамоткꙋ обретаюся в живых а впред ꙋпов<а>[8]ю на милость всещедраго бга (*AF*) а за семъ писав<ый> Івашко Васков много челом бьетъ (*SF*) *(KT69/93).*

Der Brief besteht nur aus der Briefformel.

---

[8] Durch <> werden hier und im folgenden die von den Herausgebern in den Editionen rekonstruierten Stellen markiert.

d) Formel leicht defekt

5) G. Priklonskij an A. I. Bezobrazov (Gutsbesitzer), ca. 1660-82:

Гсдрю моему млстивому ко мне благодетелю Андрею Ильичю искатель твоеи млсти Ганка Приклонскои челом бьет ѕъдравствуи гсдрь мои на многие лета со всем своим блгодатным праведным домом прикажи гсдрь ко мне писат ѡ своем многолетном ѕъдорове а мне б слыша твое ѕъдорове всегда радоватца а про меня гсдрь изволиш млстью своею напаметоват и я на службе великого гсдря в Боровску сеньтября въ КЕи ден жив до воли бжѣи челом бью гсдрь на твоем жаловане что жалуеш весно чиниш ко мне ѡ своем ѕъдорове *(Reduplikation von F3)* ... ѕа сем тебе гсдрю своему много челом бью *(SF vorverlegt) (KT65/142).*

(Durch kursives *ь* wird hier und im folgenden das in der Schnellschrift nicht unterschiedene und von den Editoren gekennzeichnetes Jer wiedergegeben).

Hier fehlen F7 und F9.

e) AFII defekt (es fehlen F5+F7: die meisten Briefe dieser Gruppe sind aus der petrinischen Zeit):

6) F. Jabločkov an seinen Onkel I. I. Kireevskij (Gutsbesitzer), 13.6.1716:

Гсдрь моі дядюшка Іван Іванович в млсти бжиі здравствуі на лѣта многа з гсдранѣю маею тетушкаю і с правѣднимъ домам прашю пожалуі гсдрь моі прикажи нас увѣдамить а здарове своем і гсдрани маеі тетушки чево я всегда желаю слышать вашего здравия а о себѣ вашему превасхадителству данашю при Санкь Питерѣбоурхе при доме Тіхана Никитича жив по нижеозначеная число *(AF)* ...при семь слуга і племяник ваш Ѳедар Яблочкавъ пакорна кланѣетца із Санкь Питерабоурха іюня 13 1716 годоу *(SF) (KP64/K32).*

7) An A. I. Bezobrazov von seinem вскормленник Bachmetev, ca. 1660-81:

Млствои гсдрь мои Андрѣи Ильичь здравствоуи на веки и пребываи во всякихъ радостяхъ
Пожалоуи гсдрь прикажи ко мнѣ писать о своем многолетъномъ здорове а я вскормленикъ твои твоего здорове слышать желаю по всякъ час...
А семъ писав вскормленикъ млсти твоеи Калинка Бахметев покорно челомъ бью
Октебря въ И де в дрвнишки своеи в селце Шоубине з живоущими обретаюся *(KT65/4).*

F6 ist postponiert (nach der SF).

8) E. B. Kurakina an ihren Vater B. I. Kurakin, einen Vertrauten Peters:

Миластиваи гсдрь мои батюшка князь Борисъ Ивановичь многолетно здравствуи
Нижаиши васъ прашу маего миластиваго гсдря что бы я не аставлена была вашими миластивыми писмами ис чего я имею себѣ великаю радость что бы всегда была сведама а сосътаяни вашего здаровия о себѣ данашу при миласти гдрнь моихъ баоушки и матушки вашими малитвами жива при семъ астаюсь прася вашего миластиваго благославения всепослушная и покорная дочь ваша к. Екатерина Куракина *(KS81/32)*

Der Brief besteht fast nur aus der Formel. Hier, wie in den anderen Briefen Kurakinas, deutlicher Normwandel in der Formel und der Sprache (vgl. II.3.2.1+II.3.3.)

<u>f) Alle drei Formelblöcke sind defekt (es fehlen nur Einzelelemente):</u>

9) An G. A. Voronin von seiner Schwester (посадские; Adressat Klosterangestellter), 9.8.1651. Es fehlen F2, F5, F9:

Гсдрю моему братцу питателю Гаврилу Антипевичю сестра твоя Прасковя челом ю и племянники бога молят и челом бьют как тебя гсдря нашего приятеля гсдь бгъ милостию своею сохраняет пиши гсдрь о своем многолѣтном ѕдорове чтоб нам слышачи про твое здорове о боѕе радоватца а яз гсдрь мои братец еще по ся мѣста жива а пред ево ж свтаг воля *(AF)* ...по том тебѣ гсдрю мало пи а много челом бью *(SF) (KT69/116).*

10) A. Zykov an F. V. Borodin (Beamte, verm. niederer Dienstadel); ca. 1660er. Es fehlen F2, F7, F9; F3 3fach:

Приятелю моему Федору Василевичу Афонка Зыков челом бью прикажи ко мнѣ писат о своем ѕдорове а я твоево ѕдоровя слышат вседѵшно рад а изволишъ по приятству своему о мнѣ спросит и я на Москвѣ февраля по Г число жив на твоем приятстве мног челом бью что жаловал писал ты ко мнѣ о своем здорове... *(es folgt narrativer Teil des Briefes, der hier im Vergleich zur Formel sehr kurz ist)* пожалуи гсдрь пиши ко мнѣ о своем здорове поч<ас>ту а я тебѣ всякого добра рад *(AF)* по сем те<бе при>ятелю своему мног челом бью *(SF) (KT69/21).*

11) P. Skrjabin (Beamte) an A. I. Bezobrazov (Großgrundbesitzer, hoher Beamte). Es fehlen F3, F7, F9:

Гсдрю моему Андрѣю Ильичю іскател млсти твоеи і вечныі работник Панка Скрябин челом бьет
Подаи гсдь бгъ тебѣ гсдрю моему здравствоват на веки и впред ыдучие годы а я твоево гсдря своего здоровя рад слышат еже часъ і хвалу Хрсту бгу воздават
А по млсти гсдрь своеи изволиш про меня напамятоват і я в Нжнем в скорби своеи лежу шестую неделю чут живъ *(AF)* ... за сем тебѣ гсдрю своему челом бью *(SF) (KT65/175).*

12) N. Strešneva an ihren Schwiegersohn V. V. Golicyn (beide Hochadel), 28.8.1677. Es fehlen F4, F7, F9 (häufige Kombination):

Свѣту моему гсдрю кнзю Василю Василевичю здравствуи мои свѣтъ на многие лѣта Иваново женишко Ѳедоровича Наска челом бьет пожалуи мои свѣт кнзь Василеи Василевичь прикажи ко мнѣ писать про свое многолѣтное здоровие а изволиш гсдрь мои кнзь Василеи Василевичь вѣдат про ѕдоровие гсдра моего Ивана Ѳедоровича и гсдрь мои Иван Ѳедоровичь при гсдрьском величествѣ *(die Bezeichnung "величество" kommt in vorpetrinischer Zeit äußerst selten vor - A. K.)* августа въ КИ де дал бгъ здораво а мат твоя гсдрни моя кнгня Татияна Ивановна со кнгнею Овдотею Ивановною и с кнзь Алеѯѣем Василевичем и с княжноя Ариною Василевною и с княжною Авдотею Василевною на Москвѣ по се же число дал бгъ здорово же *(AF)* ... по том тебѣ гсдрю моему много множество челом бью буди свѣт мои бгом хранимъ *(eine SF-Variante, die sonst nur für Mutterbriefe charakteristisch ist) (KO68/12b).*

13) O. Ščerbatov an seinen Bruder (Großgrundbesitzer) vom 29.10.163.1 Es fehlen F2, F4, F7, F9:

Гсдрю моему брату кнзю Івану Івановичᐸуᐳ Оска Щербатои челом бьет пожалуи гсдрь вели ко мнѣ писат про свое здоровᐸьеᐳ как тебя гсдря моево бгъ милует а про меня гсдрь изволиш ведат и ᐸяᐳ на гсдрве службѣ в Рылске ... *(Text defekt - A. K.)* ...ря КѲ де жив до воли бжьеи *(AF)*...а по томъ тобѣ гсдрю своему челом бью *(SF vorverlegt) (KT65/ŠČ3).*

g) AFI/2 fehlt (eine sehr frequente Erscheinung):

14) Nikita Belin (kleiner Gutsbesitzer) an seine Brüder Fedor und Ivan (Klosterbeamte), verm. 1670er. Es fehlt auch F7:

Млстивые гсдри мѡи братиѧ Ѳедор Василевич Іван Василевичь бꙋдитѣ здравы на мнѡгие лѣта и покровены дестницѣю в троицѣ славимагѡ бга и с невѣстꙋшками а с своими женами с Ѳедосею Василевною и с Анною Андрѣевною а про меня гсдри мои ꙋбогова изволитѣ припаметоват и про женишко мое и мы в селѣ Ярлыкове декабря въ ЛА де в печали живы *(AF)* ... о сем братишко ваш Никитка Бѣлин и з женишком челом бьет ... *(SF, hier vorverlegt) (KA84/318):*

15) E. I. Suvorov an Ivan Pavlovič und Petr Pavlovič (Gutsbesitzer/ Dienstadel), um 1700. Es fehlen auch F5+F7:

Мои гсдри Іван Павловичь Петръ Павловичь здравие вше моих гсдреи сохранит десница бжия на лета многа
О себѣ доношꙋ вшемꙋ блгородию по се писание с Наталею в печалях і в разоренiі своем еще в живых обрѣтаемся а впрет бга моего воля волит *(AF)* ... при сем вшемꙋ блгородию Евтиѳеи Сꙋворовъ кланяюся апрелия третяго дня *(SF) (KT69/36.)*

16) T. I. Golicyna an ihren Sohn (Hochadel), 14.8.1677. Es fehlen F4, F8-9 (viele ihrer Briefe zeigen diese Fehlkombination):

Свѣтꙋ моему кнзю Василю Василевичю буд на тебѣ свѣт мои млсть бжия и мое грешное блгословение отннѣ и до века здравствуи свѣт мои на многие лѣта а ко мнѣ свѣт мои прикажи писать про свое многолѣтное здорове какъ тебя свѣта моево бгъ милуетъ а про меня свѣт мо похошъ ведать и про невеску и про дети и мы на Москве августа въ ДІ де живы до воли а впред ево ж создавшего влдки воля да пожалуи свѣт мои не держи меня без вести о своем здорове буд на тебѣ свѣт мои млсть бжия и мое грешное блгосcловение отннѣ и до века *(KO68/2d).*

Der Brief besteht nur aus der Formel.

17) U. Kovezin an I. A. Maslov (Gutsbesitzer), ca. 1633-59. Es fehlen auch F7+F9:

Гсдрю моему млстивомꙋ ко мнѣ брату Іванꙋ Ѡндрѣевичю скормленик твоего жалуваня Улянко Ковѣзин челом бьет многолетно гсдрь и радосно здравствꙋи со всѣми своими ближни приятели и з благочестивым домом а изволиш гсдрь про меня спросит и я на Москвѣ марта въ 3 де дал бгъ жив *(AF)* ...по том тебѣ гсдрю своемѹ пад под ноги челом бью *(SF vorverlegt) (KP64/M9).*

h) AFII fehlt (andere Elemente vorhanden):

18) An A. N. Samarin von einem Unbekannten, 1670-82:

Блгодѣтел моі Андреі Никитич ... *(AFI/2 postponiert und durch den narrativen Text von der AFI/1 getrennt)* и о своем здорове пожалуі прикожи к нам на Царицын почесту писат а мы о твоем здорове слышети і лобов твою к себѣ видѣти желатели повседневные *(SF unmittelbar an AFI/2 angeschlossen und vorverlegt)* По сем буди гсдрь моі бгом храним во вся дни лет живота твоего с семею и з дѣтушки і со всем твоим благодатным домом ... *(narrativer Text inkludiert)* Кирилко прежпомянутои челом бьет *(KP64/S15).*

19) M. D. Kurakina an ihren Schwager B. I. Kurakin, 22.10.1725:

Гсдрь мои кнзь Борисъ Ивановичь
Желаю вамъ здравия и з сномъ вашим на множество лѣтъ,
Получила ωт вашеи млсти писмω сегω октября 22 дня писана от вас сентября 19 дня за которое благодарствую прошу и впредь дабы не оставлена была в вашихъ писмахъ чего всегда ведать желаю, *(AF)*
... При семъ тебѣ моему гсдрю кнгиня Мавра Куракина ωтдаю мое должное поклонение и съ княжною моею Прасковьею. *(SF) (KS81/53).*

Dieser Brief aus der petrinischen Zeit trägt deutliche Spuren des Normwandels, sowohl in der Struktur der Briefformel als auch in seiner Sprache. Seine Verfasserin gehörte zum Hochadel, war aber noch ganz in der Tradition des vorpetrinischen Rußland aufgewachsen, weshalb in ihren Briefen die Mischung des Alten mit dem Neuen auch so evident ist (vgl. KS81/45-52, 54).

20) Ein Beamte (?) an den Abt Avraamij, ca. 1680er (fehlt auch F2):

Великиѧ и чѹдотворныя лавры стыхъ страстотерпецъ росиіскихъ чюдотворцовъ Бориса и Глѣба пречестнѣишему отцѹ архимандриту Аврамию Івашко Кѹчецкои блгословениѧ прося челомъ бью
И за благость твоего блгословениѧ что пожаловал меня работника своего блгословением своимъ забвенна не ѹчинилъ и о своемъ дшевномъ спасениі и о телесномъ здравиі приказал ко мнѣ отписать работѣпно челомъ бью
І впред неотступно млсти твоеи прошу пожалуи забвенна меня работника своего в своихъ праведныхъ молитвахъ не ѹчини и писанием своимъ навѣдить прикажи а я твоего блгословениѧ всечастно желаю *(AF)* ... при сем писаниі вышепомянѹтыи нижаишиі раб блгословениѧ твоего прося челом бью июля въ Е де ... *(SF vorverlegt) (KT69/524).*

Modifizierte Formel: Brief an einen Geistlichen (s. II.3.2.2.).

21) B. Boltin an S. I. Pazuchin (Gutsbesitzer), schwer datierbar (aber vor 1709). Es fehlt die Sequenz F4-7:

Блгодетел моі гсдрь Семен Івановичъ здравствуі многия лѣта челомь гсдрь бью на твоемь жалаване на прияцкоі любьви что о своемь зда<р>ове пишешь и опреди а том жа челомь бью *(AF)* ... За семь писавыі Бариска Болтин челомь бьеть *(SF) (KP64/P7).*

22) A. Miškov (Beamter, genauer Status unklar) an V. V. Golicyn (Hochadel), ca. 1670er. Es fehlen auch F2+F9:

Гсдрю боярину кнзю Василю Василевичю искател млсти твоеи Аѯенка Мишков челом бьет пожалуи гсдрь кнзь Василеи Василевичь прикажи ко мнѣ ѹбогомѹ писать о своем многолѣтном здорове а я слышев о твоем многолѣтном здоровье по вся часы ѹсердно желаю *(AF)* ... по сем гсдрь кнзь Василеи Василевичь пад на землю рабски премножественно челом бью *(SF) (KT69/262).*

i) AFI stark defekt (zu 75%):

23) An M. P. und I. M. Saltykov von einer Verwandten (alle Gutsbesitzer), um 1700. Es fehlt auch F9:

Гсдрю моемѹ братцѹ Михаилу Памѳиловичю и гсдрю моемѹ Івану Михаиловичю вдова Устиіньца челом бью
И какъ вас гсдреи моих всещедрыи влдка Хрстосъ бгъ млстию своею сохраняет и с невѣстушкою и з детушками а про мое ѹбгое житие изволите млстию своею напамятоват и ѧ в печали своеи ноября по З де в живых обрѣтаюся в впреди бгъ воленъ *(AF)* ...За семъ тебѣ гсдрю мало пишу много челом бью до лица земли *(SF) (KT69/91).*

24) V. Alekseev an G. A Bogdanov (verm. Beamte, ev. auch Kaufleute). Rein geschäftlich. Es fehlen F2-4, F7, F9:

Гсдину моему Григорю Аверкевичю Васка Ѡлексевъ челом бьетъ какъ тебѣ бгъ милѹет а про менѣ похошь ведат декобря в ДІ де не могѹ в кручинѣ не жив быт *(AF)* ...а по том тебѣ гсдрю мала пишу много челом бью *(SF) (KT69/328).*

j) AF stark defekt:

25) Ehefrau an Ehemann (Gutsbesitzer), undatierbar. Es fehlen die Sequenz F2-5 und F7:

Гсдрю моемѹ Алексею Аковлевичю женишка твоя Фекла челом бет и з детишками твоими с Петром да Михаилом и аз в печалех своих в домишки своем в селце Коренкове чют в живе скитаюся *(AF)* ... по том тебе писавыи женишка твоя Ѳекла челом бет *(SF) (KT69/290).*

26) P. Nepejzyn an seine Kinder Jakov und Fedor (Gutsbesitzer), undatierbar. Es fehlen F2, F4, F5, F7, F9:

Детем моим Петровым Якову и Ѳедору Петровичам ωт менѧ вам мир и любов і вечное мое вам блгословение буди над вами милость бжиѧ всегда і во веки амин (*eine Formelvariante, die sonst eher für Mutterbriefe üblich ist - A. K.*) пишите ко мне ω своих здоровѧх и что у вас дееца а мы на Хаталицах ѧ з женою и Андреи брат со всеми дамашними своими млстию бжию ѕа неделю ѕагавен по здорову *(AF)* ... ѕа сем вам ωт менѧ мир и любов и вечна мое вам блгωсловение *(SF) (KT69/65).*

27) B. Ovsjannikov an D. I. Maslov (Dienstadel/Gutsbesitzer; rein geschäftlich), 13.9.1690. Es fehlt die Sequenz F3-7 (eine verbreitete Erscheinung) :

Гсдрю моемѹ млстивому второму баткѹ Дмитрею Івановичю здравствуи гсдрь мои с своею семьею с Огавею Савельевною. да гсдрю моему млс<ти>вомѹ и кормилцѹ Ѳедотѹ Дмит<р>ѣевичю бѹ<д>те гсдри здравы на многие лѣта *(AF)* ... и о сем тебѣ гсдрю пад рабски и до лица ѕемли Бариско Овсяников челом бьет *(SF) (KP64/MA4).*

28) M. Koniščev an K. P. Kalmykov (Kaufleute), 13.2.1700 (Sequenz F3-7 fehlt; F2 ist abgewandelt):

Гсдрь мои млстивои Клементеи Прокоѳевичь блгополꙋчно упованием бꙋдꙋщих блгъ о гсдѣ бзѣ радꙋися. с праведным твоимъ домом *(AF)*
...О семъ здравствꙋи на вѣки *(SF) (KT69/386).*

k) Stark defekte SF (fehlen F8-9):

29) M. und I. Saltykov an ihren Cousin (Gutsbesitzer), um 1670-80:

Гсдрю моему братꙋ Степанꙋ Тимоѳѣевичю братья твои Мишка да Івашко Салтыковы челом бьют здравствуи гсдрь с опчею наш<ею> матушкою с Ѳедосею Ѳедоровною и со всем своим благодатным домом на многие неищетные лѣта извол гсдрь братец к нам пр<и>казат писат про здорове матушки своеи Ѳедос<ьи> Ѳедоровны и про свое здорове и благодатново своево домꙋ как те гсдря моего Христос милует и здорово ли тебя гсдь носил на гсдрвꙋ слꙋжбꙋ нам бы слыша про ваше здорове в радость Христа славит а про нас гсдрь братец изволишь пожаловат напаметоват и мы у себя в деревнишке марта въ В де еще обретаемся в живых а впред Христос волен *(AF)*
...а мы тебѣ гсдрю своему много челом бьем...*(SF stark vorverlegt) (KT69/100)..*

Es ist der einzigeBrief des Korpus, in dem allein diese zwei Elemente fehlen.

30) I. Polunin und I. Anikeev an A. N. Samarin (Gutsbesitzer), verm. 1670-95. Es fehlen F3-4 (AFI/2), F7-9. Die SF trägt typische Züge einer Dankformel (vgl. II.2.3.4.1.)

Гсдрю нашему млстивому к нам приятелю Андрею Никитичю рабски млсти твоеі Івашка Полунин да Івашка Аникѣевь с Москвы премного челом бьемъ задравствуі гсдрь на многая лѣта со всемъ своим праведнымъ домомъ а про нас гсдрь изволи своею млстию ведат и мы на Москве за помощию бжию марта по А де еще в живых обретаемся (*AF*) ... а за млсрдия твое и за премногую млстъ многа челом бьем (*SF*) *(KP64/S3).*

l) AFII und SF stark defekt:

31) V. Čemesov an S. S. Lisovskij (Dienstadel), um 1700. Es fehlen F5, F7, F8, F10; F3 ist redupliziert:

Гсдрю моему Степану Самоиловичю Васко Чемесов челомъ бьетъ подаи гсди бже тѣбѣ гсдрю моему многолѣтное і счасливое пребывание будꙋчи на его великого гсдря службѣ і з преблагословенной твоею супругои і с воизлюбленными твоими чады і со всем твоим праведнымъ домом во вѣки неподвижно
І паки тебѣ гсдрю челом бью за твою гсдря моего неизреченную ко мнѣ убогому млсть что ты гсдрь мои чьрез писание о своем многолѣтном здравии ко мнѣ убогому известно чинишь і впредки о том же у тебя гсдря млсти прошꙋ прикажи гсдрь мои о своем многолѣтном здравии ко мнѣ убогому писат і я твоего к себѣ добраго поискания желаю слышат по всяк ден і час ...

(AFII postponiert + mit SF vereint) А по предваршеи благости в предсокровенных случеях і в молитвах вших стых незабвенны во веки желаемъ а о себѣ недостоиных ізвествуем яко силою садержашагω вся і вшими стми млтвами телесне в Балаганску живы твоему благоутробию усрствуюши всяких благъ желател паки многократнѣ челом бью *(KT69/317).*

32) An I. I. Kireevskij (Gutsbesitzer) von seinem Neffen (Offizier), 30.5.1713. Es fehlen F5, F7-8, F10:

Млстивои мωи гсдрь дядюшка Іванъ Івановичь много лѣтъ мои млстивои здравству с милостивоею моею гсдрнею с матушкаю с Марею Дмитрѣевною и сестрицаю моею млстивоею Настасею Івановною а о себѣ вашеи ωсобы даношу что живъ при млсти ωтеческои прошꙋ вашего превосходителства дабы нас уведомилъ чрес писанiі ω здравiі своемъ и домашних своих чего мы сердечьно слышать желаем *(AF)* ... племяник вашеи особы копитанъ Яблочковъ с Татяною в селе Либрех 1713 маия 30 ... *(Auf die SF folgt noch ein Postscriptum) (KP64/K22).*

Hier sind bereits Neuerungen evident (petrinische Zeit).

<u>m) AF und SF stark defekt:</u>

33) Ehefrau an Ehemann (Bauern?), undatierbar. Es fehlen F2, F4-5, F7-9:

Гсдрю моему Степанꙋ Корнилевичю женишко твоя Улка челом бьет да пиши гсдрь про свое здорове а я с робятишки по сю грамотку жива и сыта боярскым жалованем по сю грамоткꙋ *(AF)*...а я теб гсдрю своему много челом бью *(SF) (KT69/111).*

34) L. Poplonskij an A. I. Bezobrazov, ca. 1660-90. Es fehlen F3-5, F7-9.

Гсдрю моемꙋ млстивомꙋ Андрею Илличю вечнои работничишка Левка Паплонскии рабскии челом бьет.
Подаи тебѣ бгъ гсдрю моему на многие лета и неизчетнои векъ невредимое здорове и всякую блгодат на вес твои праведни дом излеи гсди за твою гсдря моего премногую млсть
А я раб твои по сию грамоткꙋ приволокшися съ Москви въ деревнишке своеи посреде живущих скитаюся до воли вишнего творца по всякъ час ридая чтоб твое очы вскоре видет бгъ полꙋчилъ *(AF)*...до земного лица об том тебѣ гсдрю моемꙋ челом бью *(SF) (KT65/133).*

Hier sind deutliche Normabweichungen (in Formel+Sprache) evident.

<u>n) SF fehlt:</u>

35) O. Evstigneev an I. A. Maslov (Gutsbesitzer), ca. 1635-50. Die SF wird durch F2 vertreten. Es fehlen auch F3-4 (AFI/2):

Гсдрю моему Івану Ѡндрѣевичю Ѡсипка Евсегнѣевъ челом бьет буди гсдрь здрав на на многие лѣта и покровен десницею вышнього бга а про мня похош вѣдат и я на Москвѣ марта въ ВІ де жив а предидущих днеи у бга млсти прошу *(AF)* ... да здравствуи со всем домом и своими детушки *(KP64/M7).*

36) A. I. und F. I. Bezobrazov an ihren Vater (Gutsbesitzer), Sept. 1653. Es fehlen auch F4+F7:

Гсдрю ншему батюшку Иле Аврамьевичю детишки твои Андрюшка да Ѳедка челом бьют да гсдрю ншему дядюшке Василю Аврамевичю племянничишки твои Андрюшка да Ѳедка челом бьют здравствꙋте гсдри на многие лета и з гсдрнею с нашею с тетушкою с Марѳою Родивоновною и з гсдрнею с нашею с сестрою с Тотяною Илинишною а к нам гсдри пожалуитя велитя писат про свое многолетное здаровя и про здарове гсдрни нших тетушки Марѳы Родивоновнои и сестры Тотяны Илинишнои как вас гсдреи нших всещедрыи влдка млстию своею хранит а про нас гсдри пожалуетя изволитя спросит и мы в Марѳине сентября по де живы до воли божеи *(AF) (KT65/9).*

37) D. I. Neelov an Ehefrau (Adel), 4.3.1687 (fehlen F2+F7; AFI/2 postponiert):

Блгословение .... столника Дмитрея Іванова сна Неѣлова женѣ ево Домне Григоревѣ дочерѣ з детми с Василемъ з Дмитрием

Какъ вас премлстивыи Хрстосъ бгъ млстию своею сохраняет

А про нас смиренных похочете вѣдат и мы ѕа блгость великого бга на Москвѣ при пресвѣтлом величествѣ высокопрестолнѣиших великих гсдреи

і при блгословениі великого Г и отца ншегѡ свтѣишаго кир Иоакима Московского і всеа Росиі і всѣх сѣверных стран патриарха марта по Д е числѡ живи пиши Домна к нам смиренным о своем и дѣтеи своих ѕдравиі а мы слышати желаемъ *(AF; SF fehlt) (KT69/220).*

38) An A. I. Bezobrazov (hoher Beamter, Großgrundbesitzer) von einem seiner вскормленники M. Borščov, ca. 1660-82:

Гсдрю моемѹ ко мнѣ млстивомѹ батюшку Андрѣю Иличю искател млсти твоеи Мишка Борщовъ челом бьет

Здравствѹи гсдрь мои млстивои батко на многие лѣта і з гсдрнею нашею маткою Агавю Василевною і со всѣмъ своим праведнымъ домѡмъ

Прикажи гсдрь ко мнѣ млстивои блгодател писат про свое многѡлѣтное здорове і про вес свои праведнои дом как тебя гсдря моего гсдь млстию своею хранит а мнѣ бы слыша про твое здорове по вся дни о Христѣ радоватца

А про меня гсдрь мои млстию своею изволиш напомнить и я гсдрь на слѹжбе великогѡ гсдря в Кашине июля по ЕІ де жив до воли великогѡ бга а впред ѹповаю на его жъ всещедраго бга волю ... *(KT65/80).*

Es ist der einzige Brief des Korpus, in dem nur die SF fehlt.

(39) T. Markov an seinen Onkel P. T. Saltykov (Gutsbesitzer), ca. 1660-80er. Es fehlt auch F2 (recht seltenes Phänomen):

Гсдрю моему дядюшке Панѳилью Тимоѳѣевичю Тимошка Марковъ челѡм бьет пожалуи гсдрь прикажи ко мне писать ѡ своем многолѣтномъ здоровье как бгъ теба гсдра моег милостию своею хранит а мне б слыша твое многолѣтное здоровье радостну быт а будет гсдрь пожалуеш изволиш вѣдать про гсдрню мою матѹшку и про меня і матушка на Москве октябра по А де дал бгъ ѕдорово а я по то ж число жив а впреди бгъ волен ... *(KT69/74).*

o) AFII und SF fehlen:

40) I. Komarov an Aleksej (verm. kleine Gutsbesitzer), 8.10.1693:

Г<осу>др<ю м>оему млстивому батку Алеξѣю...*(Brief defekt - A. K.)*...вичу млсти твоеи гсдря моего искател Івашк<а> Комаров премного рабски о землю челом бью подаи тебѣ гсди бже гсдрю моему здравствоват въ премножество лѣтъ...*(AFI/2 durch den Brieftext getrennt)*...прикажи г про свое многолѣтное здравие ко мнѣ убогому писат чтоб мнѣ убогому про твое многолѣтное здравие слыша о Хрстѣ бзѣ радоватися*(KT69/221)*.

41) An Stepan Konstantinovič von Unbekannt (Gutsbesitzer?), undat. (fehlt F3):

Гсдрь моі блгодѣтел Степан Костентиновичь здравствѹи а я о твоем здарове желаю всегда слышат*(KT69/145)*.

p) AF fehlt:

Nur in zwei Briefen fehlt - bei nicht defektem Anfang - die AF ganz. Beide Briefe weichen auch deutlich von der Norm ab. Es sind: der Brief V. Krjukovs (KT69/52) und ein Brief Ludolfs an seine russischen Bekannten (Z1698a). Wegen ihrer Spezifik befinden sich beide Briefe im Anhang.

q) Nur F1 erhalten (30 Briefe; fast die Hälfte von/an Geistliche(n)):

42) F. D. Maslov an Ehefrau (geschäftlich), um 1700:

От Ѳедота Дмитреевичя жене моеі Агаѳьи Іванонѣ от мяня тебѣ поклонь *(KP64/MA144)*.

43) Mönch Protasij an den Abt Arsenij (geschäftlich), Dez. 1676:

Гсдрю игѹмену Арсению еже о Хрстѣ з братею ѹбогои чернецъ Протасеи блгословение прошѹ и échomъ бью *(KT69/498)*.

2.1.2. Briefumfang

Dieser Parameter, der auch zu den strukturellen Merkmalen des untersuchten Korpus gehört, scheint vor allem in Kombination mit anderen Parametern von Interesse zu sein. Es werden daher zunächst nur die Analysedaten präsentiert, noch ohne Kommentierung und Interpretation.

Der Umfang der Briefe variiert sehr stark: der kürzeste Brief hat 13 Wörter, der längste aber 1525. Die Gradation erfolgt jeweils in 50-Wörter-Schritten:

	Wortmenge	Frequenz
1.	13–50	22x
2.	51–100	225x
3.	101–150	262x
4.	151–200	181x
5.	201–250	117x
6.	251–300	57x
7.	301–350	49x
8.	351–400	33x
9.	401–450	29x
10.	451–500	17x

11.	501–550	9x
12.	551–600	11x
13.	601–650	12x
14.	651–700	8x
15.	701–750	3x
16.	751–800	5x
17.	801–850	4x
18.	851–900	4x
19.	901–950	2x
20.	1100–1150	1x
21.	1201–1250	2x
22.	1251–1300	2x
23.	1401–1450	1x (1417 W.)
24.	1501–1550	1x (1525 W.)

Geordnet nach der Stärke der einzelnen Gruppen ergibt sich folgendes Bild:

1.	101–150	262x (24,8%)
2.	51–100	225x (21,3%)
3.	151–200	181x (17,1x)
4.	201–250	117x (11%)
5.	251–300	57x (5,4%)
6.	301–350	49x (4,6%)
7.	351–400	33x (3,1%)
8.	401–450	29x (2,7%)
9.	13–50	22x (2%)
10.	451–500	17x (1,6%)
11.	601–650	12x (1,1%)
12.	551–600	11x (1%)
13.	501–550	9x (0.8%)
14.	651–700	8x (0,7%)
15.	751–800	5x (0,5%)
16.	801–850 851–900	4x (0,4%)
17.	701–750	3x (0,3%)
18.	901–950 1201–1250 1251–1300	2x (0,2%)
19.	1137 1417 1525 Wörter	1x (0,09%)

Eindeutige Präferenzen gehen aus dieser Übersicht nicht hervor, wohl aber gewisse Tendenzen: einen Großteil des Korpus machen relativ kurze Briefe aus, von 101–400 Wörter (87,3%). Dagegen sind Briefe von über 500 Wörtern eindeutig eine Minderheit (6% des Korpus).

2.2. Extralinguistische Parameter

2.2.1. Soziale Stellung von Absendern und Empfängern

Die diachrone Russistik interessiert sich wenig für soziolinguistische Fragen. Hier und da wird zwar das Problem der Rekonstruktion des Sprachbewußtseins erwähnt (Tolstoj 1976) oder eine knappe Bemerkung zur soziolinguistischen Homogenität im vorpetrinischen Rußland gemacht (Issatschenko 1980, IV+XII; Alekseev 1986+1987), konkrete Untersuchungen zum Verhältnis *sozialer Rang : Sprache* gibt es jedoch nicht. Diese Arbeit soll einen kleinen Beitrag dazu leisten. Im untersuchten Korpus sind Briefe von und an Vertreter aller sozialer Klassen der damaligen russischen Gesellschaft enthalten, wenn auch unterschiedlich stark. Folgende Tabelle gibt eine Übersicht über die soziale Herkunft von Absendern/Empfängern:

<u>Tabelle 1 (in der Reihenfolge der abnehmenden Frequenz):</u>

1. Gutsbesitzer	570x	(53,9%)
2. Beamte	202x	(19,1%)
3. Kaufleute	91x	(8,6%)
4. Geistliche	54x	(5,3%)
5. Bauern	47x	(4,5%)
6. *Посадские*	29x	(2,7%)
7. Ausländer	5x	(0,5%)
8. Unklar	56x	(5,3%)

Hinzu kommen drei Sonderfälle (0,3%):

a) ein Brief den die Beamten des *Посольский Приказ* 1618 an einen Kosaken im Namen seiner Frau verfaßt haben (Z1618);

b)-c) Zwei Fälschungen, 1634 von einem entlaufenen Diener verfaßt, die ihn als den Boten seiner Herrschaften legitimieren sollten (Z1634a+b).

Die genaue Bestimmung des jeweiligen sozialen Status war, bedingt durch die Spezifik der vorpetrinischen russischen Gesellschaft, nicht immer möglich. So sind die Grenzen zwischen den Gutsbesitzern und den Beamten einerseits und den Beamten und *посадские* andererseits fließend. Dies liegt an der bereits erwähnten neuen Möglichkeit des sozialen Aufstiegs im Rußland der ersten Romanovs und daran, daß ein Großteil des expandierenden Verwaltungsapparates aus dem Landadel rekrutiert wurde. Somit waren viele der Grundbesitzer gleichzeitig Beamte. Da Landbesitz im 17. Jh. für treue Dienste auch an soziale Aufsteiger vergeben wurde, und diese somit in den status der *служилые дворяне* aufstiegen, war häufig unmöglich, genau zu bestimmen, ob der Betreffende nun dem Adel (*дворяне*) oder dem Bürgertum (*посадские*) angehörte. Überhaupt ist das *дворянство* in Rußland des 17. Jh.s ein Spezifikum, das nur unvollkommen mit dem Begriff "Adel" wiedergegeben werden kann. *Дворянин* konnte ein mit Ländereien entlohnter Beamter aus den *посады* sein, aber auch ein Großgrundbesitzer. Nur der Hochadel konnte sich etwas klarer abgrenzen, allerdings zeigen sich auch hier Tendenzen zur Integration in die sehr weit zu fassende Klasse des *дворянство*. Es gibt im Korpus z. B. eine größere Gruppe von Briefen der Mitglieder einer Familie von Klosterbeamten, den Belins (KA84). Ein Sohn ist als *стряпчий* des Klosters in Moskau tätig, ein weiterer Sohn arbeitet - wie auch der Vater selbst - im Kloster, der dritte Sohn jedoch wohnt auf dem Lande und scheint (kleiner)

Gutsbesitzer zu sein. Diese Briefe wurden dann der Gruppe der Beamtenbriefe zugeordnet, die aber auch Briefe der Vertreter des Hochadels in ihrer Eigenschaft als Staatsdiener enthält. Auch die Gruppe der Geistlichen ist heterogen: hier sind sowohl Briefe von einfachen Mönchen und Dorfpfarrern (einer in Rußland übrigens sozial wenig angesehenen Gruppe) als auch von Erzbischöfen enthalten.

Es bleibt festzustellen, daß die beiden Pole der sozialen Skala, die Ober- und die Unterschicht, deutlich unterrepräsentiert sind. Die meisten Briefe stammen von den Vertretern der damaligen russ. "Mittelschicht". Gerade diese soziale Gruppe aber,- Beamte, kleiner und mittlerer Landadel, Kaufleute - spielte im 17. Jh. die entscheidende Rolle im sozialen und kulturellen Leben des Landes. Die große Masse des Volkes, also hauptsächlich die Bauern, hatte keinerlei bestimmenden Einfluß auf das politische und das kulturelle Geschehen.

Die Frage der Korrelation zwischen dem sozialen Status und der Sprache, d. h. die Frage der soziolinguistischen Schichtung, wird weiter unten behandelt, wenn es um die Parameterkombination *soziale Stellung/Sprache* geht. Vorab sei aber schon gesagt, daß die doch relativ breite soziale Streuung des Korpus so gut wie keine Wirkung auf die Sprache der Briefe zeigt.

<u>Tabelle 2 (soziale Zugehörigkeit der Briefempfänger):</u>

1. Gutsbesitzer	547x	(51,7%)
2. Beamte	212x	(20%)
3. Adel	107x	(10,1%)
4. Kaufleute	87x	(8,2%)
5. Geistliche	53x	(5%)
6. Посадские	25x	(2,3%)
7. Bauern	6x	(0,6%)
8. Unklar	21x	(2%)

Auch unter den Empfängern stellen die Gutsbesitzer die Mehrheit dar. Generell kann man über die Empfänger mehr Information aus den Briefen entnehmen als über die Absender, was mit der Spezifik des Privatbriefes, seiner Ausrichtung auf den Empfänger zusammenhängt. Und diese Ausrichtung ist in dem untersuchten Korpus deutlich ausgeprägt, auch in der häufig sehr detailfreudigen Anrede. Zwei Unterschiede weist die Gruppe der Briefempfänger gegenüber der der Absender allerdings auf: zum einen ist die Gruppe des (Hoch)Adels deutlich ausgegliedert und bestimmbar, zum anderen ist der Anteil der Bauern unter den Briefempfängern um ein vielfaches kleiner als unter den Briefabsendern (0,6% vs. 4,5%). Beides liegt in der Spezifik des Korpus begründet. Es enthält u. a. eine beachtliche Menge von Briefen an den Fürsten V. V. Golicyn (82 = 7,8%), einen Heerführer Aleksej Michajlovičs sowie Fedor Alekseevičs und engsten Vertrauten der Regentin Sof'ja. Dagegen ist der soziale Status der Absender nicht immer genau bestimmbar, weil diese, auch wenn es sich dabei um hochgestellte Persönlichkeiten handelt, oft nur ihren Vornamen (z. T. im Diminutiv) benutzen.

Es konnten insgesamt 510 einzelne Absender bestimmt werden:

Tabelle 3 (Zahl der Briefe je Absender):

2 Briefe	67x
3 Briefe	24x
4 Briefe	7x
5 Briefe	11x
6 Briefe	6x
7 Briefe	2x
8 Briefe	2x
9 Briefe	3x
10 Briefe	
11 Briefe	1x
13 Briefe	

29 Briefe stammen von nicht identifizierten Personen.

Unter den 510 Absendern gibt es somit nur zwei wirkliche Vielschreiber: A. I. Bezobrazov (26 Briefe) und Kaufmannsgehilfe P. Okulov (58 Briefe). M. a. W., der Kreis der Absender ist, wenn auch wesentlich kleiner als die Zahl der Briefe, noch immer groß und damit repräsentativ genug.

2.2.2. Verwandtschaftliche Beziehungen

Auf die Schwierigkeiten bei der Bestimmung des Verwandtschaftsgrades wurde bereits hingewiesen. Daher wurden verschiedene Hilsmittel benutzt. Als recht nützlich erwiesen sich hier z. B. biographische Kommentare, wie man sie in KP64 als Einleitung in die einzelnen Familienarchive findet. Dort werden die vollständigen Namen (d. h. Vor- + Vatersname) der einzelnen Mitglieder der Familie genannt, die Daten der Eheschließungen mit den Namen der jeweiligen Ehepartner (auch die Geburtsnamen der Ehefrauen, was bei der Ermittlung der angeheirateten Verwandtschaft sehr hilfreich war). Leider sind solche Kommentare recht selten. Eine gewisse Hilfe waren auch historische Werke, vor allem die detailreichen Arbeiten M. N. Solov'evs und I. E. Zabelins. Auch die Kontrastierung der Briefe, die an ein und dieselbe Familie geschickt wurden, konnte einige Fragen beantworten, zumal solche Briefe in den Editionen meist hintereinander angeordnet sind (allerdings oft ohne jeglichen Kommentar). So konnten z. B. mehrere Generationen der Familie Saltykov (KT69/71-104) unter Einbeziehung ihres Verwandtschaftsgrades ermittelt werden. Insgesamt konnte die Abgrenzung *direkte* (Kleinfamilie) / *indirekte* (Großfamilie) Verwandtschaft relativ distinkt vorgenommen werden. Innerhalb der Großfamilie war der genaue Grad der indirekten Verwandtschaft allerdings nicht immer bestimmbar.

Die Gruppe der Verwandtenbriefe ist recht beachtlich: 388 Briefe (36,7%). Auf die indirekte Verwandtschaft entfallen 160 Briefe (15,1% des gesamten Korpus), auf die direkte 228 (21,6%). Nachfolgend die Übersicht über den Anteil verschiedener Verwandtschaftsstufen in dieser Gruppe (in der Reihenfolge der abnehmenden Frequenz):

1.	Bruder → Bruder:	56x	(5,3% des Korpus)
2.	Vater → Kinder: Sohn → Eltern	je 42x	(4% des Korpus)
3.	Ehemann → Ehefrau:	23x	(2,2% des Korpus)
4.	Mutter → Kinder: Tochter → Eltern	je 20x	(1,9% des Korpus)
5.	Ehefrau → Ehemann:	15x	(1,4% des Korpus)
6.	Schwester → Bruder:	6x	(0,5% des Korpus)
7.	Bruder → Schwester:	3x	(0,3% des Korpus)
8.	Schwester → Schwester:	2x	. (0,2% des Korpus).

Einige der Briefe sind von mehreren Familienmitgliedern gemeinsam verfaßt, z. B. Eltern-/Kinderbriefe u. a., so daß in der Tabelle auch Mehrfachnennungen möglich sind. Der Anteil solcher Fälle ist aber relativ gering.

Von besonderem Interesse ist die verwandtschaftliche Beziehung in Kombination mit bestimmten anderen Parametern (v. a. mit Formelart und -Struktur und mit der Sprache). Derartige Untersuchungen würden wichtige Einblicke in die soziolinguistische Schichtung der russischen Gesellschaft ermöglichen, einen Problemkomplex, der von der diachronen Russistik bislang so gut wie nicht berücksichtigt worden ist. Hier wurde ein erster Versuch einer solchen komplexen Analyse vorgenommen (s. II.3.2.3. + II.3.3.).

2.2.3. Sexus

Dieser letzte der untersuchten soziolinguistischen Parameter gehört zu den am wenigsten erforschten. Leider bietet das Korpus recht wenig Material für eine derartige Untersuchung, denn der Anteil von Frauen ist unter den Verfassern und Empfängern der Briefe gleichermaßen gering. Insgesamt stammen 108 Briefe (10,2%) von Frauen. Da von einigen Frauen im Korpus gleich mehrere Briefe enthalten sind, ist die Zahl der Absenderinnen geringer: 50 (9,2% aller Absender). An Frauen sind 49 Briefe (4,6%) adressiert. Durch die auch hier mögliche Mehrfachnennung ist die Zahl der weiblichen Briefempfänger noch kleiner. Zu berücksichtigen ist hier noch, daß es sowohl Briefe gibt, die von Eheleuten gemeinsam verfaßt (v. a. Elternbriefe) als auch an beide Eheleute adressiert sind (was jedoch recht selten ist). Der Anteil von Briefen von Frauen an Frauen ist entsprechend noch geringer: nur 5 Briefe (0,5%). Insgesamt sind Frauen im Korpus deutlich unterrepräsentiert. Da es recht umfangreich ist und auch eine große Zeitspanne umfaßt, ist dies durchaus distinktiv. Es repräsentiert die untergeordnete Rolle der Frau in der damaligen russ. Gesellschaft, ein Faktum, das auch sonst aus der historischen Forschung bekannt ist. Für differenziertere Aussagen bedarf es aber eines größeren Korpus.

Insgesamt hat die Analyse keinerlei Anzeichen für eine sexusbedingte Spezifik - weder bei der Briefformel noch in der Sprache - ergeben. Die meisten Frauen benutzen sogar F9 in der männlichen Form *писавыи*. Auch die im Vergleichskorpus untersuchten Briefe Urusovas zeigen keine, allein sexusbedingte Spezifik (vgl. II.4.4.).

2.2.4. Datierung und innere Chronologie des Korpus

Die Zeitspanne des Korpus ist recht beachtlich (fast 130 Jahre), die einzelnen Epochen sind aber unterschiedlich stark vertreten. Da der Großteil der Briefe nicht datiert sind, bestand die erste Aufgabe hier darin, eine Übersicht über die möglichst genaue zeitliche Bestimmung aller Briefe zu erstellen. Hierzu bedurfte es unterschiedlicher Hilfsmittel. So konnte eine interne Chronologie innerhalb einer Gruppe von Briefen desselben Absenders bzw. an denselben Adressaten aus dem Inhalt der Briefe hergeleitet werden, die im übrigen relativ häufig ein Teildatum haben (Tag/Monat). Auch spätere Vermerke auf den Briefen wie z. B.: "Briefe durchgesehen am..." halfen, zumindest das spätestmögliche Datum der Abfassung zu bestimmen. Auch die biographischen Kommentare, die in einigen Editionen vorhanden sind, halfen durch die in ihnen enthaltenen Informationen über die Lebensdaten der Absender/Empfänger die zeitliche Zuordnung vorzunehmen. Desweiteren waren auch bei der Datierung historiographische Werke wiederholt eine wertvolle Hilfe: bei der Bestimmung der in den Briefen erwähnten Personen und somit ihrer Lebensdaten wie bei der zeitlichen Einordnung von erwähnten Ereignissen (*Чигиринский поход*, Erwähnung Kievs als bereits zu Rußland gehörend, Artemon Matveev als Absender, Erwähnung Šaklovityjs, eines Vertrauten von Regentin Sof'ja u. a. m.: so z. B. in KP64/K63+69, MA65+154; KT65/5+222). Ein Spezifikum des Korpus erschwerte allerdings derartige Recherchen: obwohl diese Epoche an Ereignissen so reich ist, findet es in den Briefen fast keinen Niederschlag. Die Briefverfasser und Empfänger waren mit ihrem eigenen Leben beschäftigt und nahmen sehr wenig Anteil am außen- und innenpolitischen Geschehen. Bedenkt man, daß ein nicht unwesentlicher Teil von ihnen eine durchaus exponierte Stellung in der russischen Gesellschaft dieser Zeit hatte (Golicyn, Matveev, Šaklovityj, Strešnev, Chovanskij etc.), verwundert dieser Umstand doch ein wenig.

Daher konnten die meisten Briefe des Korpus nur ungenau datiert werden, mit einer Toleranzspanne von 5 bis über 20 Jahren, wie folgende Tabelle zeigt:

Tabelle 1

1.	Absolute Datierung	245 Briefe	(23,2%)
2.	± 5 Jahre	204 Briefe	(19,3%)
3.	± 10 Jahre	64 Briefe	(6%)
4.	± 15 Jahre	118 Briefe	(11,2%)
5.	± 20 Jahre	64 Briefe	(6%)
6.	±> 20 Jahre	291 Briefe	(27,5%)
7.	Undatierbar	71 Briefe	(6,7%)

Somit war eine einigermaßen genaue Datierung (= Toleranzspanne bis zu 10 Jahren) nur für weniger als die Hälfte des Korpus möglich (48,5%), während mehr als ein Drittel der Briefe zeitlich nur recht vage bestimmt werden konnte.

Auf der Basis dieser Vorarbeit konnte nun die Frage nach der inneren Chronologie des Korpus gestellt und beantwortet werden. Das hierfür verwendete Periodisierungsschema stützt sich auf die Daten der russische Sozialgeschichte, was verständlicherweise nicht unproblematisch ist. Da die Periodisierung des Schriftrussischen für die untersuchte Epoche eine noch ungelöste Aufgabe der Forschung darstellt, erscheint das hier verwendete Schema heuristisch durchaus legitim, zumal damit keine aprioristische Wertung verbunden ist. Im übrigen wird die Frage nach der Relation zwischen Zeit und Sprache weiter unten bei der Behandlung der entsprechenden Parameterkonstellation behandelt (II.3.3.). Die gesamte Zeitspanne (1603–1731) wurde in folgende Abschnitte eingeteilt:

Tabelle 2

0.	vor 1613	(vor der Inthronisation der Romanovs)
I.	1613–1645	(Regierungszeit von Michail Fedorovič Romanov)
II.	1645-76	(Regierungszeit von Aleksej Michajlovič)
III.	1676-82	(Regierungszeit von Fedor Alekseevič)
IV.	1682-96	(Doppelregierung: Ivan V. und Peter I.)
V.	1696-1725	(Regierungszeit von Peter I.)
VI.	ab 1725	(Nachpetrinische Zeit).

Nachfolgend die jeweilige Zahl der Briefe aus den einzelnen Abschnitten:

Tabelle 3 (in chronologischer Reihenfolge):

0.	(1603–13):	3	(0,3%)
I.	(1613–45):	1	(1%)
II	(1645–76):	64	(6%)
II	(1676–82):	93	(8,8%)
I	(1682–96):	79	(7,5%)
V.	(1696–1725):	234	(22%)
VI.	(1725–31):	17	(1,6%)

Insgesamt konnten so 501 Briefe eindeutig in das Periodisierungsschema eingeordnet werden. Weitere 488 Briefe waren zwar zeitlich bestimmbar, aber nur in einem sehr weit gefaßten zeitlichen Rahmen. 68 Briefe konnten auch innerhalb solch großer Zeitabschnitte nicht datiert werden:

Tabelle 4

I–II	(1613–76):	12x	(1,1%)
II–III	(1645–82):	177x	(16,7%)
III–IV	(1676–96):	42x	(4%)
II–IV	(1645–96):	163x	(15,4%)
I–IV	(1613–96):	1x	(0,09%)
IV–V	(1682–1725):	51x	(4,8%)
III–V	(1676–1725):	28x	(2,6%)
V–VI	(1696–1731):	1x	(0,09%)

Die letzte Frage war die nach dem Anteil der Briefe aus der vorpetrinischen und der petrinischen Epoche. Dafür mußte noch in den bereits erstellten Gruppen wie IV (1682–96), II–IV, III–IV etc. die Differenzierung vor/nach 1689 (faktische Regierungsübernahme durch Peter I., der de jure noch bis 1696 in Personalunion mit seinem Halbbruder Ivan V. regiert hat) vorgenommen werden. Die Untersuchung ergab hier folgendes Bild:

Tabelle 5

1.	Eindeutig vorpetrinisch:	389x	(36,8%)
2.	Eindeutig petrinisch:	319x	(30,2%)
3.	Unklar:	261x	(24,6%)
4.	*Смута* (1603-1609)	3x	(0,3%)
5.	Nachpetrinisch:	17x	(1,7%)
6.	Undatierbar:	68x	(6,7%)

2.2.5. Thema/Intention

Bei diesem letzten außerlinguistischen Parameter der Analyse ist das Thema der Intention übergeordnet, die hier eher als intentionale Zusatzmarkierung zu verstehen ist. Denn die Grundintention ist allen Texten des Korpus gemeinsam: privater Informationstransfer bei deutlicher phatischer Komponente. In einigen Fällen, wenn z. B. die Briefe (fast) nur aus Formel bestehen, kann das Phatische sogar dominieren.

Es wird zunächst zwischen geschäftlicher und privater Thematik unterschieden (auf diesbezügliche Schwierigkeiten wurde bereits hingewiesen). Es gibt auch eine relativ kleine Untergruppe von Briefen, die sich mit diversen dienstlichen Themen befaßt und von Beamten verfaßt bzw. an sie gerichtet ist. Nachfolgend die Übersicht über die einzelnen thematischen Untergruppen:

Tabelle 1(in der Reihenfolge der abnehmenden Frequenz):

1.	geschäftlich	431	(40,8%)
2.	privat	277	(26,2%)
3.	geschäftlich–privat	276	(26,1%)
4.	dienstlich	28	(2,6%)
5.	dienstlich–privat	26	(2,4%)
6.	dienstlich–geschäftlich	16	(1,5%)

Außerdem liegen in je einem Fall *Bitte*, *Protektionsschreiben* und *Nachricht* vor, die üblicherweise nur als Teilintentionen vorkommen. An solchen Teilintentionen sind vertreten: *Bitte*, *Protektion*, *Nachricht*, *Anleihe*, *Danksagung*, *Einladung*, *Bericht*, *Gratulation*, *Anweisung*. Es sind intentionale Zusätze, die keinen Einfluß auf das Grundthema des Briefes haben. Nur in sehr kurzen Briefen können sie an Gewicht zunehmen, bis hin zur Dominanz. Nachfolgend die Daten zur Frequenz solcher Teilintentionen (in der Reihenfolge der abnehmenden Frequenz):

Tabelle 2

1.	Bitte	94x	(8,9%)
2.	Protektion	49x	(4,6%)
3.	Nachricht	7x	(0,7%)
4.	Anleihe/Einladung/Bericht	je 5x	(0,5%)
5.	Danksagung	4x	(0,4%)
6.	Gratulation/Beschwerde/Anweisung	je 1x	(0,09%)

Bitte, *Danksagung*, *Anweisung* oder *Bericht* kommen auch sonst vor, allerdings nur als marginales Unterthema. In den o. a. Fällen sind sie aber deutlich ausgeprägt, auch wenn die Dominanz des Grundthemas dadurch nicht beeinträchtigt wird. Was die Kombinierbarkeit von bestimmten Themen mit bestimmten Teilintentionen anbelangt, so konnten hier keine Präferenzen festgestellt werden. Praktisch alle Briefe des Korpus sind polythematisch. Dabei werden die Gegenstände, die Subthemen häufig vermengt. Eine mögliche Erklärung dafür wäre der z. T. doch sehr deutliche Charakter einer (mündlichen) Erzählung, für die der informelle Übergang zum nächsten und die Wiederaufnahme des bereits eingeführten Themas üblich sind. Gleichzeitig ist das als Zeugnis der ungenügenden Kompetenz im schriftlichen Ausdruck zu interpretieren: bezeichnenderweise kommt solches selten in den Briefen von im Schreiben geübten Beamten vor. Lediglich ganz kurze Briefe sind wirklich monothematisch.

Ein weiteres Spezifikum des alten russischen Briefes stellt die mehrfache Wiederholung ein und desselben Themas, Gegenstandes dar, deren Motivation nur schwer nachvollziehbar ist. Dieses Phänomen könnte u. U. mit der in der Kanzleisprache üblichen Wiederholung des vorausgegangenen Schreibens (meist Verfügung bzw. Anordnung - vgl. dazu KOTKOVA 1987) in den Antwortschreiben zusammenhängen.

2.3. Zur Sprache des Korpus

2.3.1. Vorbemerkungen

Die Sprachanalyse hat einen primär deskriptiven Charakter. Einzelne Sprachebenen werden dabei ungleichmäßig berücksichtigt: die Analyse konzentriert sich auf die Syntax und die Lexik, die beiden Bereiche, in denen sich das untersuchte Korpus von den anderen zeitgenössischen Textsorten am deutlichsten unterscheidet. Als ein zusätzlicher Untersuchungsparameter wurden noch die Merkmale der grammatischen Norm nach Remneva aufgenommen (Kausal-, Final- und Modalkonstruktionen, Imperativ, Tempussystem, Dual und dativus absolutus; auch Lang-/Kurzformen der Adjektive und die Partizipien). Ferner wurden auch der Formenbestand und die wichtigsten Spezifika der Flexion untersucht. Auch Stilmerkmale wurden untersucht. Angesichts der fehlenden Vorarbeiten auf diesem Gebiet mußte hier allerdings vielfach Neuland betreten werden. Die Orthographie wird dagegen nur in sehr knapper Form präsentiert.

Die Untersuchung der Sprache des Korpus ergab, daß ihre Basis eindeutig das ostslavische Idiom ist. Die - auf allen Sprachebenen - vorhandenen (r)ksl. Elemente werden im Text bewußt und gezielt, gemäß einer recht strengen funktional-stilistischen Norm eingesetzt. Trotz der deutlichen Anbindung an die gesprochene Sprache ist die Sprache des Korpus keine bloße schriftliche Fixierung der mündlichen Rede. Es handelt sich vielmehr um eine (genormte) Art ihrer Wiedergabe, die große Ähnlichkeit mit bestimmten anderen amtsspr. Textsorten aufweist. Auf das Verhältnis der Sprache des Korpus zu den anderen amtssprachlichen Textsorten wird im kontrastiven Teil näher eingegangen.

Die Sprache der Briefe bleibt während des ganzen 17. Jh.s erstaunlich stabil. Auch dies deutet auf ein ausgeprägtes Normenbewußtsein hin. Die aus dem Korpus abgeleitete Briefnorm weicht aber eindeutig von der der *письмовники* ab, deren Musterrolle in der aruss. Epistolographie m. E. allzu unkritisch postuliert wird (vgl. I.4.4.). Der Normwechsel setzt erst im frühen 18. Jh. ein, ausgehend vermutlich vom Zarenhofe. Dieser Wechsel vollzieht sich sehr allmählich und - sozial und regional - ungleichmäßig. Es sei in diesem Zusammenhang an die These erinnert, nicht nur in dem Formelteil, sondern auch im narrativen Teil der aruss. Texte sei eine spezifische Norm zu beobachten (ALEKSEEV 1987, 41). Um diese These zu überprüfen, müßte das Korpus allerdings mehrere Textsorten enthalten. Zwar ergab die Untersuchug zumindest deutliche Normierungstendenz auch in der Organisation des narrativen Teils des Briefes, zur Überprüfung der gewonnenen Erkenntnisse müßte die Untersuchungsbasis aber erweitert werden. Angesichts des doch erheblichen Umfangs und der großen zeitlichen Ausdehnung des Korpus kann vieles davon - vorbehaltlich weiterer Untersuchungen - auch auf die gesamte Sprachsituation in Rußland dieser Zeit übertragen werden.

Die nun folgende Präsentation der Daten fängt entgegen dem allgemeinen Usus bei der Syntax an. Es folgen Lexik und Idiomatik. Zum Schluß wird - wenn auch in knapper Form - auf Morphologie und (Ortho)Graphie eingegangen.

2.3.2 Syntax

Obwohl man praktisch alle der syntaktischen Elemente und Konstruktionen des Privatbriefes auch in anderen Textsorten der Amtssprache findet (allerdings nirgendwo sonst alle innerhalb einer einzigen Textsorte), zeigt sich gerade in der Syntax der Briefe - nach der Idiomatik und der Briefformel - die Spezifik. Denn die meisten "klassischen" amtssprachlichen Textsorten haben ein sehr begrenztes Repertoire an syntaktischen Ausdrucksmitteln, was wohl in erster Linie durch ihre intentionale (und damit thematische) Enge bedingt ist. Entsprechend weist der Privatbrief, mit seiner alle Bereiche des damaligen Alltagslebens gleichzeitig abdeckenden breiten Thematik, ein wesentlich reicheres syntaktisches Instrumentarium auf.

Die Übersicht geht - auch entgegen dem allgemeinen Usus - von der Satz- hin zur Wortsyntax, denn die erstere zeigt eine wesentlich stärkere Spezifik. Es dominiert der einfache Satz bzw. Satzreihung mit den auch sonst in der Amtssprache üblichen Konjunktionen *u*, *a* und *да*. Nachfolgend einige Beispiele:

1. Ein Bauer (evtl. Verwalter) an seinen Herrn F. D. Maslov (vermutl. um 1700):

> ... люди и крстьяне всѣ челом бьют а изволил ты гсдрь мнѣ быт дла ради земляного дѣла по челобитю Өедора Івановича Страмоухова дрвни Гавриloскоі и он гсдрь отмежавал тое земли помѣщиков і вотчинников дрвни Гавриловскоі отмежевал к своеі к новоі слободке по смѣте пол осмы десятины ... і меня гсдрь межевщикъ держал за караулом и я гсдрь к полюбовному договору руки не приложил и о том к тебѣ гсдрю тоі землѣ послал чертежь а то земля гсдрь стала мнѣ с четвертеі по алтыну а тово гсдрь стало мнѣ четыре рубли с полтиною восемъ денек ... *(KP 64/MA118).*

2. F. I. Bezobrazov an seinen Bruder (ca. 1682-96):

> ...а пишеш чтобы ходит вместе за Шестоковым делам и у меня гсдрь дела нету а то дела ув Авдюшки а как гсдрь ты был на службѣ и я за тем делам ходил и Василю Семеновичю Семенову бивал челом чтобы он побил челом околничему Василю Семеновичю и Василеи Григоревич бил челом околничему Василю Семеновичю и он была и хотел дела вершит а как тебя гсдрь бгъ принес и ты гсдрь никому не бивал челом о

том деле и не говаривал а толка у тебя гсдрь и вымыслъ что меня разорит и аграбит и мне гсдрь стоит десяти Шестоковых твое жалованя приятство в Василеве деле Баженове и в Спиркине и ныне гсдрь слѹга твои на Вологде Иван Исаев на крестьянских детеи кабалы поимал и в том нас гсдрь бгъ разсудит а людем нас неколи судит ... *(KT65/64)*.

3. S. Volkov an seinen Sohn S. Volkov (nach 1649):

... а у нас бгъ дал погоду дожжевую и ничево и не севали у меня в Преображениев днь высеяли чети ѕ двѢ да и ѕапахат чередом не дало и у тебя по І днь не пахивали а рож в умолоте лѢтошные не дошла ... да послал я к тебѢ преж сево грамотку ѕ Борисом Івановым сном Полочаниновым да толко есть которои шуреи моих на МосквѢ однолишно беи челом об очнои ставке ... а будет ково накупят за себя итти и ты беи челом гсдрвым указом ... в Уложене глава сто девятая да РМѲя ... да сыщи Лукяновых дѢтеи Василчикова да поговори имъ ... да поговори СергѢю Шетневу ... *(KT69/58)*.

4. S. Bogdanov an A. I. Bezobrazov (ca. 1660-90):

...А кресты гсдрь отдал давно писат три отдѢлана и члвкъ твои Григореи ѹ меня видел а отдат ему не посмѢлъ чтоб не изпортилъ а телѢги с ним не было и я гсдрь кресты с вѢдомым供ездоком пришлю к тебѢ гсдрю тотчас еи гсдрь таких не видана монят а поп ТимоѳѢи да спаскои бобыл Івашка Раманов писат крестов и не взяли ... *(KT65/71)*.

Demnach können diese Konjunktionen (wie auch sonst im Amtsrussischen) selbständige Sätze einleiten. In der Frequenz der Konjunktionen konnten keine eindeutigen Präferenzen festgestellt werden: *u* und *a* sind in etwa gleich stark vertreten, *дa* kommt weniger häufig vor. Etwaige Präferenzen scheinen in stärkerem Maße vom individuellen Usus der Verfasser abzuhängen.

Trotz der Dominanz des einfachen Satzes und der Parataxe sind auch Satzgefüge im Korpus recht häufig. Da es sich um eine begrenzte Menge von Nebensätzen mit recht einfacher Struktur handelt, von denen viele durchaus auch in der gesprochenen Sprache vorkommen können, widerspricht der große Anteil an hypotaktischen Konstruktionen m. E. nicht der o. a. These von der starken Anbindung der Sprache des Korpus an die mündliche Rede. Zunächst sollen Final- und Konditionalsätze betrachtet werden, die beiden syntaktischen Konstruktionen, denen nach Remneva der Status distinktiver grammatischer Normmerkmale zukommt.

a) Finalsätze

Finale Bedeutung wird nach Remneva im (r)ksl. Schrifttum (Remneva: *книжно-славянская письменность*) der älteren Zeit vorwiegend durch die Konjunktionen *дабы* und *абы* ausgedrückt (REMNEVA 1988, 28ff.). Später, im 16.-17. Jh. werden sie zunehmend durch die - südslavische (und ksl.) - Konstruktion *да + Präsens des finiten Verbs (seltener: + Konjunktiv)* verdrängt (l. c., 50-56), die in Kiever Zeit in den Denkmälern noch neben anderen Ausdrucksmitteln vorkommt, sich im Zuge des zweiten südslavischen

Einflusses aber verbreiten konnte (l. c., 105). Als indigene ostslav./russ. Finalkonjunktionen gilt nach Remneva *чтобы*.

Im Korpus sind Finalsätze hoch frequent und werden nur mit *чтоб(ы)* gebildet:

> ...а велел ему бит челом Ивану Өедоровичю Нащокину...чтоб пожаловал Иван Өедорович ѹчинил по ѹказу великого гсд<аря> ... (*KT65/47*);

> ...и із Нижнего ѿт митрополита грамоту взяли на Ѡлатор чтоб про то дело сыскат... (*KT65/109*);

> ...а рядная ѕапис что ты прикаѕывал со мною чтоб я прислал к тебе... (*KT65/117*);

> ...да вели Пронюшка молотит неоплошно кресяном штоб хлеб всякои во...(*Text defekt - A. K.*) молотит... (*KO68/18a*).

Дабы kommt fast nur in Briefen aus petrinischer Zeit vor und dort recht selten und fast ausnahmslos in der Anfangsformel:

> ...прошу и впредь дабы не оставлена была в вашихъ (*sic! - A. K.*) писмахъ...(*KS81/53; 22.10.1725*).

Nur zweimal kommt *дабы* im narrativen Teil vor, wobei der eine Brief aus den 20er Jahren des 18. Jh.s stammt, und *дабы* hier gleichzeitig mit *чтобы* erscheint:

> ...и я в том конечно намерена была чтобъ выкупить млсти твоеи понеже тѣ дрвни прародителския дабы дрѹгому никому не достались... (*KS81/52; 17.9.1725*).

Sonst ist *дабы* äußerst selten: so kommt es in einem auch sonst im Korpus abseits stehenden Brief (KT69/52) vor, der stark mit (r)ksl. Elementen durchsetzt und vermutlich auch auf die petrinische Zeit zu datieren ist. Wegen seines Sonderstatus im Korpus wird er in der Anlage ganz wiedergegeben.

b) Konditionalsätze

Bedingt durch die breite Thematik des Korpus, die auch Geschäfts- und Rechtsangelegenheiten umfaßt, ist auch die Gruppe der Konditionalsätze sehr groß, denen nach Remneva der Status eines distinktiven Merkmals der grammatischen Norm zukommt. (R)Ksl. ist nach Remneva vor allem *да + Präsens des finiten Verbs*, aber auch *аще...+ да + Präsens des finiten Verbs / то + Imperativ / Infinitiv*. Während in den älteren Denkmälern diese Formen noch konkurrieren, breitet sich *да+Präsens* im 16.-17. Jh. stark aus, was sie mit möglichen Folgen des zweiten südslavischen Einflusses erklärt (l. c., 105).

In den Briefen werden Konditionalsätze überwiegend mit *буде(т)* eingeleitet. Nach Remneva ist dies eine ostslavische Bildung, die sich erst im 16.-17. Jh. von der Amtssprache ausgehend im Schrifttum verbreitet. Es treten auch auf:

еже(ли)/ежали (KP64: K11, K33, K49 etc.)

если/естьли (KP64: L1, 18, 19; MA120; S18; KT65: 65, 75, 82, 122, 147, 151, 154, 168; KT69/90 et pass.).

Selten sind:
аще (KP64/K78; KT69/52)
аже (KP65: 93; 155)
хотя(и)/хот (KP65: 65, 104, 110, KT69: 16, 58, 117, 114; KA84/262 et pass.)
егда (KP64/L62)
либо (KT69/52)
коли (KA84/280),

von denen die meisten nach Remneva eher für das (r)ksl. als für das amtssprachliche Schrifttum chrakteristisch sind. Oft ist auch deren Kotext entsprechend markiert, wie die folgenden Beispiele zeigen:

аще

...для моего прошения ѕа нуждою не вели ево посылат а аще возможно вели ево ѡтпустит к Москве для великих ево нуждъ на время...(*KP64/K78; 27.10.1710*);

...(*im Bibelzitat! - A. K.)* ѧко же и сам Хрстсъ рече си ѕаповѣдою вам да любитя друг дрѹга ... аще любов между собою имате да идѣ же есмь аз ту і вы со мною бѹдете... (*KT69/52, verm. nach 1705*);

аже

аже дастъ бгъ ѹвижѹ твои гсдря моего очи і я за вся твоя блгая бѹду бити челом... (*KT65/93; ca. 1660-82*);

...аже дастъ весною налавим...что всякои рыбы на ѕавод велим дат... (*KT65/155; ca. 1660-90*);

егда

...а егда блговолитъ Хрстосъ видѣти твои очи... (*KP64/L2; 15.7.1694*);

либо

...и либо в чем тебя гсдря такожде и супружницу твою гсдрню мою кнеиню Варвару Ѡѳонасевну прогневих каковым словом і вы ѡ том гсдри прощения подадите ми... (*KT69/52; verm. nach 1705*).

Beispiele für die übrigen Konditionalkonstruktionen:

еже(ли)

...а я милости твоеі еже бгь блоговолит в новы год отдамь ...(*KP64/K11; 10.4.1696*);

...прошу васъ (*sic! - A. K.)* моево млстивова ежел вамь не в труд... (*KP64/K33; 20.6.1716*);

ес(ть)ли

...а естьли изволиш і ты пожалуі присылаі вскоре... (*KP64/MA120; um 1691*);

...естьли гсдрь какие слова мои были вели гсдрь мнѣ ѹчинить наказаня... (*KT65/75; ca. 1682-89*);

...а если млсти над нимъ не покажеш впред ни за ково докѹчникъ не бѹдѹ,... (*KT65/168; ca. 1660-90*);

коли

...коли грамотѹ стали ѡтпускат для чево было росписного списка не подат... (*KA84/280; ca. 1670er*) *хотя/хоти*

...пожалуи гсдрь хотя будет и пасконнымъ поворошить толко бы достать... (*KT65/104; ca. 1660-90*);

...однолишно беи челом об очнои ставке хотя и служба с очнои ставки хотя тот днь на службу а дѣло и без них вершат...(*KT69/58; nach 1649; in diesem Brief kommen auch mehrere Konditionalkonstruktionen mit буде(т) vor*);

...что де ѡни меж собою переговаривали хоти де возмет грамоту гсдрву и мы де ево ѡтошлемъ ѡт манастыра...(*KT69/114; 10.3.1651*).

Auf sehr vielfältige Weise werden Konditionalsätze mit *буде(т)* gebildet:

...а бȣдет гсдрь изволиш сам быт и ты... (*KP64/K2; 19.11.1691*);

...бȣдет бы твоя в чемъ явилас нѣустоіка инъ бы запис нѣ в запис... (*KP64/K54; ca. 1680-1710*)

...бȣде гсдрь толко батюшка нам здѣс ѕазимават... (*KT65/10; 5.1.1651*);

...будит смотръ будит... (*KP64/K40; 20.12.1716*);

...нѣт ли на ково начету будет есть в каких причинах... (*KP64/K70; ca.1680-1710*);

...и будеть гсдрь ты будешь на Москве... (*KT65/67; ca. 1660-90*);

...да будет ты гсдрь здравсвуеш и ты гсдрь ко мнѣ приѣд празноват на Егорев ден...(*KT69/116; 9.8.1651*)

...будет возможно но Везовне что бывшеи дѡм Григоря Рострубаева селишъце пожалу отдаи года на два три... (*KP64/K39; 8.12.1716*);

...а будитъ у тебѣ нужьда и ты Іван Івановичъ к нам атпиши... (*KP64/K53; ca. 1699*);

и будет тебѣ гсдрю надобно кони (*sic! - A. K.; vgl. II.2.3.5.*) і ты... (*KT65/113; 6.12.1673*);

...і будет мошно горностаинои мешечикъ і бѣлки колко мочно хоти і по тои ценѣ как ты ко мнѣ писал пожалуи промысли ... (*KT69/16; um 1662*);

...да прикажи гсдрь мои чтоб кȣпили четыре ведра грȣздеи бȣдет дешевы... (*KT69/121; undatierbar*);

...а буде не возможно... (*KP64/P43; ca. 1675-1709*);

...и отпиши ка мне скаски он і сведение в тѣх опших делах не подал ли будетъ нѣ подавал чтобы пожаловал подождал меня...(*KP64/K70; ca. 1680-1710*);

...кон моі бȣдет тебѣ понравитца пожалуі пришли ко мне днги по цене какъ цена настоит а будет тебѣ гсдрю не понравитца пожалуі пришли ко мне с члвком моим... (*KP64/P11; ca. 1681-90*);

...будет сыскъ не имет и по добротѣ не роздѣлаемся учинится спор ино розвесть образным хоженем ѕ жеребя...(*KT69/58; verm. nach 1649*).

Die Konditionalkonstruktion ist nicht nur frequent, sondern weist auch ein reichhaltiges Repertoire an Ausdrucksmitteln auf, die fast ausschließlich ostslav. / russ. Provenienz sind. Diese Komplexität des Ausdrucks geht allerdings nicht auf die alltägliche mündliche Sprache, sondern auf die ostslavische Rechtssprache zurück, wie man sie schon in *Русская Правда* findet, und in der Seemann, dessen Meinung ich teile, die nachträgliche schriftliche Fixierung der stark performativen mündlichen Rechtssprechung sieht (vgl. I.4.1.).

Auch einige andere Nebensatztypen sind im Korpus hochfrequent: *((indirekte) Interrogativsätze*, *Objektsätze*, *Temporalsätze*, *Relativsätze*, *Komparativsätze*; etwas seltener *Kausalsätze*. Andere Nebensatztypen stellen nur singuläre Erscheinungen dar. Zu beachten ist hier die häufige Polyfunktionalität der Konjunktionen, die besonders bei *как* und *что* ausgeprägt ist:

...а какъ гсдрь Никифоръ Зыков отдастъ денги прикажи взять на свое імя расписку именно... (*KT65/121*);

...не стало дяди Михаила Івановича Хомякова Азыкова а вотчины после ево осталис а как мы ему Михаилу Івановичю племянники... и ты гсдрь умилис над нами... (*KT65/110*);

...и ты бга ради ѡ том дума<и> как бы тебѣ лутче... (*KT69/114*);

...пожалуи гсдрь извол прислат запис мою купчею на вотчину что с Карповым... (*KP64/K2*);

...и обо всем что у нас слово было возмі подлинникъ... (*KP64/P9*);

...да что ты о своем здорове ко мнѣ писал і пожаловал рыбы с члвком своим прислал. и я на твоем приятстве и любви много. челом бью. (*KT69/12; alle Interpunktionszeichen hier und im folgenden gemäß der Vorlage - A. K.*);

...ведаешъ ты гсдрь і сам что дом наш изошлои а что гсдрня і мтшка Онтонида Григоревна после своево живота приказала своих днгъ мнѣ і ты і тут не пожаловал не отдал... (*KT69/25*);

...и вѣдомость намъ ꙋчинилос что твоя млсть изволил быт... (*KT69/140*).

c) Interrogativsätze kommen fast nur als Entscheidungsfragen vor, eingeleitet durch die disjunktive Konjunktion *л(и)/или* (selten *либо/любо*):

...Послал ѧ до вшаі млсти нарочно члвка своево для писемъ нет ли от сна моево и Санпитербꙋръха ... поволь ка мнѣ отписат млстъ твоя изволили л поку мою купит или члвкъ моі с ынымъ с кѣмъ купил... (*KP64/K31; 4.6.1716*);

...а в московскомъ ... приказе говорили чтоб списат з дѣла и подячие ... до тебя отложили и челобитную гсдрь подписал дьяк Алеѯандръ а до тебя и челобитнои к дѣлꙋ подат не смѣемъ любо до тебя то дѣло проволочатъ...(*KT65/57; ca. 1660-90*).

d) Objektsätze sind hochfrequent und werden mit *что* eingeleitet:

...и приказал до вашаи (*sic! - A. K.*) млсти отписать что пожаловал ево блгородие ѡтриновено не имилъ... (*KP64/K22; 30.5.1713*)

...да и свои гсдрь анбар сказывали мнѣ люд что ерꙋбили крстьяне в Смаленске совсем... (*KT65/10; 5.1.1661*);

...ты гсдрь сказал что бьеш челом ты Капшина мнстря на кресѧн имреков в бѣсчестье своемъ и людеи своих... (*KT69/39; verm. nach 1696*);

...і Васка Бѣсов тогда с Москвы приѣхал и грамотку ѡт тебя мнѣ ѡтдал а днгъ и свѣч не сказывает что де ты с ним послал... (*KA84/278-1; ca 1670er*);

...да челом гсдрь бьемъ батюшко за твою милость что ты нас не уморил на гсдрве слꙋжбѣ... (*KT69/80; verm. vor 1682*).

e) Temporalsätze sind sehr häufig (auch temporal-konditionale) und werden vor allem mit *как(ъ)* gebildet, andere Bildungstypen sind selten:

...и как мои члвкъ у тебя явитца с симъ писмомъ Алешка Кудринъ прикожи емꙋ дат проводника... (*KP64/K19; 2.11.1709*);

...а кои час пут падетъ и я тот час гсдрь к Москве буду... (*KT65/66; ca. 1660-90*);

...да памятно гсдрь тебѣ когда в Боровскꙋ от великог вѣтрꙋ лес клонила в тѣх числех и на Москвѣ бурею над большимъ колоколомъ крстъ сломила... (*KT65/121; ca. 1682-89*);

Temporalsätze können auch durch Adverbialpartizipien (Gerundien) gebildet werden, was allerdings seltener als Konjunktionalformen vorkommt:

...а сказал мнѣ на тѣ днги кꙋпил он покупку и с Москвы едꙋчи тое покупкꙋ в Братовшине потерял... (*KO68/17c; ca. 1680er*);

...вѣдаю я что і так твоя млсть к Ивану Килилову сну Мишшкову но однако ж будучи я у себя в деревнѣ і мнѣ показал Оѯентеи свою великую любов... (*KO68/7; 24.8.1677*).

f) Relativsätze werden unterschiedlich gebildet:

(1) какои

...повидаися з дьяками некими гсдрь о съсорах с отцом ево і с ним кокия у меня с ними были... (*KP64/K36; Juli 1716*);

...какая тебя Степанꙋшко нꙋжа изнымет и ты беи челом Петрꙋ Ѳомичю ѡ всякои нꙋже... (*KT69/111; undatierbar*);

(2) каков(ъ)

...а я на себя вам запись дам какова вам надобъна... (*KT69/90; ca. 1670-1700*);

...Прошу гсдрь млстивого твоего к себѣ приятства какову гсдрь людишка мои к тебе приятелю моему челобитную поднесут прикажи гсдрь челобите мое записат... (*KT65/32; ca. 1660-82*);

(3) кои

...А кои гсдрь есть твои днг на мнѣ три рубли дватцат пять алтнъ и тѣ днгъ нне к тебѣ гсдрю не послал... (*KP64/P4; 28.1.1693*);

...і ты емꙋ пожалуі мою скотинꙋ коя у тебѧ отдаі емꙋ... (*KT69/28; ca. 1675-90*);

(4) которыи

...а исщет меня с приставам Ѳедора Курдюмова снъ Івашка которои был в Переясловле... (*KT65/76; ca. 1660-90*);

... и на котором намерение у вас то дела і вы ко мне пишите поподлиннее... (*KT69/65; undatierbar*);

...а мы землею станѣмъ ...(*Text defekt - A. K.*) і тои земли посмотрит которою мы торговали... (*KT69/67; undatierbar*).

Bei dem folgenden Beispiel kann es sich sowohl um einen Relativ- als auch um einen Objektsatz handeln. Aus satzsyntaktischen Überlegungen wird er hier dennoch als eine Relativkonstruktion interpretiert:

...i та гсдрь земля обявилас въ их жа дачех чево на тебѣ іскали... (*KT65/66; ca. 1660-90*).

Von allen o. a. Konstruktionstypen ist nur *который* relativ häufig; andere stellen singuläre Phänomene dar. Der Großteil der Relativsätze wird aber mit *что* gebildet (wobei die Abgrenzung von Objektsätzen nicht immer leicht ist):

...пожалуи гсдрь извол прислат запис мою купчею на вотчину что с Карповым... (*KP64/K2; 19.11.1691*);

...и обо всем что у нас слово было возмі подлинникъ... (*KP64/P9; 23.11.1691*);

...да что ты гсдрь прислал к нам с Потриаршего двора грамоту и мы гсдрь с тою грамотою в Нижнеи ездили... (*KT65/109; ca. 1660-90*);

... а рядная запис что ты приказывал со мною чтоб прислал к тебе і та рядная запис сказывает матѹшка і братя что утерялас в мятежное время... (*KT65/117; ca. 1660-82*);

...по тои жа записи взят мне на нем Сергушке задаточьных денег шеснатцат рублев что он Сергушка взял ѹ меня наперед шеснатцат рублев... (*KT69/70; undatierbar*)

...да послал я к тебѣ грамоту твою что ты ѹ меня покинул ее запечатав с крстьянином сваемъ... (*KT69/86; ca. 1680er*);

...Доношу тебѣ Мартинъ Василевичь дѣло вше что прислано ис Пошехонья в Московскои Суднои приказ подано... (*KT69/134; 17.3.1707*);

...да что гсдрь мои братец покинули моѣ робята ѹ тебя денженок на пугвицы денег и тебѣ б пожаловат не терят... (*KT69/116; 9.8.1651*).

g) Komparativsätze sind frequent, vorwiegend mit *как(ъ)* gebildet:

...как мнѣ пред богом душѹ отдать и притит с чистым серцемъ на покоение тако и тебѣ гсдрю обявляю... (*KT65/75; verm. 1682-89*);

...а мнѣ ісполнение требωваниѧ и нѹждъ дωма евω такъ великω какъ мωихъ нуждъ исполнение... (*KT69/298; um 1700*);

Das (r)ksl. Pendant *яко/якобы* kommt selten und überwiegend in den auch sonst (r)ksl. gehaltenen Passagen (z. B. in den Bittformeln) vor bzw. in den Briefen aus der petrinischen Zeit, für die insgesamt ein hoher Anteil an (r)ksl. Elementen charakteristisch ist:

...в чемь я имею на вась (*sic! - A.K.*) нодеения якобы н одца своегω... (*KP64/K45; 19.3.1725*);

...а я на милость твою отеческою надежан яко на батка своего такожа и на твою милость... (*KP64/MA15; ca. 1660-95*);

...и ты гсдрь умилис над нами яко над рами своими и сотвори к нам млсть яко чадолюбивыи отец млсть творит к чадорождению своему... (*KT65/110; 1682-96*);

...умлствис надо мною убогим яко над рабом своим... (*KT65/114; ca. 1682-96*).

h) Kausalsätze werden fast nur mit *потому (что)* (selten *затем что*) gebildet:

> ...и подредится не сыскали потому што с осени все понанели... (*KP64/P34; ca. 1690er*);
>
> ...Извол взят бумаги ис таможни двѣ стопы для того что у нас отпровлення немалая всемѹ дѣлѹ... (*KP64/K19; 2.11.1709*);
>
> ...от тои де напраснои продажи многие из них помѣтав хлѣб в городе і в уѣзде розбежалис да и потому житницъ де готовых ... нѣ было... (*KT69/16; um 1662*);
>
> ...і вамъ братец постоять за то чтоб ему при мнѣ не быт п<о>тому что мужикъ пи<я>ница и бешенои... (*KT65/Šč4, ca. 1630er*).

Die (r)ksl. Entsprechung *понеже* kommt selten vor, überwiegend in den Texten aus der petrinischen Zeit (vgl. o.):

> ...пожалуі онаго жеребенка по своеі млсти и по своіству уступи мнѣ понеж я имѣю немалую в томъ нужду... (*KP64/K18; 16.8.1709*);
>
> ...каторыя дѣнги ваша млсть у меня взял в Масквѣ руб пожалуі павол одат члвку нашему панѣже те денги у меня абѣшаныя на лампад... (*KP64/K38; 7.12.1716*):
>
> ...и мне была уведωмидца ωб ономь не можнω понеже мы в Питербурхе... (*KP64/K45; 19.3.1725*);
>
> ...а которые денги дослали і я все заплатил сполна а а отписи за недосугом взят не успел понеже что у меня пропала лошеть с поля а пас Петрѹшъка і в великои печали о том нахожус... (*KT69/103; 1.6.1731*).

Überaus selten kommt in kausalen Nebensätzen *какъ* vor:

> ...а как мы ему Михаилу Івановичю племянники ... и ты гсдрь умилис над нами... (*KT65/110; um 1682*).

Zum Verhältnis von Para- und Hypotaxe ist noch zu bemerken, daß die letztere mit dem Fortschreiten des Normwechsels, der zur petrinischen Zeit eintritt, kontinuierlich zuzunehmen scheint. Die Nebensätze werden im Korpus überwiegend mit Hilfe ostslav./russ. Hilfselemente gebildet. (R)Ksl. Elemente scheinen vor allem im (r)ksl. markierten Kotext bzw. in Briefen aus petrinischer Zeit vorzukommen; genaue Regeln ihres Vorkommen lassen sich allerdings (noch) nicht aufstellen. Diese Beobachtung würde aber durchaus im Einklang mit der allgemeinen Tendenz der petrinischen Zeit stehen: gemeint ist der zunehmende Gebrauch von ehemals markierten (funktional und stilistisch) (r)ksl. Elementen auf allen Sprachebenen.

Während parataktische wie hypotaktische Konstruktionen im Korpus überaus verbreitet sind, sind asyndetische Verbindungen eine Ausnahme:

> ...Прошѹ гсдрь приѧцва твоево пожалуі облехчис ка мнѣ х празникѹ... (*KP64/K1; 18.10.169I*);
>
> ...Доношу тебѣ Мартинъ Василевичь дѣло вше что прислано ис Пошехонья в Московскои Суднои приказ подано... (*KT69/134; 17.3.1707*).

Da sich sehr viele Briefe mit diversen Geschäfts- und Rechtsangelegenheiten befassen und da die Verfasser häufig dem amtsspr. Usus folgen, den Inhalt des vorangegangenen Schreibens wiederzugeben, kommen im Korpus sowohl direkte als auch vor allem *indirekte Rede* häufig vor. Da sich die Wiedergabe der indirekten Rede im Russischen erst im 18. Jh. von der der direkten Rede definitiv abgrenzt, ist eine genaue Bestimmung eines jeden Falls nicht immer möglich. Die wichtigsten formalen Ausdrücke sind hier die (dominierende) Partikel *де*, sowie *скат*, *что* und *будто*. Auch asyndetische Konstruktionen, wie sie für direkte Rede im Standardrussischen üblich sind, kommen vor, sind aber recht selten.

де

...и лонтрат не принел...одно на млсть твою сердитъ ... хотя ди вы приводитя хотя дватцат члвкъ н<иско>лко де не приму... (*KT64/K27; 13.2.1716*);

...і мнѣ Іван велел за ним ехат или де подводу наіми ... і староста сход ко мнѣ учинил і на сходе сказали...ево де гсдря ншва воля платит нечем буде ізьволит лошеди і всякую скотину продат і мы де станем платит а впред де взят оброку не с ково... (*KP64/P5; 28.10.1698*);

...и Ѳедор Леонтьевичь (*Шакловитый - А. К.*) сказал против твоеи гсдря грамотки посылка де ему не от меня а что де будет ѹчинено и я де отпишу вскоре... (*KT65/74; ca. 1682-89*);

...а дядя на тебя свѣт мои сердиты что ты пошол в Лубны по ятмановѹ писмѹ мы де здес били челом чтобы ему не итит х кнзь Григорю а он де сам пошол болшо де ему хочетца быт у кнзь Григоря в товарыщах как де он себѣ хочет так і живет... (*KO68/2j; 1.9.1677*);

скат

...і о гребцах грамоты великаго гсдря подали ж Семенѹ Грибоедову і онъ сказал у мѣня скат грѣбцов нет гребите і сами... (*KP64/L6; 9.6.1696*);

...і он мнѣ сказал денягь я скат в Дмитрея Івановича не возму а сказал ʌ бы скат і сам людеі купил гдѣ... (*KP64/MA9; ca. 1660-90*);

что (kommt relativ selten vor; häufig in Kombination mit *будто*):

...сказали что бѹта поѣхал по лѹчинѹ... (*KP64/MA109; um 1700*);

...а в роспросе сказал что писано в сеі грамотке выше і бутто я ево потговаривал і писмо давал бутто я ему... (*KP64/P5; 28.10.1698*);

...и он мнѣ говорил что бутто я ево поношу словами... (*KT65/75; ca. 1682-89*);

asyndetische Konstruktionen

...а Кириле Климовѹ я говарил чтобы твои денги ѡтдал крестьянину твоему и ѡн ѡтказал денег у меня топер нет... (*KP64/MA44; ca. 1660-82*);

...и ко мнѣ сын пишет брянские помещики поехали с воскресеня едут... (*KP64/MA127; a. 1695-1700*);

...і я в допросе сказал токоі крестьнинин за мною не живал... (*KP64/P5; 28.10.1698*);

...тако и тебѣ гсдрю обявляю слов никаких я не говаревал... (*KT65/75; ca. 1682-89*);

...а в роспросных речех санчюрскои мордвы написано недоплатили они хлѣба... (*KT69/16; um 1662*);

Trotz der fehlenden Interpunktionszeichen bereitete die Bestimmung der *Satzgrenzen* nur recht selten Probleme. Hier einige Beispiele:

Мои гсдрь Іван Іванович здравствꙋи на многие лѣта
В Болховском уѣзде дрвня Хмелевая Якова Михаілова сна Хамякова посылка де бывает к ним в приписном дворѣ пожалꙋи ты не вели к ним посылки чинит какъ ты приѣдешъ в Белев то число в том дворѣ справимся ваша млсть о том не свѣдал а в том есть Навасилцов плꙋтаеть... (*KP64/K19; 2.11.1709*);

...Надеючи на твою гсдря мое милостъ дерзьнꙋл у тебя проситъ прислонъ шꙋринъ твои Іван Дмитреевичь за бѣгьлых сольдатъ деньгоми брат у зата моево у Василя Корнило<ви>ча Желябꙋшьскова солдат в Козелке принетъ и ѡтпис дана за ѡтдачею ис Козелска бѣжалъ... (*KP64/K25; 6.5.1714*);

...побеі челом Ѳедору Акимовичю чтоб ѡн отпꙋстил своево крестьянина в понятых а оттꙋда ѕаѣхав свѣщенникъ вмѣста двꙋ члвкь крестьян книгам рꙋкꙋ приложит а приложа рꙋкꙋ отпусти ево в город стрелцом а какь изволишь ѕаѣхат а я все изготовлю книги и отпискꙋ ... (*an dieser Stelle ist im Brief die SF in den Text integriert - A. K.*)... и грамотꙋ я емꙋ Петрꙋ дал с сабою для всячины а стрелцꙋ днги я ѕаплатил ничево емꙋ не извол дават ничего и подячему велет рꙋкꙋ приложит по краям поднои строке к сим отказным книгам села которова попь вмѣста понятых какь их ѕовут по их веленю рꙋкꙋ приложил... (*KP64/MA41; ca. 1660-90*);

...прикажи на своеі виннице двѣ варки вина выварит а я нне на Климовоі и послат в Соколово для вина и которое в Соколове вино есть толко ӡ себя также на варнице своеі в Соколове хотѣл варить недосꙋжно мужикам всѣ на работе мелницꙋ прꙋдятъ на Климовоі... (*KP64/MA143; petrinische Zeit*).

Sehr zahlreich sind unterschiedliche *Modalkonstruktionen*, wobei die Übergänge zwischen einzelnen Modalbedeutungen (v. a. zwischen hortativer, imperativer und optativer) z. T. fließend sind. Modale Bedeutungen werden auch durch den Imperativ ausgedrückt (s. dazu II.2.3.5.). Nachfolgend einige Beispiele:

...(*zum Inhalt eines Vertrags, dessen Bedingungen vom Adressaten nicht eingehalten worden sind - A. K.*) ѡдежꙋ и ѡбꙋвь носит было твою же мнѣ на всякꙋю нꙋждꙋ быт было и денежнои даче ... ты де бꙋд мои а я твои и сверхъ того писат было нам запис... (*KP64/K54; schwer datierbar*);

...и тебѣ б гсдрю моему убытки прислат не помешкав... (*KP64/K79; schwer datierbar*);

...і ты сам говорил что мнѣ датъ было ведро вина ѕа любов... (*KP64/MA131; um 1700*);

...а кои мерины оставлены велет кармит гь дороге ... а откормя своих лошедеі послат будет с хлѣбом на Кострому... (*KP64/P42; ca. 1690-1700*);

...(*zum Inhalt eines nicht eingehaltenen Vertrags - A. K.*) что надо мною неправедно ѹчинил забыв ... что было тебѣ не посылать отказыват до моеи смерти и велет было меня во всемъ слушат... (*KT65/3; ca. 1660-90*);

...(*Versprechen - A. K.*) а кои час гсдрь пут падет и я тот час буду к Москве и мне на них бит челом с тобою вместе... (*KT65/65; verm. um 1680*);

...а воеводою в Кузмодемянску сказывают быт пусторжевцѹ Поснику Неѣлову... (*KT69/12; ca. 1662*);

...и дал на себя запис что было емѹ в том же годѹ во РПА году дачи свое приискат и челобитнѹю за рѹкою принести... (*KT69/45; nach 1685*).

Sehr häufig sind im Korpus Fälle von verschiedenartigen *Inversionen* der Satzelemente. Zum großen Teil gehen sie wohl auf die Nähe zur mündlichen Rede und auf den erzählenden bzw. berichtenden Duktus der Briefe zurück. Die nachfolgende Übersicht zeigt einige der typischen Inversionsfälle:

1. Kontaktinversion (vor allem Postponierung des Attributs: im Korpus so frequent, daß sie schon fast wie Norm erscheint):

при милости отеческоі *(= Teil von F6; KP64/K21 et pass.)*
снъ мои (*KP64/MA127 et pass.*)
с отцом ево (KP64/K36)
жена мѡя (*KP64/K45 et pass.*)
малчишка безродного (*KP64/MA80*)
крстьянишка твоего/моего (*KP64: MA115, P51 et pass.*)
людишек своихъ (*KT65/24 et pass.*)
мерина серова (*KT69/98*)
что ув Алеѯѣя зятя Ловрентьевича (*KP64/K10*).

2. Distante Inversion:

...чтоб купит полумед своими денгами чорнаі... (*KP64/K10*)
...извол взят бумаги ис таможни двѣ стопы... (*KP64/K19*)
...брат ѹ меня Василеі... (*KP64/MA136*)
...вдва волная гсдрская а не боярская... (*KP64/P14*)
...да изволилъ послать челвка своево батюшка к тебѣ... (*KT69/67*).

3. Inversion bei Personenbezeichnungen (hochfrequent, fast regelhaft):

...а ѧ на твою гсдрѧ моево любов надежан (*KP64/K3; die Konstruktion гсдрь мои kommt praktisch in jedem an einen Mann adressierten Brief (und zwar in eben dieser Anordnung) vor – A. K.)*
...да весно тебѣ гсдръ бѹди Дмитреи Івановичъ... (*KP64/MA2*)
... да что ему Іванѹ прикаѕано Степановичю... (*KP64/MA4*)
...с Кирилам братом Кирѣевским... (*KP64/K64*)
...ево Микитину здачю зят ево Микитин... (*KT65/28*)
...пожалуи гсдрь умилис над бѣдным Андрѣи Ильичь... (*KT65/74*)

...двꙋ клячь кꙋзнецꙋ своему подковат моихъ. (*KT65/149*).

Auch sonst ist die Personennennung sehr interessant. Z. B. wird in der Anrede die direkte Nennung des Adressaten (außer F1+F8) grundsätzlich vermieden:

гсдрь мои, млстивои (мои) гсдрь, млсть твоя, приятел(ь) мои, твое жалованье, твоя чесность, твое здоровье, млстивоі кормилец, благодѣтел u. a.

Die Nennung anderer Personen zeigt auch eine gewisse Spezifik:

...Гавриле Герасимову сну Аринкино... (*KP64/K37*)

...пришли Ларионову Суслова телѣгу... (*KP64/MA120*)

...у Ивана Іванова сна Колꙋгина у меншова... (*KP64/MA135*)

...крстьянина гсдря моего боярина Ѳедора Петровича држни Олховки Алешка Ерофѣевь... (*KP64/P14*).

Besonders deutlich geregelt scheinen die Benennungen der Frauen (auch Selbstbezeichnungen!) zu sein:

...вдовы Ѯѣниі Еѳимовоі дочери Михаіловскоі жены Андрѣева сна Ростопчина... (*KP64/K37; dieser Brief ist 1716 geschrieben! - A. K.*)

...тотка твоя Афонасева жена Логиновича Пелагѣя... (*KP64/*M12)

...Степановская жена Осиповича Ушакова Дунка... (*KP64/*MA80)

...члкь твоі...дьля бѣглоі женки Ѡксютки Івашкиноі жены Рꙋбца Семен Ѡртемьев... (*KP64/P21*)

...столника кнзь Алеѯѣя Никитича Одоевского жена его вдова кнгиня Ульяна... (*KP64/P3*).

M. a. W., zum Namen der Frau gehörte nach der alten Norm unbedingt auch der Name des Ehemannes (und ggf. des Vaters) als zusätzlicher - und obligatorischer - Indikator. Bei den Männern ist ähnliche Norm vor allem bei Vorliegen eines Abhängigkeitsverhältnisses zu beobachten (Bauern, Söhne): hier wird die Zugehörigkeit zu einer übergeordneten (männlichen) Person grundsätzlich expliziert. Die dem heutigen Gebrauch recht nahe stehenden Formen, wie

...и я Пелагея Григорева доч Івана Аѳонасевича Гринева жена... (*KP64/MA94*)

sind dagegen selten, auch in den jüngeren Briefen (in denen auch zuerst der Bezug zum Vater, dann der zum Ehemann hergestellt wird); die Anordnung der Elemente entspricht hier aber in etwa schon der heutigen Norm des russischen Namens). Definitivere Aussagen zur Ausdrucksnorm und ihrem Wandel sind allerdings gerade hier kaum möglich, da im Korpus recht wenige Briefe von Frauen enthalten und auch die Erwähnungen von Frauen selten sind.

Ähnlich streng geregelt ist die Elementenabfolge beim Datum. Es wird vom Allgemeinen zum Konkreten vorgegangen: vom Jahr, über Monat zum Tag:

...в нынѣшнемъ во РЧИм году генваря вь КА де... (*KP64/P3*)

...и ѕаписано в записнои кнге марта въ ЗІ де... (*KT69/134*).

Noch in den 20er Jahren des 18. Jh.s scheint es neben der sich allmählich durchsetzenden neuen Form der Datumsangabe auch die alte zu geben:

> ...За два млстивыя вши писанiі, первое ωт 17г ωктября прешедшегω 727г гωду дрꙋгωе в нн҃ѣшнем минꙋвшагω генваря 10... (*KS81/44; 18.3.1728*)
>
> ...писмω писанное прошедшаго ноября 19г числа сего декабря 29г дня... (*l. c., 45; 30.12.1723: zu beachten ist hier allerdings. daß dieser Brief von einer älteren Frau geschrieben wurde und der erstere von einer jungen Hofdame*).

Ähnlich geregelt (vom Allgemeinen zum Konkreten) sind auch die *lokalen Bestimmungen*:

> ...i во Брянском уѣзде в Подывоцком стану в дрвне Старые Селыни там ꙋ меня дача есть... (*KP64/MA55*)
>
> ...октября против ГІг числа въ Дм часꙋ ночи в ысходе ꙋчинился пожар в Бѣлом городе позади гсдревои болшои конюшни в приходе цркви Антипия чюдотворца ѕагорѣлось на дворѣ дꙋмного дворянина Семена Өедоровича Толочанова... (*KT65/147*).

Eine andere Unterart der Inversion stellt die sehr geläufige *Endstellung des Verbs* dar. Sie kommt praktisch in jedem Brief vor und scheint vor allem für den dem mündlichen nahen Erzähl- und Berichtduktus charakteristisch zu sein:

> ...а са Смоленска подлиное ведение до вашеи млсти бꙋдет какъ полковникъ нашъ от гсдна Өетъмаршала прибꙋдет на тот час самъ в наши места бꙋдет какъ ево уволнет... (*KP64/K22*)
>
> ...всякое гсдрь розорение я от них принимаю вотчинною моею ꙋсадебною землею и пашню владеютъ і в прошлых гсдрь годех межеват тех земель они дети боярские не дали і на те земли крепостеи не положили... (*KT65/29*)
>
> ...писал ты будет перемѣны тебѣ не чаят і ево розослат і перемянит тебя ꙋказано... (*KT69/15*)
>
> ...и посылку твою ко мне всю по грамотке и по росписи привезли а наперед сеи грамотки... (*KO68/17a*).

Da daneben aber gleichzeitig die Normalstellung vorkommt, und da aus dem untersuchten Korpus allein keine distinktiven Regeln für die Postponierung des Verbs ermittelt werden konnten, bleiben hier noch Fragen offen. So scheint hier u. a. auch der Einfluß des *приказный язык* durchaus denkbar zu sein.

Ein weiteres strukturelles Merkmal ist die *Wiederholung* von Satzelementen, eine Erscheinung, die der gesamten Amtsprache eigen ist. Sehr oft sind es Präpositionen, was in der Fachliteratur üblicherweise als eine Auswirkung des mündlichen Idioms interpretiert wird. M. E. muß man aber (zumindest für das 17. Jh.) auch hier mit dem Einfluß des *приказный язык* rechnen, wo solche Wiederholungen vor allem in berichtenden Textsorten zum festen Inventar der Ausdrucksmittel gehören. Daß sie dorthin ursprünglich aus dem Mündlichen gelangten, ist durchaus denkbar, wobei der Ursprung wohl eher in der Folklore als in der Alltagssprache zu suchen ist. Für definitivere Aussagen reicht allerdings das untersuchte Korpus allein nicht aus.

Die Wiederholungen im Korpus beschränken sich im übrigen nicht auf Präpositionen. Es kann sich auch sowohl um eine wirkliche Wiederholung eines Elementes als auch um eine Art semantischen Pleonasmus handeln (hier: unterschiedliche aber kongruente Bezeichnungen ein und desselben Referenten). Nachfolgende Beispiele zeigen einige typische Fälle von Wiederholungen:

> ...з декомь з Гавьриламь Алеѯѣевымь... (*KP64/K14*)
>
> ...жаловал ты гсдрь ізволил ннѣ присылат к Москвѣ гостинца х теще к моеі к Овдоте Ѡнтоновне і къ шурямь к моим і к Василю Осиповичю рыбы а ко мнѣ к одному не пожаловал рыбки не ізволил прислат... (*KP64/L9*)
>
> ...ꙋ тестя моево ꙋ Луки Грязева взят крестьянин Івашко Чиряс а он был в датошных в наимах ꙋ чебоѯарен ꙋ посадцких людеі на время на ꙋрочные годы... (*KT65/112*)
>
> ...і я к тебѣ толка даговорюс о том к тебѣ отпишу... (*KP64/M1*)
>
> ...хотель ты мьне пожаловат в помочь мне... (*KP64/MA124*).

Sehr frequent sind im Korpus auch folgende Formen:

> она Ирина Андреевна
> ему Іванꙋ
> отцъ ево Іванов Степан
> он Іван (*alle Beispiele aus ein und demselben Brief: KP64/MA4*).

Ich tendiere allerdings dazu, solche Personennennung auf den Einfluß eher der rechtssprachlichen Norm als der mündlichen Sprache zurückzuführen (evtl. als Mittel der Disambiguierung, z. B. bei der Deixis). Das gilt auch für die folgende Unterart der Wiederholung, die einen Fall von fehlender Anapher darstellt:

> ...і выписка ево готова і выписькꙋ онь взѧль к себѣ... (*KP64/K14*)
>
> ...и в тѣх в рублевых денгах отпис есть и та отпис у нас на Москвѣ была и мы тое отпис в Манастырском приказе подавали и тоі отписи на Москвѣ в приказе вѣрят и тое мы отпис сослали к людишкам своим и велѣли млсти просит у тебя гсдря чтоб ты приказал тоі отписи вѣрит... (*KP64/L22*)
>
> ...да поговори Ѳилипу чтобь ... са мною бы он не ост<ужалс>я к Москве не расплотяс не уехал скажи ему ат меня чтобы он со мною не остужалься... (*KP64/MA150*).

Zum Schluß dieser Syntaxdarstellung noch einige kurze Bemerkungen zu einzelnen Kasusformen und allgemein zur Rektion. Relativ häufig kommen im Korpus Konstruktionen vom Typ *трава косить* vor. In der sovjetischen Schule wurde die *a*-Form als das ursprüngliche Subjekt erklärt und den nordruss. Dialekten zugeordnet. Kotkov, der sich ausführlich damit beschäftigt hat, hat der These von dem nordruss. Ursprung dieser Konstruktion wiederholt und, wie ich meine, überzeugend widersprochen (KOTKOV 1978; 1980, 34 et pass.).

Abseits steht hier Larin, der in dieser Konstruktion die Wirkung des ostseefinnischen Substrats sah (LARIN 1961 et pass.). Interessant ist, daß im Korpus in dieser Konstruktion nicht nur unbelebte Substantive vorkommen (vgl. ISSATSCHENKO 1983, 506). Neben solchen Formen wie

...велено дат боярину ... будара... (*KP64/L6*)

...велено ... но подьячем доправит пеня... (*KP64/L18*)

...чтоб на него коүпчая взят... (*KT65/5)*

...изба сломат... (*KT65/81*)

...что было дат тебѣ такая грамота... (*KO68/2j*)

..Заручная челобитная приіскат... (*KT69/36*)

findet man auch solche wie

...и тобѣ б ωдналична жонка бѣреч чтоб не выкроли... (*KP64/M11*)

...велите береч лошедеі і всякая животина... (*KP64/P42*)

...чтоб мнѣ до Смоленска млсть твоя постичь... (*KP64/S18*).

Die Belebtheitskategorie scheint sich somit im alltäglichen Sprachgebrauch des 17. Jh.s, soweit er in dem untersuchten Korpus manifestiert ist, erst partiell verfestigt zu haben:

... да купилъ я ... мѣрин... (*KP64/L18*)

...и бораны приплодные ... прикажи пригнат... (*KP64/S95*)

...и будет тебѣ гсдрю надобно коні... (*KT65/113*)

...а с ним послал конь буръ... (*KT65/211*)

...да вели к себѣ пригнат бораны из вотчины резанские... (*KO68/17a*).

Vereinzelt begegnen auch folgende Formen:

...(*F5 - A. K.*) а изволишь гсдрь ведат ... і про дѣти... (*KO68/3b*)
...и дал на себя запис и на женоү свою и на дети... (*KT69/45*)

Sonst weist die Rektion nur wenige Spezifika gegenüber der der anderen Textsorten der Amtssprache auf. Sehr frequent (da ein Teil der AF) ist die Form *здравствуи ... и со всеми любящими тобою* (vereinzelt auch: *тебѣ/твоими*). Auch frequent (und auch ein Element der Formel) ist die Konstruktion

...и бжие всемлстивое долготерпѣние (*hier nur wenig Varianz*) окаянству моему терпит... (*F6*).

Das Verb *терпѣть* kommt außerhalb dieser Konstruktion überaus selten vor, hat aber auch dann dieselbe Rektion:

...ты ... мнѣ терпѣлъ... (*KT69/177*).

Auch das Verb *(по)говорит* hat im Korpus ausschließlich eine Dativrektion:

...поговорит (кому) (*KP64: MA156, P11; KT65/66 et pass.*).

<u>*Präpositionsloser Instrumental*</u> ist recht frequent, konkurriert aber mit den (häufigeren) präpositionalen Formen:

...да приказываль я к тебѣ Лукьяном Веревкиным... (*KP64/MA73*)

...денги посланы все сполна Сидоркаю Ѳилинымъ... (*KP64/MA84-1*)

... да послала им же Степанам ведро вина дваінова... (*KP64/MA109*)

...Да ты ж гсдрь ко мнѣ писал члвком Никиѳора Маркова... (*KP64/P4*).

Im ganzen Korpus ist nur ein Fall von *dativus absolutus* vertreten, und zwar in einem Brief, der auch sonst in Sprache und Stil deutlich von der Norm abweicht:

...и не хотѣвшу ми тебѣ ѡ сих глати но... (*KT69/52: Text s. Anlage*).

Es sei in diesem Zusammenhang daran erinnert, daß der dativus absolutus zu den von Remneva postulierten Merkmalen der grammatischen Norm (und zwar der (r)ksl.) gehört.

Diese Skizze zur Syntax des Korpus erhebt keinen Anspruch auf Vollständigkeit der Deskription und der Interpretation. Sie soll vielmehr eine Vorstellung von der Syntax der Briefe und ihren wichtigsten Spezifika vermitteln. Diese Syntax ist m. E. eindeutig als russisch zu bezeichnen, wobei der Einfluß sowohl der mündlichen Rede als auch des *приказный язык* gleichermaßen evident ist. (R)Ksl. Elemente werden fast ausnahmslos gezielt verwendet. In den ersten Jahren des 18. Jh.s setzt allmählich ein Wandlungsprozeß ein. Die neue Syntax ist wesentlich weiter von der mündlichen Sprache entfernt, der Anteil der Hypotaxe, der Partizipialkonstruktionen nimmt deutlich zu. Näher mit diesen Entwicklungen befaßt sich die Parameterkombination Zeit/Sprache (II.3.3.).

Man muß Issatschenko widersprechen, der die Syntax der gesamten Amtsprache als unbeholfen abtat, als nicht fähig, dem Rezipienten die Bezüge eindeutig darzustellen (ISSATSCHENKO 1980, 114 et pass.). Auch im untersuchten Korpus sind Briefe enthalten, deren Verfasser mangels Kompetenz im schriftlichen Ausdruck nicht fähig sind, ihre Gedanken klar wiederzugeben. Solche Fälle sind aber in dem Korpus, das immerhin mehr als tausend Briefe aus 130 Jahren enthält, eine absolute Ausnahme (ca. 1%). Dafür einige Beispiele:

...доношꙋ тебѣ мои гсдрь напал на нас Шеншин і забралъ мценских земских старостъ неволно і держит зо крепкимъ короулом чтоб они меня поклепали взяткоми они ему говорят что от меня им не токмо взятков і ни обит не бывало а зо что то кромея прѣжних ссор ѡ которых ты сведом что много от отца ево было обит за ннѣшноі слꙋчаи о том вѣлѣл тѣбѣ донесть і бет всѣх і водит зо собою людеи своих з дубѣм і шпагоми члвкъ по тритцать і зовезался во всех городах делами сотвори ко мнѣ млсть повидаися з дьяками некими гсдрь о съсорах с отцом ево і с ним кокия у меня с ними были не токмо приказныя і деревенъския і обижен от них всем как ему мнѣ бѣдства не учинит а болши всех проіскивают Арбꙋзов... (*KP64/K36*).

Dies ist wohl der ausgeprägteste Fall von fehlender Stringenz des Ausdrucks. In vielen anderen Fällen handelt es sich eher um das Ineinandergreifen der behandelten Themen, ein geläufiges Phänomen der mündlichen Rede:

> ...да буди тебѣ гсдрь вѣдамо Погорелскоі Триθанъ въ городъ увезенъ и доперво одна Триθанова жена и она со страсти пропала да у него ж Триθа ездитъ у нас подачеи с Москвы и беретъ банъныя деньги и у него Триθана с твоего двора взял коровꙋ за баныя деньги и ты извол самъ приехать а подачему имя Иванъ Харланъпъевичь Павъловъ а доперво онъ подачеи у нас въ мнстре и ты извол приехать не метчтав что Триθанова жена опас великую держит чтоб хлѣба не выгребли и ея не задужил и я к тебѣ гсдрю нарошъно послал малого Якушку... (*KT69/30*)

> ...От Θедота Дмитреевичя жене моеі Агаθьи Іванонѣ от мяня тебѣ поклонь Івановна худа ты делаешь писал я к тебѣ чтобы не мешьков прислат ка мнѣ Василя так же и запасу і вина и денги велелъ с крестьянь собрат нне мешковь а вы не присылаетя по сю пору ка мнѣ за тем остоновилось в салдате ковтан ормячноі пришли пошли Івановна ходака к Петровымъ крестьяном ув Ортуіш не мешковъ чтобы оне приезжали уво Брянескъ не мешковь салдата плотитъ и чтобы онѣ с клатчиками приезжии и подмогу привозили бы по чему положено у них не мешковь пошли к ним сальдаты поехали в Корачевьскоі во вездъ указ прислан кь копитану бꙋдет кто не заплатит генваря по первое число велено вдвое брать салдат и платя и запас прикажи Івановна чтобы Петруха оброчноі хлебъ збирал с крестьянъ по получетверику солоду вели выростит гавриловцамь и самовскому (*KP64/MA144*).

Solch unbeholfene Syntax ist interessanterweise typisch vor allem für die Briefe der Gutsbesitzer. Sowohl Kaufleute als auch professionelle Beamte scheinen im Verfassen von Texten wesentlich kompetenter zu sein (ein gutes Beispiel sind die ca. 70 Briefe der Familie Belin, der Klosterangestellten). Auch der Adel scheint zumindest über geschulte Schreiber verfügt zu haben. Insgesamt aber ist die Syntax der Briefe so, daß man deren Inhalt (mit zum Teil recht komplexen geschäftlichen und rechtlichen Bezügen) auch heute noch ohne Probleme verstehen kann.

2.3.3. Lexik

Die Lexik der Briefe ist überwiegend ostslavisch / russisch und zeigt wenig Spezifik gegenüber den übrigen Textsorten der Amtsprache. Auch hier sind (r)ksl. Elemente nie zufällig, sie werden von den Verfassern der Briefe bewußt und normkonform eingesetzt. Die (r)ksl. Lexeme kommen meist innerhalb ganzer (r)ksl. Versatzstücke (bis hin zu längeren Zitaten aus dem liturgischen Bereich) vor. Solche Fälle werden daher im folgenden Abschnitt dieses Kapitels besprochen, der sich mit der Idiomatik des Korpus befaßt. Auch innerhalb der spezifischen Briefformel begegnet man häufig (r)ksl. Wortschatz. An Einzellexemen sind relativ häufig nur *ѕѣло (зело)*, *велми*, *дерзнуть* und *паки* (*наипаки, наипаче*). Bei anderen (r)ksl. Lexemen, die im folgenden aufgelistet sind, handelt es sich um singuläre Erscheinungen mit höchstens zehn Belegstellen. Auch sie sind vielfach situationsgebunden und daher nicht neutral: sie kommen überwiegend in diversen Formeln (Bitt-, Dank-, Versprechen-, Wunsch- und anderen Formeln) vor:

аже, аки, вотще (водще), вѣдѣти, егда, елико, ея (Poss.-Pron.), мнити, сеи, чаяти, юзы, яз(ъ).

Auch Barbarismen sind bis in die petrinische Zeit nur eine Randerscheinung. Das gilt im übrigen auch für die Polonismen, die man im 17. Jh. eigentlich erwarten würde. Sie treten aber recht selten auf und beschränken sich zum großen Teil auf die Briefe mit entsprechender Lokalisation (z. B. KT69/224ff.).

In den Briefen aus dem frühen 18. Jh. findet man wiederholt Fremdwörter zur Bezeichnung von für Rußland neuen Realien wie

лон(ь)трат(ъ) (*KP64/K27 (1816); K40 (dto); P40 (um 1709) und andere neue Bezeichnungen für Beamte*: бурмистр, комисар)

провиянт(ъ) (*KP64/K27 (1716); KT69/131 (petrin. Zeit); 425 (1701) et pass.*)

правинци(ы)я (*KP64/K30 (1716*)

маиоръ, капитанъ, фельдмаршал.

Charakteristisch für die neue Lexik sind ferner (wobei die Spezifik des neuen Stils allerdings weniger in den Einzellexemen, als vielmehr in der Syntagmatik, in der Idiomatik auftritt):

a) wesentlich stärkere Expressivität (z. B. in Form von überaus frequenten Superlativa: *всенижаиши*, *всепослушная*);

b) Komposita der neuen Amtssprache: *вышеписанныи*, *нижеявленное число*, aber auch *благородие* u. ä.

Abschließend sollen noch einige lexikalische Besonderheiten des vorpetrinischen Briefes erwähnt werden, von denen einige ein Spezifikum des Privatbriefes als solchen zu sein scheinen.

So kommt wiederholt das Verb *облехчится* in der hortativen Bedeutung vor (auf diese Bedeutung wurde in der Schule der linguistischen Quellenkunde bereits hingewiesen: vgl. KOTKOV 1980, 178):

...пожалоуи гсдрь даи мнѣ очи свои видет облехчис ко мнѣ в Ꙗрославль в соуботоу... (*KT69/75 et pass.*).

Oft wird auch "gehen"/"fahren" durch *(по-/при-)брести*, *(по-/при-)волочься* ersetzt, so oft, daß es schon als usuell zu interpretieren ist:

...а я побреду к Москвѣ одноконечно ѳевраля КАг числа... (*KP64/P40*)

...а на завтрея ... чаю до Вязмы добресть... (*KP64/S18*)

...прибрел ѧ к Москвѣ... (*KT65/121*)

...ноги отнялис і в город не брожоу давно... (*KT69/13*)

...и ннѣ хотѣл было к милости твоеи побрести... (*KT69/386*)

...а я из Корачева волокус в Сѣвескъ... (*KP64/MA42*)

...гневу не положи что я к тебѣ челом ударит не прибрель... (*KP64/P54*)

...и мы приволочемъся сами вскоре... (*KP64/S3*).

Die Lexik des Korpus soll im folgenden noch der des Kontrastmaterials gegenübergestellt werden, unter besonderer Berücksichtigung anderer nicht-(r)ksl. Textsorten.

2.3.4. Idiomatik

Wesentlich interessanter und für die Analyse ergiebiger scheint die erstaunlich reiche und vielfältige Idiomatik der Privatbriefe zu sein. Sie kann in drei Bereiche eingeteilt werden, wobei die Grenzen in einzelnen Fällen fließend sein können:

1) situativ gebundene feste Redewendungen (Dank, Bitte, Versprechen, Gesundheitswunsch und andere Arten von formelhaften Redewendungen);
2) Sprichwörter, Metaphern, Sprüche u. ä. (hier ist ein deutlicher Bezug zur Umgangs- und vor allem zur Folkloresprache zu beobachten);
3) (r)ksl. Redewendungen, überwiegend Entlehnungen aus dem Neuen Testament und dem Gottesdienst.

Während dieser letzte Bereich verständlicherweise ein begrenztes Repertoire von festen Formen aufweist, zeichnen sich der zweite und vor allem der erste durch sehr hohe Varietät aus. Die folgende Übersicht zeigt die wichtigsten Typen des ersten und die häufigsten Elemente der beiden letzteren Bereiche.

2.3.4.1. Situativ gebundene Redewendungen

Sie gehören eindeutig dem rechts- und amtssprachlichen Bereich an, wobei sie durchaus ursprünglich auch mündlich gebraucht werden konnten und erst später auch schriftlich fixiert und im Zuge der Expansion des amtsprachlichen Schrifttums auch im Privatbrief zum festen Repertoire wurden. Im Korpus sind vertreten: *Bitte*, *Dank*, *Versprechen*, *Abbitte*, *Ehrerweisung*, *Höflichkeitsfloskeln*, *Versprechen, sich erkenntlich zu zeigen*, und andere situative Stereotypen.

(1) Die weitaus größte Gruppe stellen die Bittausdrücke dar. Einige von ihnen, vor allem in der spezifischen Briefformel, scheinen bereits zu neutralen Stereotypen geworden zu sein. Die meisten sind aber wirkliche Bitten, wobei allerdings der Grad der Emphase sehr stark variieren kann. Eine Klassifizierung und Strukturierung dieser Gruppe erwies sich als recht schwieriges Unterfangen, denn das Korpus bot zwar eine erstaunliche Fülle an derartigen

Ausdrücken, aber wenig Anhaltspunkte zur Bestimmung von den ihren Gebrauch determinierenden Faktoren. So beschränkt sich die folgende Übersicht auf die Abgrenzung von Bittformeln voneinander und auf die Auflistung ihrer häufigsten Varianten.

Als neutral zu werten sind (hochfrequente):

извол + *Inf.* (*seltener Imper.*)*:* извол прислат

пожалуи + *Imper.:* пожалуи прикажи.

Wesentlich stärker ist die Emphase in folgenden Ausdrücken:

умлсрдися, умлстивись, гсда ради,

die aber so frequent sind, daß man hier eine bereits stattgefundene Neutralisierung der Emphase annehmen könnte.

Hochfrequent ist ferner die Konstruktion *поскучь* + *Dativ der Person* (*поскучь ему*) bzw. *Instr.* Dieselbe Bedeutung haben:

ходатаі буди, порадеі (*o* + *Lok.*)*,* побеі челом,

die in der Regel feste Bestandteile von stereotypen Bittformeln sind. Bei den Beispielen hier und im folgenden handelt es sich um eine repräsentative Auswahl, die ca. 50-60% aller Belegstellen umfaßt. Eine Ausnahme sind Einzelvorkommen. Zu beachten ist ferner, daß gerade die Idiomatik eine hohe Varianz des Ausdrucks zeigt, so daß es sich bei den Beispielen vielfach gewissermaßen nur um Grundformen der Stereotype handelt:

пожалуи не покин жены моеи (женишки и детишакъ, домишку моего u. ä.) млстию своею (*KP64: K23, 63, 77; MA122, 124, 153f.; P10, 15; KT65: 61f., 167; KT69: 63, 88, 91, 102, 111, 123 et pass.*)

пожалуи не покин ево бгъ тебѣ самово не покинет (*KP64/MA128*)

(пожалуи) не поскуч (ему) мною (моею докѹкою, челобитишком моим) (*KP64/K70; KT65: 19, 63; KT69/23*)

не пасъкѹчь и не пасъкупеи (*KT65/20*).

и тебѣ б учинить надо мною ... млсть (*KT65/69)*

яви (сотвори) надо мною (к нам) отеческую млсть (*KT65: 110, 151; KT69/36*)

(млстию своею) учини ко мнѣ (всякое) (в)споможение (*KP64/P18f.; KT65/93*)

учини надо мною (над члвком моимъ) млство (млсрдо) (*KP64/P9; KT65/25, 29*)

учини надо мною таку<ю> любов (*KP64/K10*)

учини млстивое свое росмотрение (*KP64/P23; KT65/37*)

млстивно призри (*KP64/L4*)

ѹдиви млсть (млсрдо удиви) к нам (ко мнѣ, надо мною, над ними) *KP64: MA45; S2; KT65: 18, 21, 29, 31, 74, 76, 84, 142, 152; KT69/100*)

штоб ... млсть свою над ними ... ѹдивил (*KO68/19*)

(пожалуі) одолжи (меня) своимъ жалованьемы (*KP64/P40; KT65/107*)

и совершил бы (и тебѣ ... совершить) ко мнѣ свое жалованя(-ье) (*KT65/47; KT69/76*)

присвои ево к своему жалованю (*KT69/88)*

не буд... ка мне своим жалованямъ отступен (*KT65/48*)

(пожалуи) заступи гсдрь млстию своею (*KT65: 48, 82, 112, 116ff.; KT69/3*)

сподоби гсдрь млстию своею (*KP64/MA4*)

(пожалуи гсдрь) умились над(о мною) (бѣдным) (*KP64/P30; KT65/74f.*)

умились над нимъ аки бгъ заступи своею млстью (*KT65/183*).

Überdurchschnittlich frequent ist die Redewendung *прошу милости*, die Bestandteil vieler Bittformel ist (u. a. ein Element der AF (F4)):

прошу ꙋ тебя гсдря своего млсти твоеи (*KT65/28*)

дабы вша ко мнѣ была незаплатная млсть (*KT69/36*).

In der folgenden Übersicht, die noch einige der verbreitetsten Bittformeln präsentiert, sind die Beispiele jeweils nach Kernwörtern gruppiert:

не положи в прѣзрѣни дакꙋки моеі (*KP64/K11*)

не презри (отставь, оставь, отрин) (сего) (убогова) моево (к себѣ) прошенья (водше) (*KP64: K3; 87ff.; MA43, 125, 135; P19, 24 35; KT65: 17f., 24ff., 110; KT69: 5, 36, 89*)

умлтвис ... о выреченном ншем убгом прошении (*KT65/110*)

для (убогова) нашева (моего) прошения (*KP64/MA128; KT65: 17, 20, 31ff.)*

и тебѣ б гсдрь пожаловать ... для моево прошения (*KT65/112*)

(пожалуі) не помори (ꙋмори) нас (без меня жены и детеи) голодною смертью (с/з голоду) (*KP64: P29, 35ff.*)

застав(ь) (менꙗ) вѣчно (за себꙗ) бга молить (*KP64: MA4, 154; KT65: 84, 110, 114*)

(возри в мою бѣдность и) даи (мнѣ) за себя (вѣчно) бга молить (*KT65: 134, 152*)

даи мне млсть свою и приятство на веки помнит (*KT65/37)*

даи вѣчную славу имени своему (*KT65/151*)

даи (чтоб) твое (свое) жалоание мне на веки помнит (*KT65/25ff.*)

даи ... собою свѣтъ видить (*KT65/75f.*)

ѡ чемъ мнѣ свѣт видит (*KT65/136*)

(а) я (яз) гсдрь (мои приятел) (убогои) ѡ (объ) тобѣ (тебѣ) и свѣт(ъ) вижу (*KT65/136; KT69/116*)

и впреть нас по своеі млстивоі утробе не ѡставъ (*KP64/K21*)

не покин меня свѣт в моеи печали (*KO68/2k*)

не ꙋчини меня ... забыта (*KT69/1*)

о чемъ станетъ ꙋ тебꙗ гсдря млсти просит члвкъ моі прошу твоеі млсти в забвену не учини (*KP64/P10)*

напаметꙋи млсть свою (*KT65/28ff.*)

и ты ... немилосердие свое ко мнѣ отставь а милость наипаки яви (*KT65/178*)

подаи мнѣ о том дѣле помочи (*KT65/115*)

подаи безпомочьному (намъ) (во всем) роукоу помощи (*KP64/L2; KT69/4f.*)

буди во всем спомогатель и учини имъ всякое спомωжение (*KP64: L13, 19ff.*)

одолжи меня вѣчнымъ своим приятством (*KT65/37*)

прошу ... твоево (к себѣ) (вѣчного) жалованья (приятства) (і незаплатнои любви) (*KT65: 17ff., 122; KT69/123*)

соверши к ним свое приятство (*KP64/MA45*)

боудет млсть твоя гсдря мояво боудет (*KP64/MA124*)

яви над ним винным млсть свою, ꙗко же сам от бга требоуешь млсти (*KT65/197*)

не пусти ихъ послѣ насъ по мироу (*KT69/105*)

не даи вѣчно разоритца з домишкамъ (*KT65/76*)

доспѣи заочную доброту (*KT69/115*)

чтоб он ко мнѣ ѕаочьное свое млердие подал (*KT69/3*)

умилосердись (надо мною) (рабом своим) (не даи гсдрь меня во всеконечное разорение) (*KP64/MA122; KT65/184; KO68/9d*).

Den Bittformeln nahe stehen folgende Redewendungen (häufig als deren Begleiter auftretend):

а я (во всем) на млсть твою (твое жалованье, твою любов) надежан (*dies ist die verbreitetste Variante*)

а я надежен на тебя ... что (аки) на ωтца (батку) своего (рожшаго) (*KP64: M10; MA4+15; KT65: 103f., 115, 146ff.*)

изнадежас (обнадеяся) на (прежнея) (твое) (гсдря моего) к себѣ милосердия (жаловане, приятство, твою ... млсть) (*KT65: 19, 28ff., 61, 83, 148*)

надеяс на прияство твое (*KT65/97*)

надежан на млсть бжию (*KP64/MA113*)

а я надежна на бжию млсть и на твоя жалование (*KT69/91*)

а я на вшоу отеческую млсть во всемъ имею надеждоу (*KT69: 36, 123: diese Hilfsverbkonstruktion scheint vor allem in den petrinischen Briefen vorzukommen; allerdings konnten nicht alle Briefe eindeutig datiert werden*)

а я тебѣ вѣрю і во всемъ на тебя надежен (*KT69/119f.*)

і я твоево жалованя надежен (*KT69/120*).

Zur petrinischen Zeit kommen neue Bittausdrücke auf::

не оставь меня в своеи млсти (*in fast allen Briefen der Kurakins: KS81*)

чтобы ты гсдрь ... не аставилъ (садержалъ бы) мене в сваеи миласти (*KS81/39f.*)

в чем імею надѣжду (*KP64/K32*)

прошу васъ моево млстивова ежел вамь не в труд (*KP64/K33*).

In diesen neuen Bittformeln erkennt man zuweilen die der alten Norm wieder:

в чемь я имею но вась нодеения якобы н одца своегѡ (*KP64/K45*).

Die Bittformeln werden oft auch von einem weiteren Stereotyp begleitet: der *Beteuerung*, sich für die erwiesene bzw. erbetene Hilfe erkenntlich zeigen zu wollen: Sie nehmen gewissermaßen eine Zwischenstellung zwischen Bitte und Dank ein und werden auch den Dankformeln hinzugefügt:

а я за (млсть твою) роботник твоі вѣчныи (впред) (*KP64: K77; MA119; S29-2*)

а я за млсть вшꙋ буду бит челомъ и роботникъ впред (*KP64/MA113*)

а я за твое жалованья должен тебѣ работат (*KP64/L25*)

а я тебѣ вѣчнои (въпредь) работникъ (рад работат) (*KT65: 6, 18ff., 112ff.*)

чтобъ мне въпредь быт тебе работникомъ (*KT65/20*)

і вѣшно вам (тебѣ) работат неѡтступно (всячески, со всяким усердием) рад (рады) (*KT65: 124, 141*).

Die petrinische Variante dieser Formel lautet:

за что вшои (*sic!*) млсти работникъ і всегдашнеи ꙋслꙋжникъ (*KT69/31*).

Nachfolgend einige Beispiele der vorpetrinischen Norm (die aber auch in vielen Briefen des frühen 18. Jh.s noch deutlich sichtbar ist):

и я (мы) тебѣ (за твое жаловане) платещикъ (платежники) (*KP64: L14; M9, 12; MA7ff., 15, 35, 43, 124, 129; P10, 15, 29f.; S27; KT69: 19, 62, 73, 115*)

а я ѕа твою к себѣ...млсть вѣчнои платещикъ (буду челом бит) (*KT65: 69, 83, 107*)

а ѕа то тобя ѕаплатит бгъ (*KT65/195*)

вѣчно воздастъ тебѣ гсдрю гсдь бгъ (*KT65/77*)

а я за млсть твою батка своего будꙋ бит челом а платит за милость твою вышнеі творецъ (*KP64/P36*)

и за млсть твою воздат мнѣ бꙋдет нечим а ѧ беднои должен за тебя бга молит (*KO68/19*)

а мы за твое ... жаловане и милость ... должни бга молит (*KP64/S2*)

должен гсдрь я за твое здорове ... бга молит (*KT65/80*)

и ѧ по твоему гасдрѧ моевѡ жалованью о том радет должен, со всякимъ прилѣжанием (*KT65/200*)

и о дѣле твоем работат вседꙋшно радъ (*KT65/146*)

а я тебѣ ... всякого добра ... рад (*KP64/Č5*).

Die petrinische Variante hierfür hat folgende Form:

блгодаренъ за твою млсть и любов за которую платит і ꙋслуговат долженъ сколико могꙋ (*KT69/31*).

Hier noch einige spezifische Formeln, die wesentlich niedrigere Frequenz haben und vor allem in geschäftlichen Briefen vorkommen:

для своего многолѣтного здравия пожалуи прикажи (*KT65/108*) ѕа мною не станет (*KP64/Č5*)

пожалуи ... повер нам а мы тебя в ызяне не ѹчиним (*KP64/M5*)

чемъ (какъ) тебѣ (гсдрю) бгъ по серцу положит (*KT65: 21ff., 72; KT69/38*)

слова своего не зменю и души своеи не погубълю и на тои правде стою и по се число покуда гсдрь смертнои часъ будет (*KT65/132: hier ist der Einfluß der Rechtsformeln besonders deutlich*).

Dankformeln sind im Korpus nicht so zahlreich wie die Bitten. Die neutralste und frequenteste Variante ist *челом бью*, die in sehr unterschiedlichen Verbindungen vorkommt (darüberhinaus ist *челом бью* ein festes Element sowohl der Anfangs- als auch der Schlußformel: F1, F3, F10):

челом бью ... на твоем жаловане (*KP64: P32, 40; S17, 20; KT65: 19, 97 et pass.*)

на твоеі к себѣ неизреченноі премноі млсти челом бью (*KP64/P4*)

на твоем приятном любителстве на писанеице і на взыскание на всѣх блгих челом бью (*KT69/13*)

челом ... (*Brief defekt - A. K.*) ... на ... жаловане (*KT69/43*)

жаловал млстию своею не по моеи мере (*KT65/121*)

не по моеи мѣре жалуешъ (*KP64/S29*).

Die Dankformeln können zuweilen sehr umfangreich sein (häufig durch die Wiederholung der einzelnen Elemente). Nachfolgend ein Beispiel:

...челом ... бью за пъремъногѹю твою къ бе милосьт что по съвоемѹ милосеръдомѹ милосьтивомѹ вомотъренью учнилъ мне въ людехъ указъ и я за тъвою къ себе милосьть вечьнои тебе работникъ (*KT65/18; verm. 1671-82*).

Eine relativ kleine Gruppe von Redewendungen dient der *Anmahnung der gegebenen Versprechen*:

не промени слова своего (*KT69/120*)

устои в слове своем (*KT69/119*)

чтоб ... не привесть в слова (*KP64/P24*)

а тово б тебѣ ... не учинит что ... нас выдат і денег ... не прислат (*KO68/1*).

Dieser Gruppe stehen folgende Ausdrücke nahe:

не забываи приятелеи своих і друзеи (*KT65/19*)

припомьни добърадеиства мое за сабою (*KT65/20*).

In der Schlußformel (bzw. ihrer unmittelbarer Umgebung am Briefende) sind folgende Ausdrücke sehr frequent, die eine Art *phatische Floskeln* darstellen:

не покручинся на ... писмѡ (*KP64/P4; KT69/44*)

не прогнѣваися гсдрь ... на писмо писал вскоре (*KT65/135*)

писал (с)корым делом (KP64/P28 et pass.)

не поѕазри писмо (*KT69/17*)

на особые б писма не погнѣвались лучилос вскоре (*KT69/32*)

а настоящего писати много по сих ꙋслышишь (*KT65/159*);

болши тово к тебѣ писат не умѣю (KP64/S26).

Das letzte Zitat stammt definitiv aus vorpetrinischer Zeit, da der Adressat 1695 gestorben ist. Diese Redewendung ist aber gerade für petrinische Briefe charakteristisch, kommt allerdings in etwas geänderter Form vor: *боле (а наиболши) (иного) до вас писат не имею* (KP64/K33, 45).

Die *Abbitte* wird folgenderweise ausgedrückt:

(на меня) ... гневу своего не положи (имѣи, подержи) (*KP64: K3; P54; KT65: 25, 72, 141, 165, 200)*

не покручинся на меня (в том) (*KP64/Č5; KT65/44*)

и тебѣ б в том гсдрь гнѣву не положит (*KT69/1*)

а в том на меня досады не держи что (*KP64/S12*).

Nicht selten werden dieselben Konstruktionen auch als eine Art *Drohung* oder *Mahnung* verwendet, wie z. B. in dem letzten der o. a. Beispiele, in dem noch eine weitere interessante Redewendung vorkommt, die an den Einfluß der Rechtssprache denken läßt: *моя была не вина.* Ausgesprochen polyfunktional ist folgende stereotype Redewendung, die in zahlreichen Variationen bei Bitte, Vorwurf, Bericht sehr häufig vorkommt:

(а) ведаеш(ь) ты (то) гсдрь мои) и сам (*KP64: K63; MA21, 125, 147; S12; KT65/103; KO68/2g+j; KT69: 19, 25*).

Andere Redewendungen kommen nur gelegentlich vor. Nachfolgend eine kurze Übersicht der wichtigsten von ihnen:

Einladung:

пожалуі даі свои очи видеть (*KP64/MA53 et pass.*)

желаем очи твоі у себя в домѣ видет (*KT69/112*)

(*zur ausgeschlagenen Einladung*) нам очеи своих не дал видет (*KT69/100*).

Beteuerung:

повѣр гсдрь бгу (*KT65/78*)

бгъ видит (*KT65/113 et pass.*)

я тому не иму вѣры (*KT65/189*)

сему (моему) письму (по)вѣрь (*KP64: MA8; P5*).

Diese letztere Redewendung kommt fast ausschließlich in geschäftlichen Briefen vor, auch in denen von professionellen Beamten (kein Dienstadel); es könnte daher eine Entlehnung aus der Idiomatik der engeren Amtssprache sein.

Information wird grundsätzlich durch eine Formel eingeführt:

(извесно) вѣдомо гсдрь тебѣ бꙋди (*KT65: 22, 59 et pass.*)

вѣсно (тебѣ гсдрю) бꙋди (чиню) (*KP64: K8; P4, 41 et pass.*), die zu einer frequenten Gruppe der Ausdrücke für "Berichten" gehört:

прикажи вѣдомо (ведомость, весно) (ѹ)чинить (*KP64: K53; MA74, 127, 157; KT65: 88, 102; KT69/1*)

чрез писание вѣдомо ѹчиню (*KP64/P4*)

уведамит писмом (*KP64/K39*)

учини мнѣ ведение (*KT69/38*).

Eine Abwandlung des F3 stellt folgende Konstruktion dar:

прикажи нас своим писанеицам посещат (*KP64/M2*).

Ins Belieben stellen:

Grundform ist: *(о сем) как изволишь.* Dieser Ausdruck ist vor allem in den Geschäftsschreiben sehr beliebt, so z. B. in KT69: 338-430. Nachfolgend einige Varianten:

и в том твоя гсдря мо(е)го воля (*KP64/M10 et pass.*)

как (что) тебѣ бгъ по сердцу (в мысль) положит (*KP64/MA148; KT69: 65, 69; vgl. a. o.*).

как тебя бгъ (на разум) наставит (*vor allem in den Briefen/Anweisungen an Ehefrauen und Kinder: (KP64/149ff.; KT65: 65, 163; KT69/44*)

по твоеі воле и хатению (*KP64/P7*)

во всем ты волен (*KT65/65; kommt auch oft in* челобитные *vor*).

Begleitformel zu einem eßbaren Geschenk:

извол кѹшат на здоровье (*KT65/97*)

чтоб вам гсдрям моим кѹшать на здоровье (во здравие) (*KT65/161f.*).

Selbstbezeichnung:

Die frequenteste Form der Selbstbezeichnung der vorpetrinischen Norm) ist *я убогиі* (KP64/MA157; KT65/4+6 et pass.; KT69/3;

In der Briefformel (F1) kommt häufig *некто от убогих* (KP64/K39; kommt häufig in der Briefformel (F1) vor).

Nur in den Briefen aus petrinischer Zeit kommt die Form *услужник(и) вшеі млсти* (KP64/K20 et pass.) vor.

Diese Übersicht hat Skizzencharakter und soll vor allem die Reichhaltigkeit der situativen Idiomatik im Privatbrief illustrieren. Abschließend noch einige Bemerkungen und erste Wertungen: am wenigsten ist situative Idiomatik in den Briefen Golycins (Hochadel) und Belins (professionelle Beamte) vertreten. Für die erste Gruppe könnte die Erklärung darin liegt, daß ihre Briefe (fast) reine Briefformeln sind und kaum narrative Teile enthalten. Für die Briefe Belins ist die Erklärung wesentlich schwieriger. Ein Grund könnte sein, daß es sich um Vater- bzw. Bruderbriefe handelt, die intentional eine Mischung aus Bericht und Anweisung sind und insgesamt wenig Emphase aufweisen.

Eine sehr interessante Gruppe stellen die Todesmitteilungen dar, die auch eine hohe Ausdrucksvarianz zeigen. Auffällig ist dabei vor allem die Tabusierung des Todes und Verwendung von diversen Euphemismen und Paraphrasen für "sterben". Ausnahmen sind selten und erstrecken sich auf die Fälle, bei denen es um den Tod von nicht nahestehenden Personen geht:

> ... а что ты про Тимоѳѣя Маркова писал ѹмер ...(*KA84/307*)

> ...а меншоі малчик умьре... (*KP64/P5*)

> прежнеи твои прикащик ... волею бжиею от лошадиного поскоку умре ... (*KT69/374*)

> ...Никон монах ѹмре ... (*KT65/222*)

> (Solche Aoristformen sind überaus selten und werden in einem situativ gebundenen und damit markierten Kontext verwendet A. K.).

In den meisten Fällen wird der Tod umschrieben, und zwar auf deutlich geregelte Weise. Die neutrale Form, die auch überwiegend in den Mitteilungen über den Tod der Angehörigen verwendet wird, ist *не стало*, oft in Kombination mit anderen, auch situativ gebundenen Redewendungen, wie *волею бжиею*, *судом бжиим*, *по греху моему*, *грехъ ради моихъ* u. ä., die immer auf ein Schicksalsschlag hindeuten, sei es nun Viehverlust oder der Tod des eigenen Kindes:

> ...по греху моему вмѣсто бывших блгих вся злая мнѣ приключилас ... болѣзнию бгь посетил ... (*KT69/13*)

> ...а меня гсдрь гсдь бгъ посетил лошади у меня попадоли ... (*KT65/138*)

> ... толко волею бжиею великого гсдря ватажскои струг с рыбою ... воровские люди калмыки и татары разорили беѕ остатку и пожгли ... (*KT65/93*)

> ... поѣхав от тебя млстивог батки дорогою многие шкоты и убытки грѣхъ ради наших ѹчинилис ... (*KT65/102*)

> ... не нял я веры Кузме Кудрявцову что скуден сам а бгъ привел ... (*KP64/P29*)

> ... и он в то время стал плакат что ему при твоем приезде не сподобил бгъ быть ... (*KT69/140; vgl.a. KP64: L6; MA87, 111, 136; P30; KO68/2i; KT69: 5, 23, 43 et pass., wo in denselben Ausdrücken über den Tod von Verwandten und Bekannten berichtet wird*).

Bemerkenswert ist das Fehlen jeglicher Emphase, jeglicher Gefühlsregung: es sind nur situativ gebundene Floskeln, die die Norm verlangt. Auch sind solche Todesnachrichten (auch wenn sie die nächsten Angehörigen betreffen) normalerweise zwischen verschiedene geschäftliche Mitteilungen eingebettet. Sie werden auch von keinerlei Kommentaren o. ä. begleitet, in denen z. B. der Schmerz über den Verlust zum Ausdruck kommen würde. Besonders deutlich wird es bei den Nachrichten über Kindstod:

> ...(*unmittelbar auf die AF folgend*) а сна у меня Андрѣя волею бжиею не стало да млсти у тебя гсдря прошу заступи млстию своею человеченца моего Івашку (*KT65/116*)

... а кнгиня Ірина Івановна на Москвѣ и с свекровю а княжны Стеѳаниды Василевны не стало ... і о том пожалуи друг мои не пѣчался у нас и у самих Михаилушка не ста<ло> да не пособит ... (*KP64/L6*).

Bezeichnenderweise handelt es sich bei dieser seltenen Ausnahme, bei der der Tod in irgendeiner Weise bedauert wird, um einen Brief D. Larionovas an ihren Mann. Ihre Briefe zeichnen sich auch sonst durch einen ungewöhnlich hohen Grad an Emphase aus, durch starken Bezug auf das Privatleben. Sie zeigt in ihren Briefen offen ihre Liebe zu ihrem Ehemann, ein Verhalten, das im Korpus nur in den Briefen V. G. Tolbuzins und seiner Frau eine Parallele hat (KP64/MA149-152). Aber auch in ihrem Brief wird der Tod zweier den Eheleuten eindeutig nahestehender Personen eher en passant abgehandelt):

...(*im Anschluß an die AF)* доче<р>и твоеі (*und Enkelin der Absenderin*) Дари Ѳедотовъевнаі не стала <а> запас я к тебя послала к Москве челавекам Прошкою ... (*KP64/MA111*)

...да прашꙋ у тебѣ гсдря своего млсти пожалуі Ѳедот Дмитреевичъ пришли ко мнѣ варю винца нꙋжды моеі великоі для того что брат ꙋ меня Василеі изволением бжиемъ переставился (*sic!*) и мнѣ ворит вина велми недосужно ... (*KP64/MA136*).

Viel seltener als *не стало* kommt *отходя сего свѣту* vor. Auch scheint es situativ gebunden zu sein (Erbregelung, testamentarische Verfügungen u. ä. - auch hier ist also der Einfluß der Rechtssprache evident):

...какъ прикаѕывал отцъ ваш гсдрь мои княз Семен Василевич отходя сего света ... (*KT65/46*)

...против дхвнои что Корнѣи писал ѡтходя сего свѣту ... (*KO68/1*).

Während diverse Unglücksmeldungen meist durch Redewendungen des Inhalts "es ist Gottes Wille (unserer Sünden wegen)" begleitet werden, wird in den Mitteilungen über erfreuliche Ereignisse üblicherweise der Dank für bzw. die Hoffnung auf Gottes Hilfe und Gnade ausgedrückt:

...а млстию гсдрь бжиею в ꙋлове рыбы перед прошлымъ годом с прибавкою ... *(KT65/93; vgl. o. die Nachricht über den Raubangriff der Kalmücken in demselben Brief)*

...да буди тебѣ свѣт мои ведамо что Дꙋнюшку сего числа бгъ привел в крещонꙋю верꙋ ... (*KO68/2a*)

я для того Петръ Яковлевичь твоемꙋ здоровю пишꙋ что изволом божим зговарила матꙋшка ... дочь свою а мою сестрꙋ... (*KT69/64*)

...а как гсдь дастъ млсть свою мнѣ от скорби излутчать и ... (*KT65/103*).

Zeigen die Todesnachrichten in der Regel nicht Trauer und Schmerz, so ist bei den Geburtsmitteilungen auch die Freude recht verhalten:

...(*als PS nach der SF*) да весно те гсдрю Дмитреи Іванович чиню бгъ послал тебе дщер (*sic!*) Наталю Дмитреевну (*KP64/MA14*)

...бꙋди тебѣ гсдрю вѣдомо сего генваря А г числа ннешнего САг гду млстию бжиею жена моя Ірина родила мнѣ сна а имя емꙋ Іоаннъ ... (*nach der AF, vor den geschäftlichen Nachrichten; KP64/P4*)

...здравствоуі гсдрь моі батюшка с новарожьдиным сыномь с Василемь Семеновичемь ... (*KP64/P27: es ist der einzige Fall der Gratulation zur Geburt des Kindes im Korpus*)

...а Роману (*Neffe des Absenders und Vetter des Empfängers*) сказывают дал бгъ сна Өедора другово а ко мнѣ о том он не писывал ... (*KT69/15*)

...а Микита (*Sohn des Absenders, Bruder des Empfängers*) бьет тебѣ челом племянником родился емоу снъ Өедор ... (*KA84/288*).

2.3.4.2. Redewendungen aus der Alltags- und Folkloresprache

Neben den vielen situativ gebundenen Redewendungen, die überwiegend aus *приказный язык* stammen bzw. Berührungen zum (R)KSl aufweisen, zeigen die Briefe auch eine Fülle an Ausdrücken aus der sogenannten *Volkssprache*, die reich an Metaphorik sind. Distinkte Grenzziehung zwischen diesen beiden Bereichen ist allein auf der Basis des untersuchten Korpus nicht immer möglich gewesen, einige Tendenzen konnten aber dennoch ermittelt werden. Das wahrscheinlich wichtigste Merkmal ist die in der zweiten Gruppe häufig vorkommende Emphase, verbunden mit einem wesentlich niedrigeren Grad an Stereotypen, während in der ersten Gruppe das Bildhafte meist neutralisiert ist. Hier handelt es sich vielfach um obligatorische, durch die Gebrauchsnorm für bestimmte Situationen geforderte stereotype Versatzstücke. Die Palette der Redewendungen aus der Kolloquial- und Folkloresprache ist sehr reich (auch wenn die einzelnen Ausdrücke, eben weil sie einen hohen Grad an Bildhaftigkeit und an Emphase aufweisen, viel niedrigere Frequenz als die situativen Ausdrücke haben). Sie reicht von kleineren Einschlüssen bis hin zu Sprichwörtern und gereimten Sprüchen. Ein beliebter Kunstgriff ist dabei der Parallelismus des Ausdrucks, von Wiederholung des Einzellexems bis hin zur Reproduktion eines ganzen Syntagmas:

моукою замоучилис

что ни сыскоу ни платежоу у млсти твоеі нѣтъ

не проклятова не сопьешъ ни зъежъ в домѣ млсти твоеи

а я при вас и бѣз васъ скитаньем скитаюс.

(Alle diese Beispiele stammen aus einem hochemphatischen Brief (KP64/K54). Es ist die Klage eines Ikonenmalers gegen die Nichteinhaltung des Vertrags seitens des Auftraggebers (=Adressat). Der Brief ist eine eigenartige Kombination von traditionellen Formeln der Rechtssprache und Volksmetaphern, er wird im Anhang in vollem Umfang wiedergegeben).

Nur eine Konstruktion kommt hier relativ häufig vor (integriert in die AF):

смѣя(ю) и не смѣя(ю) (*KP64/K77, 90 et pass.*).

Bei allen anderen handelt es sich um singuläre Erscheinungen.

Nachfolgend noch einige Beispiele (solchen und ähnlichen Bittausdrücken begegnet man im übrigen häufig auch in *челобитные*):

> ...умилис надо мною над такою бедною безродною і над детми а я безродная і безпомошная ... (*KP64/L6*)
>
> ...сестришко твое бѣдная и беспомошная вдова и безродная ... (*KP64/MA80; hier integriert in die AF*)
>
> ...потаму что дров тма тмами ... (*KP64/MA30*)
>
> ...а они люди добрые и тебе они пригодятся и самому ты члвкь доброі так тебѣ добрые люди и надобѣ... (*KP64/L3*).

Zuweilen muten die Ausdrücke fast wie Sprichwörter an. Vermutlich haben einige von ihnen diesen Status auch gehabt. Da sie aber im Korpus durchweg singuläre Erscheinungen sind, können darüber keine definitiven Aussagen gemacht werden. Es wäre aber eine reizvolle Aufgabe, die russischen Metaphorik und die Phraseologie dieser Zeit an einem wirklich umfassenden Korpus zu untersuchen. Hier einige Beispiele für solche syntaktisch unabhängige Redewendungen:

> ...добро бы тебѣ меня жаловат так как Ермоген Григоревич Вешнеков то друг что заочно не то друг что любов забывает... (*KP64/MA65*)
>
> ...и извесна млсти твоеі что своі своему понѣволи другь бывает ... (*KP64/K55*)
>
> ...и в том нас гсдрь бгъ разсудит а людем нас неколи судит ... (*KT65/65*)
>
> ...члвкъ не ангел ... (*KT69/359*)
>
> ...не ꙋкрасил бгъ а самому себя не ꙋкрасит ... (*KT69/6*)
>
> ...не положатъ гсдрь во гроб с нами... (*KT65/3*).

Bei folgenden Beispielen, die allesamt singuläre Erscheinungen sind, handelt es sich vermutlich auch nicht um feste Redewendungen:

> ...Недруг над недругом і неприятел над неприятелем так не дѣлаетъ... (*KP64/S12*)
>
> ...и чꙋжие в таких бѣдах посѣщают а она мѣня не посетит в такомъ горѣ моемъ... (*KP64/MA135*)
>
> ...естьли бы братецъ не нужа меня несла ... кто бы меня с Москвы нес... (*KT65/65*)
>
> ...мꙋжикъ ꙋпивчивоі напився пьянъ потяреят и бѣсхитросно ... (*KP64/L18*)
>
> ...самые досадные слова говорили что на свѣте досаднѣе тово нелзя быт... (*KP64/P30*)
>
> ...хотя б не з болшимъ пожиткомъ толко б без болшово дꙋрна ... (*KT69/16*)
>
> ...въ слезном і въ далнем нашем пути не покин нас ... (*KP64/S10*).

Immer wieder begegnet man auch <u>Reimen</u>. So scheint A. I. Bezobrazov eine ausgeprägte Vorliebe für gereimte AF zu haben:

...пребываи во всяких радостях и с теми кто тебѢ приятелю моему всякого добра желает и здоровя твоего остерегает ...(*KT65/18ff.*).

Auch in einigen anderen Briefen begegnet man gereimter AF:

...в радости (млсти бжеі) пребываі а нас (к нам) (в любви своеі) не ѕабываі ...(*KP64: K11+63; P24 et pass.*).

Gereimte Passagen kommen auch im Textteil der Briefe vor, wenn auch nicht sehr oft und nur dann, wenn ein gewisser Grad der Emphase vorhanden ist:

...да печал меня и с умом смяла ... (*KO68/2k*)

...я жь ѕа них ... сьсоры принимаю а от них добра не полꙋчаю ... (*KP64/K24*)

...челом бью на твоем жаловане что писанием своим меня ꙋсладил (*hier könnte es sich um ein (r)ksl. Element handeln*) а рыбою накормил... (*KP64/S27*)

...всякъ дивится чем мы живимся кто лапти плететъ тот слаще нас пъет и естъ ... (*KP64/K54: Klagebrief des Ikonenmalers, vgl. o.*).

Angesichts der insgesamt doch geringen Emphase des Korpus ist die Wirkung von emotionsgeladenen Ausdrücken besonders stark:

...и тебе гсдрю моемꙋ и слезы маи места вады ... (*KP64/L20*)

...убытки меня ѡсилели нужда пришла ... (*KP64/MA128*)

...от токих братецъ слез и роѕореня лꙋтчи бы человек не родился... (*KP64/Č5*)

...помираю (умираю) голодною смертию ... (*KT65: 62, 142 et pass.*)

...и мне гсдрь стоит десяти Шестоковых твое жалованя приятство... (*KT65/64*)

...а мнѢ свѢт мои слышачи такие вести и на свѢт глядет не хочетца ... (*KO68/2g*)

...пишеш ты гсдрь ... с кручиною ... (*KT65/64*)

...даи нам свои очи видет въскоре а мы по тебѢ гсдре своем въ слезах своих съкончалис ... (*KT69/84*)

...напаметꙋи свое рождение не покин меня при тако моеи безгаловнои беде ... (*KT69/132; vgl. a. KT69/80*: ... что она забыла рожение свое ...).

In der nächsten Gruppe der Redewendungen ist der Grad der Emphase wie auch die Stilebene niedriger. Es handelt sich überwiegend um Ausdrücke aus der Alltagssprache, die meist auch keine syntaktische Autonomie zeigen:

...бѢз мала и нне сами пеши не ходим ... (*KP64/Č4*)

...они не о своем уме ... во все лето ногою не были ... и Якову гсдрь с коими глазы бит челом ... и мне гсдрь такая дурость не надобна... (*alle Beispiele aus: KT65/65*)

...нестатное то дело ... (*KP64/MA124 et pass.*)

...и моеи гсдрь мочи нѢтъ никокими ѡбычьми ... (*KT65/132; relativ häufig ist auch der Ausdruck* никоими (никакими) мѢры)

...своеи было головы побѢреч не ищово свѢт мои себя терят ... (*KO68/2i*)

...і вмѣсто своеі дѹрости на тебя спес полагают ... (*KT69/17*)

...а мъне до них кровъная нужъда ... (*KT69/28*)

...и он убил до полусмерти на удачю и жив будет ли ... (*KT69/58*)

...и сыта боярскым жалованем ... (*KT69/111; integriert ins F6*).

Wie bereits erwähnt, handelt es sich bei den o. a. Redewendungen um Einzelfälle. Relativ hohe Frequenz zeigen nur Epitheta wie *мои свѣтъ* (vgl. zum Ursprung dieses Epithetons I.4.4), die an Ehepartner oder Kinder gerichtet sind (vgl. Parameterkombination *Verwandtschaft/Sprache*, II.3.3.).

Um die Darstellung zu vervollständigen, sollen zum Schluß noch die einzigen Fälle der (dem Privatbrief sonst fremden) Ironie angeführt werden (Briefe V. Semenovs an A. I. Bezobrazov):

...и паки за ваше жалованье челом бью за присланнѹю рыбу и за птицы толко гсдрь в писмѣ твоем написано послано ко мнѣ птицъ диких а по счоту обявилос толко вдвоем (*sic!*) мочно было написать что послано двѣ птички потому что они роду неболшово ... (*KT65/161*)

...чело бью ... на стрѣленыхъ птицахъ, изволил ты ко мнѣ приказать что пищал моя хѹдо стреляет, правда что по ее стрелбѣ и птицы таковы ...
... а арбѹзец хотя на лицо не хорошъ толко в серцы добро ... (*KT65/169*).

2.3.4.3. (R)Ksl. Idiomatik

Diese Gruppe ist kleiner als die beiden ersteren, und (r)ksl. Elemente sind im Korpus recht ungleichmäßig vertreten (außer in der Briefformel, die vermutlich überhaupt das höchste Potential an solchen Elementen aufweist : vgl. II.2.1.1.).

Es wurde bereits erwähnt, daß (r)ksl. Einzellexeme in den Briefen eher eine Ausnahme sind; in der Regel begegnet man größeren Elementen, von der Wortfügung bis hin zu größeren Zitaten. Nachfolgend einige Beispiele (in der Reihenfolge der steigenden Komplexität des Ausdrucks):

и ннѣ и впреть (*KP64/L11*)

се поистине (*KP64/MA31*)

все желаемая твоя (*KO68/2j*)

вся благая желаемая (*KT69/9*)

учини по бозе (*KT69/44*)

чаю млсті бжии (*KP64/MA149*)

еі нагъ и скудость одолела (*KP64/P29*)

и мое свѣт мои серце о том сокрушилос (*KO68/2f*).

Ungewöhnlich reich an solchen Ausdrücken ist der Brief Aničkovs an seinen Schwiegersohn A. I. Bezobrazov, in dem er schwere Vorwürfe gegen ihn erhebt:

...не ѹбояса бга и смертнаго часу ...

...али гсдрь бѣзсмерьтенъ мнишися и страшнаго грознаго соуда не боишися ...

...на страшном праведномъ соуде ...

...надеждоу мою застоупницоу прчстоую бдцоу ... *(KT65/3; s. Anhang)*.

Auch in dem bereits zitierten Brief I. Krjukovs (KT69/52) an Vikula Ivanovič, in dem es um die Modalitäten der geplanten Ehe zwischen den Kindern der beiden geht, ist der Anteil an (r)ksl. Elementen überdurchschnittlich hoch. Nachfolgend einige Beispiele (der gesamte Text befindet sich im Anhang der Arbeit):

...толка по блгодати гсда ншго Іиса Хрста по духу наричемся вси братие
...и паки возвратимся на предлежащии подвиг по глу великого стльника Іоанна златоустаго ...
... ѧко всего лутчши есть любов по апостолу братие любитя дроуг дроуга и бгъ мира и любве да боудет с вами ничто же есть любве добрѣе тѣм бо рат и всякоя ѕлоба разроушается ѧко же и сам Хрстсъ рече си ѕаповѣдою вам да любитя друг дроуга и не глите лжи и ѡт сего раѕумѣют ѧко мои ученицы есте аще любов между собою имате да идѣ же есмь аз ту і вы со мною боудете ...

Solche Fülle an (r)ksl. Elementen stellt eine absolute Ausnahme dar (vgl. KP64/K90, L27). Im Regelfall sind solche Elemente auf nur eine Stelle im narrativen Teil des Briefes beschränkt:

...млсти у тебя гсдря прошу умлсрдися гсдрь помилуі сирого работника своего Семена брата не предаждь его обидящим нагло тебѣ гсдрю вся вручися над ними держава и крепость на тебя в правде и надеяние нше ... (*KP64/P46*)

...умилис моі кормилец послетствуі стому еванелию блажени милостивиі яко тыі помилованi будутъ ... (*KP64/K87*)

...положи гсдрь во всякои печали и скорби оупавание свое на содѣтеля своево творца что волит то и сотворит без воли бжии ничто ж не поспешит ... (*KT69/1; vgl. a. 69/5 von demselben Absender*)

... ѧко ж аз всѣм злодѣи тако и мнѣ малая блгая во всем томъ оупование возлогаю на волю Хрству ... (*KT69/6*)

...а писано бо есть не тако слово в памяти дѣржитца яко же аще что дѣлом явитца которои члвкъ чесо ищет то и обрящет а наипаче же должность нша блюсти смертнаго часа смрть бо есть несытая и неумолима всяядоущая ѕоубама своима не смотряет на вся людеи саны вся похищает до темные ямы ... (*KT69/89*).

Aber solche ausführliche (r)ksl. Inklusionen sind im Korpus eine Ausnahme.

Zum Schluß noch einige wichtige Anmerkungen: (r)ksl. Elemente sind kein obligatorisches Element des vorpetrinischen Privatbriefes. Das ist ein zusätzliches Argument gegen die These von der Musterrolle der *письмовники* in der russ. Briefkultur (vgl. I.4.4.+III.1.): das Korpus enthält zahlreiche Briefe, deren narrativer Teil keine (r)ksl. Elemente enthält und wo auch in der Formel der Anteil der Kirchenslavismen gering ist. Kirchenslavismen werden in den Briefen bewußt eingesetzt und sind stilistisch markiert. Es kann sogar zu erheblicher Diskrepanz im Stil innerhab eines Briefes, auch eines kleinen, kommen: So folgt z. B. auf die pathetische (r)ksl. Passage im letzten der o. a. Beispiele:

> ...прошу твоего к себѣ жалованя Михаило Панфилевич пожалꙋи отпусти ты ка мнѣ сна своего Івана Михаиловича а я с ним поедꙋ к зятю х твоему ... *(KT69/89*).

Nachfolgend noch einige Beispiele:

> ...а я за вашу гсдреи своих ѡтеческую млсть насытяся ѡт вашеѩ блгоданые трапезы приволокся к себѣ домишка и ѡбрадовас вашему к себѣ млсрдною з женишкою и дѣтишка про ѡпчае ваше здорове пили ... (*KT65/219*).

Erstaunlich geringen Anteil an Kirchenslavismen zeigen übrigens Briefe der Kleriker. Näher wird auf dieses Phänomen in der Untersuchung der Parameterkombination *soziale Stellung/Sprache* eingegangen (II.3.3.). Die in den Briefen aus der petrinischen Zeit zu beobachtende Zunahme an Kirchenslavismen ist vermutlich im Rahmen des allgemeinen Trends, Elemente des hohen Stils verstärkt zu benutzen, zu interpretieren.

Erwartungsgemäß ist der Anteil an Kirchenslavismen in den Briefen der Kaufleute überdurchschnittlich gering (vgl. z. B. KT69/334-443). Ein ähnliches Bild bieten auch die Briefe des professionellen Beamten Belins (KA84)). Wie bereits gezeigt wurde, ist gerade in diesen Briefgruppen auch der Anteil an Phraseologismen und Metaphorik eher gering.

Zur Idiomatik der Briefe wie der Amtssprache insgesamt liegen m. W. noch keine Untersuchungen vor. So mußte hier bei der Korpusanalyse vielfach Neuland betreten werden. Daher erhebt die Darstellung keinen Anspruch auf Vollständigkeit bzw. Stringenz der Klassifikation. Sie sollte vielmehr einen ersten Eindruck von diesem noch unerforschten Aspekt der Briefsprache vermitteln.

2.3.5. Morphologie

Da zur Morphologie der Amtssprache einschließlich der Privatkorrespondenz bereits mehrere Untersuchungen der Schule Kotkovs vorliegen, und da auch eigene Untersuchungen eine sehr große Nähe im Formenbestand des Korpus zu den anderen amtssprachlichen Textsorten gezeigt haben, beschränkt sich folgende Übersicht auf eine knappe Auflistung.

Auch in morphologischer Hinsicht ist das Korpus eindeutig als ostslav./russ. zu bezeichnen. (R)Ksl. Spezifika sind fast ausschließlich innerhalb entsprechender Passagen zu finden. Der Übergang zu dem neuen *Pluralparadigma* ist noch nicht abgeschlossen. Besonders häufig sind die alten Endungen in In. (*-ы/-и*) und Lok. (*ехъ/-ѣхъ*) Pl:

с товарыщи (*KP64/K27*)
никоторыми дѣлы (*KP64/MA120*)
с крестьяны (*KT65/28*)
в ... числех (годех, речех *etc.*) (*KP64/64; KT65/17; KT69/16 et pass.*).

Während diese Formen im Korpus zwar nicht dominierend, aber doch frequent sind, findet man nur vereinzelt die alten Endungen in Akk. Pl. m.: *за домы* (KP64/MA99), *в городы* (KP64/MA147) oder die (noch seltenere) alte Dativendung *-омъ* (hier ist allerdings das im Korpus sehr verbreitete Akan'e zu berьcksichtigen). Während sie in der Passage *не выдаи в правде вграгом на пороугане ...* (*KT65/56*) als (r)ksl. Zitat aufgefaßt werden kann, ist die Interpretation der Endung im nächsten Beispiel schon erheblich schwieriger: i я тоу отписку Казанского дворца дьяком отдал (*KT69/16*).
Hier kann es sich auch um eine hyperkorrekte Schreibung handeln.

Die Flexion der nominalen Singularformen (fast rein russisch) bietet kaum Auffälliges. Die folgenden Formen sind allesamt singuläre Erscheinungen (bis auf die erste, die mehrmals - und nur in dieser Form - vorkommt):

Gen.Sg.: *после Николина дни* (KP64/MA45 et pass.)
аб нуждецы (KP64/K53)
Dat.Sg.: *дворницы* (KP64/MA46)
Lok.Sg.: masc.: *о запасоу* (KP64/MA43)
во Брянску (KP64: MA56, 61)
в ... яшчику (KP64/MA83)
fem.: *в ... грамотки* (KP64/MA71).

Auch hier kann nicht ausgeschlossen werden, daß es sich zumindest partiell um orthographische Phänomene handelt. Die in höchstem Maße ungeregelte Orthographie macht gerade die Auswertung der Flexion schwierig.

Auch die adjektivische Flexion ist fast rein russisch. Relativ frequent (und zwar auch außerhalb der (r)ksl. Inklusionen) ist nur die Endung *-ая/-яя* (N.-A. Pl.):

всякая (*KP64/K66*), великия (*KP64/K69*), лекрутныя (*KP64/MA83*).

Auch hier muß, zumindest partiell, mit graphischen Reflexen des phonetischen Systems der Schreiber gerechnet werden. Relativ eindeutig sind nur Vorkommen innerhalb (r)ksl. Passagen zu interpretieren:

...i я за вся твоя блгая... (*KT65/93; vgl. KP6: /K77; L27; KT65/3; KT69/52*).

Man muß daher Issatschenko widersprechen, der, außer "in Zitaten aus dem KSl" als Normalflexion *-ые/-ие* angibt (ISSATSCHENKO 1983, 14.5.2.6.).

Auch in der Pronominalflexion kommen (r)ksl. Formen nur in ensprechend markierten Positionen vor.

Das gilt auch für den gesamten Verbalbereich. So kommen als Präteritalformen nur l-Partizipien (ohne Kopula) vor. Der Aorist kommt nur vereinzelt und fast nur in Zitaten aus dem liturgischen Bereich vor:

...Василеі Семенович учит вечерню на гасподи возвахъ ... (*KP64/MA99: Bericht eines Hauslehrers*).

Außer *ум(ь)ре*, das ja in den Todesnachrichten vorkommt und wo daher eine gewisse Markierung nicht ausgeschlossen ist, kommt Aorist nur einmal in einer - eventuell neutralen - Umgebung vor:

...а ближния наши далеча от нас сташа ... (*KP64/K24*).

Bemerkenswert ist das Fehlen von Aorist, auch in den meisten (r)ksl. Passagen. Nur vereinzelt, und nur in (r)ksl. Textsegmenten kommt Perfekt vor:

...ꙗко же ѡбѣщался еси ... (*KP64/L27*).

Im Präsens kommt (r)ksl. Flexion nur in der 2. Sg. und nur in (r)ksl. Passagen vor. In futurischer Bedeutung werden überwiegend perfektive Präsentien vewendet. Es gibt aber, wenn auch seltener, die periphrastischen Bildungen mit ipf. Präsentien. Als Hilfsverben treten dabei vor allem *стану* und *буду* auf:

...и я о том стану писать ... (*KT69/526*)

...ꙗ тово не боудоу дѣлать ...(*KT69/476*).

Wiederholt kommen die Formen vom Typ *далъ былъ*, die Issatschenko für das 17. Jh. als eine durch einen neu hinzukommenden Sachverhalt entweder annulierte oder unterbrochene Handlung in der Vergangenheit interpretiert:

...хотела было написала ... (*KP64/L7*)

...совсем был убрался ... (*KP64/P5*)

...было довлело... (*KT69/227*).

Die unbetonte Infinitivendung *-ти* ist selten und auf (r)ksl. Passagen beschränkt. Auch Partizipien sind im Korpus nicht häufig und kommen auch fast ausschließlich in prädikativer Stellung vor:

...и об ономъ будешъ известенъ впрет ... (*KP64/K23*)

...кромея прѣжних ссор ѡ которых ты сведом ... (*KP64/K36*).

Abgesehen von der Form *любящими*, die als ein Bestandteil der AF (F2) frequent ist, und dem einzigen Ptz. Prät. A. *быв*, das in dem bereits wiederholt zitierten Brief Krjukovs mit seiner ungewöhnlichen Fülle an (r)ksl. Elementen vorkommt (KT69/52), sind fast ausschließlich nur passive Partizipialformen vertreten. Dagegen sind die Gerundien im Korpus sehr verbreitet und dienen als syntaktischer "Kondensator" (vgl. ISSATSCHENKO, l. c., 400):

...не мешкав ... (*KP64: K7f., 69; P43; KT65/11 et pass.: sehr frequente Form*)

... надеючи(с) ... (*KP64/MA148; KT65/3*)

...и оттол бежал и бѣгая жил ... (*KP64/K43*)

...са мною ни видавшыс хлеба им не даваи ... (*KP64/M14*)

...А потриарха Никона не стало на дороги не дашот Ераславля... (*KT65/5*)

... он покрадчи всякие дела и гсдрву денежною казну бежал... (*KT65/76*)

...А боудет тот... лвкъ ... обявитца ... і я ево ізымавъ отдам ... (*KT65/94*).

Im ganzen Korpus gibt es keine Supinumformen. Auch der Dual, nach Remneva eines der distinktiven Merkmale der (r)ksl. grammatischen Norm, kommt nicht vor. Imperativ, auch eines von Remnevas Normmerkmalen, ist ausschließlich als 2. Sg. vertreten. Eines genaue Grenzziehung zwischen Optativ, Hortativ und Imperativ ist hier häufig schwierig, zumal sie gleiche formale Merkmale aufweisen (neben 2. Sg. Imp. sehr häufig *у тебе б + pf. Prs. / Infin.* bzw. *было + Infin.*: vgl. o. II.2.3.2.). Der (nach Remneva) (r)ksl. Imperativ (*да+Präsens*) kommt nicht vor, außer in ksl. Zitaten (KT69/52). Konditional wird regulär mit *б(ы)* gebildet und kommt insgesamt selten vor:

...менша б было мешкоты ... (*KP64/K69*)

...мнѣ бы безопасна і тебѣ б крепчи ... (*KT65/206*).

Häufiger als zur Bildung von Konditional dient *б(ы)* zur Bildung von hortativen Konstruktionen vom Typ *и тебѣ б + Inf.* (s. II.2.3.2.).

Abschließend muß festgestellt werden, daß auch die Morphologie der Privatbriefe so gut wie keine (r)ksl. Merkmale und Elemente aufweist. Weiter unten soll sie noch mit dem Formenbestand anderer amtsprachlicher Textsorten kontrastiert werden (II.4.). Gewisse Änderungen machen sich allerdings in den Briefen aus der petrinischen Zeit bemerkbar. Mit dieser Frage befaßt sich die Parameterkombination *Zeit/Sprache* (II.3.3.).

2.3.6. Zur (Ortho)Graphie

Die Darstellung dieses Bereichs ist recht knapp, denn dazu liegen bereits fundierte Arbeiten vor (KOTKOV 1963b, 1974, 1980 et pass.). Die Orthographie ist der am wenigsten normierte Bereich des Korpus. Bekanntlich hängt für die hier interessierende Epoche die Orthographie aufs engste mit der Phonetik zusammen, so daß man hier einer Fülle von Phänomen aus den meisten russ. Mundarten begegnet. Schon die wenigen Briefe im Anhang der Arbeit können eine Vorstellung von dieser Varietät geben. Weder die soziale Zugehörigkeit noch der Zeitfaktor scheinen dabei relevant zu sein: die Orthographie ist überall gleich ungenormt. Die Varietät geht so weit, daß innerhalb eines (auch kurzen) Briefes unterschiedliche Schreibweisen keine Seltenheit sind:

боутъто *und* боутто (*KT69/61*)

не дѣлол *und* сдѣлать (*KT65/103*)

...а боудет млсти твоеі не будет ... (*KP64/MA98*).

Etwas einheitlicher (auch wenn man von einer Norm nicht sprechen kann) ist nur die Orthographie Belins (KA84), eines professionellen Beamten, und die kirchlicher Würdenträger (z. B. des Erzbischofs Markel: KT69/462-66).

3. Parameterkombinationen

3.1. Vorbemerkungen

Die Untersuchung einzelner Parameter vermittelt allein kein adäquates Bild der Sprache des vorpetrinischen Briefes und ihrer Dynamik. Daher sollen die Daten der vorausgegangenen Analyse durch die Bündelung bestimmter Parameter vervollständigt werden. Da die spezifische Briefformel hier als das vermutlich relevanteste distinktive Merkmal des untersuchten Korpus verstanden wird, soll zunächst ihre Verbindung mit anderen Analyseparametern untersucht werden. Folgende Parameterkombinationen sollen dabei berücksichtigt werden:

1) Formel/Zeit
2) Formel/Soziale Stellung (einschließlich der Verwandtschaft)
3) Formel/Sexus
4) Formel/ Thema bzw. Intention.

In einem zweiten Schritt soll die Sprache des narrativen Teils der Briefe in Kombination mit folgenden Parametern betrachtet werden:

1) Sprache/Zeit
2) Sprache/soziale Stellung (einschließlich der Verwandtschaft)
3) Sprache/Sexus
4) Sprache/Thema bzw. Intention.

Abschließend soll der Versuch einer ersten Synthese größerer Parametergruppen unternommen werden, wobei das besondere Interesse folgenden Gruppen gilt:

- Zeit/Formel/Sprache
- Soziale Stellung/Formel/Sprache
- Thema (Intention)/Formel/Sprache.

3.2. Briefformel in Parameterkombinationen

3.2.1. Zeitfaktor und Briefformel

Diese Analyse ist in sich zweigeteilt. Zunächst soll festgestellt werden, ob zwischen dem zeitlichen Faktor und dem Umfang und Komplexität der Briefformel eine Relation besteht. In einem zweiten Schritt soll nach etwaigen qualitativen Veränderungen der Briefformel in der Zeit gefragt werden.

Bei der ersten Untersuchung (in 10-Jahresschritten) haben sich keine Anhaltspunkte für einen Einfluß der jeweiligen Epoche auf Umfang bzw. Komplexität der Briefformel ergeben. Die Schwankungen sind durchgehend so groß, daß keinerlei Präferenzen bzw. Dominanzen feststellbar sind. Wesentlich ergiebiger war die Untersuchung qualitativer Veränderungen der Formel. Man kann hier eine eindeutige Tendenz beobachten, die zu Anfang des 18. Jh.s einsetzt und nur bestimmte Elemente der Formel betrifft. Dagegen sind im ganzen 17. Jh. keine allein zeitbedingten Veränderungen der Formelstruktur zu verzeichnen. Der früheste datierte Brief mit evidenten Formelveränderungen ist von 1710 (KP64/K78), wobei die Veränderungen hier noch minimal sind:

> Гсдрь мои ко мнѣ млстивои Петръ Самоилович здравствуи гсдрь мои на многия лѣта пожалуі гсдрь прикожи ко мне писат про свое многолѣтное здорове чего слышат всегда желаю а ѡ себе млсти твоеи доношу и я на Москве в старости своеи и в немощи еще жив по нижеѡзначенное число...

Nur zwei Elemente sind hier neu: *доношу* (F6), (in petrinischer Zeit zunehmend obligatorisch) und *нижеѡзначенное* (auch F6). In der Briefnorm des 17. Jh.s müßte dafür ein in Buchstaben angegebenes Datum stehen, das hier erst in der SF in traditioneller Form zu finden ist:

> ...По сем тебе гсдрю моему едор Хрѹщов премного челом бью с Москвы ѡктебря въ КЗ де ѰІг году.

Ein anderer Brief mit veränderter Formel ist eventuell noch früher zu datieren. Er gehört zu einer Gruppe von Briefen an M. V. Golochvastov. Durch den Inhalt der Briefe, Datumsangaben bzw. Hinweise für postquem-Datierung kann eine gewisse relative Chronologie für diese Gruppe konstruiert werden. Auch die neue Lexik weist darauf hin, daß es sich um Briefe aus petrinischer Zeit handelt. Nachfolgend werden Formeln aus zwei Briefen dieser Gruppe wiedergegeben, der erste stammt vom Sohn, der zweite von der Tochter Golochvastovs. Die Formel im ersten Brief ist bereits verändert, im zweiten nicht, obwohl die beiden keine größere Zeitspanne trennt:

a) Brief des Sohnes (KT69/131):

> Батюшка гсдрь Мартинъ Василевичь здравствуи ѡ Хрсте на веки и з гсдрнею моею матѹшкаю з Дарею Алеѯандравнаю прошу у вас гсдреи млсти пожалуите прикажите к нам писать про свое здарове і про здарове сестрицы Устини Мартиновъны даношу гсдри вам что брат Іван Мартинович в Минске пр млсти гсдря кнзя Андрея Михаиловича млстию бжию в добрам здарове і збирают правиантъ в Минскам уезде и ѡ мне ізволитя напаметоват і я в Смоленску млтвами вашими с людми і с лошедми млстию бжию в добрам здарове (*AF*) ... За семъ писавы сынишко вашь Ѳедор блгословения прошу і челом бью (*SF*)

b) Brief der Tochter (KT69/132):

> Гсдрю моемѹ млстивомѹ батюшкѹ Мартинѹ Василевичю гсдрне моеи млстивои матѹшке Даре Алеѯандровне дочеришка ваша Ѳедорка благословения прошѹ и челом бью здравствѹи гсдрь мои батюшка и з

гасѹдаранею моею матѹшкою и з братцом і сестрицею на многие ненеіщетные лета а про меня гсдри изволите напаметоват и я в бедах своіх і в напастехъ жива до воли великого бга (*AF*) ... за сем писавы дочеришка ва Ѳедорка челом бь<е>т (*SF*).

Wie es hier zu den Unterschieden in der Formel kommt, kann angesichts der sehr begrenzten Textbasis nur vermutet werden. Denkbar ist z. B., daß der Sohn, der in der Armee ist, eher Zugang zu dem Neuen hatte, das in dieser Zeit in das russische Alltagsleben zu strömen beginnt. Dies scheint sich im übrigen durch die Analyse anderer Briefe aus petrinischer Zeit zu bestätigen: Frauen generell, und ältere Frauen in besonderem Maße, scheinen die Sprachneuerungen mit einer gewissen Verzögerung zu vollziehen (vgl. u. Analyse der Briefe der Kurakinas).

Die Neuerungen setzen sich allerdings nur sehr langsam durch. So ist die Formel in allen genau datierbaren Briefen vor 1710 unverändert. Von 1710 und 1712 liegt jeweils nur ein Brief vor, die beide neue Elemente enthalten. Von 1713 sind vier Briefe vorhanden, von denen drei eine veränderte (KP64/K21-23) und einer die alte Formel zeigen (KP64/K24). Bezeichnenderweise stammen diese drei Briefe von einem jüngeren Offizier, einem Kavalleriehauptmann, der vierte eher von einem älteren Verwandten:

a) Offiziersbriefe:

(*KP64/K21*) Гсдрю моемѹ млстивомѹ дядюшкѹ Іванѹ Івановичѹ
Здравие ваша да сахранить десница вышнего бга на лѣта много с млстивоею моею гсдрнею з матушкаю с Маръею Дмитрѣевною и сестрицаю Настасею Івановною за писания вашеі (*sic!*) млсти блгадарень и впреть нас по своеі млстивоі утробе не ѡставъ чего мы завсегда сердечьно слышат желаем (*AF*) ... прочимь застаю зычьливы вашъ и верны ко услугамь племяникь от каволери Ябълочковь копитань (*SF*)

(*KP64/K22*) Млстивои мѡи гсдрь дядюшка Іванъ Івановичь много лѣтъ мои млстивои здравству с милостивоею моею гсдрнею с матушкаю с Марею Дмитрѣевною и сестрицаю моею млстивоею Настасею Івановною а о себѣ вашеи ѡсобы даношу что живъ при млсти ѡтеческои прошѹ вашего превосходителства дабы нас уведомилъ чрес писаниі ѡ здравиі своемъ и домашних своих чего мы сердечьно слышать желаем доношу вашеи ѡсобы чтѡ нашемѹ ригелментѹ повелено быть в Риге... (*AF*) ... племяник вашеи особы копитанъ Яблочковъ с Татяною в селе Либрех 1713 маия 30... (*SF*)

(*KP64/K23*) Премилосерды мои ѡсобливоі млстивы потронъ дядюшка Іванъ Івановичь много лѣтъ здравствѹи з дамашнеми своими а с моею ѡсобливоею млстивоею гсдрнею с матушкаю с Марею Дмитрѣвною и сестрицаю моею с Настасею Івана а о себѣ вашаи млсти во известие чиню при млсти ѡтеческои слава бгѹ живъ блгодарствѹю за писание вашеи к себѣ ѡсобы что не учинили меня по своеи млсти забвено и впреть прошѹ пожалуте не учините нас забвеных (*AF*) ... застаю унижены слугою извычьливымъ племяник от каволери копитанъ Аблочков июня 3 1713 году в селѣ Волнѣрехъ... (*SF*)

b) Brief eines älteren Verwandten (KP64/K24):

> Гсдрь моі Іван Івановичь здравия ваша кȣпна с Марею Дмитревною и з детки вашими сахранит гсдь на многа лѣтъ а себѣ вамъ данашȣ з детми слава бгȣ жив пожалȣі моі гсдрь не оставъ нас по своеі милости прикажи к нам писат а сваемь здарове чего я з детми всегда радостна слышат желаю (*AF*) ... при семъ слȣга вашъ (*sic!*) июня Д ВД (*SF*).

Auf 1714-15 sind wiederum vier Briefe zu datieren, von denen aber keiner Veränderungen der Formel aufweist, vgl. z. B. KT69/38:

> Мои гсдрь Евтиѳеи Иванович здравие твое да сохранит десница бжия с сожителницею твоею и з детки на лѣта многа а про меня по млсти своеи изволишъ напаметовать и я своими домашними июля по ВІ число по воли бжии еще жив а впред ево бжия воля, челом бью за млсть твою что жалȣешъ к нам пише<шь> о своемъ здарови а мы желаемъ слышит по всякъ часъ (*AF*) ... за симъ писавыі Ѳилипъ Зеленои челом бьет (*SF*).

Von den 14 Briefen von 1716 zeigen bereits die Hälfte eindeutige Neuerungen in der Formel:

a) geänderte Formel (KP64/K37):

> Премлстивѣішиі ко мнѣ гсдрь мѡі Иоанъ Івановичь
> Имѣі многолѣтное здравие и счасливое пребывание на лѣта многа кȣпно с пречестною сожителницою твоею нашею млстиваю гсдрынею Марьею Дмитревною и з дѣтушки своими
> Блгодарствую за вашу (*sic!*) к себѣ гсдря моего млсть что жалуешъ (*sic!*) к нам о своемъ здравиі наперед сег пишешъ чего всеусердно нне просимъ дабы ваша (*sic!*) млсть впред была от нас не отриновенна (*AF*) ...при семъ слуга вашъ Алеѯѣі ... (*Brief defekt - A. K.*) челомъ бью (*SF*).

b) traditionelle Formel (KP64/K34):

> Гсдрю моему батюшку Іванȣ Івановичю здравие вашего да сохранит десница вышняго бга на лѣта многа пожалуі гсдрь моі батюшко ізволь ко мнѣ писат про свое многолѣтное здравие и про здорове гсдрни моеі матȣшке Маре Дмитревнѣ а про меня гсдрь моі батюшко ізволите напаметоват во свтых своіх млтвах и я гсдрь моі батюшко в селце Грипкове вшими молитвами жива (*AF*) ... При семъ писава дач ваша Настася благословения прошу і кланяюс июля АІ де (*AF*).

Auch dieser Brief stammt von einer Frau, Tochter des Adressaten, zum Zeitpunkt der Niederschrift mit einem Gutsbesitzer frisch verheiratet.

Der einzige Brief von 1718 enthält als AF nur die Anrede, die gleichermaßen der alten und der neuen AF eigen ist: *Моі гсдрь Іва Івановичь*. Die SF weicht allerdings von der traditionellen ab: *Присножелателныі вам (sic!) Іван Неѣловъ*. Derartige Komposita sind, zumindest für das untersuchte Korpus, eines der Charakteristika der neuen Sprache (vgl. u. II.3.3.).

Die im Korpus enthaltenen Briefe aus den 20er Jahren des 18. Jh.s zeigen bereits alle Veränderungen in der Formel. Da aber die meisten von ihnen von denselben zwei Absendern stammen, ist die Aussagekraft der Daten entsprechend begrenzt. Zumal es sich um Damen des Hochadels handelt,

Verwandte B. A. Kurakins, des Weggefährten und Schwagers Peters I. Die nachfolgende Übersicht zeigt die Formel in den Briefen der Tochter, der Schwägerin und der Nichte Kurakins und in dem Brief eines jungen Kireevskij, alle aus den 20er Jahren des 18. Jh.s:

a) Briefe E.B. Kurakinas (Tochter B. I. Kurakins: KS81/31-44):

AFI/1: Миластиваи гсдрь (мои) батюшка князь Борисъ Ивановичь многолетно здравствуи (*die beiden letzten Wörter, ein Pendant zum alten F2, fehlen in nur zwei von 13 Briefen an den Vater (KS81/39: sehr emotionaler Bericht zum Tod der Großmutter + KS81/43) und in dem Brief an den Bruder (KS81/44)).*

Die anderen AF-Elemente zeigen erhebliche Varianz. Hier einige Beispiele:

AFI/2: ... Всенижаиши гсдрь прошу прикажи меня уведомить а сваемъ здаровье чего я всегда с радастию моею получить желаю (*KS81/31*)

...Нижаиши васъ прашу маего миластиваго гсдря что бы я не аставлена была вашими миластивыми писмами ис чего я имею себѣ великаю радость что бы всегда была сведама а сосътаяни *(kommt in dieser Bedeutung sonst nicht vor)* вашего здаровия (*KS81/32*)

...пажалуи гсдрь батюшка не аставь меня миластивами писмами и чтобы я была сведама а вашемъ здаровье чему я всегда радаюса кагда палучу ваши миластивыя писма и услышу а вашемъ здаровье (*KS81/41*).

In AFII ist nur das relativ streng geregelte F6 vertreten. Die Grundform lautet:

...А себѣ данашу при миласти гсдрни моеи бабѹшки вашими малитвами жива (*KS81/31*).

Auch die SF ist geregelt:

...(симъ прекратя, при семъ) астаюсь прася вашего миластиваго благославения всепослушная и покорная дочь ваша к. Е. Куракина.

Gewisse Abweichungen zeigt der Brief Kurakinas an den Bruder (KS81/44):

Млстивωі гсдрь мωі братецъ кнзь Алеξандра Бωрисωвичь:
За два млстивыя вши писаніи, первое ωт 17г ωктября прешедшегω 727 г гωду дрѹгωе в ннѣшнем минѹвшагω генваря 19, ѧ з дωлжнымъ мωимъ пωчтениемъ пωлѹчила, за что нижаіша благодарствѹю, і прωшу впред не лишит меня тоя млсти чегω усердно желаю; ... в прочем же гсдрь братецъ ѧ уповаю пωлѹчить вашѹ кω мнѣ млсть. видя іс писем вашихъ кωтωрωи всеусердно желая і пребѹдѹ сω всенижаішим мωим пωчтением сестра ваша кнежна Екатерина Куракина

b) Briefe M. D. Kurakinas (Schwägerin B. I. Kurakins: KS81/45-54):

(1) Гсдрь мо кнзь Борисъ Ивановичь мнглтно здравствуите (*sic!*) и сном вашим кнземъ Алеξандромъ Борисовичем.
Получила я от васъ моего гсдря писмω писанное прошедшаго ноября 19 г числа сего декабря 29 г дня и за то блгодарствую что изволил *(sic!)* насъ увѣдомить о своем здорове и тому ωт срдца своего порадовалас что услышала ω вашемъ (*sic!*) здорове и впред о том прошу чтоб не была оставлена в писмах ваших, а ω себѣ прошу прощения в том васъ моего гсдря что укоснела к вам моими писмами. ... сие оконча остаюсь кнгня Мавра Куракина 723 год декабря 30 дня (*KS81/45*)

(2) Гсдрь мои кнѕь Борисъ Івановичь ѕдравствоуи і з сномъ своимъ кнѕь Алеѯандромъ Борисовичем на множество лѣтъ.
Благодарствую ѕа ваше (*sic!*) писмо которая получила сего марта 16 числа і впредь прошу чтобъ не ѡставлена была в вашихъ писмахъ чего всегда ведать желаю,
А я ѕа млсрдиемъ бжиімъ і з детми в добромъ ѕдоровье
Остаюсь сноха ваша кгинѧ Мавра Куракина (*KS81/47*)

(3) Гсдрь мои кнзь Борисъ Ивановичь желаю тебѣ моему гсдрю добраго здоровья на веки и з детми вашими, а я с княжною по ниже означенное число слава бгу жива есмь, ... При семъ вамъ моемоу гсдрю кгиня Мавра Куракина отдаю мое поклонение, (*KS81/52*)

(4) Кнзь Алеѯандръ Борисовичь желаю вам (*sic!*) моему гсдрю ѡт серца мѡево долголѣтногѡ ѕдравия, ... а ѡ себѣ вамъ обявляю и мы дѡ воли бжии в печалехъ своих и в болѣзни живы и съ кнжною моею в протчемъ остаюсь тетка ваша кгиня Мавра Куракина октября 26 дня 1727 году ... (*KS81/54*).

c) Briefe P. Kurakinas (Nichte B. I. Kurakins: KS81/55-56):

(1) Млствои гсдрь мои дядюшка кнзь Борисъ Івановичь
Здравие ваше (*sic!*) гсдря моего и з гсдремъ моимъ братц<е>мъ кнзь Алеѯандром Борисовичемъ да сохранитъ всевышъши счасливо на вѣки
Блгодарствую гсдрь мои дядюшка за млстивое вше ко мне писание о чемъ і впред прошу дабы не оставлена была вшимъ млствымъ писанием.
Доношу гсдрь дядюшка матушка гсдрня в печалех своих в добромъ здоровье такожъ и я при млсти ея жива ... Предаю себя вашу к себѣ милость племяница ваша кнежна Прасковья Куракина (*KS81/55*)

(2) Млстивои гсдрь мои дядюшка кнзь Борисъ Ивановичь,
Здравствуи и з гсдремъ моимъ братцам на множество лѣтъ,
Благодарна гсдрь мои дядюшка за ваше (*sic!*) млстивое писмо которѡе получила сегѡ сентября 7 дня и впредь прошоу у млсти вашеи чтобы не оставлена была въ вашихъ писмахъ чего ѧ всегда ведать желаю
Донашу млсти твоеи (*sic!*) гсдрня моя матушка в печалехъ своихъ в добром здорове а я при млсти еѣ жива
Астаюсь племяница ваша к. П К покорна кланяюсь (*KS81/56*).

d) Brief I. Kireevskijs vom 19. 3. 1725 (KP64/K45):

Млстивѡи мѡи гсдрь дядюшка Иванъ Ивановичь
В милости бѡжеи мнѡголеднѡ здравству с милѡстивѡю моею гсдрнию тетушкѡю Марьею Дмидревною и милостивымь мѡимь гсдремь брадцамъ <Ва>силемь Иванѡвичемь прошу вась (*sic!*) моегѡ гсдря соизвѡлтѣ приказад писад к намь ѡ свѡемь многоледномь здрави чегѡ мы всечаснѡ с радѡстию шлышад жалаемь ѡ себѣ вамь моему гсдрю во ... (*Text defekt - A. K.*) ...звестие предевляемь а я в Ладуги на коналнѡи рабѡте при полку в Ш<ли>сенбурскомь еще по нижеѡзноч<е>н<ное> числѡ счисляюся со живущеми ... не боли иногѡ да вась моего гсдря писад не имею токмо ѡстаюсь всепокорныі вашъ слуга камисар Іван Кирѣевскаи свои поклон ѡтдаю 1725 году Ладуга марта 19 де.

Diese Beispiele zeigen nicht nur, daß sich die Neuerungen im Briefduktus sehr allmählich, vermutlich vom Hofe ausgehend, durchsetzen, sondern daß die unterschiedlichen Teile der Formel sehr unterschiedliche Resistenz gegenüber den Neuerungen aufweisen. So ist der Anfang der Formel (AFI), vor allem F2, der Gesundheitswunsch, am wenigsten von den Änderungen betroffen. Weder fehlen diese Elemente (auch in den Briefen, deren Formel neue Elemente aufweist), noch zeigen sie weitergehende Änderungen als die durchweg nominativische Anrede, die man auch im traditionellen Brief findet. Auch die AFI/2 (F3-4: die Bitte um Information über die Gesundheit des Adressaten bzw. der Dank für eine derartige Information) scheint recht beständig zu sein. Allerdings kann sich ihre Form merklich ändern:

alte AFI/2:

> ...пожалуі гсдрь моі прикажи ко мнѣ писат про свое многолѣтное здарове а мнѣ слыша твое многолѣтное здаровье ω Хрсте радоватца и хвалу бгѹ воздатъ ... (*KP64/K27: 13.2.1716*);

neue AFI/2:

> Нижаиши милостивои гсдрь прошу не оставить меня милостивымъ писаниемъ каторого уже давно за нещастие моимъ видить не сподобилося и сумневаюса нет ли вашего гнева ка мне а чемъ прошу милостиво аставить мне и не лишить меня уведомлениемъ а здоровье вашемъ каторое мне надабна паче всево (*KS81/43; 27.3.1727*).

Viele der Briefe zeigen zwar Änderungen an anderen Elementen der AF, lassen aber AFI/2 unverändert (KP64/K45; KP64: K21, 31f., 35) oder zeigen nur geringfügige Veränderungen:

> Гсдрь маи батюшъко Ів<ан> Михаилович сын <т>вои Яков б<ла>гословения твоего к себе <про>шу і премного кланюся
> Здравствуи гсдрь мои батюшъко на множество лѣт к<у>пно со всеми любещими тобою
> Покорно у вас (*sic!*) моево гсдря батюшъка прошу пожалуи прикажи писат о своемъ многолетнном здорове і о здорове любещих тобою чево я повсечасно слышат желаю о вашемъ здоров<ье> і радоваца
> А о себе вашеи милости доношу что я в печале своеи е<ще> твоею молитвою і благословением по сие писмо жив а пред уповаю на всещедраго бга і на твое благословение (*KT 69/103: 1.6.1731; vgl. KP64: K20 (1712), 22 (1713), 23 (1713), 37 (1716), 38 (1716)*).

Als wesentlich instabiler zeigt sich der zweite Teil der AF, der über das Befinden des Absenders informiert, dessen kanonische Form lautet:

> ... а обо мне изволишь напамятоват (*F5*) и я по ... число еще в живых обретаюся (*F6*) а впреди надежа моя Хрстс (*F7*).

So wird F5 in den "neuen" Briefen grundsätzlich durch *доношу* ersetzt (KP64/K22; 30-33; 35f.; 38; KT69/103; KS81/31-37; 40-43; 45f.; 48; 55f.):

> ...ω себѣ доношу с детьками своими ізявленная число живы в печалехъ своихъ ... (*KP64/K35*)

> ...А о себе вашеи милости доношу что я в печале своеи е<ще> твоею молитвою і благословением по сие писмо жив а пред уповаю на всещедраго бга і на твое благословение ... (*KT69/103*)

> ...о себѣ млсти вшеи доношу и я со кнжною своею жива ... (*KS81/45*).

Es gibt hier nur wenige Varianten:

> ...а о себѣ вашеи млсти во известие чиню ... (*KP64/K23; 3.6.1713*)
>
> ...ѡ себѣ вамь моему гсдрю во... (*Text defekt - A. K.*) ...звестие предевляемь ... (*KP64/K45;19.3.1725*)
>
> ...а ѡ себѣ вамъ обявляю ... (*KS81/54*).

Nur in einem der Briefe mit Neuerungen der Formel und/oder Sprache ist altes F5 erhalten:

> ...а про насъ вша млсть изволит напомн<ить> и мы на Москвѣ до воли бжия живы з женами ... (*KP64/K20; 2.2.1712 - dieser Brief zeigt auch sonst nur recht wenige neue Elemente*).

Ganz fehlt F5 in folgenden "neuen" Briefen: KP64: K21 (AFII fehlt ganz), K37 (dto.); KS81: 38f., 44 (dto.), 47, 49, 50 (dto.), 51f., 53 (dto.). Es schwindet auch F7, das schwächste Element der alten Formel: es fehlt in 22 von 43 "neuen" Briefen. Da es sich ausschließlich um Briefe der Kurakinas handelt (KS81: 31-39, 41-43, 45-49, 54-56), kann es aber auch ein Merkmal des jeweiligen individuellen Briefstils sein.

In sechs von 43 Briefen fehlt die AFII ganz (KP64/K21; KS81: 34, 40, 44, 50, 53). Dieser Formelblock scheint im übrigen eine deutliche Tendenz zur Positionsveränderung zu zeigen: in immerhin sechs Fällen befindet er sich am Ende des Briefes, unmittelbar vor der SF. Für definitive Aussagen ist es aber noch zu früh: es handelt sich auch hier nur um Briefe Kurakinas (KS81: 34, 37f., 45, 49, 51), von denen viele (fast) reine Formel sind, wo die AFII unmittelbar vor der SF steht, so daß sie eventuell als zum Briefschluß gehörend von den Absenderinnen aufgefaßt wurde. Dies sind aber nur Vermutungen, zu deren Überprüfung ein größeres Korpus petrinischer Briefe notwendig wäre. Die F6 und F7 (soweit vorhanden) zeigen sich als deutlich formresistenter als F5. Eine konventionelle AFII zeigen immerhin noch 11 Briefe (KP64: K20, 23, 30-33, 35f., 38, 45; KT69/103):

> ...а о себѣ вшему превозходителству (*sic!*) даншу в мешевских своих деревнях з детками своими за благость бжию в печалѣхъ своих въ живых обретаюся а впреть ево Хрста ншего воля... (*KP64/K30; 24.6.1716*).

Deutlich verändertes F6 (F7 fehlt durchgehend) zeigen die Briefe der drei Hofdamen Kurakina. Die Tochter benutzt ausschließlich folgende Formel:

> ...А себѣ данашу при миласти гсдрни моеи бабꙋшки (матушки, гсдрнь моихъ баꙋшки и матушки) вашими малитвами жива ...

Ähnlich ist auch die AFII in den Briefen der Schwägerin formuliert:

> ...(а) о себѣ млсти вашеи доношу и я со кнжною своею (и з детми) (за млсрдиемъ бжiимъ) (в печалехъ своихъ) жива ...

In den zwei Briefen der Nichte Kurakins (KS81/55f.) findet man folgende AFII:

> ...Доношу гсдрь дядюшка (млсти твоеи) матушка гсдрня (гсдрня моя матушка) в печалех(ъ) своих(ъ) в добром(ъ) здоров(ь)е такожъ и (а) я при млсти ея (еѣ) жива ...

Die stärksten Veränderungen gegenüber der alten kanonischen Form zeigt die Schlußformel. Zum neuen obligatorischen Element der SF scheint *остаюсь* zu werden, das überdurchschnittlich häufig vorkommt (23 von 43 Fällen), vor allem in den Briefen der drei Kurakinas;

> ...при семъ астаюсь прася вашего миластиваго благаславения всепослушная и покорная дочь ваша к. Екатерина Куракина... (*KS81/32*)

> ...в протчемъ остаюсь тетка ваша кгиня Мавра Куракина октября 26 дня 1727 году ... (*KS81/54*).

> ...но токмо остаюс вамь моему милостивому всегдашни готовы ко услугамъ Яблочков капитанъ ... (*KP64/K33*).

In den drei Briefen P. Jabločkovs findet man die Form *застаю*:

> При томь застаю униженым слугою и зычьливы брать Яблочковъ копитань 9 марта 1713... (*KP64/K21; vgl. a. K22f.*).

Als Alternative zu *остаюсь* (und als Ersatz für das alte *челом бью* (F10)) kommt in einigen Briefen *кланяюсь* bzw. *отдаю поклон* vor (KP64/K20, 32, 38; KT69/103; KS81: 50, 52-54):

> ...за сем услужники вшеі млсти Өедор да Алеξѣі Хрущовы кланяемся с Москвы Өеврал<я> ѰБІ г году Б г дня ... (*KP64/K20*)

> ...Отдою тебѣ (*sic!*) моему поклонъ сноха ваша (*sic!*) Мавра Куракина (*KS81/50*)

> ...При семъ тебѣ моему гсдрю кгиня Мавра Куракина ѡтдаю мое должное поклонение и с княжною моею Прасковьею ... (*KS81/53*).

Keine oder fast keine Veränderungen der SF zeigen 8 von 43 "neuen" Briefen (KP64: K30-32, K35-38; KT69/103):

> ...при семь писавы млсти вшеи слуга Павелъ Ѧблочкав и селца Конскова июня 24 дня ... (*KP64/K30*)

> ...при семь слуга і племяник ваш Өедар Яблочкавъ пакорна кланѣетца із Санкь Питербꙋрха іюня 13 1716 годꙋ ...(*KP64/K32*).

Dagegen wird in keinem der 26 Briefe der Kurakinas die alte SF benutzt. Zwei von ihnen zeigen im übrigen solche Varianten der SF, die in späteren Epochen zum Briefkanon des Russischen gehören werden:

> ...в прочем же гсдрь братецъ ѧ уповаю полꙋчить вашꙋ кѡ мнѣ млсть. видя іс писем вашихъ кѡтѡрѡи всеусердно желая і пребꙋдꙋ сѡ всенижаішим мѡим пѡчтением сестра кнежна Екатерина Куракина ... (*KS81/44*)

> ...предаю себя вашу к себе милость племяница ваша кнежна Прасковья Куракина ... (*KS81/55*).

Die Untersuchung der Briefformel in den 43 Briefen aus petrinischer Zeit, deren Formel neue Elemente enthält, hat gezeigt, daß auch die sich allmählich durchsetzende neue Briefformel deutliche Normierungstendenzen zeigt: von den Neuerungen werden nur bestimmte Formelelemente erfaßt, und die Varietät des Ausdrucks ist recht gering. Der beständigste (und am wenigsten veränderte) Teil der Formel bleibt auch in der neuen Briefnorm der absolute Anfang, die

AFI/1 (F1-2): Die AFI/2 (F3-4) wird dagegen z. T. stark verändert, bleibt aber auch in ihrer Intention als Formelelement bestehen. Von der ganzen AFII scheint nur F6 (die Information über das Befinden des Absenders) relativ stabil zu sein, während das alte komplexe F5 schwindet und durch wesentlich kürzeres *доношу* ersetzt wird. F7 scheint als Formelelement ganz zu schwinden. Während die alte Norm in bestimmten Situationen (bestimmte Konstellation der sozialen Stellung, der Verwandtschaft, reine Geschäftsbriefe) durchaus das Fehlen der SF zuließ, scheint die SF in der neuen Norm ein obligatorisches Element zu sein, das in keinem der 43 Briefe dieser Gruppe fehlt. Wohl zeigt sie z. T. sehr starke Veränderungen, sowohl in ihrer Struktur als auch im Ausdruck.

Gemessen an der Gesamtzahl der im Korpus enthaltenen Briefe aus petrinischer und nachpetrinischer Zeit (337) ist der Anteil der neuen Norm, die in nur 43 Briefen (ca. 12, 8%) zu finden ist (und dort z. T. mit den Elementen der alten Norm vermischt), als gering einzuschätzen. Es kann, zumindest für die Formel des Briefes, auch von keinem Bruch, keiner Zäsur, keinem "sprachlichen Niemandsland" (ISSATSCHENKO 1983, 561) die Rede sein. Evident ist nur ein sehr allmählicher Normwandel. Diese Beobachtungen sollen weiter unten noch mit den Daten aus der Analyse der Parameterkombination *Zeit/Sprache* und der Briefe des späten 18. Jh.s verglichen werden.

3.2.2. Formel/Sozialer Status

Auch hierbei handelt es sich um eine zweifache Fragestellung. Zum einen betrifft sie das Verhältnis zwischen dem jeweiligen Status des Absenders und der Briefformel. Zum anderen etwaige Wirkung der Konstellation des sozialen Status von Absender/Empfänger auf die Formel (jeweils quantitativ und qualitativ). Es hat sich gezeigt, daß die soziale Stellung, für sich genommen, keinerlei Wirkung weder auf den Umfang noch auf die Komplexität der Formel zu haben scheint. Die einzige Ausnahme bilden die Briefe von Geistlichen, deren Formel spezifische Zusatzelemente bzw. spezifische Form der üblichen Elemente aufweist. Die häufigsten Varianten der Formel in dieser Briefgruppe zeigt folgende kleine Übersicht (spezifische Elemente sind unterstrichen):

<u>*(1) Äbtissin an einen Grundbesitzer und hohen Beamten:*</u>

Блгодѣтелю ншемꙋ Івану Семеновичю Новодвча мнстрѧ игуменьѧ Памѳилиѧ да намѣсница старица Ѳеврония с сестрами, о здравіі твоем <u>бга моля</u> челом бьем здравствꙋи блгодѣтель ншъ со всѣмъ своимъ блгодатным домом, <u>аще</u> ли же изволишъ напамѧтовать про ѡбитель прсвтые бдцы и про насъ и обитель прсвтые бдцы бжиею млстию и застꙋплением еѧ и призрением великих гсдреи строитца <u>ако</u> же волитъ она прсвтая бдца,

Прикажи блгодѣтель нашъ к намъ писать о своемъ здравиі а мы тогѡ слышать желаемъ ...
За сим бга моля о тебѣ блгодѣтелѣ своем проса млсти челом бьемь (*KP64/L13*)

(2) Brief eines Diakons an den Archimandriten:

В прчстноую и великоую обител Вознесениа гсда бга и спса ншго Исса Хрста и свтых страстотерпцев Бориса и Глѣба гсдрю свтму отцу архимандриту Аврамию бѣднои разоренои грѣшнои дьякон Иасаѳъ бга моля челом бьетъ спсаи гсдрь дшу о Хрстѣ а телесне здравстъвуи на многиа лѣта молю гсдрь мои твое отчское благословение помолис за ма грѣшного во своих праведных млтвах ... по семъ оу теба благословение прошу и челом бью (*KT69/510*).

Daneben sind auch kürzere Formelfassungen häufig, vor allem in relativ kurzen Geschäftsschreiben und in der Korrespondenz zwischen Geistlichen:

Гсдрю отцоу игоуменоу Арсению поселскои старецъ Варламеи бга моля и челом бью ... (*SF fehlt hier; KT69/481*)

Пречесныя і великиа обители знамениа чеснаго и животворящего креста гсда бга и спаса нашего Иса Христа гсдрю Евстиѳею Івановичю Капъшина мнстра иермонах Сергиі Тарасовъ бга моля и челом бьет ... по томъ бга моля и челом бью ... (*KT69/30*)

Прчстныя і великия обітели Соловетцкого ... московскои службы строителю гсдну моему великому старцу Аѳонасю смиренныи Маркел архиепископъ вологодцкиі бга молю і челом бью как тебя бгъ милует а о нас изволишь вѣдат і мы смиренниі на Вологдѣ ноября по число млстию бжиею жівы домѣ сваем ... (*SF fehlt; KT69/465*).

Von den 54 Briefen, deren Absender Geistliche sind, zeigen insgesamt 51 spezifische Formeländerungen. Konventionelle Form sowohl der AF als auch der SF haben somit nur drei der Briefe bewahrt:

1) Гсдрю моемоу млстивомоу приятелю и дроугу нелестному Стеѳану Григорьевичю нѣкто от убогих вскормленик твоея трапезы цркви Григорія Богослова что на Дмитровке дьячекъ Гаврилко Стохѣевъ ... до лица земли рабски тебѣ ... премного челомъ бьемъ подаждь тебѣ гсди бже многолѣтное здравие со всѣми твоими приятели а про меня убогово изволишь хотя в маломь в чемъ напамятъствовать и я по млсти бжіеи такожде и приходцких людеи и матушке вашеи жалованью по се писанеицо во грѣсѣх своихъ жывъ обрѣтаюся а впредь его создателя нашего воля ... а по семъ тебѣ гсдрю моемоу до лица земли рабски премного челом бью (*KT69/302*)

2) Приятель мои гсдрь многомилостивои к нам послѣдним Іванъ Елизаревичь многолѣтно здравствуи со всемъ своим праведным домом в долгие вѣки Бору Іванова црковнои дьячек Івашко Копытов генваря въ І де челом бьет на твоем Іванъ Елицаревичь милосердном жаловане ... по сем тебѣ гсдрю своему мало пишу а много челом бью за твою милость (*Z1678*)

3) Старицы Соѳьи Кастѣевы гсдрю моему Івану Василевичю благословение даи бгъ чтоб ты гсдрь здрав был на множество лѣтъ и с Ондрѣевною и со всѣмъ своим праведным домом челом гсдрь бью на

твоем жалованье что писанием ко мнѣ вѣстно чиниш ... по том тебѣ со всем домом от меня блгословение (*KA84/283*).

In den beiden ersten Fällen handelt es sich um Angehörige des weißen Klerus, und zwar um niedere Chargen. In allen drei Fällen liegen zudem geschäftliche Briefe vor. Die Verfasserin des dritten Briefes ist (wie aus anderen Briefen an Belin ersichtlich) wohl erst im Alter ins Kloster gegangen, was in Rußland damals nicht unüblich war. Alle drei Briefe sind im übrigen an Nicht-Geistliche gerichtet. In allen übrigen 51 Briefen ist entweder die AF oder die SF, häufig jedoch beide, auf spezifische Weise verändert (zu berücksichtigen ist allerdings, daß in dieser Briefgruppe die SF häufig fehlt (26mal)). Auch Briefe an Geistliche weisen spezifische Modifikationen der Formel auf und zwar in 51 von 53 Fällen. Auch hier fehlt relativ häufig die SF (20mal); dort, wo sie erhalten ist, ist sie fast immer entsprechend verändert. Die konventionelle Form der SF (bei veränderter AF) ist nur viermal vertreten, die der AF (bei veränderter SF) nur zweimal. In zwei Fällen bleibt die Formel konventionell:

1) Kurzbrief A. I. Bezobrazovs an den Protopopen Ivan Fedorovič (KT65/26):

Белевского ѹѣзду црквы великого чюдотворца Николы гостунскова протопопу гсдрю моему Івану Өедоровичю здравствуи гсдрь мои о Хрсте па вски і пребываи во всяких радостях и с теми кто тебѣ всякого добра желает и здоровя твоего остерегает
Челомъ бью на твоем жаловане что жаловал ко мне писал о своем здорове ... А семъ писав работникъ твои Андрюшка Бѣзобразов челомъ бью

2) Brief A. Čerkasskajas an den Archimandriten Avraamij (KT69/527):

В прчстную і великую ѡбител чюдотворцев Бориса и Глеба и стых мчнкъ Өлора и Лавра гсдрю моему стому армандриту Аврамию еже ѡ Христе ѕ братею кнзя Петра Улмурѕича Черкаскова женишка вдова Анница челом бьет а про меня гсдрь пожалуеш похош ведать и моему ѡкоянству всещедрыи владыка терпит на Москве в печали своеи Өевраля по Д де ѡбретаюс в живых ... ѡ сем гсдрь тебѣ челом бью.

In allen anderen Briefen an Geistliche, unabhängig davon, ob sie auch von Geistlichen verfaßt sind (33x) oder nicht, wird die Briefformel verändert, und zwar auf bestimmte Weise. Die folgenden Beispiele geben die Grundvarianten der Formel in den Briefen an Geistliche an:

a) Briefe von weltlichen Absendern:

(1) Гсдрю моему млстивому ко мнѣ преосвещенному Гавріилѹ архиепископу вологоцкому и белозерскому Борискѡ Юшков благословения прошу и челомъ бью
Подаи гсдь бгъ тебѣ гсдрю дшевное спасение и телесное здравие, пожалуи гсдрь блговоли ко мнѣ писат о своемъ богохранимомъ пребываниі какъ тебя гсдь бгъ млстию своею хранит а ѧ о твоемъ спасениі слышат по всякъ час со усердием желаю
А естьли гсдрь изволение твое вѣдати о мнѣ і ѧ за долготерпѣниемъ бжиимъ при млсти великих гсдреи, телесне з живыми ... по семъ тебѣ гсдрю блгословение прося премного челом бью (*KT69/444*)

(2) Гсдрю моему преосвещенному архиепискупꙋ Симону вологодцкому и белоѕерскому Илеика Беѕобраѕов челом бьет буди гсдрь спасен и здрав на многие лета а ко мне гсдрь пожалуи вели писат про свое спасеня и многолетное здарове какъ тебя гсдря моег всещедрыи влдка милостию своею хранит а про меня пожалуеш изволиш спросит и я на Москве июля по КИ де жив до воли божеи ... а я тебе гсдрю своему много челом бью (*KT69/470*)

(3) Гсдрю архимандритꙋ Аврамию вотчины боярина кнѕя Івана Алеѯѣевича Воротынского села Климова прикащичишко Івашко Ростопчинъ блгословения твоегѡ прошу и челом бью подаи бгъ тебѣ гсдрю дшевъное спасение и телесное ѕдравие а по своеи гсдрь свтои молитве про меня изволишь вѣдать и я твоими святыми молитвами апрѣля по Ѳ де в живых обретаюсь ... а за сем у тебя гсдрь стыи архимандрит Аврамиі блгословения прошꙋ и челом бью (*KT69/526*)

b) Briefe von Geistlichen an Geistliche:

(1) Великомꙋ гсднꙋ прешсщенномꙋ Симонꙋ архиепскопꙋ вологоцкомꙋ и бѣлоезерскому Симеон архиепскпъ твоего стаго блгословения прошꙋ и челомъ бью како тебя великаго гсдна гсдь бгъ млстию своею сохраняет а поволит твоя стлская дхвная любов увѣдат про наше убогое жите и млстию в троицы славимаго бга и твоими стлскими молитвами живъ еще марта по КГ де во обители препдбнаго Макария блгодарствено терпимъ ... по семъ великии стлю бжии гсдем бгомъ спасен бꙋди и нас грѣшных во твоих стлских млтвах не забꙋди ... (*KT69/467*)

(2) Гсдрю отцу игꙋмену Арсению еже о Хрстѣ з братиею вашеи гсдрь мнстръскои вотъчины села Хабоцкого поселскои старец Варѳломеи да прежнои поселскои старецъ Ѳеодосеи да приказнои слушка Ѳетька Маркоевъ благословения просим и челомъ бьемъ а в вотчинѣ гсдрь ... вашими гсдрь свтыми отечскими молтвами декабря въ КА д все дал бог здорово ... (*SF fehlt; KT69/483*)

(3) Гсдрю моему великому отцꙋ архимандритꙋ Аврамию села Дубровъ старецъ Мисаило Стариченин блгословения у тебя гсдря прошꙋ и челом бью подаи гсдь бгъ тебѣ гсдрю дшевное спасение и телѣсное ѕдравие
Как тебя гсдря моего Хрстосъ сахраняетъ в дховныхъ своих подвиѕехъ ко гсдꙋ бгꙋ
А про меня гсдрь изволишь напомянꙋт во свтых своих молитвахъ и я в селѣ Дꙋбровахъ декабря по КѲ де еще живъ ... за семъ тебя гсдря блгословения прошꙋ челом бью (*KT69/518*).

Auch die Analyse der Briefe an sozial Höhergestellte war wenig ergiebig. Man kann höchstens von einer Tendenz sprechen, in solchen Briefen die AFII (die Information über das eigene Befinden) auszulassen. Allerdings sind im Korpus zahlreiche Briefe enthalten, die eindeutig an sozial Höhergestellte gerichtet sind und dennoch diesen Formelblock enthalten. Nur die Briefe von eindeutig Untergebenen, vermutlich Bauern, an ihre Dienstherren scheinen grundsätzlich die AFII auszulassen. Im Korpus sind aber nur sehr wenige solche Briefe enthalten. Bei annähernd gleicher sozialer Herkunft resp. Standeszugehörigkeit ist die AFII dagegen kein distinktives soziolinguistisches Merkmal. So enthalten nur 26 von den über 80 Briefen der ***приказчики*** an Kaufleute keine AFII. Allerdings fehlt in den meisten Briefen F7 (F5-6 sind aber enthalten). Wie bereits gezeigt wurde, ist F7 insgesamt ein sehr instabiles Formelelement, so daß sein Fehlen allein noch wenig aussagt. Auffallender ist hier schon, daß in diesen rein geschäftlichen Briefen die SF überdurchschnittlich oft fehlt: in fast 60% der Briefe. Bei der Interpretation dieses Phänomens muß allerdings beachtet werden, daß die weitaus meisten Briefe dieser Gruppe von demselben Absender stammen, dem Kaufmannsgehilfen Okulov, der in seinen Briefen an den Kaufmann Kalmykov so gut wie nie die SF einsetzt (wohl aber in dem einzigen Brief an die eigene Ehefrau). Dagegen benutzen Sidorov und Tverdyšev, auch ***приказчики***, regelmäßig die SF. Daher sind definitive Aussagen über das Verhältnis zwischen der SF und der sozialen Relation *Absender : Empfänger* kaum möglich. Auch beim Adel scheinen die z. T. erheblichen Rangunterschiede keine Auswirkung auf die Formel zu haben. So nennt sich z. B. Fürst V. V. Golicyn in dem Brief an den im Rang deutlich niedriger stehenden A. I. Bezobrazov ***Васка Голицин*** und zwar in einer auch sonst korrekten Formel (KT65/88). Sogar zahlreiche ***вскормленники*** desselben Bezobrazovs, die sich in ihren Briefen an ihn sehr devot geben, benutzen durchaus die AFII oder zumindest ihre beiden ersten und wichtigeren Elemente (KT65: 40-42, 52ff., 111f.).

Es bleibt abschließend festzustellen, daß bis auf die Briefe von/an Geistliche(n) keine anderen Briefe irgendwelche allein durch die soziale Stellung bedingte Spezifik der Briefformel aufweisen. Einen wesentlich stärkeren Einfluß auf die Gestaltung der Formel haben bestimmte Verwandtschaftsbeziehungen. Mit dieser Relation befaßt sich der folgende Abschnitt.

3.2.3. Formel/Verwandtschaftsgrad

Die Briefe von bzw. an entferntere Verwandte zeigen keinerlei Besonderheiten in der Briefformel. Wohl aber einige Briefe von direkten Verwandten (Vater, Mutter, Kinder und Ehepartner; Ausnahme: Geschwisterbriefe). Das wichtigste Spezifikum ist hier wohl die abweichende Form sowohl der Selbstbezeichnung des Absenders als auch der Anrede in bestimmten Briefgruppen. So ist z. B. die Auslassung des Vatersnamen bei dem Absender und sein obligatorischer Gebrauch bei der Anrede des Adressaten auch noch zur petrinischen Zeit die Norm (s. o. die Briefe E. B. Kurakinas an ihren Vater sowie die Briefe der jungen Jabločkovs). Auch Altersunterschiede bzw. unterschiedlicher sozialer Status können diese Norm nur selten außer Kraft setzen. Die Geschwisterbriefe, die Briefe der Kinder und die der Ehefrauen folgen konsequent dieser Norm. Nur in drei Fällen (alles Geschwisterbriefe) wird davon abgewichen:

1) In dem ältesten Brief des Korpus (Z1603) nennt sich der Absender *Дроꙋжинко Аков снъ*;
2) eine Schwester redet ihren Bruder nur mit Vornamen an (KP64/MA158): *Проθен батка здравствуі ...*;
3) Brüder-Absender benennen sowohl sich selbst als auch ihren Bruder-Empfänger mit Vor- und Vatersnamen (KT69/50): ... *пишоꙋт Никиθор да Родивон Григорьевы дети к братоꙋ своемоꙋ Борисоꙋ Григоревоꙋ...*

In den letzten beiden Fällen handelt es sich um Bauern, der Status des Absenders des ersten Briefes ist dagegen nicht ganz klar. Es handelt sich aber mit Sicherheit um keinen vermögenden Mann in einer exponierten gesellschaftlichen Stellung (MOROZOV 1982, 290). Der in etwa gleiche soziale Status ist das einzige gemeinsame Merkmal dieser drei Briefe. In allen anderen Fällen folgen die o.g. Briefgruppen der üblichen Norm der Personenbennenung.

Anders verhalten sich in diesem Punkt die Briefe der Eltern, vor allem der Väter, sowie die Briefe der Ehemänner. Dabei wird der Absender grundsätzlich mit Vor- und Vatersnamen benannt, während die Anrede des Empfängers gewissen Schwankungen unterliegt. So werden Söhne in 34 von 41 Vaterbriefen mit Vor- und Vatersnamens angeredet (zu berücksichtigen ist hier allerdings, daß 28 dieser Briefe von demselben Absender stammen, V. F. Belin). Wodurch die Anrede der Kinder nur mit Vornamen bedingt ist, läßt sich schwer nachvollziehen. Denn nur in einem Fall könnte das Fehlen des Vatersnamen mit dem Inhalt des Briefes erklärt werden: es handelt sich um eine väterliche Schelte (obwohl der obligate väterliche Segen auch hier nicht fehlt):

> Ѡт Сергея Івановича снꙋ моемꙋ Никите блгословение а я на МосквѢ окьтября въ ДІ ден ѕдоров да ты страдник хоте бы я вотчим был и ты отписал ко мнѢ единꙋю строкꙋ а то ты ничево ни единые строки не отпишеш а сам после говорыш что ботто не сказав тебѢ посылат ... (*KT69/198*).

In den Mutterbriefen werden Vor- und Vatersname konsequent und ohne Ausnahme für beide Seiten verwednet:

> От матꙋшки Агаθиі Савелевъноі снꙋ моем<у> Θедотꙋ Димитриевичю ... (*KP64/MA108*).

Manchmal erwähnt die Mutter ihren eigenen Namen gar nicht:

> Свету моему кнзю Василю Василевичю ... (*KO68/2a + ff.*).

In den Briefen der Ehefrauen wird der Ehemann grundsätzlich mit Vor- und Vatersnamen, die Absenderin nur mit Vornamen bezeichnet:

> Гсдрю моему Степанꙋ Корнилевичю женишко твоя Улка челом бьет... (*KT69/111*).

Ein Ehemann schreibt sich dagegen immer mit Vor- und Vatersnamen. Auch seine Ehefrau redet er normalerweise so an, nämlich in 14 von 23 Fällen.

Warum drei der Ehemänner ihre Ehefrauen (in insgesamt 9 Briefen) nur mit dem Vornamen anreden, läßt sich nicht genau bestimmen. Mit schlechtem Einvernehmen zwischen den Ehepartnern kann es jedenfalls nicht erklärt werden, wie das folgende Beispiel zeigt, in dem die Ehefrau durchaus zärtlich, aber eben nur mit dem Vornamen angeredet wird. Einmal allerdings auch mit dem Vatersnamen - dann aber ohne denVornamen:

> Ѡт Михаила Панѳилевича жене моеи Авдоте от меня тебѣ з детми поклон ... а ты свет моя Игнатьевна пиши ко мнѣ о своем здорове ... да велел я тебѣ Дунюшка ... (*KT69/99*).

In vielen anderen Aspekten zeigen die Formeln bestimmter Verwandtenbriefe noch wesentlich mehr Spezifik. So erteilen die Eltern ihren Kindern üblicherweise ihren Segen, und zwar sowohl in der AF als auch in der SF, die somit noch deutlicher als sonst als Wiederholung der AF (AFII) auftritt:

> От Дмитрея Ивановича снꙋ моемꙋ Ѳедоту Дмитреевичю от меня тебѣ свѣтꙋ моемꙋ мир и благословение ... а по том тебѣ от меня мир и благословение (*KP64/MA112*)

> Ѡт Василя Бѣлина снꙋ моему Івану Василевичю блгословение ... (*KA84/257; die SF fehlt: dieser Absender benutzt in seinen Briefen an den Sohn unüblicherwiese nur den Vornamen*)

> Свѣтꙋ моему кнзь Василю Василевича бꙋд на тебѣ свѣт мои младсть бжия и мое грешное блгосcловение отннѣ и до века ... бꙋдь на тебѣ свѣть мои млсть бжия и мое грешное блгосcловение отннѣ и до века (*KO68/2g*).

Die AF wird fast immer mit <u>*от(ъ)+Gen.*</u> eingeleitet. Varianten sind selten:

> Петрунюшка і Івашенко ... (*KP64/P42*)

> Сну моему Степану ... (*KT69/58, vgl. a. 64/MA99-2*)

> Василѣи Иванови съоу моему Ѳедору Василвичу о менѣ тебѣ поклонъ (*KT69/191*)

> Свету моему кнзю Василью Василевичю ... (*KO68/2a et pass.*).

Als Varianten treten *мир* und *милость бжия* auf, in den Mutterbriefen kommt wiederholt *буди покровенъ десницею вышнего бга* vor. Als Pendant dazu tritt in den meisten Kinderbriefen die Bitte um den Segen der Eltern auf:

> блгословения... прося/прошу (*die in der SF noch einmal wiederholt wird:*)

> ...о семъ писавы снъ твоі Сава блгословения прося челомъ бьетъ (*KP64/MA83*).

Ausnahmen sind sehr selten: die Segensbitte fehlt in 9 von 43 Briefen der Söhne und in einem der 20 Tochterbriefe:

> Гсдрю ншему батюшку Иле Аврамьевичю детишки твои Андрюшка да Ѳедка челом бьют ... (*KT65/9; die SF fehlt*)

> Гсдрю моему батюшкꙋ Панѳилю Тимоѳѣевичю сынишко твои Мишка челом бьет ... по том тебѣ гсдрю своемꙋ много челом бью (*KT69/71*).

Zu berücksichtigen ist allerdings, daß es sich bei den Ausnahmefällen überwiegend um geschäftliche Kurzbriefe handelt, die auch sonst komprimierte Formel aufweisen. Es kann also doch von einer bestimmten Formelnorm für die Verwandtenbriefe ausgegangen werden.

Es ist um so bemerkenswerter, da ja oben gezeigt wurde, daß die soziale Stellung allein keine Änderung der Formel bewirken kann. Die einzigen Ausnahmen, bei denen der soziale Status die sonst herrschende Norm durchbrechen kann, sind somit Stellung innerhalb der Familie und Zugehörigkeit zum Klerus. M. E. handelt es sich hierbei um ein Spezifikum der *Pax Slavia Orthodoxa*: im übrigen Europa des 17.- frühen 18. Jh.s scheinen die soziolinguistisch bedingte Spezifik der Anrede - und auch des Briefes als solchen - schon wesentlich ausgeprägter zu sein. Weiter unten, bei der Behandlung der Parameterkombination *Zeit/Sprache* soll auf das Phänomen dieser erstaunlichen soziolinguistischen Homogenität noch einmal eingegangen werden (II.3.3.).

Auch der Sexus allein bewirkt keinerlei Änderung der Formel. Allerdings ist der Anteil der Frauen unter den Absendern wie Empfängern im Korpus zu gering, als daß hierüber weitergehende generalisierende Aussagen gemacht werden könnten.

Eine gewisse Relation zwischen dem Thema und der Formel scheint es aber - zumindest tendenziell - zu geben: so weisen die Briefe mit überwiegend geschäftlicher Thematik grundsätzlich komprimierte Formel auf. Besonders deutlich ist es in den Briefen, die nicht an Angehörige gerichtet sind. Allerdings muß auch hier der individuelle Faktor berücksichtigt werden: die meisten der zahlreichen Geschäftsschreiben im Korpus stammen von nur wenigen Absendern (so über 50 Briefe von Okulov: KT69/338ff.). Die Tendenz zur schlichten und oft verkürzten Formel ist dennoch unübersehbar. Ausgelassen werden grundsätzlich Attribute und jegliche Ausschmückung; auch die AFII fehlt häufig, sowie die SF. Nachfolgend einige typische Fälle:

> Млстивои мои гсдрь Алеξѣи Өедорович здравие твое да соблюдет десница вышняго бга и с сожителницею своею на веки...(*KT69/35; die SF fehlt*)

> Гсдрь мои млстивои Клементеи ПрокоѲевичь блгополѹчно упованием бѹдѹщих блгъ о гсдѣ бзѣ радѹися. с праведным твоимъ домом (*KT69/386*)

> Гсдрю Клементью ПрокоѲевичю из Нижнег раб твоі Петрушка Окулов челом бьетъ многолѣтно гсдрь ѕдравствуи со всѣмъ своимъ праведным домом
> Млстию своею изволиш о мнѣ рабѣ своемъ напаметоват і бжие долготерпение окаянству моему еще влдко терпит апреля по КВ де... (*KT69/404*)

Гсдрь мои Сидор Михаиловичь многолѣтно и блгополꙋчно здравствуи і со всѣми любящими твоі гсдря моего здаровья,
А по млсти гсдрь своеи изволишь о мнѣ напамѣтовать и я в Синбирску апрѣля по КЕ е число за призрѣнием всемогущаго бга жив а впрѣди какъ его свтая блгодать, ... О семъ писавыі челом бью (*KT69/426*)

Гсдрю игꙋменꙋ Арсению еже о Хрстѣ з братею ꙋбогои чернецъ Протасе блгословенене просит челом бьет ... (*KT69/494; die SF fehlt*).

Intentionale Färbung zeigt dagegen keine Wirkung auf die Formel.

3.3. Zur Wirkung verschiedener Parameter auf die Sprache der Briefe

Der narrative Teil des Privatbriefes scheint noch neuerungsresistenter als die Briefformel zu sein. Außer dem Zeitfaktor zeigt keiner der hier berücksichtigten Analyseparameter nennenswerte Wirkung auf die Sprache des Korpus: weder der soziale Status, noch etwaige Verwandtschaft, noch Thema bzw. Intention, noch Sexus. Aber auch die zeitbedingten Veränderungen sind deutlich kleiner im eigentlichen Brieftext als in der Formel. Auch ist die Zahl der Briefe, die solche Veränderungen aufweisen, kleiner als der mit veränderter Formel, die auch nur ca. 12% aller Briefe aus petrinischer Zeit ausmachen. Die häufgste Art der Neuerung sind die in die sonst konventionellen Briefe inkludierten Neologismen wie:

бурмист(р) (*KP64/MA116;KT69/63*), *канцелярія* (*KP64/K38*), *комисар* (*KP64/K30*), *кумпания* (*KP64/MA105*), *лекрутныя* (*KP64/MA83*), *марш* (*KP64/K22*), *маюръ/молоръ* (*KT69/63; KP64/K21*), *политика* (*KS81/49*), *правиантъ* (*KT69/131*), *правынцыя* (*KP64/K30*), *ригелмент* (*KP64/K22*), *сонат* (*Senat: KP64/K31*), *суптѣлно* (*subtil: KT69/311*), *турбація* (*KP64/MA85*) *und* *θетъмаршал* (*KP64/K22*).

Auffällig ist ferner der Trend zu Komposita, Superlativen und (r)ksl. Lexik:

благоприятствование (*KP64/K37*), нижеозначенное (*KP64: K45, 78; KS81/52*), вышеписанное (*KP64/K55; KT69: 161, 230*)
всенижаише, всепокорная (*regelmäßig in der SF E.B. Kurakinas*)

аще (*KP64/K78; KT69/297*), понеже (*KP6: /K22, 38: KT69/103; KS81/44*), паки (*KP64/23; KS81/55 et pass.*), зѣло (*KP64: K22f., 75; MA92 et pass.*).

Insgesamt aber bleibt die Lexik unverändert. Nur in den Briefen der Kurakinas ist der Anteil der neuen bzw. (r)ksl. Lexik als erheblich zu werten, allerdings gilt das in erster Linie für die Formel und situativ gebundene Idiomatik, und nur in wesentlich eingeschränkterem Maße für die Narration als solche.

Das gilt auch für die Syntax, die von allen Sprachbereichen wohl den stärksten Einfluß von diversen Neuerungen in dieser Zeit erfährt. Die Neigung zu den (r)ksl. Konjunktionen wurde bereits erwähnt. Insgesamt erhöht sich der Anteil der Hypotaxe, z. T. merklich. Am auffälligsten aber ist die Tendenz zur

Komplizierung, zur Verschachtelung der Syntax. Auch hier sind vor allem feste, situativ gebundene Ausdrücke betroffen:

- чтоб не оставлены были в ваших писмах/неоставить писанием (*reguläre Redewendung bei Kurakinas, häufig in der Funktion des neuen F3*);
- уведомить чрез писание (писанием) (*KP64: K20, 32*);
- надеюсь что вы известны/уповаю вас ... небезызвестных (*KS81: 44, 55*);
- во возвестие вшему блогородию даншу (*KP64/K30*);
- и мне была уведωмидца ωб ономь не можнω (*l. c.*);
- писмо каторое я с радостию принять получила (*KS81/37*);
- и желаю вамъ ... оное торжество препроводить (*KS81/52*);
- таких дрвнь в продаже отнють не намерено (*KS81/52*);
- і я в великои печали о том нахожус (*KT69/103: eines der beiden einzigen Belege für das Verb* находиться, *vgl. a. KS81/35*).).

Bemerkenswert erscheinen die immer häufigeren "haben"-Konstruktionen, eindeutige syntaktische Barbarismen (vgl. zum Status einer SEIN-Sprache für Russisch ISSATSCHENKO 1983, 16.1.2.):

- в чемь я имею но вась нодеения (*KP64/K45: vgl. die o. a. stereotype Redewendung der alten Sprache* а я на млсть твою надежен);
- из чего я имею себѣ великаю радость (*KS81/32*);
- великаю себѣ печаль имею (*KS81/33*);
- имею за великае мне нещастие (*KS81/36*)
- а мы ... имѣемъ вас какъ бы власного ншего гсдря родителя (*KS81/55*).

Manchmal begegnet man richtigen syntaktischen Komplexen, etwas, das der vorpetrinische Brief nicht kennt:

- и то гсдрь батюшка изволь расъсудить что ежели мы в какои непарядашнаи жизни себя бѹдимъ преправадить то вамъ не честь бѹдитъ для таго что мы падъ вашимъ именемъ ат чего вамъ нельзя удалитъца (*KS81/40*);
- што же на первωе писмω хωтя і укоснела мωим ωтветом; прωшѹ гсдрь братецъ мне млстиво ωставить пωнеже матѹшка моя ωбω всем сказывала кнзь Михаилѹ Михаилωвичю і просила евω штоб ωн ізвωлилъ ωбстоятелно к вам ωтписат, в чем і уповаю вас в том небезізвесных (*KS81/44*);
- токмω для некоторого виду тѣ тверские дрвни бутто для росплаты долгов мужа еѣ заложены были в пяти тысечахъ на самое малое время для скорои просрочки однако того не допустя послан от меня члвкъ с челобитною дабы тѣ дрвни отдать мнѣ на выкупъ а ежели б мочи моеи такои не было и я в томъ конечно намерена была чтобъ выкупить млсти твоеи понеже тѣ дрвни прародителския дабы дрѹгому никому не достались и ннѣ онѣ то увѣдая отсрочили выкупать на годъ а для какои притчины того мнѣ заочно вѣдать подлинно невозможно, а что станетъ чинитца о томъ вшеи млсти учиню извѣстие впредь, (*KS81/52*).

Zu erwähnen wären noch syntaktische Entlehnungen wie:

поздравляю вам(ъ) (*KS81/35, 43, 48, 50f.*).

Es wurde bereits erwähnt, daß die Emphase im vorpetrinischen Brief eher gering ist. Auch das scheint sich nun zu ändern, wobei hier westeuropäischer Einfluß zu vermuten ist. Vor allem in den Briefen der beiden jungen Kurakinas findet man häufig solche Ausdrücke wie *великая печаль* (*KS81/33; KT69/103*), *несносная печаль* (*KS81: 4, 55*), *истинно умираю с печали* (*KS81/42*) etc. Allerdings beschränken sich solche Ausdrücke wiederum im wesentlichen auf die Formel und formelhafte Passagen.

Ein weiteres Spezifikum der neuen Sprache ist die Anrede. Die alte Tradition der euphemistischen Anrede wird fortgesetzt, aber mit neuen Ausdrucksmitteln:

> (ваша) особа (*KP64/K21ff.*), ваше превосходительство (*KP64/K23*), (ваше) благородие (*KP64: K2, 24; KT69/36 et pass.*), ваше предпочьтителство (*KP64/K23*), ваша чесность (*KP64/K32*), ваша милость (*KP64: K30, 37, 64*).

Auch die ersten Belege für *(его) царское величество* stammen aus petrinischer Zeit (KS81/35ff.; KP64/K33). Die Briefe des 17. Jh.s kennen nur die Form *великий гсдрь*.

Eine weitere wichtige Neuerung ist das Aufkommen der Ihr-Anrede: der vorpetrinischen Privatbrief kennt "Du" für jeden sozialen Rang. Die einzigen Ausnahmen sind die beiden höchsten Würdenträger, Zar und Patriarch. Aber auch ihnen gegenüber ist ein Nebeneinander der beiden Anredeformen zu beobachten (vgl. Briefe Aleksej Michajlovičs: II.4.3.). Der einzige Brief an den Zaren im Korpus stammt bereits von 1696 und ist somit nicht aussagekräftig. In den Briefen des frühen 18. Jh.s - d. h. in solchen, die auch sonst neue Elemente aufweisen - begegnet man den ersten Ihr-Anreden, zunächst nur gegenüber den Älteren bzw. den Eltern. Diese Formen werden aber in keinem der Briefe konsequent angewandt und konkurrieren mit der immer noch gängigen Du-Anrede, die sich im Rußland auch in den hohen Gesellschaftsschichten wesentlich besser als in Westeuropa behaupten konnte.

Trotz aller erwähnten Neuerungen muß der Grad des sprachlichen Wandels, wie er im Korpus repräsentiert ist, doch als gering bewertet werden. Nicht nur, daß die weitaus meisten Briefe aus petrinischer Zeit gar keine neuen Elemente aufweisen; auch sonst ist der Anteil des Neuen eher mäßig, zumal im narrativen Teil der Briefe. Die Neuerungen können sich zuerst in der Briefform und sonstigen formelhaften Ausdrücken durchsetzen - und auch behaupten. Daher weisen viele auch der "neuen" Briefe z. T. mehrfachen Stil- und Duktuswechsel auf, wie folgenden Beispiele belegen:

> 1) Миластиваи гсдрь мои батюшка князь Борисъ Ивановичь многолетно здравствуи
> Писмо от васъ гсдрь писанъное декабря 24 а я исправно приняла палучила енъваря 19 за которое ва<с>ъ моего миластиваго гсдря всенижаиши благодарс<т>вую и великаю радасть себѣ имею что палучила гсдрь <из>вещение а вашемъ здаровие чего я всегда с

радастию ... (*Text defekt - A. K.*) ...ю желаю а я гсдрь за темъ вамъ нечаста служу ... (*Text defekt - A. K.*) ...ими писмами что у меня какъ примутъ управител <о> себѣ вамъ даношу ... (*KS81/34; vgl. a. 40*)

2) ...Поздравляю вам гсдрю моему с наступающим с ннѣшнимъ великимъ празником тридневнаго христова воскресения а катором ты гсдрь мои о своемъ дѣле ізволил ко мнѣ писать і с темъ члвком видѣлас того ж числа в которое число получила от вас писмѡ и к вашеи млсти в тех жа числах писала и послѣ того съ кнгинею Черкаскою многажды видѣлас и говорила я еи о том же вашемъ дѣле трожды и она мнѣ скаѕала то ж что и прежде и мошно ѕнат что отговорка и она и кнѕь еѣ скаѕал доч наша еще не невеста в возрастъ не пришла когда въ возрастъ придетъ отдадим еи на волю хто еи будетъ нъравенъ ѕа таво і отдадим а послѣ я тово с ними видалас толко уже об еѳтамъ и не говорила что мошно видить что их ни малогѡ намѣрения нетъ а что я к вашеи млсти не писала повтаряя ожидалал от вас противъ моего писма вашего, объявляю тебѣ мои гсдрь свою печал волею бжию ѕятя нашего Алеѯандра Петровича не стало ѳевраля 19 дня въ 6 часу по полудни а болѣзнь ево была жестокая горячка, въ 8 день скончался, еще тебѣ мои гсдрь обьявляю бгъ мнѣ млеть свою даровал в печали моеи порадовал нас объщаю нашу внуку Елену Алеѯандровну помолвили за Алеѯандру Лвовича Нарышкина ... (*KS81/50*).

Bei den Beispielen handelt es sich um Briefe der drei Kurakinas, deren Briefe auch sonst den höchsten Anteil an Neuerungen zeigen. Ansonsten beschränkt sich das Neue häufig nur auf die Formel (KP64: K33, 64; KT69/103).

Ein gutes Beispiel für die neue Amtssprache bietet folgender Brief (hier könnte auch polnischer Einfluß vermutet werden: KT69/227):

Гсдрь мои Іванъ Алеѯандровичь здравие твое гсдря моего десница бжия на веки да соблюдетъ
По присланнои твоеи знакомцомъ твоим отписке в Смоленску нашимі трѹдамі ѹказ ѹчиненъ и написан млсть твоя в списку с отставнымі
Немлсть твоя что не пожаловал о своем здоровье намъ не известіл чрез писанія чего впред полѹчиті желаемъ
Извествую млсти твоеи гсдря моего что за вышеписанные трѹды наши присланнои твои дал намъ гараздо скуднѡ толко три крѹшка за что было довлело дат вдвое того болши для того чтѡ от ввозного дания где было коштавало дат ЕІ или и болши онъ свобоженъ твердостію аднако ж мы в том не ѹсѹмневаемся надеждѹ полагаем в незабвенною млсть натуры твоеи что в немешкалныхъ часех сугѹбо трѹдовъ наших воздаті чем бгъ млсти твоеи по серцѹ положитъ можешъ
А для не вспобудителнои твердості вышереченнои вещи и для вечного ѹспоения за обороною нашею в чем твоя млсть и природное блгораѕуміе твое разсудить можешъ, пожалуи обошли новиною осеннею. на пиво ... (*Text defekt - A. K.*) ...етущих бо данного от знакомца твоегѡ подарки не токмо нам старшино но и подвластным товариства ншего сиделцем не ѹдоволно ... (*KT69/227*).

Die meisten petrinischen Briefe behalten die alte Norm bei. Auch das widerspricht der These Issatschenkos vom "sprachlichen Niemandsland" (ISSATSCHENKO 1983, 561), zumindest, was den Privatbrief anbelangt. Leider bietet das Korpus nicht genügend Material, um den in den beiden ersten

Jahrzehnten des 18. Jh.s einsetzenden Wandel weiter verfolgen zu können. Auch das kontrastive Korpus bietet hierfür viel zu wenig, denn gerade in nachpetrinischer Zeit kommt das Phänomen des fremdsprachigen Privatbriefes auf, der den russischen nachhaltig verdrängt. Es fehlen auch edierte Briefe aus den 30-50er Jahren des 18. Jh.s.

3.4. Zusammenfassung

Die Analyse hat gezeigt, daß nur der Zeitfaktor sowohl auf die Formel als auch auf den narrativen Teil des Briefes deutliche Auswirkung hat. Für die Gestaltung der Formel (quantitative wie qualitative) sind darüber hinaus Verwandtschaftsgrad bzw. Zugehörigkeit des Absenders und/oder Empfängers zum Klerus relevant. Somit ist die einzige kontinuierliche und ausgeprägte Modifizierung des Briefes die auf der Zeitachse. Der Zeitfaktor ist daher als Dominante im Wandlungsprozeß des russ. Privatbriefes zu betrachten. Auch die immer deutlich erkennbare soziolinguistische Schichtung wird vom Zeitfaktor dominiert: So z. B. die dem jeweiligen Rang entsprechenden Epitheta (вше блгородие, превосходительство), die im Russischen vom späten 18.- 20. Jh. ein so reichhaltiges Repertoire darstellen; die Trennung in Du- und Ihr-Anrede u. a. m. Die Neuerungen erfassen zunächst die Briefformel und die situativ gebundenen formelhaften Fragmente des Textes, eine direkte Relation zwischen dem Wandel in der Formel und Idiomatik und dem in der Sprache des narrativen Teils des Briefes ist doch evident. Es bleibt zu hoffen, daß durch neue zuverlässige Editionen die sich abzeichnenden Wandlungsprozesse weiter in der Zeit verfolgt werden und so die immensen Lücken in der historischen russischen Epistolographie geschlossen werden können. Wenn die These Issatschenkos vom Bruch mit der alten Tradition zutreffen sollte, kann es nicht zu diesem Bruch aufgrund eines Mangels an geeigneten schriftsprachlichen Formen gekommen sein. Das Werk Kotošichins zeugt davon, daß es im Rußland dieser Zeit sehr wohl eine funktionsfähige Schriftsprache gegeben hat. Und das stützen auch die Daten aus der Untersuchung des Grundkorpus. Auch die Tatsache, daß die Sprache Kotošichins z. T. erheblich von der der Privatbriefe abweicht, zeigt nur, daß es sich um Textsorten mit eben unterschiedlicher vorgegebener Intention handelt, denen jeweils unterschiedliche Normen zugrunde liegen.

4. Vergkeichskorpus

4.1. Vorbemerkungen

Die Texte des Vergleichskorpus wurden bereits eingangs vorgestellt. Nachfolgend noch einige Bemerkungen zum Analyseverfahren. Bei den Nicht-Briefen lag der Schwerpunkt auf der Sprachanalyse, und zwar auf denselben Bereichen wie beim Grundkorpus. Aus Platzgründen werden die Ergebnisse hier in recht knapper Form präsentiert; dennoch werden die wichtigsten sprachlichen Charakteristika berücksichtigt. Bei der Analyse wurden bewußt keine bereits vorliegenden Untersuchungen der Texte hinzugezogen, da das Vergleichskorpus hier vor dem Hintergrund der Texte des Grundkorpus betrachtet wurde und ausschließlich als Mittel zur distinktiveren Bestimmung der Textsorte *vorpetrinischer russischer Privatbrief* dient. Außer den linguistischen wurden auch, soweit möglich, die textlinguistischen Merkmale berücksichtigt. Angesichts der sehr engen Textbasis, die fast immer nur einen Text einer jeweiligen Textsorte enthält, konnte dies nur eingeschränkt geschehen. Das trifft aber auch für *челобитные* und *сказки* zu. Diese Gruppen umfassen zwar mehrere Einzeltexte, die zeitlichen Rahmen sind aber so weit, daß die Aussagekraft der Ergebnisse dadurch eingeschränkt wird. Diese beiden Textsorten, wie auch die *Вести-Куранты* verdienen allerdings besonderes Interesse, da sie, wie auch die Privatkorrespondenz, normalerweise der Amtssprache zugeordnet werden. Daher wurde, vor allem bei *челобитные* und *сказки*, auch das jeweilige Formular untersucht. Dasselbe gilt für die Briefe des Vergleichskorpus, deren Analyse auch die textstrukturelle Komponente enthält.

4.2. *Домострой*

Die Sprache dieses Textes zeichnet sich vor allem durch wiederholtes code-switching aus. So enthalten manche Kapitel, die sich dem *духовное строение* widmen, kaum Elemente des Russischen oder sind zumindest sehr geschickt und konsequent "slavisiert". Ab und an verfällt der Text aber auch hier in die Alltagssprache. Ein gutes Beispiel bietet z. B. das Kapitel *Како тайнамъ божиимъ причащатись и вѣровати воскресению мертвыхъ, и страшного суда чаяти и касатися всякой святыни*:

> А благоволитъ богъ кому причасьтитися божественныхъ Христовыхъ тайнъ, ино лжицею от иерея примати во уста опасно, губами не сверкати, руцѣ имети к персемъ согбени крестаобразно, а дора и просфира и всякая святая вкушати бережно, крохи на землю не уронити, а зубами просфиры не кусати, яко же прочии, хлѣбъ уломываючи, невелики кусочки класти в рот, ести губами и ртомъ, не чавкати, со опасением ести... (*72*).

In den Kapiteln, die sich mit dem *мирское строение* (Familienleben) befassen, ist der Anteil des (R)KSl merklich geringer, obwohl auch hier ganze Abschnitte noch diesem Duktus folgen können, wie das Kapitel 20 *Похвала женамъ*:

> Аще даруетъ богъ жену добру, дражайши есть камени многоцѣннаго, таковая от добры корысти не лишится, дѣлаетъ своему все благожитие. Обрѣтши волну и ленъ, сотвори благопотребно рукама своима, бысть яко корабль куплю дѣющи: издалече збираетъ в себѣ богатество и востает из нощи, и дастъ брашно дому и дѣло рабынямъ, от плода руку своея насадит стяжание много; препоясавъше крѣпко чресла своя, утвердит мышца своя на дѣло и чада своя поучаетъ, тако же и рабъ, и не угасаетъ свѣтилникъ ея всю нощь: руцѣ свои простирает на полезная, лакти же своя утвержает на вретено, милость же простирает убогу, плод же подаетъ нищим, - не печется о дому мужь ея: многоразлична одѣяния преукрашена сотвори мужу своему и себѣ, и чадомъ, и домочадцемъ своимъ... (*91f.*).

In den Kapiteln zum *домовное строение* ist der (r)ksl. Einfluß minimal: Konjunktionen, Verweise auf und Zitate aus dem kirchlichen Schrifttum:

> ...якоже апостолъ Павелъ рече: "Аще некий братъ именуемъ или блудникъ, или лихоимецъ, или идолослужитель, или ругатель, или пьяница, или хищник - с таковыми ни ясти, ни пити". И паки рече:.. (*82*).

Ansonsten beschränkt sich (R)KSl (soweit vorhanden) auf den Kapitelanfang:

> Подобаетъ вѣдати се, како чтити дѣтемъ отцевъ своихъ духовных, изыскати отца духовнаго добра, боголюбива и благоразумна, и разсудителна, а не потаковъника пьяницу, ни сребролюбива, ни гнѣвлива (*84, Kap.14*).

Die Analyse hat gezeigt, daß die Merkmale der grammatischen Norm nach Remneva auch im *Домострой* distinktiven Status haben. Allerdings ist ihr Repertoire hier, bedingt durch die homogene Intention des Textes (Belehrung, Anweisung) deutlich eingeschränkt, so daß bei weitem nicht alle bei Remneva aufgelisteten Formen im Text präsent sind. Wohl sind Konditionalkonstruktionen überaus häufig (wiederum intentional bedingt) und werden z.T. sogar in den russisch gehaltenen Passagen durch *аще* eingeführt. Dagegen findet man auch in den (r)ksl. gehaltenen Kapiteln nur den synthetischen Imperativ:

> Посем же возлюбиши господа бога твоего от всеядуша своего и от всея крѣпости своея, и подвигни вся твоя дѣла и обычая, и нравы угодная творити по заповеди его, паки же искреняго си возлюби всякаго челвека, по образу божию созданна, рекше всякаго християнина (*sic!*) страхъ божий всегда имѣй в сердцы своемъ (*74*).

Insgesamt beschränkt sich die "Slavisierung" auf die Morphologie und die Lexik des Textes. Neben den Konjunktionen wie *аще*, *яко*, *убо*, *егда*, *елико*, u. ä., die hochfrequent sind und so dem Text einen entsprechend (r)ksl. Charakter verleihen, sind vor allem die auch sehr frequenten *-ти*-Infinitive sowie 2. Sg. Prs. wie *будеши*, ferner Dat. Pl. auf *-омъ*, Lok. Pl. m./n. auf *-ѣхъ*, aber auch Gen. Sg. m./n. auf *-аго* zu erwähnen. Auch einige phonetische Charakteristika des (R)KSl sind im Text präsent, wenn auch nicht sehr häufig, so Reflexe der 2. Palatalisierung: *руцѣ, по бозѣ, в велицѣ* (86) und *trat*-Formen wie *брегом* (84; aber auch *вретено* (92)). Wesentlich wichtiger ist aber, daß es sich jeweils nicht um Einzelformen oder eingestreute (r)ksl. Syntagmen handelt, wie es im Grundkorpus der Fall ist, sondern um konsequent (r)ksl. Textpassagen, die ganz in dem intendierten Duktus gehalten sind. Auch die - relativ seltenen - Russismen innerhalb der (r)ksl. Textpassagen sind, wenn man sich den Kotext genauer ansieht, notwendig. Sei es, um eine bestimmte Stelle des Vortextes dem Laienpublikum zu verdeutlichen (wie in dem o. a. Beispiel über das Verhalten bei der Kommunion), sei es, weil keine (r)ksl. Entsprechungen zur Verfügung standen:

> ...и отцемъ и матеремъ з дѣтми от бога грѣх, а отъ людеи укоръ и посмѣхъ, а дому тщета, а себѣ скорбь и убытокъ, а отъ судей продажа и соромота... (*84/15*)

oder weil russische Formen von dem Verfasser als neutral angesehen wurden:

> Да самому себѣ государю и жену, и дѣтей, и домочадцов своихъ учити не красти, не блясти, не солгати, не оклеветати, не завидѣти, не обидети, не клепати, чюжаго не прѣтися, не осужатися, не бражничати, не просмеивати, не помнити зла, не гнѣватися ни на кого, к большимъ быти послушну и покорну, к средънимъ любовну, а к меншим и убогимъ привѣтну и милостиву, со всякимъ управа без волокиты, ноипаче наимита наимом не изобидѣти, а всякая обида со благодарениемъ терпѣти бога ради: и поносъ, и укоризна, аще по дѣломъ поносятъ и укаряютъ, сие с любовию примати, и от таковаго безумия отвращатися, а противъ не мстити... (*92*; *vgl. a.* (*88*): ...покояй матерь свою волю божию творит и угожаяй отцу во благихъ поживет. Вы же чада, дѣломъ и словомъ угожайте родителемъ своимъ во всяком блазѣ совѣте, да благословени будете отъ нихъ: отчее благословение домъ утвердит, и материя молитва отъ напасти избавит...).

Während der Stil und die Sprache innerhalb einzelner Kapitel in der Regel homogen bleiben, findet von Kapitel zu Kapitel immer wieder Wechsel zwischen (R)KSl und Russisch statt. So ist z. B. das Kapitel 15 *Како дѣтей своихъ воспитати во всякомъ наказании и страсѣ божии* fast rein (r)ksl. (auch wenn der Einfluß der Rechtssprache auch hier immer wieder deutlich wird:

> ...И хранити и блюсти о чистотѣ телесней и от всякаго грѣха отцемъ чадъ своих, якоже зѣницу ока и яко своя душа. Аще что дѣти согрѣшаютъ отцовымъ и матернимъ небрежениемъ, имъ о тѣхъ грѣсехъ отвѣт дати в день Страшнаго суда...(*84*).

Das darauf folgende Kapitel *Како чадъ воспитати, с надѣлкомъ замужь выдати* ist dagegen russ. und zeigt zudem deutlichen Einfluß der Rechtsprache:

> А у кого дочь родится, ино разсудны люди от всякаго приплода на дочерь откладывают: на ее имя или животинку ростятъ с приплодомъ, а у полотенъ, и у вусчинъ, и у ширинокъ, и у вубрусовъ, и рубашек по вся годы ей в пришенной сундук кладутъ и платье, и саженье, и монисто, и

> святость, и суды оловяные и меденые, и деревяные; прибавливати непомношку всегда, а не вдруг, себе не в досаду, и всево будетъ полно... (*86*).

Das nächste Kapitel *Како дѣти учити и страхомъ спсати* ist wiederum konsequent (r)ksl. und weist sogar ein hohes rhetorische Potential auf:

> И не дажъ ему власти во юности, но сокруши ему ребра, донележе растетъ, и, ожесточавъ, не повинет ти ся и будет досажение и болезнь души, и тщета домови, погибелъ имению и укоризна отъ сусѣдъ, и посмѣхъ пред враги, пред властию платежь и досада зла. (*88*).

Auch in den übrigen Kapiteln, die über das *мирское строение* belehren, findet immer wieder der Wechsel (R)KSl/Russisch statt. Dagegen bleiben die beiden anderen thematischen Blöcke, zum *духовное* und zum *домовное строение*, in sich im Stil und Sprache einheitlich: der erstere (r)ksl., der letztere russisch.

Die Syntax zeigt, auch in den sonst (r)ksl. gehaltenen Passagen, überraschend wenig Spezifik auf. Es dominiert der einfache Satz bzw. die Satzreihung, wobei (als rhetorisches Mittel) der Parallelismus der Struktur eine sehr häufige Erscheinung ist:

> (r)ksl.) В монастыри и в болницы, и в пустыни, и в темницы закълюченных посѣщай и милостыню по силѣ всяких потребных подавай, елико требуютъ, и види бѣду их и скорбь, и всякую нужу, елико возможно, помогай имъ, и всякаго скорбна и бѣдна, и нужна, и нища не презри, введи в домъ свой, напои, накорми, согрѣй, одежи всею любовию и чистою совѣсьтию...(*74*);

> (russ.) а у доброго человека и у порядливой жены толко пасено в пору, коли рыбу свѣжую купячи, иную солит, иную вялит, иную подвариваетъ, иную сушит мелкую, иную и в муку толчет, в пост во шти подсыпает, коли пригоже...(*130*).

Auch Hypotaxe ist durchaus vertreten, allerdings mit nur wenigen Nebensatztypen. Am häufigsten ist zweifelsohne der Konditionalsatz, der in (r)ksl. Passagen mit *аще*, in russ. mit *а/и/толко/да/ино/коли* eingeführt wird:

> ...Аще сего моего писания не внемлете и наказания не послушаете и по тому не учнете жить... (*70*)

> ...А пошлешь куды слушку или сына, и што накажеш говорити или што здѣлати или што купить, и ты вороти да спроси ему, што ты ему наказалъ, что ему говорити или что ему здѣлать, или что ему купити, и толко по твоему наказу тебѣ все изговорит, ино добро... (*114*)

> ...Коли все знаетъ, доброго мужа наказаниемъ и грозою и своимъ добрымъ разумомъ, ино все будет споро... (*106*)

> ...А толко людей держат у собя не по силе и не по добыткамъ, а не удоволити его ествою и питиемъ, и одежею...ино той слуги...у неволи заплакав, и лгать и красть... (*104*)

> ...Да толко которои просолъ не в росоле стоитъ, ино верхней рядъ згниетъ, а не в береженье, ино испортится... (*156*).

Andere Nebensatztypen sind wesentlich seltener; zu erwähnen sind noch Kausal- Temporal-, Komparativ- und Relativsätze.

<u>*Kausalsätze*</u> werden entsprechend mit *убо* bzw. *ино* gebildet:

...тѣ убо суть слуги и молебники небеснаго царя... (*74*)

...И ести и пити з благодарениемъ, ино сладко... (*90*).

<u>*Temporalsätze*</u> werden in (r)ksl. Passagen mit *егда* eingeführt, in den russ. mit *коли* (die Abgrenzung von Kausalkonstruktionen ist nicht immer leicht) :

...Егда жидове сѣдоша ясти в пустыни... (*80*)

...А коли хлѣбы пекут, тогды и платья моют... (*106*).

In <u>*Komparativsätzen*</u> konkurrieren *яко* und *какъ*:

И хранити ... якоже зѣницу ока и яко своя душа... (*84*)

...и дозирати какъ красные рубаши моют... (*106*).

Sehr zahlreich sind in dem Text die <u>*Modalsätze*</u>, was durch seinen Charakter einer Belehrung, durch die intendierte Darstellung des Soll-Zustandes bedingt ist. Erstaunlich selten sind hier explizit (r)ksl. Konstruktionen wie *да + pf. Prs.*:

...аще кто биетъ отца и матерь - отъ церкви и отъ всякия святыни да отлучится... (*88*).

Normalerweise wird die Aufforderung durch *а + Infinitiv* ausgedrückt:

А людей у собя добрых дворовыхъ держати...(*92*).

Auch präsentische Formen, ipf. wie pf., können modale Bedeutung haben:

А по вся дни государыня у слугъ дазираетъ...(*112*)

Аще ли добрый муж о своемъ спасении радит ... и онъ ... в благоденьстве по бозѣ жизнь свою препроводит...(*122*).

Die *бы*-Konstruktion, in dem Grundkorpus frequent, kommt dagegen selten vor:

А в горнице...всегда бы было чисто...А сама бы государыня всегда была устойна во всякомъ обиходе...(*112*).

Interessant ist, daß diese unterschiedlichen Ausdrucksmittel in der Regel auf verschiedenen Kapitel verteilt sind. Innerhalb des Kapitels dominiert jeweils nur ein Typ der modalen Konstruktion.

Abschließend ist zu sagen, daß *Домострой* eine wesentlich gepflegtere Sprache hat als die meisten der Privatbriefe, deren Verfasser bei weitem nicht so sprachgewandt erscheinen. Der Text zeichnet sich auch durch einen wesentlich höheren Anteil an (r)ksl. Elementen und Konstruktionen aus. Gemeinsam ist dem Grundkorpus und dem *Домострой* der deutliche Einfluß der Rechtssprache: manche Passagen muten wie Zitate aus *Русская Правда* an:

...А дѣти ... аще что согрѣшатъ или что сотворят, и отцемъ и матерем з дѣтми от бога грѣх, а отъ людей укоръ и посмѣхъ, а дому тщета, а себѣ скорбь и убытокъ, а отъ судей продажа и соромота... (*84*)

...А толко иные дочери есть, тако ж о них промышляти. (*86*)

...А по людцкой ссорѣ или по оговору без обыску без прямого брань и побои, и гнѣвъ никако же бы не было, како было наношение или рѣчи недобрые, или своя примѣта - того наедине пытати добромъ: истиннѣ покается - безо всякаго лукавства милостивно наказать да и пожаловати, по вине смотря; а толко не виновато дѣло, ино оговорщикомъ не попущати, ино бы вперед вражда не была, а толко по вине и по обыску по прямому... (*122*).

4.3. Briefe des Zaren Aleksej Michajlovič

Es wurden folgende Texte untersucht (in chronologischer Reihenfolge):

1) Brief an A. I. Matjuškin, 25.5.1650 (BARTENEV 1856, 23f.)
2)-3) Zwei Briefe an Nikon, Mai 1652 (LICHAČEV/DMITRIEV 1988, 500-502; BARTENEV, l. c., 210-212)
4) Brief an N. I. Odoevskij, 21.11.1653 (BARTENEV, l. c. 227-32)
5) Brief an A. I. Matjuškin, 13.3.1655 (l. c., 44f.)
6) Brief an die Familie, 5.5.1655 (LICHAČEV/DMITRIEV 1988, 511)
7) Brief an A. I. Matjuškin, 1662 (BARTENEV, l. c. 75f.).

Die Analyse dieser Briefe hat deutliche Parallelen und Übereinstimmungen zwischen den Briefen des Zaren und denen des Grundkorpus gezeigt (sowohl in der Sprache des narrativen Teils als auch in der Formel der Briefe). Den wesentlichen Unterschied stellen die spezifischen und sehr reichen Epitheta im Anfangs- und im Schlußteil der Briefe dar. Sie beschränken sich allerdings im wesentlichen auf die Briefe an den Patriarchen Nikon:

> Отъ царя и великого князя Алексѣя Михаиловича всеа Русiі, великому солнцу сiяющему, пресвѣтлому богомолцу и преосвященному Никону, митрополиту новгородцкому и великолуцкому, отъ насъ, земнаго царя, поклонъ. Радуйся, архiерее великiй, во всякихъ добродѣтелехъ подвизающейся!.. А по семъ радуйся ты, архiерею великiй, и веселися в добрыхъ дѣлѣхъ; а насъ благослови и прости, владыко святый, въ словѣ и въ дѣлѣ и въ помышленiи, и моли за насъ грѣшныхъ, и не забывай насъ въ своихъ молитвахъ на всякъ день и часъ... (*BARTENEV, l. c., 210+212*)

Ansonsten folgt die Formel der üblichen Norm, zeigt aber gewisse Besonderheiten. Die Anfangselemente (F1) sind immer erhalten, entweder in der Form *отъ (+Gen.) + Empfänger (Dat.)* oder in der üblichen Dativform:

> Отъ царя и великого князя Алексѣя Михаиловича всея Русiи столнику нашему Аѳанасью Ивановичю Матюшкину...(*BARTENEV, l. c., 23; dieser Brief ist allerdings reine Anweisung!*)

> Государынямъ моимъ сестрамъ и матери, царевне и великой княжнѣ Ирине Михайловне, царевне и великой княжнѣ...о бозѣ радоватис... (*LICHAČEV/DMITRIEV, l.c., 511*).

Dagegen treten F2 und F3 in veränderter Form auf:

> ...Спрашиваемъ о твоемъ святительскомъ спасении, какъ тобя, свѣта душевнаго нашего, богъ сохраняетъ? ... (*LICHAČEV/DMITRIEV, l. c., 501*)

> ...Какъ тебя великого святителя Богъ милуетъ? ... (*an Nikon; BARTENEV, l. c., 210*)

> ...боярину нашему князю НикитѢ Ивановичу Одоевскому милостиво желаемъ, поздравляемъ и з детми твоими... (*BARTENEV, l. c., 227; F2 ist hier in F1 integriert*)

> ...Да будь ты здоровъ... (*an Matjuškin; BARTENEV, l. c., 76; F2 hier am Schluß des Briefs, der keine andere Formelelemente aufweist und der Intention nach eher eine Anweisung ist*).

In den Briefen an die Familie findet sich nur die Redewendung: *...(вамъ) о бозѢ радоватися...* (BARTENEV, l. c., 239; LICHAČEV/DMITRIEV, l. c., 511).

In allen untersuchten Briefen fehlt F4. Das Fehlen bzw. bestimmte Modifizierung gerade der AFI/2 scheint nicht zufällig, sondern durch den Status des Zaren als des absoluten weltlichen Oberhaupts bedingt zu sein: zwar wünscht er seinen Adressaten, die allesamt ihm nahestehenden Personen sind, Gesundheit und fragt auch zuweilen nach ihrem Wohlergehen, aber in keinem Brief wird die Bitte ausgesprochen, vom Wohlbefinden des Adressaten in Zukunft informiert zu werden bzw. die Versicherung, dies immer gern zu lesen (hören), wie es in der kanonischen AFI/2 der Fall ist. Die AFII, die über das Befinden des Absender informiert, ist dagegen, wenn auch in komprimierter Form, in den Briefen des Zaren ein obligatorisches Element:

> ...А язъ грѢшнъй твоими молитвами далъ Богъ здорово... (*an Nikon; BARTENEV, l. c., 210*)

> ...а мы великій государь со святыми божіими церквами и со всѢмъ нашимъ государствомъ далъ Богъ здоровы... (*an Odoevskij; l. c., 227*)

> ...А про насъ изволишъ вѢдать: и мы по милости божии и по вашему святительскому благословѢнию какъ есть истинный царь християнский наричеся, а по своимъ злымъ, мерскимъ дѢламъ не достоинъ и во псы (*sic!*), не токмо в цари ... И вашими святыми молитвами мы и с царицею, и с сестрами, и з дочерью, и со всемъ государствомъ маия по ... число далъ богъ здорово... (*an Nikon; LICHAČEV/DMITRIEV, l. c., 501*)

> ...а мы на божией службе ево милостию и отца нашего, великого государя, святѢйшаго Никона, патриарха московского, всея Великия и Малыя Росии, молитвами, маия въ 5 день во граде Смоленске, дал богъ здорово... (*an die Familie; l. c., 511*).

Nur in den Briefen an Matjuškin kommt die AFII nicht vor. Möglicherweise ist der Grund hierfür darin zu suchen, daß es keine eigentlichen Briefe, sondern Anweisungen (meist bezüglich der Falkenjagd) sind. F7 fehlt im übrigen in allen Briefen der beiden Editionen. Die übliche SF ist recht gut erkennbar, trotz gelegentlicher Fülle an Epitheta, vor allem in den Briefen an Nikon:

> ...А я тебѢ потомъ, великому господину, челомъ бью... А потомъ прошу от тобя благословѢния и прощения со всѢмъ государствомъ. И потомъ благосердне челомъ бью... (*l. c., 501*)

> ...А потомъ язъ многогрѢшный царь благосерднѢ челомъ бью... (*BARTENEV, l. c., 212*)

> ...А по том многолѢтствуйте, свѢты, с нами во вѢки... (*an die Familie; LICHAČEV/DMITRIEV, l .c., 511; vgl. Brief an die Familie in Bartenev, l. c., 239*).

In den Briefen an Odoevskij und in mehreren an Matjuškin fehlt die SF ganz. In anderen Briefen an Matjuškin ist sie nur als *здравствуй* am Ende des Briefes vertreten (BARTENEV, l. c., 45+76). Die Sprache des narrativen Teils ist eindeutig russisch, trotz z. T. umfangreicher (r)ksl. bzw. slavisierter Passagen in den Briefen an Nikon und in dem Brief an Odoevskij mit der Nachricht vom Tod seines Sohnes. Die beiden Sprach- und Stilsysteme in den Briefen sind deutlich voneinander abgegrenzt und eine Interferenz findet so gut wie nicht statt. In der Syntax sind Hortativsätze, vor allem in den Anweisungsschreiben an Matjuškin die wohl häufigste Konstruktion. Sie werden, wie auch in den Briefen des Grundkorpus mit *бъ/бы* + *Infinitiv* gebildet bzw. mit dem einfachen Imperativ:

> ...и тыбъ записывалъ ... да отписать бы тебѣ...да однолишно бы вамъ по нашему указу... (*BARTENEV, l. c., 23f.; vgl. a. 76, 211, 239*)
>
> ...И тебѣ бъ, отцу нашему, было вѣдомо... (*LICHAČEV/DMITRIEV, l. c., 501*)
>
> ...и ты примай с радостію сію печаль, а не в кручину себѣ и не в оскорбленіе... (*BARTENEV, l. c., 230*)
>
> ...и ты прикажи... да и самъ ты смотри... Да отпиши...(*Brief Nr. 5; l. c., 75*)

Da es sich überwiegend um kurze Texte handelt, die häufig fast nur aus Formel bestehen (der erste Brief an Nikon, die Briefe an die Familie) bietet die Syntax des narrativen Teils kaum Anhaltspunkte für weiterreichende Aussagen. Nur zwei der Briefe sind etwas umfangreicher und auch thematisch nicht so eng gefaßt: der zweite Brief an Nikon und der Brief an Odoevskij mit der Nachricht über den Tod seines Sohnes. In den beiden ist der erzählenden Duktus unübersehbar, und damit überwiegt die Parataxe, die aber immer wieder von hypotaktischen Konstruktionen durchbrochen wird. Aber auch dann bedient sich der Zar russischer Elemente: *чтоб*, *какъ*, *какой*, *пріемше*, *что*. Nur singulär treten (r)ksl. Einschlüsse auf, und in dem Fall kommen sie in den markierten Positionen vor:

> ...чтобъ Бога наипаче не прогнѣвать...
>
> ...И аще бы твой сынъ безъ покаянія умеръ... (BARTENEV, l. c., 230: beide Beispiele aus dem insgesamt emphatischen Bericht über den Tod des jungen Odoevskij).

Russisch sind auch sowohl die Lexik als auch der Formenbestand der Briefe. Als Tempora kommen nur Präsens und l-Präteritum vor, manches pf. Präs. ist vermutlich als Futur aufzufassen. Intentional und thematisch bedingt (Erzählung bzw. Bericht sowie Anweisung, in den Briefen an Nikon auch Bitte) kommt Futur im übrigen kaum vor. Periphrastische Tempora fehlen ganz. Partizipien sind sehr selten, viel öfter kommen Gerundien vor. Es dominiert eindeutig die russische Flexion. Die Orthographie ist in den beiden Editionen modernisiert, so daß hierüber keine Aussagen möglich sind.

Projiziert man Remnevas Liste auf die Zarenbriefe, sind nur - soweit überhaupt vorhanden - russische Varianten vertreten. (R)Ksl. Spezifika findet man nur in der Formel und in den Epitheta sowie in ksl. Zitaten und Versatzstücken (vor allem in dem Todesbericht an Odoevskij (BARTENEV, l. c., 229-32). Dagegen ist russische Idiomatik auch in den Zarenbriefen keine Ausnahme:

...какой мы от роду не видали... (*BARTENEV, l. c., 44*)

...розно розбитца... (*l. c., 45*)

...Да не покручинься... (*l. c., 210*)

...чтоб...разнесъ Богъ с рабеночкомъ... (*l. c., 211*)

...Не лошадь дорога мнѣ... (*l. c., 228*)

...какъ есть уснул... (*l. c., 229*)

...А твоего сына Богъ взяль, а не врагъ полатою подавилъ... (*l. c., 230*).

Die Analyse von Privatbriefen des Zaren hat keine Anhaltspunkte zugunsten der These von der Musterrolle der *письмовники* ergeben. Es ist durchaus denkbar, daß sie diese Rolle tatsächlich hatten, allerdings für offizielle, nicht private Korrespondenz, für *послания*, für den literarischen Brief (s. BROGI BERCOFF 1984; PONYRKO 1992, 4). Gerade die Briefe an Nikon, die niemals ganz privat sind, weisen eine gewisse Ähnlichkeit mit den Mustern der *письмовники* auf.

4.4. Briefe der Fürstin E. P. Urusova

Untersucht wurden die vier Briefe Urusovas an ihre Kinder und ein Brief an einen Unbekannten, die vermutlich 1672–73, während der Verbannung und der Haft, entstanden sind (LICHAČEV/DMITRIEV 1988, 587–593). In allen vier Briefen an die Kinder und auch in dem Briefe an Unbekannt weicht die Formel stark von der Norm ab. Jeder Brief beginnt mit der sogenannten *Иисусова молитва*:

Господи Исусе Христе, сыне божий, помилуй нас!

Es folgt die Nennung des Adressaten (im Dativ); alle Adressaten werden mit *свѣтъ/свѣты* angeredet, nur in dem ersten Brief an die Töchter findet man am Anfang das Epitheton *возлюбленнымъ моим сердешнымъ*. Nur hier fehlt der übliche mütterliche Segen, der durch die Formel *Спаси вас Христос!* ersetzt wird (589). In den anderen Briefen an die Kinder folgt auf die Nennung des/der Adressaten die übliche Segensformel:

a) ...Мир тебѣ, свѣт мой, и благословѣние мое... (*Brief an den Sohn, 587*)

b) ...И буди мое грешное благословения на вас, светов моих... (*2. Brief an die Töchter, 589*)

c) ...мир вам, светомъ моим, и благословения мое... (3. *Brief an die Töchter, 591*).

In dem Brief an den Unbekannten findet man die Wendung *спасай душу*, die im Grundkorpus nur in den Briefen an schwarzen Klerus vorkommt (592). Die AFI/2 ist nur in dem Brief an den Sohn vertreten, und zwar am Ende des Briefes, unmittelbar vor der SF:

> ...Да абрадуй меня, Васенька, отпиши ко мне, как ты живешь, утеши ты меня, любезной мой. Буди на тебе божия милость. (*589*).

Die AFII fehlt ganz; die SF ist komprimiert und hat spezifische Form: *прости(те)*. In zwei der vier Briefe an die Kinder tritt die Segensformel noch einmal als Teil der SF auf (in dem Brief an den Sohn nur als Fragment erhalten):

> ...Простите же, любезные мои, буди на вас милость божия и мое благословения на вас... (*592*)

Während die konventionelle Struktur der Briefformel auch in den Briefen Urusovas noch recht gut erkennbar ist, weichen ihre Briefe in der Sprache des narrativen Teils erheblich von dem Grundkorpus ab. Sie zeichnen sich durch eine um ein Vielfaches stärkere Emphase aus, durch ihren klaren, rhetorisch durchdachten Aufbau. Und durch ihre Intention: obwohl es sich hier um die Briefe einer von ihren Kindern gewaltsam getrennten Mutter handelt, sind sie eher ein leidenschaftlicher Appell, dem wahren Glauben nicht zu entsagen, denn Privatbriefe. Die häufigste Verbalform ist denn auch der Imperativ. Der übliche Satztyp ist der einfache Satz, wobei augenfällig oft die Reihung von Prädikaten in Form von finiten Verben vorkommt, die eines der charakteristischsten Merkmale der Briefe Urusovas ausmacht: Wiederholung und Parallelität der Struktur, des Ausdrucks. Zuweilen erinnert die Sprache der Briefe sogar an *причитание*, v. a. dort, wo sich die Mutter über die Trennung von ihren Kindern beklagt bzw. darüber, daß der Sohn dem alten Glauben entsagt hat:

> ...О, светы мои любезныя, радость вы душе моей! О. светы мои, две ластовицы златокрылыя; о, мои светы возлюбленные, двѣ горлицы пустынные; ох, светы мои любезные, двѣ сироты бѣзприютные, не имеет х кому приклонити главу свою сирою! Только у меня, у грешницы, на земли и радости, что вы, двѣ любезныя мои! Носила вас, световъ своих, во утробѣ своей и радивалась, и родила васъ, светов своих, забыла болезнь свою матерню, возрадовалася вашему рождению, глаза мои грешныя на вас не нагледелися, и сердце мое вами не нарадовалась... (*590*).

Weder in der Syntax noch in der Lexik oder Morphologie ist nennenswerter (r)ksl. Einfluß zu beobachten, sieht man von den einzelnen eingestreuten Formen ab, wie *рукама*, *очима*, *царстви*, *преступи*, oder (r)ksl. Versatzstücke wie:

> ...Светы мои, здешня честь и радость маловрѣменна, аки в гостях гостим, а тамошня радость неизглаголанная, око не виде, ни ухо не слыше...(*590*).

Solche Inklusionen sind im übrigen für das gesamte Schrifttum der Altgläubigen ein charakteristisches Merkmal. Schmücker-Breloer ist deshalb zuzustimmen, daß diese Texte im Verband des Altgläubigenschrifttums zu untersuchen sind. Losgelöst aus diesem Verband, sind sie kaum adäquat zu interpretieren.

Abschließend ist festzustellen, daß die Briefe Urusovas nur in ihrer Formel eine gewisse Verbindung zu dem Grundkorpus zeigen und vermutlich außerhalb der Textsorte "vorpetrinischer russ. Privatbrief" anzusiedeln sind.

4.5. Bericht G. Kotošichins

Man findet im Text fast alle distinktiven Merkmale der (r)ksl. grammatischen Norm nach Remneva: konditionale Konjunktionen wie *аще*, *аже*, kausale wie *понеже*, *занеже*, einfache Präterita; auch dativus absolutus ist ein durchaus frequentes Phänomen. Andererseits ist in den russisch gehaltenen Passagen eine Fülle an russischen Formen und Konstruktionen vertreten. Obwohl man die (r)ksl. Passagen immer deutlich von den russischen abgrenzen kann, handelt es sich niemals um reines (R)KSl bzw. um reines Russisch. Vielmehr gelingt Kotošichin eine harmonische Mischung der beiden Systeme, ein Amalgam, auch wenn die Dominanz des einen oder des anderen Systems innerhalb der Passage jeweils feststellbar ist. Diese jeweilige Dominanz steht in direktem Verhältnis zum Thema des Abschnitts: berichtet Kotošichin historische Ereignisse, bedient er sich vorwiegend (r)ksl. Ausdrucksmittel; erzählt er über die Bräuche des Alltagslebens (auch des der Zaren), verwendet er wohlgeordnetes Russisch. Russisch sind auch die Berichte über den administrativen Apparat. Der Wechsel von einem zum anderen Sprachsystem kann aber auch innerhalb ein und desselben thematischen Abschnitts vorkommen, wobei die Regeln der Distribution unklar bleiben (264/24-25). Die Syntax des Berichts zeichnet sich durch Wohlorganisiertheit, hohe Komplexität und stringente Norm aus. In den Passagen, die über das Alltagsleben in Rußland, über Bräuche und Gepflogenheiten berichten, überwiegt die Parataxe, wobei Konjunktionen (meist *а*) häufig auch am Anfang des Satzes stehen:

> ...8. А для остерегания или оберегания города в болшихъ городѣхъ устроены стрелцы и казаки вѣчным житьем ... А в ыных не в порубежных городѣх... А ключи городовые воротние во всѣм городѣх бываютъ...(*274*).

Aber auch hier begegnet man hypotaktischen Konstruktionen, die allerdings nur durch einige wenige Nebensatztypen vertreten sind: am häufigsten sind die temporal-konditionalen (mit *какъ*), der Objektsatz (mit *что*), der Kausalsatz (mit *потому что*, *для того что*) und der Relativsatz (mit *который*). In den (r)ksl. Abschnitten des Textes ist die Hypotaxe wesentlich stärker vertreten, auch der

Anteil an komplexen, "verschachtelten" syntaktischen Konstruktionen ist höher. Nachfolgend einige Beispiele für die häufigsten Nebensatztypen:

1) Konditionalsatz

...аще человѣкъ хотя мало приидет в славу и честь и в богатство, возненавидети не могут... (*256*)

...И при своем животѣ похочет ли которого женить или отдѣлать, также ежели случится по смерти его быти всѣм живым... (*268*)

2) Temporalsatz

...А как у него будет радость, и в тѣ дни будет кто из нихъ... (*257*)

...А какъ минет по смерти царской 40 дней... (*270*)

...А когда царица преставится... (*270; temporal-konditional*)

...29. Царевичи же во младых лѣтехъ, и царевны болшие и меншие, внегда случися имъ итти к церкви, и тогда... (*267*)

3) Kausalsatz

...и многи мучителства над князи, и боляры своими, и простыми людми показа; понеже и сына своего смири на оный свѣт, пробиша его осномъ своимъ... (*252; vgl. a. 268*)

...Горе тогда людем, будучимъ при том погребении, потому что погребение бывает в ночи... (*270*)

...понеже удоволство имѣяй царственное, не имѣяй бо себѣ удоволства такова, какъ от всемогущаго бога вдано человѣком - совокуплятися и плод творити. А государства своего за князей и за бояр замуж выдавати ихъ не повелось, потому что князи и бояре ихъ есть холопи и в челобитье своем пишутца холопми, и то поставлено в вѣчной позор, ежели за раба выдать госпожа (*sic!*). А иных государствъ за королевичей и за князей давати не повелось для того, что не одной вѣры, и вѣры своей отменити не учинят... (*264f.*)

4) Finalsatz

...умыслилъ послати нѣкоторых людей во град Углечь, обѣщая имъ великую честь и богатство, чтоб они царского брата царевича Димитриа убили... (*253*)

5) Relativsatz

...Такъ же которые писма от матери его царской будут писаны к царю, приносили б к нему... (*253*)

...А вѣдают всякие государственные и земские дѣла и указ по ним чинят, которые мочно имъ чинить и вершить, по наказом ихъ, каковы имъ даются из Розрядного приказу... (*271*).

Die Partizipialkonstruktionen konzentrieren sich auf die (r)ksl. Passagen, so z. B. Part. Prät. A. zum Ausdruck der Taxis:

...Царствова же той царь, преставися... (*252; vgl. a. 254, 256*)

...И мало время минувше, укажет царь.. (258).

Auch die meisten präsent. Partizipien kommen in (r)ksl. Umgebung vor:

...Проклятый же и лукавый сотана, искони ненавидяй рода человѣча... (*253*)

...и много множества народа мужеска полу и женска всѣ вмѣсте без чину, рыдающе и плачюще (*269*).

Ptz. Prät. P. kommt wiederholt vor, allerdings nur in einigen wenigen stereotypen Ausdrücken (*велено, сдѣлано* u. ä.). Auch Gerundien kommen überwiegend in stereotypen Redewendungen vor (und sind zudem recht selten: vgl. 270, 275).

In den Abschnitten, die über historische Ereignisse berichten, kann *dativus absolutus* vorkommen:

...Царю ж на погребение брата своего с Москвы ѣхавшу, и бывшу у Троицы... (*253*)

...С начала ж царствования его еще с поляцы войнѣ от кроворазлития престати не минуша... (254).

Konjunktiv ist relativ selten und wird, wie im Grundkorpus, mit *б(ы)* gebildet:

...а тѣм отделением прокормитися имы было б скудно и мало...и тогда б они брату своему царю ни в чем не послушны были, а дѣти б ихъ от нихъ разлучились и стали б жить своимъ государством и непослушенством или б похотѣли быть у которого иного потентата в подданстве, и оттого б приходило до великой смуты (*268*).

Die (r)ksl. Textabschnitte weisen eine Fülle an Präteritalformen auf, die das Grundkorpus nicht kennt. Vereinzelt findet man sie bei Kotošichin auch an entsprechend markierten Stellen der russischen Passagen:

...Бысть же у того царя два сына... (*255; vgl. a. 252f.*)

...Онъ же бояринъ приide к царю и повѣда, что на Москвѣ учинилося... (*253*)

...И после того времяни случися ему быти в церквѣ, гдѣ коронован, и узрѣ... (*256*).

Die l-Präterita sind allerdings auch in (r)ksl. Textabschnitten die dominante Präteritalform. Bedingt durch die Grundintention des Textes (Bericht) überwiegt aber als Tempus das Präsens. Der Infinitiv hat in den (r)ksl. wie in den russischen Textabschnitten grundsätzlich die Form auf *-ти*. Erheblich ist der Einfluß der (r)ksl. Norm in der Deklination, vor allem in der Pluralflexion der Substantive: *лѣтехъ* (255), *над князи* (252), *по наказом* (271). Man kann hier (und in vielen anderen Fällen) allerdings nur bedingt von einer (r)ksl. Norm sprechen, denn zu viele Fragen über das Sprach- und Normempfinden dieser Epoche sind noch offen.

Abschließend muß festgestellt werden, daß der Bericht Kotošichins von einer hohen schriftlichen Ausdruckskompetenz des Verfasssers zeugt. Er geht gekonnt und souverän mit den beiden ihm gleichermaßen geläufigen Sprachen um, dem (R)KSl und der Amtssprache, und nicht nur das, er verbindet sie auch zu einer homogenen Einheit. All das scheint der These Issatschenkos zu widersprechen, der Bruch der schriftsprachlichen Tradition und der Neuanfang in Anlehnung an das westeuropäische Modell seien unvermeidbar gewesen, da im ausgehenden 17. Jh. keine ausgeformte russische Schriftsprache existiert habe. Wir wissen noch viel zu wenig über den Prozeß der Herausbildung des Standardrussischen. Aber auch wenn Issatschenkos These zutreffen sollte, der Grund für diesen Bruch kann nicht das Fehlen von geeigneten schriftsprachlichen Normen gewesen sein. Das Werk Kotošichins zeugt davon, daß es im Rußland dieser Zeit sehr wohl eine ausgebildete und funktionale Schriftsprache gegeben hat. Zum Schluß sei noch auf die interessanten Ausführungen Kotošichins zur Norm verschiedener amtssprachlicher Textsorten verwiesen (272ff.).

4.6. *Вести-Куранты*

Untersucht wurden:

1) Nachrichten aus Frankreich, August 1643 (Nr.4., 17-19);
2) Übersetzung des Briefes von P. A. Lefel'di, Nov.-Dez. 1643 (Nr. 32, 80-83);
3) Übersetzung des Privatbriefes an den Dolmetscher M. Vejres von seiner Frau und einem Freund, Januar 1644 (Nr. 47, 105f.);
4) Zwei *отписки* der hohen Beamten an den Zaren Michail Fedorovič, Februar 1644 (Nr. 57, 123f.)
5) Nachrichten aus deutschen Ländern, aus Polen, Holland, Dänemark, England, Frankreich und anderen Orten, März-Mai 1644 (Nr. 73, 150-167).

Diese Textauswahl sollte zum einen die Textsortenvielfalt von *Вести-Куранты* repräsentieren. Zum anderen sollte sie auch die Übersetzungen von Briefen enthalten, um so eine bessere Kontrastierung mit dem Grundkorpus zu gewährleisten. Während z. B. der Brief von Lefel'di ein offizieller Bericht eines Diplomaten ist, handelt es sich bei den Briefen an Vejres um wirkliche Privatbriefe. *Отписки* wurden deshalb in das Korpus aufgenommen, weil auch sie eine der traditionellen Textsorten der Amtssprache darstellen. Die beiden übrigen Texte repräsentieren den zentralen Texttyp in *Вести-Куранты*, den außenpolitischen Bericht. Sie sollen zuerst vorgestellt werden:

1) Außenpolitische Berichte (Texte Nr. 1+5)

Die Grundintention der Texte (Bericht) wird immer wieder expliziert. Die geläufigsten Mittel dazu sind Partikel *де* bzw. verba dicendi (scribendi):

...Корол шпанскои еще де в Саракѹѕе... (*17/Bl. 607*)

...Пишут что марта въ КЗ де... (*152/Bl. 514; vgl. a.154/Bl. 521*)

...а про...поход ничево не слыхать... (*156/Bl. 530*)

...а в городе Минстер сказывают... (*152/Bl. 514*).

Die Information kann auch recht unmittelbar eingeführt werden:

...Из Амборха апрѣля въ де... (*152/Bl. 516*).

Die Sprache ist in allen ihren Bereichen Russisch. Die Syntax ist der des Grundkorpus im wesentlichen gleich. Bedingt durch den berichtenden Duktus überwiegt die Parataxe mit den üblichen Anschlüssen *a/u*:

> ...А францꙋжскои карабелнои караванъ еще ѕа двꙋнатцати шпанским<и> караблями ходит а тѣ шпанск<ие> карабли веѕꙋт людеи в Тарагон<у> а арцꙋх Карле і тот де з Беком в Мозе вмѣсто сошлися а княз Ан... (*Text defekt - A. K.*) ...самъ с воискомъ ꙋ Ѕирика <стоит> і может быт что ꙋ него бои бꙋ<дет> а при королевскомъ дворѣ... (*18/Bl. 611*).

Die häufigsten hypotaktischen Konstruktionen sind Final-, Objekt- und Relativsätze:

> ...і в тѣх грамотах писано ч<тобы> они емꙋ помоч учинили... (*160/Bl. 552*)

> ...а что ꙋ них ꙋчинитца и то вперед бꙋдет слышет... (*156/Bl. 530*)

> ...и многих ꙋрядниковъ которые ... смꙋтꙋ хотѣли ꙋнимати... (*158/Bl. 539*).

Die Temporal- und Kausalsätze sind viel seltener und werden entsprechend durch *как* und *потому что* eingeführt:

> ...а как союзные наших людеи под Ма<н>тꙋвомъ побили...(*17/Bl. 607*)

> ...толко чают что не в правдꙋ то чинитца і не от серца потомꙋ что кнѕ<ю> Эльбевскомꙋ да кнѕю Ѳендосмс<к>о<му> таково великово чинꙋ дат не хотят потому что имъ в томъ <не> вѣр<ят>...(*18/Bl. 609f.*).

An Tempora sind nur Präsens und l-Präteritum vertreten, an Modi fast ausschließlich Indikativ. Die Flexion ist russisch, auch die Lexik. Verständlicherweise enthalten *Вести-Куранты* sehr viele Fremdwörter, vor allem Eigen- und Ortsnamen (zur Wiedergabe von Fremdwörtern in *Вести-Куранты* vgl. DEM'JANOV. 1982a+b, 1991). Die Orthographie ist in *Вести-Куранты* allerdings wesentlich geordneter als in den meisten Briefen des Grundkorpus, was auf die hohe Schreibkompetenz der Beamten des *Посольский Приказ* hinweist. Diese Berichte wurden auch, anders als die Privatbriefe, z. T. mehrfach korrigiert (vgl. TARABASOVA 1979).

Somit stehen Auslandsberichte in ihrer Sprache dem narrativen Teil der Privatbriefe (vor allem berichtender) recht nahe. Deutlich unterscheiden sie sich von den Briefen in dem Anteil der Idiomatik, die in *Вести-Куранты* praktisch nicht vorkommt. Bedingt durch ihre vorgegebenen intentionalen Grenzen, weisen *Вести-Куранты* insgesamt ein eingeschränkteres Repertoire an Ausdrucksmitteln auf, vor allem im Bereich der Syntax und der Lexik.

2) Bericht des Diplomaten (Residenten) P. A. Lefel'di (Text Nr. 2)

Auch hier ist die Grundintention der Bericht. Allerdings handelt es sich um den Bericht eines Ausländers, daher ist die russische Übersetzung dieses Textes von besonderem Interesse.

Der Anteil an hypotaktischen Konstruktionen ist hier wesentlich größer als in (1). Man findet vor allem Temporalsätze (intentional bedingt), aber auch Objekt-, Relativ-, Kausal-, Konditionalsätze u. a. Nachfolgend einige Beispiele:

...а какъ я на рускои роубеж приѣхал... (*S. 80/Bl. 276*)

...Велено ... писать что в Роускои землѣ дѣлаетца... (*l .c.*)

...а которые перебѣщики ... перебежали ... и имъ велено ... отдать... *(S. 81/Bl. 278)*

...вѣдомо боудетъ ест ли де там таков оуказъ или... (*l. c.*)

...чтоб папа. ..в елѣл... <ду>ховнои чин с него сложить... (*l. c./Bl. 280*).

Auch Parataxe ist frequent, mit den üblichen *a*- und *u*-Anschlüssen:

...А болшои маеръ Краковскиі в Пергантиі потопил Г поушки и тѣ поушки свияне нашли і в город Стетин привезли. а две поушки что в Белграде закопаны еще не наидены... (*S. 83/Bl. 288*).

In der Lexik und Flexion, aber auch im Formenbestand stimmt der Bericht überwiegend mit den Auslandsberichten überein. Die Beamten des *Посольский Приказ* scheinen also den Brief nicht nur übersetzt, sondern auch korrigiert zu haben. Von seiner nichtrussischen Herkunft zeugen vor allem spezifische Formeln und Redewendungen wie:

...Вшемоу высочествоу чаю вѣдомо оучинилось... (*S. 80/Bl. 276: vgl. ähnliche Konstruktionen in den Privatbriefen aus petrinischer Zeit*).

...и я вамъ вшемоу высочествоу то обьвлю... (*l .c.; auch diese Konstruktion begegnet in petrinischen Briefen wiederholt*)

...После моего послѣднего писма... (*S. 82/Bl. 283: auch solche Ausdrücke kommen im Grundkorpus nicht vor*).

Dieser Brief ist ein Zeugnis dafür, daß die Übersetzungstechnik um die Mitte des 17. Jh.s in *Посольский Приказ* schon recht gut entwickelt war.

3) Übersetzungen der Privatbriefe an den Dolmetscher M. Vejres (Nr. 3)

An diesen Übersetzungen fällt zweierlei auf: Sie sind weniger stark russisfiziert als der Bericht von Lefel'di; das betrifft vor allem ihr ausgeprägtes Formular und die Idiomatik, die nicht denen des russischen Privatbriefes entsprechen, wie er im Grundkorpus vertreten ist, und die von den Beamten des *Посольский Приказ* übersetzt wurden. Und gerade diese - für den damaligen russ. Privatbrief noch fremden Redewendungen findet man in dem späteren russ. Brief, in etwa ab 1720 wieder (vgl. II.3.3.+II.4.14.):

тебѣ обьвля<ю>, даю тебѣ вѣдать.

Besonders deutlich wird es in dem Brief eines Freundes (K. Val'ter), der, da es sich um einen Kurzbrief handelt, hier ganz wiedergegeben wird:

а прилѣжно молю бга в своеи млтве чтоб твоие зач<а>тое хотѣнье исполнилос к великои чести и к прибавленю своим пожитком и к помочи дѣтемъ своимъ и по том ближнего своего не забыт и бью челом тебѣ коумоу своему любително чтоб тебѣ мнѣ вѣдомо оучинит что гднъ

Петръ Марселисъ тебѣ скажет про мою челобитнꙋю и тебѣ бы так же о том порадѣть по времени чтоб в забыте не было и по томъ буди бгомъ храним... (*S105/Bl. 290*).

Die Übersetzer des *Посольский Приказ* müssen auch die konventionelle russ. Briefnorm gut gekannt haben, wie die "russifizierten" Formeln und Stereotype zeigen. Da es sich hier um kurze Briefe handelt, bieten sie auch nur begrenzt Material für eine eingehende Sprachanalyse. Die Syntax mit ihrem in etwa ausgewogenen Verhältnis zwischen Para- und Hypotaxe entspricht im wesentlichen der des Grundkorpus. An Tempora sind nur Präsens und l-Präteritum vertreten. Partizipien sind nicht vorhanden. Die Flexion ist russisch, auch die Lexik bis auf wenige (stereotype) (r)ksl. Elemente. Insgesamt ist der Anteil des (R)KSl minimal und die Nähe zur Sprache des Grundkorpus deutlich.

4.7. *Челобитные*

Alle 17 *челобитные* (1613-1772) sind, wie die meisten Briefe des Grundkorpus, den Editionen der linguistischen Quellenkunde entnommen. Auch diese Textsorte der Amtssprache weist deutlich normiertes Formular auf, das mit der Gegenstand der Untersuchung war. Die Analyse geht chronologisch vor, die jeweiligen Belegstellen der einzelnen Texte werden in Klammern angegeben.

1) Челобитная владимирских оброчников об уравнении в тягле с посадскими людьми, Januar 1613 (KA84/105)

Um das Formular der *челобитные* vorzustellen, soll die Formel hier vollständig wiedergegeben werden:

(AF) Великие росиские державы Московского гсдрьства бояром и воеводам бьют челом земъские сироты володимерские оброчничишка старо<сти>шко Сергѣико Шохов с товарищи

Darauf folgt der Inhalt der Bitte, in sich noch zweigeteilt (die Darstellung des Mißstandes (Klage) und die Wunschvorstellung (Bitte)), daran schließt die SF:

...гсдри бояре смилуитеся.

Die Parataxe dominiert eindeutig und bedient sich der üblichen Konjunktionen *a* und *u*. Die einzige hypotaktische Konstruktion ist in die Bitte integriert:

...бояре сми<луи>теся пожалуите нас велит<е> ... (*Text defekt - A. K.*) стати к посадцким людем в Володимере и тягло тянꙋти с ними ровно и всякие по<дати> дав... (*Text defekt - A. K.*) ... вмѣсте ровно же что<бы> бѣдные ѕемские сироты вконец не погибли в розни...

Auch die Lexik und die Morphologie weisen keine Spuren des (R)KSl auf. Die Orthographie ist genauso unnormiert wie in dem Grundkorpus.

2) Челобитная шуянина Ивашки Степанова на таможенных откупщиков, требовавших пошлину не по ряде, 20.3.1623 (KA84/121)

Diese Bittschrift ist an den Zaren gerichtet. Die AF lautet entsprechend:

> Црю гсдрю і великомꙋ кнѧю Михаилꙋ Ѳедоровичю всеа Рꙋсиі бьет челом и ꙗвлꙗет... ,

die SF hat die übliche Form *смилꙋися пожалꙋи*. Der Bittsteller bezeichnet sich selbst als *я сирота*. Solch mitleidheischende Form der Selbstbezeichnung wie auch deren ständige Wiederholung im Text gehört zum Formular der *челобитная*. In dem Aufbau folgt der Text der üblichen Struktur einer Bittschrift:

> *Nennung des Adressaten + бьет челом + Nennung des Bittstellers (=AF) + Darstellung der Klage + Bitte + SF.*

3) Челобитная крестьянина Федьки Семенова на крестьян села Гостева в бое и грабеже, 16.6.1641 (KA84/144)

Auch dies ist eine Bittschrift an den Zaren. Sie stimmt in der AF mit der obigen überein, während die SF verkürzt auftritt: *црь гсдрь смилуися*. Auch hier nennt sich der Bittsteller *я сирота*. In seinem Aufbau folgt dieser Text der üblichen Norm. Bemerkenswert ist die Beschreibung der gestohlenen Pferde:

> ...а грабежем гсдрь взяли шестеро лошедеи *мерин ворон грива направо во лбу звезда мерин бур грива направо ж ѡтмет к холке да мерин ворон грива налево на правои ногѣ пятно черемиское да мерин гнед грива направо свирѣпа каря грива налево отметъ к уху да свирѣпа ж савраса грива налево со влогою...*

Ähnliche Konstruktionen findet man auch in mehreren Briefen des Grundkorpus. In der Sprache weist der Text nur eine Besonderheit auf, nämlich die Partizipialkonstruktion: *...меня сироту убив замертво пограбя покинули...*

4) Челобитная вдовы Авдотьицы об освобождении из-за решетки ее человека И. Татарина, 15.10.1656 (KO68/54)

Auch diese *челобитная* ist an den Zaren gerichtet. In der Formel und in der Struktur weist der Text keine Besonderheiten auf, wohl aber in der Syntax, in der mehrere Nebensätze vorkommen:

> во РОЕм годꙋ взят человечишка мои в Розряд Ивашка Татарин что поручен был сын мои ... в ... (*Text defekt - A. K.*) ...ѡткупных денгах по Барисе Левонтьяве...
>
> ...а человечишка мои сидит за решоткою и помирает голодом а которыя гсдрь товарыщи што с ним поручены и те ходяд на поруках...
>
> ...вели гсдрь дат мнѣ сроку покаместо сын мои будет ис Трубчевска...

5) Челобитная сотского Овдокимки Григорьева на крестьян в питье табака и иных худых делах, 1665 (KA84/161)

Dieser Text ist eher eine Denunziation. Er weist auch entsprechende Änderungen auf: zusätzlich zur Nennung des Adressaten und des Empfängers enthält er die Namen der Missetäter:

...на крстьян на Ѡндрюшку Илина са на Івашка да на Китунку Нестеровых...

Die SF ist in Kurzform *гсдрни смилуитеся* vertreten. Die Selbstbezeichnung ist das übliche *я сирота*. Die Sprache weist keine Besonderheiten bis auf ein Gerundium auf:

...Ѡндрюшка гсдрни Илинъ идучи из Суздаля на дороге ѡграбил прохожего члвка и хотѣл убит до смерти...

6) Челобитная попа Романа на попова сына Лаврентия Федорова в грабеже и их мировая челобитная, Juni 1679 (KA84/176)

Die Bittschrift ist, wie auch die obige, an einen Geistlichen gerichtet. Bemerkenswerterweise wirkt sich das in keinerlei Hinsicht auf die Sprache des Textes aus - mit einer Ausnahme: da auch der Bittsteller ein Kleriker ist, lautet seine Eigenbezeichnung entsprechend *твой бгомолецъ*.

Auf den Text der Bittschrift folgen die Resolution des Metropoliten und der "Friedensvertrag" zwischen den beiden Kontrahenten. Dieser letztere ist wiederum in Form einer *челобитная* abgefaßt. Die Formel und der Aufbau der beiden Bittschriften folgen der Norm. Die Resolution des Metropoliten ist in Form einer Anweisung gehalten. Größere sprachliche Spezifika weisen diese Texte nicht auf. Interessant ist folgende temporale Konstruktion in der ersten Bittschrift:

...и какъ бѹду я в селѣ Ляхах и он Лаврентеи вышед ис кузницы меня с лошади сорвалъ...

Die Resolution des Metropoliten enthält mehrere hortative Infinitive. Die Friedensbittschrift enthält eine Rechtsformel:

...і въпред бгомолец твои поп Роман на него Лавърентьѧ в том не челобитчикъ...

7) Челобитная Бутурлиной о дворовом месте отца, 1682 (KO68/116)

Die Adressaten sind hier die Zaren Peter und Ivan. Die Formel und der Aufbau des Textes folgen der Norm. Die Eigenbezeichnung der Absenderin ist *раба ваша*. Die dominierende syntaktische Struktur ist die parataktische Reihung. Auch sonst weist der Text keine sprachlichen Besonderheiten auf.

8) Челобитная крестьянина ***Федьки Иванова*** *на* ***притеснявшего*** *его крестьянина* ***Михаила Емельянова****, 1698 (KA84/205)*

Die Bittschrift richtet sich an die Äbtissin und folgt in der Formel und dem Aufbau der Norm. Der Absender bezeichnet sich als *сирота вашъ*. Der Text zeigt keine sprachlichen Besonderheiten.

Die folgenden Texte stammen aus nachpetrinischer Zeit und zeigen ein erheblich verändertes Formular:

9) Челобитная Г. Бражникова, 30.1.1741 (KS81/255)

> Всепресветлѣишиi державнеишиi великиi гсдрь императоръ и самодержец всероссиiскиi гсдрь всемилостивѣишiи
>
> Бьет челом Первого Московского полкѹ прапорщикъ Григореи Бражников а о чемъ мое прошение томѹ следѹютъ пѹнкты... (*=AF; es folgt der Inhalt der Klage und der Bitte; die SF lautet*:) ...Всемилостивѣишiи гсдрь прошѹ вашего императорского величества о семъ моемъ прошени решение ѹчинит...

Die meisten Änderungen in der Sprache der Bittschrift sind lexikalischer Art: *оныи*, *именованныи*, *покаѕаннѹю*, *ассесор* etc. In der in die Bittformel eingebetteten modalen Finalkonstruktion (die eigentlich hortativen Charakter hat) findet man die (r)ksl. Konjunktion *дабы*. Es sei in diesem Zusammenhang auch auf die Zunahme von früher markierten (r)ksl. Elementen in den Briefen der petrinischen und nachpetrinischen Zeit erinnert. (vgl. II.3.3. + II. 4.14.).

10) Челобитная М. Протопопова, 7.3.1747 (l.c./283)

Diese Bittschrift ist an die Kaiserin (Elisabeth) gerichtet. Die Formel und der Aufbau folgen dem o. a. Muster. Auch hier weicht die alte Selbstbezeichnung *я сирота* u. ä. der neuen *именованны(и)*, die dann aber genauso häufig im Text wiederholt wird wie die alte in den vorpetrinischen Bittschriften. Die Bittformel wird mit *дабы* gebildet, die Neuerungen beschränken sich auch hier im wesentlichen auf die Lexik.

11) Челобитная Я. Мушникова, 20.10.1772 (l.c./298)

Die Adressatin ist die Kaiserin Katharina II. Die Formel und der Aufbau folgen der Norm. Dem Klageteil wird allerdings eine neue Formel beigegeben, die sich auch in den anderen Bittschriften aus der katharinischen Zeit findet und auf einen neuen Normwechsel hinweist: *по долгу присяги и чистой совести.*

Diese jüngste der untersuchten Bittschriften weist bestimmte sprachliche Besonderheiten auf: Der Anteil an Hypotaxe und an komplizierten syntaktischen Konstruktionen ist hier wesentlich höher. Die Tendenz zur Komplizierung des Ausdrucks ist auch unterhalb der Satzebene zu beobachten, was keineswegs zum besseren Verständnis der dargelegten Sachverhalte beiträgt:

> для осведомления
> кои имелись оставленными
> в жительство перешел
> взять имею.

Abgesehen von diesen Spezifika weist der Text kaum Abweichungen von den ein Jahrhundert älteren Bittschriften auf, und dennoch wirkt seine Sprache anders. In der Lösung dieser Frage liegt vielleicht auch die Antwort auf die vielen offenen Fragen der Entstehungsgeschichte des Standardrussischen.

Die elf bis jetzt vorgestellten Texte werden in den Editionen explizit als *челобитные* aufgeführt, die sechs folgenden dagegen als *грамотки*. Sie wurden wegen ihrer Intention aus dem Grundkorpus ausgesondert. Ihr Vergleich mit "richtigen" Bittschriften sollte zeigen, ob dem intentionalen Kriterium tatsächlich die ihm eingangs zugestandene Relevanz bei der Bestimmung der Textsorte *Privatbrief* zukommt (vgl. II.2.3.6.).

12) Ф. М. Челищеву от старосты и крестьян, nach 1660 (KP64/Č20)

Sowohl die AF als auch die SF folgen der Norm. Die Selbstbezeichnung ist hier *сироты твои*. Auch die Strukturierung des Textes folgt dem üblichen Muster: *AF + Klage + Bitte + SF*. Die Sprache des Textes ist Russisch.

13) О. Лаптев А. И. Безобразову, ca. 1671-82 (KT65/120)

Bei dem Bittsteller handelt es sich um einen Gutsbesitzer. Der Adressat ist der reiche und mächtige A. I. Bezobrazov, eventuell der Nachbar des Verfassers. Dieses Schreiben stellt einen Grenzfall zum Privatbrief dar, was z. B. an der SF deutlich wird: *...а по том гсдрь ѹпад на землю на опшую нашю мат до лица земнаго...*, während die AF der Norm der *челобитные* folgt:

> ...Гсдрю Андрѣю Илiчю бьет челом бѣднои и безпомочнои Оска Левонтиев снъ Лаптев смилѹися гсдрь Андрѣи Илiчь надо мною бѣдным и безпомочьнымъ...

Auch strukturell steht der Text einem (Bitt)Brief nahe. Die Bittschriftintention ist aber so evident und die Abweichungen in der Briefformel sind so gravierend, daß er m. E. doch nicht zu den Privatbriefen gerechnet werden sollte.

14) И. И. Киреевскому от А. Емельянова, nach 1680 (KP64/K52)

In der Formel, dem Aufbau und der Sprache wird die Norm der *челобитная* eingehalten. Hier finden sich auch keine (r)ksl. Einflüsse.

15) Дьякон Макарий архиепископу Гавриилу, 1688 (KT69/472)

Verfasser und Adressat sind Geistliche, wenn auch von sehr unterschiedlichem Rang. Die Formel und der Aufbau des Textes folgen der Norm der *челобитная*, nur wird statt *вели* im Bittteil entsprechend *благослови* eingesetzt. Trotz des geistlichen Standes der beiden Korrespondenten weist die Sprache keine (r)ksl. Elemente auf (was auch für die im Grundkorpus vertretene Korrespondenz der Kleriker charakteristisch ist).

16) Самариным от крестьян с. Елец, verm. 1690er (KP64/S65)

Es ist eine Bittschrift der Bauern an ihre Grundherren. Die übliche Formel *бьют челом* tritt hier in erweiterter und auch frequenter Form *бьют челом и пачитца (плачутся* - A. K.) auf. Die Formel folgt der Norm. Aber statt der üblichen Bitte findet man hier schon beinahe so etwas wie eine Drohung:

> ...бѹдит сего приказнова челове не перемѣнити и намъ гсдри наши от него приказного вконѣць разоритца и разбредемся все розно а нам гсдрня бѣс пиказнова незя пожалуі гсдрня намъ приказнова инова а Івана Саморокова гсдрня к намъ не присылаі шѹрина ево...

Dennoch ist hier die Intention so eindeutig und auch die Formel so normkonform, daß man diesen Text den *челобитные* zuordnen sollte.

17) Ф. Федоров М. В. Голохвастову, Jan. 1696 (KT69/136)

Der Bittsteller ist ein Bauer, der Adressat sein Grundherr. Auch hier tritt die AF in erweiterter Form auf. Die SF hat die Form *пощади сиротѹ своего і пожалѹи*, die als Variante der sonst üblichen aufzufassen ist. Die Bitte wird durch *прикажи* ausgedrückt. Weitere Spezifika, weder strukturelle noch sprachliche, weist der Text nicht auf.

Somit ist festzustellen, daß *челобитная* in der Sprache mit dem Privatbrief praktisch übereinstimmt, auch wenn ihre Ausdrucksmittel, bedingt durch die Kürze der Texte und auch intentional, wesentlich eingeschränkter sind. In der Formel zeigt sich eine ähnlich stabile und distinkte Norm, die vermutlich auch kodifiziert war (vgl. Kotošichin, auch diverse *формулярники* (DERJAGIN 1971+1987; SUMKINA 1987, 64-86)).

4.8. *Сказки*

Das Vergleichskorpus umfaßt 17 solcher Texte aus der Zeit von 1646-1744. Neun davon beziehen sich auf ein und dasselbe Ereignis - einen Stadtbrand in Moskau im Mai 1646. Auch hier, wie bei *челобитные*, werden sowohl die Sprache als auch die spezifische Formel in die Untersuchung einbezogen. Die Übersicht erfolgt in chronologischer Reihenfolge, die Quellen werden in Klammern angegeben.

1) Сказки о пожаре на Кулишках 17.5.1646 (KO68/III-1, 125-127)

a) Aussage des подьячий R. Protopopov

Dieser Text soll ganz wiedergegeben werden, um den Aufbau der Textsorte und ihre Formel darzustellen:

> *(AE)* РНД г маия въ СІ де сказал Болшого приходу подячишко Рамашко Протопопов по гсдрву црву и великого княя Алеѯѣя Михаилавича всеа Русиі крстному целованю

(*Aussage*) был я Рамашко ѹ себя дома спал и как ѹчинился пожар на Кулишках и я услыша колокол Николы чюдотворца прибежал ано горитъ двор вдвы Улны Ивановские жены ЕремѢева горнишная кровля (*SF*) а тово я не вѢдаю что она избѹ топила ли или нѢт а то я вѢдаю что она была в гостях ѹ Голосова ТимоѲѢя

(Diese Stelle wiederholt sich auch in den anderen Aussageprotokollen zu diesem Brand. Angesichts der Tatsache, daß Brände in Moskau ein sehr häufiges Ereignis waren, könnte vermutet werden, daß es spezielle *Brandaussageformeln* gegeben hat. Für definitivere Aussagen bedarf es allerdings einer breiteren Textbasis. In der zweiten Gruppe solcher Aussagen in derselben Edition fehlen z. B. diese Strukturen, werden allerdings durch andere, auch immer wiederkehrende, ersetzt.)

а скаску пи я Раман своею рѹкою

Zu dem Formular einer *сказка* gehören demnach:

Datum + сказал(а) + Name und Stand des Aussagenden + Formel "по гсдрву ... крстному целованю" + SF "то моя и сказка".

b) Aussage des жилец I. S. Savin

Die Formel ist hier nur geringfügig verändert: die Datumsangabe fehlt und die SF ist unwesentlich erweitert: *то моя Иванова и сказка.* Es sei auch auf Wiederholung folgender Passage aus (a) hingewiesen:

...избу тапила ли или нѢт и дома была л или нѢт таг не вѢдою а то я видел что...

Auch hier ist die Sprache Russisch, ohne Besonderheiten.

c) Aussage des подьячий N. Vyršin

Die AF folgt der Norm (auch Datumsangabe ist vorhanden), die SF auch, allerdings steht sie nicht am Ende des Textes. Ihr folgt die Passage:

...а в тот ден вдова Уляна потклѢтъ или горницу топила л тово я не вѢдаю...

Die Aussage beginnt mit einem Temporalsatz, eingeführt durch *какъ* mit dem Anschluß *и в ту пору я МикиѲорко был в прикасе*... Es wird in den Text auch indirekte Rede eingeführt, mit der üblichen Partikel *де*; auch sie enthält einen Temporalsatz. Alle Namensnennungen von dritten Personen erfolgen wie im Grundkorpus. Weitere sprachliche Besonderheiten weist der Text nicht auf.

d) Aussage der подьячие E. und V. Panov

Die Formel ist vollständig und folgt der Norm. Auch dieser Text enthält die Passage *а топила л она тово дни или не топила тово мы не вѢдаем.* Diese *сказка* enthält sowohl Temporalsätze (mit *какъ*) als auch indirekte Rede (mit *де*). Interessant ist folgende temporale Konstruktion:

...а я Викѹлка пошел в город и не дошед до Ѳроловских ворот ѕабили в набат и я видя что на Кулишках горит прибежал...

Weitere sprachliche Besonderheiten enthält der Text nicht.

e) Aussage des подьячий P. Koludarov

Die Formel entspricht der Norm und ist vollständig. Der Passus *а топила ли она Уляна тово дни горницу и подклед тово я не вѣдаю* steht unmittelbar vor der SF. Der Text enthält einen Kausalsatz, eingeführt mit *потому что*. Weitere sprachliche Besonderheiten sind nicht zu beobachten.

f) Aussage des подьячий I. Volkov

Ein sehr kurzer Text, der aber trotzdem die Formel und die übliche Passage (*а тово дн<я> избу топила ли и дома она была ли тово я не вѣдаю*) enthält.

g) Aussage des подьячий T. Kuz'min

Auch dieser Text ist sehr kurz. Die Aussage beginnt mit einem Adverbialsatz

> ...какъ ѹчинился на Кѹлишках пожар маия въ...

Die Passage *а топила...* ist am Ende des Textes, denn eine SF gibt es nicht.

h) Aussage S. Bodganovs

Die einzige *сказка* dieser Gruppe ohne die Formel *по ... целованю*. Die übrige AF und SF sind da, auch die Passage *избу топила ли свою или нѣтъ...*

i) Aussage des Ikonenmalers S. Stepanov

Die AF ist komplett, die SF leicht modifizeirt: *то моѣ и рѣчи*. Auch hier die Aussage *а тово не вѣдаю что она в тот днь топила ли...* unmittelbar vor der SF. Zum Ausdruck der Handlungsabfolge wird hier Part. Prät. Akt. verwendet:

> ...и прибежав ѹ сѣнеи замокъ збили...

Sonst ist nur noch ein Tempuswechsel zu erwähnen:

> ...был я на кнзь Семенове дворѣ Пожарского и идѹ з двора и ѹслышел шѹм и дым ѹвидел и прибежали ажно горит ... кровля и сѣни замкнѹты и прибежав ѹ сѣнеи замокъ збили и огонь заливали...

2) Сказка шуян о завладении двором и лавками Ивана Лопухина Ортемием Неупокоевым, 11.4.1657 (KA84/235)

Die Formel entspricht der o. a. Norm bis auf folgende Modifikation: statt *по крстному целованю* findet man hier

> ...по гсдрву црву і великого кнѕа Алеѯѣа Михаиловича ... и по подписнои челобитнои ... сказали по хрстове евангелскои заповеди...

Die eigentliche Aussage wird eingeführt durch *то мы вѣдаем*. Die folgende Konstruktion erinnert sehr an den in den in den Brandaussagen immer wiederkehrenden Passus:

> ... а по чему ωн владѣет по изустному ли приказу или по духовнои или по какому писму тово мы не вѣдаем...

Auch dieser Text enthält keine (r)ksl. Elemente.

3) Сказка торговых людей Суконной сотни об оскудении от медных денег, 22.4.1662 (KO68/III, 6e)

Die AF weicht hier insofern von der Norm ab, als sie nach dem Stereotyp *по ѹказу...* den Ukaz des Zaren wiedergibt. Darauf folgt die Aussage, eingeführt durch *И Суконные сотни торговые людишки сказали.* Die SF fehlt. Auch intentional handelt es sich eher um eine Mischung von Aussage und Bittschrift. Bestätigt wird dieser Eindruck noch dadurch, daß auch die anderen fünf Texte dieser Gruppe keine SF enthalten, wohl aber die für die *челобитные* übliche Bittformel.

Der Text ist auch größer als andere *сказки.* In der Syntax überwiegt die Parataxe, obwohl auch mehrere hypotaktische Konstruktionen vorhanden sind. Neben dem auch sonst frequenten Objektsatz (mit *что*), finden sich noch ein Komparativ- (a) und ein Kausalsatz (b):

(a) ...а которые товары преж сего купили у них иноземцов...,

(b) ...что иноѕемцы торговые люди тѣх своих товаров на мѣдные денги ни по чем не продают и мы холопи твои стали без промыслишку...

Die Bitte an den Zaren enthält gleich mehrere Nebensätze:

... а о мѣдных денгах скаѕат и ихъ на мѣре поставит что им быт или их переменит о том не домыслимся что то дѣло великое всего гсдрства всеи ѕемли и о том как емѹ великому гсдрю бг известит...

Lexik und Flexion sind russisch. Das gilt auch für alle grammatischen Formen.

4) Сказка муромского попа Федора о расспросе подозревавшегося в татьбе крестьянина Ивашки Игнатьева, 2.7.1681 (KA84/238)

Die AF weicht von der Norm ab. Das kann aber als Subvariante der *сказка* aufgefaßt werden, denn es handelt sich um die während des Verhörs gemachte Aussage eines Verdächtigen:

РПѲг июлѧ въ В де в Муроме на митрополе дворѣ Борисо и Глѣбского мнстря перед архимандритом Авраамием Мурома нутри города цркви архангела Михаила попъ Ѳеодоръ против памятi столника i воеводы Iвана Семеновича Чаадаева допрашиванъ...

Die Aussage wird wie üblich eingeführt: *А в допросе сказал.* Die Spezifik des Textes bedingt vermutlich auch das Fehlen einer SF (die auch in den anderen *допросные/расспросные речи* häufig fehlt). Wohl ist aber der formelhafte Objektsatz im Text enthalten :

...а винился л он Iвашка в тои тадбѣ ему Савину того де он не вѣдаетъ...,

begleitet von der Kausalkonstruktion:

...потому что какъ ево роспрашивал и ево попа Ѳедора в то число не было.

Mehrfach wird indirekte Rede verwendet (mit *де*). Abgesehen von mehreren Nebensätzen in diesem relativ kurzen Text gibt es hier keine sprachlichen Besonderheiten.

5) Сказка стольников Васильчиковых против челобитья Малыгина о животах и вотчинах У. А. Малыгиной, 15.1.1688 (КО68/III, 12)

Die Formel folgt der Norm und ist vollständig. Es ist die umfangreichste aller untersuchten *сказки*. Aber auch hier gibt es keine von der in anderen *сказки* oder im Grundkorpus vertretenen Norm abweichenden sprachlichen Besonderheiten. In der Syntax überwiegen einfacher Satz bzw. Satzreihung mit den üblichen Konjunktionen *а/и*. Die Nebensätze sind selten (4 Komparativsätze, 2 Finalsätze, ein Kausalsatz und ein indirekter Fragesatz) und werden durch russische Konjunktionen eingeführt (*который*, *чтоб(ы)*, *потому что*, *ли ... іли*).

6) Сказка Т. Александрова Рыбника, 1704 (81/121)

Um die Änderungen im Formular dieses kurzen Textes aus petrinischer Zeit deutlich zu machen, soll er ganz wiedergegeben werden:

> Терентеи Алеξандровъ снъ Рыбникъ сказал в прошлых де #АѰАм и ѰГм годѣхъ в ыных гсдрствах и у Архангелского города и на иных ярмонках у него Терентья торговъ і в городы отпоѵсков никаких не было и нне нѣтъ и ни в которых рядех лавок и онбаров и шелашеи и никаких вотчин и никаких вотчин и наемных ізбъ нигдѣ нѣт и живет де он Терентеи в наемном углу а кормитца де он Терентеи торгуетъ рыбою на соляном и рыбнымъ ряду берет тое рыбу до спуску в долгъ у торговых людеи у своеи брати

Von der alten Formel sind nur noch der Name des Aussagenden und *сказал* erhalten. Die SF fehlt. In der Sprache gibt es dagegen kaum Unterschiede zur vorpetrinischen Epoche.

7) Сказка А. Алмазниковой, 1704 (81/124)

Die Formel entspricht der in (6), enthält aber noch zusätzlich die Datumsangabe. Auch die Sprache zeigt nur wenige Besonderheiten. Zu erwähnen sind hier z. B. die in keinem der anderen Texte des Grundkorpus (und auch nicht in o. a. *сказки*) vertretenen Redewendungen *в том числе* und *за тем* in der Bedeutung "ferner". Zu den auch sonst für die petrinische Zeit üblichen Spezifika gehört das Kompositum *вышеписанный* (vgl. o. II.3.3.).

8) Сказка И. Михайлова Харчевника, 1704 (81/145)

Die AF tritt hier in der gleichen Kurzfassung wie in (6) auf. Die SF fehlt. Die Sprache dieses sehr kurzen Textes weist keine Besonderheiten auf.

9) Сказка И. Алексеева, Aug. 1744 (81/166)

In diesem Text aus der elisabethanischen Zeit ist ein erneuter Normwandel zu beobachten. Daher soll er ganz wiedergegeben werden:

(<u>AF</u>) 1744 г авгꙋста дня по силе пꙋбликованного во въсенародное іѕвестие печатнаго ея імператорского величества состоявшегося декабря 17 дня 1743 годꙋ указꙋ московскои кꙋпецъ Броннои слободы Іванъ Алеξеѣвъ по евангельскои заповеди гспдни ежѣ еи еи в сущꙋю правдꙋ сказал (<u>Aussage</u>) жительство я імею на Петровскои улице у Куѕнецкого мостꙋ в приходе цркви Ѡбновления храма на дворе вдовы Анны Івановои дочери Лапухинои в доме у крестьянина Івана Тарасова по своиству по прежнеи генералитецкои переписи написан я в московскомъ кꙋпечестве і в подꙋшнои оклад положенъ от родꙋ мне шеѕдесятъ четыре года а ѡкроме у него никого мꙋжеска полꙋ дꙋшъ не имѣетца детеи своиственниковъ прикащиковъ сидельцовъ крепосных і наемных жилцовъ і работниковъ (<u>SF</u>) а ежели я в сеи скаске скаѕал что ложно іли кого утаил а после по свидетелству от кого іѕобличенъ бꙋдꙋ за то повиненъ по указꙋ состоявъшегося ноября 5 дня 1723 годꙋ беѕо всякого упущения.

Die gleiche Formel weisen mit nur geringer Varianz auch die anderen 15 *сказки* aus dieser Zeit auf (KS81/167-181). Auffällig ist hier allerdings, daß die Sprache des Textes außerhalb der neuen Formel (die tatsächlich in erheblichem Maße neue syntaktische, lexikalische, aber auch idiomatische Elemente enthält) noch immer große Ähnlichkeit mit der des 17. Jh.s hat.

Die Untersuchung der *сказки* hat auch für diese Textsorte ein wohlnormiertes Formular ergeben. Gewisse Abweichungen sind keineswegs als Instabilität dieser Norm aufzufassen: die Übersicht sollte eine möglichst umfassende Darstellung auch der wichtigsten Subtypen dieser Textsorte bieten. Allerdings scheint *сказка* eine höhere Varietät der Formel zuzulassen als *челобитная*. Einen gewissen Normwandel kann man zur petrinischen Zeit beobachten. Da keine *сказки* aus der Zeit von 1704-1744 zur Verfügung standen, können keine definitiveren Aussagen über den Zeitpunkt des erneuten Normwandels gemacht werden, dessen Ergebnis im letzten Text (1744) sichtbar wird. Die Sprache der *сказки* ist erstaunlich zeitresistent und (soweit aus den meist sehr kurzen Texten ersichtlich) mit der Sprache des Grundkorpus fast identisch. Einer der wenigen Unterschiede besteht in dem fast vollständigen Fehlen von (r)ksl. Elementen in *сказки*.

4.9. Briefe Peters I.

Die Übersicht erfolgt in chronologischer Reihenfolge, die Quellen werden in Klammern angegeben.

<u>*1) Brief an die Mutter vom 20.4.1689 (Obnorskij/Barchudarov, l. c., 83)*</u>

Die AF folgt in ihrer ersten Hälfte der üblichen Norm eines Kindesbriefes:

Вселюбезнейшей і паче живота телесного дражайшей моей матушьке, гасударыни царице і великой княгине Наталиі Кириловънѣ, сынишъка

> твой, в работе пребывающей, Петрушъка благосъловения прошу, а о твоемъ здравиі слышеть желаю.

Die AFII ist dagegen modifiziert und verkürzt:

> А у насъ молитвами твоіми здорово все.

Die SF entspricht der Norm: *По семъ паки благословения прошу.* In seiner Sprache weicht der Brief nicht von denen des Grundkorpus ab.

2) Brief an die Mutter, 1689 (Ko□in 1989, l. c., 164)

Ein sehr kurzer Brief. Entsprechend ist auch die AF gekürzt, und zwar auf sonst unübliche Art: es fehlt die AFI/1:

> Гей о здрави слышать желаю и благословения прошу.

Als SF dient die Unterschrift, und zwar auch in sonst unüblicher Form:

> Недостойный Petrus.

3) Brief an die Mutter 1693 (Obnorskij/Barchudarov, l. c., 83).

Die AF beschränkt sich hier auf F1 in Dativ:

> Гасударыне моей матушъкѢ Царице Наталье КириловнѢ...

Die SF dagegen ist vollständig; allerdings ist F10 abgewandelt:

> За семъ благословения прошу. Недостойныі Петрушка (*sic!*).

Dieser relativ kurze Text hat ungewöhnlich viele Nebensätze sowie stark mit (r)ksl. Elementen durchsetzte Passagen:

> Ізволила ты писать что предала меня в паству матери божией і такова пастыря імѢючи почто печаловать тоя бо молитвами і претстателст<в>омъ неточию я едины но і миръ сохраняетъ Господь За семъ благословения прошу.

4) Brief an die Mutter, Aug. 1693 (l. c., 84)

Auch ein sehr kurzer Brief. Die AF besteht nur aus der für einen Sohn-Brief unüblichen Anrede *Радость моя!*. Statt der SF am Ende das modifizierte F6:

> А у нас по се время все здорова малитвами тваіми.

Bemerkenswert emotional für einen russischen Privatbrief dieser Epoche sind auch die Redewendungen:

> потому тебѢ печал а мнѢ какая радость
>
> пожалуй, здѢлай меня беднова безъ печали тѢмъ: сама не печалcя (Vgl. o. II.2.3.4).

5) Brief an die Mutter, 1693 (l. c., 84)

Auch in diesem kurzen Brief weicht die Formel deutlich von der Norm ab. Das F1 ist durch das Epitheton *вседражайшей* modernisiert. Andere AF-Elemente fehlen bzw. werden als SF eingesetzt:

> По семъ радость моя здравствуй, а я малитвами твоіми живѳъ

An die alte Briefnorm erinnert die mehrfach wiederholte Anrede *радость моя*, auch wenn man hier statt dieses Epithetons *матушка* erwarten würde. In der

Sprache sind keine Besonderheiten gegenüber dem Grundkorpus zu beobachten.

6) Brief an F. M. Apraksin, einen Vertrauten Peters, 28.4.1704 (l. c., 96f.)

Dieser Brief zeigt ähnliche Änderungen in der Formel und in der Sprache, wie die "neuen" Briefe des Grundkorpus (vgl. II.3.3.): Die AF ist nur als Anrede "*Min Her Admiral*" vertreten, die SF nur als Unterschrift, der ein Glückwunsch vorausgeht. Der Brief enthält viele Nebensätze, z. T. ineinander integriert. Auffällig sind dabei die neben den russischen vorkommenden (r)ksl. Konjunktionen (*понеже*, *ибо*). Die zahlreichen Konditionalkonstruktionen werden durch *ежели* eingeführt, zweimal kommt auch *буде* vor. Auffällig sind auch die aus den petrinischen Briefen des Grundkorpus bereits bekannten neuen Redewendungen, Wortfügungen und Konstruktionen:

> такимъ образомъ, о небытиі моемъ къ Москвѣ извѣстнъ, сего не исполнено, опредѣленіе учинить, что же о...надлежитъ *u.a.*

Lexikalische Neuerungen beschränken sich im übrigen auf einige Fremdwörter wie *шпангоутъ*, *флот* u. ä. Abgesehen davon weist die Sprache noch immer große Übereinstimmung mit der des 17. Jh.s auf.

7) Brief an A. K. Tolstaja und Ekaterina Alekseevna (spätere Kaiserin Katharina I.), 29.1.1708 (l. c., 100f.)

Dieser Brief, der an die dem Zaren sehr nahestehenden Personen gerichtet ist, zeigt eine Mischung von alten und neuen Elementen, wie sie im Grundkorpus in diesem Maße nur in den Briefen der Tochter Kurakins zu finden ist: Von der alten AF sind noch F1, F2 und F6 enthalten, und auch sie nur in komprimierter Form:

> Тетка і матка ... здраѳъствуйте, а мы, слава Богу, здорово

Auch die SF tritt in veränderter Form auf:

> За симъ предаю Васъ в сохранение Божие і желаю васъ в радости видеть, что дай, дай, Боже. Прошу отдать должной поклонъ сестре... Piter.

Viele der Neuerungen entfallen auch hier auf die Lexik und lexikalische Verbindungen wie:

> оные, отъ серца рад (*Lehnübersetzung*), чаю, при ... времени выѣзда, вам...достанетца, понеже, объявляю, донесетъ доноситель сего писма, преженть/презентъ...

Diese Elemente gehen eine mehrfache Verbindung mit den traditionellen ein, was zu dem für die petrinische Epoche insgesamt charakteristischen mehrfachen Stilwechsel in fast jedem Satz führt.

Es ist schwer zu sagen, ob die Sprache Peters I. als Ausdruck des allgemeinen Sprachusus dieser Zeit zu verstehen ist oder ob sie eventuell die Rolle der nachzuahmenden Musternorm hatte. Deutliche Übereinstimmung mit denjenigen Briefen des Korpus, die überhaupt Neuerungen enthalten, ist jedenfalls evident. Es ist aber auch evident, daß Peter I. die traditionelle Briefnorm sehr wohl kannte - auch wenn er selbst in den meisten seiner Briefe gegen diese Norm verstößt. So ist z. B. die Form der Selbstbezeichnung in mehreren Briefen an die Mutter (*недостойный*, *Петрушка*) gerade innerhalb der Formel ein eindeutiger Verstoß gegen die Regel der Selbstbezeichnung für einen Zaren (vgl. o. die Briefe Aleksej Michailovičs). Auch in den anderen Briefen macht Peter keinen Gebrauch von seinem Titel und unterschreibt üblicherweise mit "Peter". Da er mit der Norm des Privatbriefes wohlvertraut war, muß es sich bei dieser wie auch einigen anderen Normverletzungen um bewußte Verstöße gegen die alten Normen gehandelt haben. Man denke in diesem Zusammenhang auch an die Einführung des *Всепьянейший и всешутейший Синод* und andere bewußte Verletzungen der Verhaltensnorm, die u. a. zu dem weitverbreiteten Glauben führten, Peter sei eine Inkarnation des Antichrist, den Russen zur Strafe für ihre Sünden und die Abkehr vom alten Glauben geschickt (vgl. hierfür □IVOV 1987; □IVOV/USPENSKIJ 1986).

Zum Schluß sei noch darauf hingewiesen, daß die ersten Neuerungen in Peters Briefen bereits in den 90er Jahren des 17. Jh.s auftreten, d. h. gut zwanzig Jahre früher als in dem Grundkorpus. Sie treten allerdings erst allmählich auf (so schwankt die Anrede, eines der distinktiven Merkmale des Normwandels, auch in den späteren Briefen Peters noch immer zwischen *Du* und *Ihr*, auch innerhalb ein und desselben Briefes). Insgesamt betrachtet, weist die Sprache seiner Briefe noch eine weitestgehende Übereinstimmung mit der des Grundkorpus auf. Die Neuerungen in der Formel sind dagegen schon recht früh evident.

4.10. *Статейный список* P. A. Tolstojs (1697-98)

Die auffälligsten Merkmale dieses Textes sind vermutlich die deutlichen sprachlichen und stilistischen Unterschiede zwischen den verschiedenen thematischen Abschnitten des Textes. Der Grundtext ist ein Bericht und weist erstaunlich wenig Abweichungen von den статейные списки des 17. Jh.s auf (allerdings z. B. auch von dem Bericht Afanasij Nikitins). In der Satzsyntax dominiert eindeutig die Parataxe mit den üblichen Anschlußkonjunktionen . Asyndeton kommt praktisch nicht vor. Hypotaktische Konstruktionen sind selten und nur durch einige wenige Typen vertreten: Temporalsätze, Relativsätze, Komparativsätze, seltener Kausalsätze und Finalsätze. Nicht immer zeigt der Verfasser in der Handhabung seiner syntaktischen Konstruktionen die nötige Souveränität (vor allem dann, wenn es sich um etwas komplexere syntaktischen Konstruktionen handelt:

...въ той же церкви (св. Іустины) есть уалтаря на левой стороне въ стенѣ высоко на хорахъ органъ которымъ подобныхъ сказываютъ нигдѣ необретаются, и для меня натехъ органахъ вовремя бытности моей втой церкве играли втехъ органехъ удивително то что пребезмерно громогласны и кажется такъ отголосовъ техъ органъ, якобы всей церькви потресатися... (*71*)

...А князь Вѣнецкой смотрелъ того изъ полатъ своихъ изъокна, тѣ маленькіе помяненные девочки, имѣющія крылья, съ того мѣста гдѣ сидѣли поднявся и полетели по веревкамъ къ окошку... (*74*)

...и я стоялъ въ филюге четырѣ часа дожидался от того помяненнаго Кавалера указу для того что тотъ кавалеръ спалъ долго дня, а осмотря тотъ кавалеръ моихъ проезжихъ листовъ далъ мнѣ свободу иттить съ филюги въ городъ Мисину только по обыкности своей что было унасъ на филюге ружья моего (и маринерскаго) то ружье всѣ, и отъ филюги сапецъ взяли унасъ ктому вышеписанному Кавалеру на дворъ за караулъ, а дворъ того Кавалера построенъ на берегу моря въ томъ мѣстѣ подъ ево дворомъ всякой. фарестиръ, то есть иноземецъ пріехавъ въ Мисину повиненъ судномъ своимъ пристать... (*77*)

Gerade hier wird aber der sich in der Syntax vollziehende Normwandel evident. Einige der neuen syntaktischen Muster handhabt der Verfasser allerdings durchaus erfolgreich:

...когда закроетъ многіе голосы тогда на техъ арганехъ будутъ отзываться трубы власно какъ трубятъ трубачи на двоиныхъ наперекличкахъ якобы одни издалека, адругіе изблиска и иные многіе штуки есть втехъ арганехъ, каторыхъ ныне для умедленія описывать подробно оставляю... (*72*)

...за тое ево (любовь - *so in der Edition - A. K.*) я ему благодарствовалъ чрезъ тогоже комнѣ присланнаго а нуждъ до него просительныяъ никакихъ неимѣлъ и въ вышепомяненной ево корѣте съ Ковалеромъ іосифомъ маноеломъ поехали смотрѣть фортецы... (*79*).

Die Lexik weist, trotz thematisch bedingter Barbarismen, noch relativ wenige Neuerungen auf; auch handelt es sich dabei weniger um Neologismen, Entlehnungen u. a. wirklich neue Elemente als um (wie auch bei Peter I.) (r)ksl. Elemente (*зѣло*, *якобы*, *сеи* u. a.). Als ein Spezifikum der petrinischen Epoche ist auch der hochfrequente Gebrauch der Superlative zu sehen, wie man ihn in den Briefen der jungen Kurakinas und auch im petrinischen Roman findet. Die Flexion weist kaum Spezifika auf. Die Orthographie ist ungeordnet und kann hier auch, da es sich um eine Abschrift des späten 18. Jh.s handelt, nicht als immanentes Merkmal der petrinischen Zeit betrachtet werden.

Aufschlußreich sind die in den Bericht integrierten Zeugnisübersetzungen, die in mehreren Punkten von Sprache und Stil des Grundtextes abweichen (76f.). Diese beiden Inklusionen werden durch *сице* (*пишеть сице*/*подписань сице*) eingeführt. Auffällig sind hier u. a. ein wesentlich höherer Anteil der Hypotaxe, eine Fülle an spezifischen Redewendungen, die vermutlich aus der Sprache der Originale übernommen wurden:

...Я капитанъ Иванъ Карстели чиню веру всѣмъ... (*76*)

...Имѣлъ желание ѣхать... (*dto*)

...за бѣзчастіемъ нашимъ... (*dto*)

...были отягчены отъ фортуны морской... (*dto*)

...подписуюся на ево мѣсто для того, что онъ писать неумѣетъ... (*dto*)

...видя вышеписанное письмо чрезъ меня канцлера имъ показанное... (*77*)

...признал быть истинное и власное письмо... (*dto*).

Abgesehen von solchen Texteinschlüssen ist die Sprache des Berichts wesentlich homogener als z. B. die des petrinischen Romans (vgl. u. II.4.13). Ein Grund dafür könnte darin liegen, daß dem Bericht Tolstojs eine klarere Textgestaltungsvorgabe zur Verfügung stand: die gut entwickelte Textsorte *статейные списки*. Ein petrinischer Romanautor mußte sich jedoch hin- und hergerissen fühlen zwischen den ihm wohlbekannten Erzähltexten der PSO und dem Roman Westeuropas.

4.11. Tagebuch eines Teilnehmers an der "Großen Gesandtschaft" (1697-98)

Kotkov, der Herausgeber dieses Textes, sieht seine linguistische Bedeutung hauptsächlich darin, daß er

> "выразительно представляет разговорную стихию русского языка конца XVIII в." (*205*).

Dieser Text beweise, daß - anders als Ludolf es dargestellt hat - Russisch auch im Schrifttum verwendet wurde:

> "Дневник убедительно показывает, что вне церковного обихода и писали обычно по-русски" (*l. c.*).

Meine Untersuchung des Textes führte dagegen zu einer anderen Einschätzung, die allerdings noch durch einen Vergleich mit weiteren erhaltenen Abschriften überprüft werden sollte. Zunächst ist hier der Einfluß des Berichts, wie er z. B. aus *статейные списки*, aber auch aus *Вести-Куранты* bekannt ist, recht deutlich. Sogar eine gewisse Monotonie der Erzählung, bedingt durch die ständige Wiederholung gleicher syntaktischer Konstruktionen und gleicher Lexeme, führe ich auf diesen Duktus zurück. Die Menge fremder, unbekannter Realien und Sachverhalte, die vom Verfasser in relativ kurzer Zeit russisch versprachlicht werden mußten, führt zuweilen zu einer etwas konfusen Darstellung. Dies ist aber eher die Ausnahme. Im allgemeinen ist der Text durchaus verständlich. Der Einfluß des (R)KSl ist sehr gering. Nur einmal kommt ein Temporalsatz mit *егда* (179/Bl. 11) vor, bezeichnenderweise in einer Szene, in der von der Verhängung der Todesstrafe berichtet wird und die insgesamt ein für den Text sonst ungewöhnlich hohes Niveau an Emphase aufweist. Sehr häufig ist das in petrinischer Zeit so beliebte Adverb *зѣло*, das m. E. hier eben eher als petrinisches denn als (r)ksl. Element zu interpretieren ist. Nur in den Passagen, die sich auf die Heilige Schrift beziehen, begegnet man einem deutlich (r)ksl. Einfluß (allerdings auch hier stark mit russischen Elementen durchsetzt):

> ...В цркви Петра и Павла видел копие которым прободено от воина на крсте живоносное ребро спасителя Хрста и бга нашего.
> Образ нерукотворенны спасителев что убрусъ принесла Вероника и утерла лице спасителево и вобразилас персона бжественная мерою будетъ болше четверти немного... (*202f.*).

Der Text enthält, thematisch bedingt, viele Barbarismen. Außerhalb der Lexik ist aber kein fremdsprachlicher Einfluß festzustellen. Der Einfluß der Amtssprache ist am deutlichsten in der Syntax, wo Parataxe und einfacher Satz wesentlich frequenter sind als Hypotaxe. Allerdings enthält der Text eine ungewöhnlich hohe Zahl an asyndetischen Satzanschlüssen, in den untersuchten Korpora sonst eher die Ausnahme. Eine gewisse Parallele gibt es dazu m. W. in aruss. Diplomatenberichten. Auf keinen Fall kann man diese in dem Tagebuch überdurchschnittlich häufig zu beobachtende Konstruktion als ein Spezifikum der mündlichen Sprache betrachten:

> ...Тутъ былъ в мнстре и слышал музыку такои николи не слыхал пели девки на хорах и на всяких инструментах играли они же в церкви каталитцкои тутъ же виделъ процессия была кнзь венициеискои ездил на море судно великое резное вызолочено все покрыто бархатомъ краснымъ вышиты гербы венициеиские золотом... (*190*).

Die Sätze im Tagebuch sind relativ kurz, was auch sonst für das 17. Jh. charakteristisch ist. In der petrinischen und auch späteren Zeit wird dagegen die Tendenz zu überlangen Perioden immer deutlicher. Der Anteil der Hypotaxe ist eher gering: nur zwei Typen von Nebensätzen zeigen eine gewisse Frequenz, der Relativ- (mit *который*, selten mit *что*) und der Lokalsatz (mit *где*). Wesentlich seltener sind der Temporal- (bis auf eine Ausnahme mit *какъ*) und der Komparativsatz (neben dem üblichen (*подобно*) *какъ* auch *бутто* (180) und *что* (186+190)). Nur je einmal kommen Konditional- (mit *буде*, 186) und Finalsatz (mit *чтоб*, 190) vor.

An neuen, für die petrinische Epoche charakteristischen lexikalischen Elementen enthält der Text nur einige wenige, jedoch hochfrequente. Neben dem bereits erwähnten *зело* sind das vor allem *изрядно/изрядный* und Superlative (mit *пре-*), die alle fast in jedem Satz vorkommen.

Die Sprache dieses Textes ist insgesamt eher dem Bereich des traditionellen amtsprachlichen Schrifttums zuzuordnen. Auf keinen Fall stellt sie bloße schriftliche Fixierung des mündlichen Russisch dar. Das widerspricht Kotkovs Einschätzung insofern, als daß das schriftliche Russisch dieser Zeit m. E. ein autonomes Subsystem darstellt, das sich vom gesprochenen Russisch deutlich abgrenzt.

4.12. Die Memoiren B. I. Kurakins

Auch in diesem Text begegnet man Sprachelementen verschiedener Provenienz. Der Einfluß des alten berichtend-narrativen Duktus der Amtssprache ist noch recht deutlich. Er macht sich in der hohen Frequenz der Parataxe bemerkbar und in der überwiegend russischen Lexik. Von einem (r)ksl. Einfluß kann indes nur indirekt gesprochen werden, denn viele genetisch ksl. Elemente sind funktionale Bestandteile des sich in petrinischer Zeit formierenden neuen Stils geworden. Das betrifft einzelne Lexeme wie *вельми*, die Flexion (*-аго*; *-ыя/-ия*: im Text konsequent benutzt), häufig auch die *trat*-Formen. Hinzu kommen diverse lexikalische Neuerungen (*вышеявленное*, *объявиль*, häufig auch Barbarismen), noch mehr aber idiomatische und syntaktische. So ist auch hier, wie in vielen petrinischen Texten, die Tendenz zu verschnörkelten syntaktischen Konstruktionen deutlich, wobei die Komplexitiät der Struktur zuweilen auf Kosten der Verständlichkeit geht, zumindest aber unnötig ist:

> ...И на выручку того посланы были полки отъ генерала Гордона стрѣлецкіе, въ томъ же числѣ и нашего Семеновскаго половину полка, въ которыхъ ротахъ и я съ знаменемъ бѣлымъ былъ, отъ первой роты своего регимента, на которой вылазкѣ въ бою, ажъ до самаго вечера, то у меня въ рукахъ знамя пробили съ города два раза изъ пушки, и мнѣ кафтанъ подъ лѣвую пазуху прострѣлили и рубашку, только что мало тѣла не захватили... (*140*)

> ...И былъ въ несчастьи отъ болѣзни на лѣвой ногѣ великаго чирья, и также въ секретномъ своемъ несчастьѣ, и въ меленхоліи заставалъ всегда, отъ чего видѣлъ великую болѣзнь... (*143*).

Teilweise wird auch *который* nicht in seiner eigentlichen relativen Funktion gebraucht, sondern als ein Mittel der Deixis:

> ...Въ которомъ походѣ великое было несчастье на всѣхъ людей отъ турковъ, вылазками на шанцы, и всѣхъ побивали; а также болѣзнями, а по отходѣ, какъ степью шли, отъ великой стужи многіе помирали... (*140*).

Auch dies scheint ein Spezifikum der petrinischen Zeit zu sein. Hier noch einige Beispiele für typische Konstruktionen dieser Epoche:

> ...Не долженствовалъ бы тѣмъ себѣ придать глорію, какъ тамъ будетъ показано, особливе такъ разумѣю, что и за лѣностью моею... (*139*)

> ...И пріѣхавъ въ Воронежъ, свидѣтельствовали въ наукахъ навтичныхъ, и при томъ свидѣтельствѣ нѣкоторое счастье я себѣ видѣлъ отъ Его Величества... (*141*).

Mehrfach scheint der Autor Probleme mit der Anordnung der Elemente innerhalb der Syntagmen zu haben:

...Того года 202-го подъ Кожуховымъ, въ октябрѣ была, пришедъ отъ города, потѣха, гдѣ были взяты и спальники въ ту потѣху комнаты царя Ивана Алексѣевича, первой разъ... (*139*)

...И перетаща лодки, въ ту ночь ходили на другую сторону рѣки съ Его Величествомъ, стояли гдѣ въ городкѣ шведовъ цѣлая компанія инфантеріи... (*143*).

Nicht eindeutig interpretiert werden konnte die einfache Negation, die in diesem relativ kurzen Textfragment immerhin zweimal vorkommt:

...ничимъ же получилъ свободу, и отчаенъ былъ къ смерти...(*140*)

...так что николи такого пожара слышалъ...(142).

Es ist unklar, ob es sich dabei um den ksl. oder westeuropäischen Einfluß handelt, ob es als ein neutrales oder als ein stilistisch markiertes Element anzusehen ist.

Insgesamt aber kann auch in bezug auf diesen Text m. E. von keiner sprachlichen Verwirrung die Rede sein. Es muß dabei auch berücksichtigt werden, daß es sich dabei um einen Text mit gewissem literarischem Anspruch handelt, verfaßt von einem Hochadligen, der wie Peter I. selbst offen gegenüber dem Neuen war. Es ist in bestimmter Hinsicht schon eine andere Sprache als die der meisten Briefe des Grundkorpus. Von einem Bruch kann indes hier (noch) nicht die Rede sein, eher von einer neuen Enwicklungsphase, bei der das Alte noch deutlich erkennbar ist.

4.13. *Повесть о Василии Кариотском*

Man begegnet hier einer so starken Mischung von (r)ksl. und russischen Elementen (Folklore- wie Amtsprache) und auch zahlreichen Neubildungen und Barbarismen, wie sie im Korpus sonst nicht vertreten ist. Aufschlußreicher ist hier schon der Vergleich mit dem Bericht Kotošichins, der auch Elemente verschiedener Sprach- und Stilsysteme in sich vereint. Während aber Kotošichin souverän und gezielt das code-switching vollzieht und eine wohlstrukturierte homogene Sprache erzielt, scheint der Romanautor viel weniger Übung im Verfassen von Texten zu haben. Es werden Elemente von sehr unterschiedlicher stilistischer Provenienz vereint, was dem Text den Charakter permanenter stilistischer Diskrepanz verleiht. Folgende Beispiele sollen das veranschaulichen:

...Видѣвъ же гость непреклонную (*sic!*) его просбу, и просилъ его, чтоб онъ во Францыю <сходилъ с товарами, и когда> возвратится, то обѣщалъ его въ домъ отпустить,- покоторому прошенію онъ Василей не ослушался, онаго гостя взявъ корабли и убрався съ товары и отыде во Францыю, и во Францыи былъ два года и, спродав товаръ, возвратился въ Галандію и учинилъ оному гостю великой прибытокъ въ хожденіи своемъ, что оной гость никогда такого прибытка не видалъ и сердечно его возлюбилъ... (*228*)

...И о томъ размышлялъ, какая та стежка: ежели поидти, то даидти невѣдомо куда; и потомъ размышлялъ на долгъ часъ, и положась на волю божію, пошелъ тою стежкою въ темный лѣсъ тридцать верстъ къ великому буераку. Видѣ великой, огромной дворъ, поприща на три, весь кругомъ стоящимъ тыномъ огороженъ... (*229*).

Diese eigenartige, fast könnte man sagen, willkürliche Mischung, kommt in allen Sprachbereichen vor. Ich habe den Ausdruck "willkürlich" deswegen gebraucht, weil gewisse Regeln in der Distribution zwar erkennbar sind, aber keine generelle Geltung zu haben scheinen: so findet man zwar in Kausalsätzen konsequent *понеже*, in den Finalsätzen aber koexistieren *дабы* und *чтобы*, und Temporalsätze bedienen sich sowohl des Part. Prät. Akt. als auch der (auch im Grundkorpus geläufigen) Konjunktion *какъ*.

Der Text enthält zahlreiche Nebensätze, wobei der Verfasser sich zuweilen in den eigenen Konstruktionen geradezu zu verirren scheint:

...И какъ въ Англію съ кораблями пришли, то товары по обычаю купецкому объявя всѣ и спродавъ, и принадлежащихъ въ Галандію товаровъ на корабль <взялъ> и поѣхалъ обратно,- въ которой онъ Василей посылкѣ великой прибытокъ гостю галандскому присовокупилъ, такожь и накупи всякія воспріялъ, и знатенъ былъ въ Англіи и въ Галандіи... (*227*).

...И послѣ того еще его отпускали одного на разбой дважды, и онъ къ нимъ приносилъ по двѣсти червонцовъ, которыя его добычи какъ атаманъ и вси разбойники зѣло дивились, что счесливъ... (*231*).

Insgesamt neigt der Text zu längeren syntaktischen Perioden, was kaum zu seinem besseren Verständnis beitragen dürfte:

...Тогда Василей нача ей о себѣ сказывать, исповѣдать: "Государыня королевна, что я Российской Европіи, посланъ для наукъ въ Галандію и такъ былъ почтенъ отъ галанскаго купца, отъ котораго ходилъ съ товарами въ Англію и Францію на корабляхъ, и оттуда возвратился, и великіі ему учинилъ прибытки, почтенъ былъ вмѣсто сына родного... (*233f.*).

Ferner ist der wiederholte Gebrauch sowohl des *dativus absolutus* als auch des doppelten Akkusativs (vgl. ISSATSCHENKO 1983, 16.2.1.1) zu erwähnen:

...Потомъ стоящу ему на островѣ... (*229*)

...Минувшу же дни... (*230*)

...усмотрѣлъ его...зѣло остра... (*227*)

...слышавъ вас...живущихъ... (230)

...видѣвъ его молодца удалаго и остра умом... (*231*).

Für den Ausdruck der Vorzeitigkeit wird konsequent Part. Prät. Akt. verwendet:

...слышавъ же онъ Василей...прослезился... (*228*)

...видѣвше, что корабль...разбіенъ былъ весь, и чаяли... (*229*).

In den Temporalsätzen kommt es auch zur Kombination der konjunktionalen und der partizipialen Konstruktion:

> ...И какъ онъ Василей отъ великаго ужеса, лежа на островѣ, очнулся и взыде на островъ, и веліе благодареніе воздавъ богу... (*229*).

Auch in der Lexik ist diese Mischung von Elementen verschiedener Sprachsysteme zu beobachten, und auch hier werden sie grundsätzlich innerhalb kürzester Syntagmen nebeneinander eingesetzt:

> ..."Господинъ атаманъ, изволь командировать партію молодцовъ на море, понеже по морю ѣдутъ галеры купецкія съ товары"... (*230*)

Der Text enthält neben den Fremdwörtern (*фрунтъ*, *партія* u. ä.) und (r)ksl. Lexik (wie *зѣло*, *дабы*, *понеже*) auch zahlreiche Neuerungen (*предъявляю*, *командированный*, *доношу*, *отбытіе* u. a. m. Noch stärker als die Einzellexeme wirken sich auf den Charakter der Sprache diverse Redewendungen aus. Neben den Neuschöpfungen wie *даю свой пороль*, *по которому прошенію*, findet man im Text sowohl ksl. Ausdrücke (bis hin zum Zitat):

> Слава тебѣ, господи боже, небесный царю и человѣколюбче... (*229*)

als auch solche der Folkloresprache (*братцы молодцы*, *горко плакати*, *единым оком мгнуть*, *прекрасная дѣвица*). Auf den Folkloreeinfluß ist m. E. auch die Wiederholungskonstruktion in der Szene zurückzuführen, als Vassilij von den Räubern zweimal aufgefordert wird, ihr Ataman zu werden und zweimal ablehnt. Beim dritten Mal wird er mit dem Tode bedroht und nimmt daraufhin an (231f.).

Die meisten grammatischen Formen sind russisch. Nur in dem Tempussystem ist eine dem Grundkorpus unbekannte Fülle an Aoristen und präteritalen Partizipien zu erwähnen, die durchgehend mit dem üblichen Präteritum (l-Form) konkurrieren, wobei dem Verfasser die jeweiligen Gebrauchsregeln dieser Formen nicht immer bekannt zu sein scheinen. Relativ häufig sind die Gerundien, z. T. auch in unerwarteten Positionen. Ein gutes Beispiel für das Unvermögen des Verfassers, der Grammatik Herr zu werden, ist folgende Konstruktion:

> ...Потомъ стоящу ему на островѣ, много мысляще и осмотряюще сѣмо и овамо, въ которыя страны принесло и какой островъ; токмо хотя и много время по морямъ ходилъ, а такого острова не видалъ, понеже на ономъ островѣ великой непроходимой лѣсъ и великія трясины и болота, что отъ моря никуды и проходу нѣтъ... (*229*).

Abschließend muß festgestellt werden, daß dieser Text - als erster in dem bisher untersuchten Material - die These Issatschenkos von der sprachlichen Verwirrung der petrinischen Zeit in gewisser Weise stützt. Auch die Sprache anderer zeitgenössischer Romane zeigt die gleiche unausgewogene Mischung von heterogenen Elementen auf allen Sprachebenen (l. c., 236-262). Aus der Analyse anderer Texte und Textsorten geht aber hervor, daß zur gleichen Zeit (zumindest für bestimmte Gattungen) eine deutliche und auch stabile Norm existiert hat, die nicht in einer sprachlichen Verwirrung endete, sondern - mehr oder weniger sukzessive - von einer neuen Norm abgelöst wurde.

4.14. Briefe der nachpetrinischen Zeit (1748-1790)

Diese Texte trennen z. T. nur wenige Jahre von den Briefen des Grundkorpus, das selbst immerhin eine Zeitspanne von fast 130 Jahren umfaßt. Dennoch sind die Unterschiede zwischen den beiden Korpora mehr als evident, und zwar sowohl in der Sprache als auch in der Struktur, im Formular der Briefe. Die Übersicht erfolgt in chronologischer Reihenfolge (Quellenangaben in Klammern).

1) A. P. Sumarokov an I. P. Elagin, 15.12.1748 (MAKOGONENKO 1980, 69)

Da die meisten der in der Anthologie Makogonenkos enthaltenen Briefe Sumarokovs an hochgestellte Persönlichkeiten gerichtet und somit keine eigentlichen Privatbriefe sind, fiel die Wahl auf dieses Schreiben, obwohl es recht kurz und dazu rein geschäftlich ist. Die Unterschiede zur Briefformel sind evident: die Formel ist hier insgesamt kleiner und bedient sich anderer Ausdrucksmittel:

> *AF*: Государь мой Иван Перфильевич!
>
> *SF*: Ваш, государя моего, покорный слуга Александр Сумароков.

Auch die Sprache weicht deutlich von der des Grundkorpus ab. Der wichtigste Unterschied besteht in der Integration der im Sprachusus des 17. Jh.s deutlich getrennten sprachlichen Subsysteme: sowohl die syntaktischen als auch die lexikalischen und morphologischen Elemente unterschiedlicher Provenienz erscheinen hier bereits als assimilierte und integrierte Elemente des neuen Schriftrussischen:

> ...Должно мне принять из Академии напечатанные мои двух трагедий и двух эпистол экземпляры...

So erweckt dieser Brief nicht den Eindruck einer sprachlichen Heterogenität, obwohl hier Elemente verschiedener Sprach- und Stilsysteme vereint sind.

In der Syntax dominiert Hypotaxe, es sind sowohl (r)ksl. (*понеже*) als auch russ. Konjunktionen vertreten (*чтоб*). Da dieser Brief wie auch andere dieser Edition modernisiert wurde, können zur Morphologie (zumindest zur Flexion) und zur Orthographie keine definitiven Aussagen gemacht werden.

2) Kar□avin an seinen Vater, 20.12.1754 (l. c., 224)

Obwohl später als (1) geschrieben, zeigt dieser Brief viel größere Ähnlichkeit mit denen des Grundkorpus, allerdings mehr in der Sprache als in der Formel. So ist auch hier die AF bloße Anrede (wenn auch im Ausdruck den alten Sohnesbriefen nicht unähnlich: *Государь мой батюшка*). Auch die SF zeigt einen gewissen Einfluß der alten Norm:

> ...При сем как тебе, так и матушке, нижайшее приношу почтение, а братцу и сестрицам с учтивостию объявляю поздравление.

Die Sprache des narrativen Teils zeigt sowohl in der Syntax als auch in der Lexik (zur Morphologie und Orthographie s. o. (1)) eine Mischung des Alten mit dem Neuen. Nachfolgend der narrative Teil in vollem Umfang:

> ...ты от меня трех грамотак на трех языках требуешь. Я повеление твое исполнить готов, но токмо во оном моем триязычном ответе разума, кроме письма руки моея, будет не весьма много понеже в обхождении народном. Я ища необыкновенен, того ради ты от меня теперь, кроме сердечнаго тебе в Новый год поздравления и всегдашнего по должности моей почтения, пожалуй не требуй. А ежели неотменно желаешь видеть на трех языках почерк руки моея, в том тебя с покорностию довольствовать завсегда готов.

3) Šokurov an Čulkov, 24.4.1762 (KS81/70).

Auch dieser Brief zeigt deutlich eine gegenüber dem Grundkorpus stark geänderte Formel. Als AF tritt hier eine erweiterte Gratulation zu Ostern auf:

> Христосъ воскресе милостивои гсдрь мои Петръ Алеѯѣевичь
> Имѣю честь от сердца моегѡ поздравить ваше высокоблгородие с высочаишим празъдником желаю и впред достизая радостно препровождать...

Die AF ist, wie in petrinischer und nachpetrinischer Zeit üblich, wesentlich knapper als die alte. Dagegen tritt die SF in stark erweiterter und geänderter Form auf:

> ...в протчемъ при желани вамъ гсдрю моему и вашеи вселюбезнои ѳамили здравия с моим повсеѹсерднѣишимъ почитанием всегда по любви вашеи імяновать себя не оставлю яко же и есть вашего выскоблгородия милостивого гсдря вернаи слуга Іванъ Шокѹровъ...

In dem narrativen Teil des Briefes konzentrieren sich die Neuerungen vorwiegend auf die Lexik und die Idiomatik: *оных*, *уведомлению*, *сиятелство*, *прилагаю*, *ибо*, *все мѣры имѣл ко услуге*, *не умдля ... ко уведомлению сообщить не оставлю.*

Über die Syntax kann nicht viel gesagt werden, da der narrative Teil nur aus zwei Sätzen besteht (der erste allerdings mit einer Konditionalkonstruktion mit *если (то)*). Die Orthographie ist bereits deutlich normiert (dieser Brief wurde nach den strengen Regeln der Schule Kortkovs ediert!). Die wenigsten Änderungen gegenüber dem Grundkorpus sind in der Morphologie zu beobachten.

4) Bogdanovič an Bulgakov, 17.3.1768 (MAKOGONENKO 1980, 248)

In der Formel und in der Sprache ist die bereits etablierte neue Norm evident.

> *AE:* Государь мой, Яков Иванович!
>
> *SE:* Истинные же признаки въ всегда найдете, что я есмь с почтением и дружбою, государь мой, ваш покорнейший слуга Ипполит Богданович...

Die Sprache ist in jeder Hinsicht, auch in stilistischer, homogen. Sie enthält auch mehrere für die neue Briefnorm charakteristische Stereotype, die die alten

Formelelemente ersetzt haben, und die, im Unterschied zu diesen, in den narrativen Text integriert werden:

> Я пользуюсь теперь вторичным случаем уверить вас о моем почтении и дружбе, прося вас сохранить между нами то, что стародавными веками началося еще в самой нашей молодости; кажется, что мы приобрели чрез то некоторое право напоминать о себе друг другу; и с моей стороны вы найдете при всяком случае доказательствы, что леты моей молодости не унесли с собою к вам моей искренней преданности, которая во всяком возрасте ненарушима останется.

Es überwiegen relativ kurze, einfache Sätze. Die Satzreihung ist selten, auch die Hypotaxe (allerdings durch mehrere Nebensatztypen vertreten). Die Lexik vereint harmonisch russische, r(k)sl. und fremdsprachliche Elemente sowie Neubildungen.

5) Sumarokov an Kozickij, 4.3.1770 (l. c., 137)

Dieser Brief Sumarovkovs ist zwölf Jahre später als der erste (1) verfaßt worden. Es konnten allerdings keine wesentlichen Unterschiede zum Brief von 1748 festgestellt werden. Gemäß der neuen Briefnorm ist die AF sehr kurz und besteht nur aus Anrede:

> Милостивый мой государь Григорий Васильевич!

Die SF ist dagegen deutlich umfangreicher:

> Но при всем я только потому тот же, который был прежде, что по старине есмь вашего высокородия, милостивого моего государя, покорный слуга и непременно верный друг Александр Сумароков.

Der Brief enthält zwei (r)ksl. Zitate. Sonst ist kein Einfluß des (R)KSl feststellbar.

Auch hier werden alte und neue Elemente sowohl in der Syntax als auch in der Lexik zu einem homogenen Ganzen geschickt zusammengefügt, was auf eine deutlich empfundene Ausdrucksnorm hinweist. Man kann hier sogar Wortspiele beobachten, ein für den vorpetrinischen Privatbrief undenkbares Phänomen:

> Николаю Николаевичу и его супруге от меня объявить не нижайшее мое почтение, как обыкновенно у нас на Руси пишут, унижая не себя, но того, к кому пишут, но высокое почтение.

Diese souveräne Handhabung von Sprach- und Stilelementen, auch der hier schon deutliche Individualstil, sind, neben der Integration von Elementen vormals streng getrennter sprachlicher und stilistischer Subsysteme, die wohl wichtigsten Merkmale des neuen Schriftrussischen.

6)+7) V. B. Golicyn an seinen Bruder, 9.9.1770 + 25.4.1771 (KS81: 19 + 24).

Auch hier ist die Formel neu. Die AF beschränkt sich (wie auch in den übrigen 8 Briefen desselben Absenders) auf die bloße Anrede:

> Гсдрь мои братецъ князь Валадимеръ Барисовичь.

Die SF wird entweder durch *(a) за те(ѣ)м(ъ)* eingeführt oder besteht aus bloßer erweiterter Unterschrift:

Верныи (покорныи *u. ä.*) брат(ъ) и слуга кнзь Василеи Голицын(ъ).

Die Sprache Golicyns zeigt deutlich das Unvermögen des Verfassers, komplexe Sachverhalte zusammenhängend wiederzugeben (die Briefe sind im übrigen nicht vom Verfasser selbst geschrieben, sondern diktiert worden). Und dennoch ist das Markanteste in der Sprache Golycins ihr Hang zum komplizierten, gekünstelten Ausdruck und ihre verworrene Syntax, wie nachfolgende Beispiele zeigen:

> ...вы ж ѹверены штобъ без отягощения вас желал бы, оною росплатѹ с нею зделать, естьли б имел денги: и так принѹжденъ васъ во ѡномъ беспокоить; в каком слѹчи по ѡбстоятелствомъ вашимъ вы того жъ требовали от меня што без отрицания но з благодарениемъ принел и исполнил в переводе на меня 550 ру што я вамъ оставалса долженъ: за двор взятои мною московскои братѹ князь Іванѹ Борисовичѹ которые днги давно ѹже мною заплачены... (22).

Frequent sind auch mehrere neue Redestereotype, wie man sie aus dem Amtsrussischen des 19. Jh.s kennt:

> покорно прошу (*22 et pass.*)
>
> на себе трудъ принять изволите (*24*)
>
> намерение положили (*28*).

Die meisten Redewendungen sind aber Spezifika gerade des 18. Jh.s, Produkte des Entstehungsprozesses einer neuen schriftsprachlichen Norm, die relativ schnell von neueren, stilistisch und syntaktisch adäquateren abgelöst werden:

> ...я ево обсектовал... (*22*)
>
> ...в чем ... вы на меня ... прискорбности иметь не можите... (*22*)
>
> ...и оставляю разпространять в далность оныхъ обьясрениевъ... (*28*).

Die Syntax dieser Briefe hat einen wesentlich höheren Anteil an hypotaktischen Konstruktionen als die des Grundkorpus, die auch häufig durch (r)ksl. Konjunktionen eingeführt werden (*понеже*, *ибо*), die allerdings mit den traditionellen Anschlüssen (*что*, *потому что*, *есть ли* u. a.) konkurrieren. In der Lexik macht der russische Wortschatz den Großteil aus; ferner sind auch Barbarismen und Neologismen bzw. (r)ksl. Lexeme in einer neuen Funktion (*ѹповаю вас/вам*) vertreten. Die Morphologie ist russisch, ohne nennenswerten (r)ksl. Einfluß. Die Orthographie ist in hohem Maße ungeregelt.

8)+9) Alekseev an Čulkov, 23.3.1771 + 14.2.1773 (l. c.: 2 + 8)

In den beiden Briefen ist die Formel stark verändert, wenn auch (vor allem in dem zweiten Brief) die Spuren der alten Formel noch gut erkennbar sind:

> ...я ж і о себѣ не премину донесть что я с домашними живъ и здоровъ... (*16*).

Die AF ist gemäß der neuen Norm sehr kurz: *Млстивы гсдрь мои + Name des Adressaten*. Sie wird durch formelhafte Gratulationsausdrücke erweitert. Als Anlehnung an das alte F3 kann folgender Dank aufgefaßt werden:

За писание ваше которое пущенное вами сего марта 19 дня а мною получено 22 дня за которое приношꙋ мою нижаишую благодарность... (*13*).

In beiden Fällen geht der SF ein formelhafter Gesundheits- und Wohlergehenswunsch voraus, der an das alte F2 erinnert. Im ersten Brief tritt die SF in der Variante:

сим оконча і с почтениемъ моим новсегда пребу<ду> Милостивы гсдрь вашъ покорнѣіши слуга Федоръ Алеѯѣвъ (*14*)

auf, in dem zweiten lautet sie:

в протчемъ желаю вамъ батюшка всякаго благополучия и с ыскриным моим почтениемъ пребуду Милостивы гсдрь вашъ всенижаиши слꙋга Федор Алеѯѣевъ (*16*).

Die Syntax weist eine Vielzahl von Nebensätzen auf, allerdings keine (r)ksl Konjunktionen. Auch parataktische konjunktionale Reihung ist frequent, nicht aber Asyndeton. Die Lexik ist vorwiegend russisch. Häufig sind auch lexikalische Neuerungen, allerdings treten sie fast immer im Verband eines Idioms auf:

...Приношꙋ...благодарность... (*13*)

...доношу/донесть... (*13*)

...к вамъ представленъ... (*13*).

Der Anteil an fremdsprachlicher Lexik ist gering (*персонално*, *секретаремъ*, *провинцию*, *копия*). In allen Fällen sind es bereits in das neue Schriftrussisch integrierte Elemente. Die Flexion und vor allem die Orthographie weisen einen wesentlich höheren Grad der Normierung als das Grundkorpus auf.

<u>10) I. B. Golicyn an seinen Bruder, 14.5.1771 (l. c./28)</u>

Die AF folgt der neuen Norm und besteht aus Anrede:

Гсдрь мои братецъ князь Валадимеръ Барисовичь.

Die SF tritt in der Variante auf:

за тем с моеи искренной и непременнои дрꙋжбои остаюсь ... послꙋшныи и верныи братъ к. Иванъ Галицынъ.

Der Brief enthält keine weiteren formelhaften Elemente. Ein Grund dafür könnte darin liegen, daß es sich um einen Brief mit fast rein privater Thematik handelt, der zudem an den Bruder gerichtet ist: in den nachpetrinischen Briefen kann nämlich die deutliche Tendenz beobachtet werden, in Privatbriefen an nahestehende Personen das Formelhafte auf ein Minimum zu reduzieren.

Die Syntax ist zuweilen etwas verworren. Dazu trägt auch die Vorliebe des Absenders für überlange Perioden bei:

...3000 ру каторые вы велели Тꙋркинꙋ отдать я оные оставилъ у нево и велелъ ему сыскать заимодавца камꙋ оные денги в працентъ отдать, и какъ оные отданы будут в працентъ то емꙋ и росписка дана будет от брата кнзь Василя Барисовича в том што от васъ 3000 ру мне заплачено и для таво братецъ для тово опасаетца оное делаю што денги медные щитать их некомꙋ а братъ князь Василеи Барисовичь к себе их не берет баитца мне убытку зделать также и в осигнациях а обыкновенно в медныя денгах прачотꙋ много бываетъ, а вамъ сумневатца нечево што я вам таперича роспиcку не даю вы можите на маю совесть полажитца што дрꙋгих 3000 ру с васъ требовать не станꙋ и праценту болше с васъ требовать не стану какъ за 5 мцов хотя у Туркина мсцъ пралежат а единственно для этих резонов я делаю... (*37*).

Die Lexik ist heterogen, und es gelingt dem Absender nicht, die Elemente verschiedener Stilebenen zu einem harmonischen Ganzen zu vereinen. Auffällig ist auch der ständige Wechsel zwischen stilistisch markierten Syntagmen der entstehenden russischen Pretiosensprache und schriftlicher Fixierung mündlicher Konstruktionen der alten Umgangssprache:

Чувствително мне жаль братецъ што мне никаким образом нелзя заехать, по притчине што я не могъ лошадеи по ѡнои дароге достать, ездил самъ прасить скатинꙋ князя Щербатова...(*37*).

Die Morphologie ist im wesentlichen russisch, die Orthographie höchst ungeordnet.

11) Murav'ev an Vater und Schwester, 26.7.1777 (Makogonenko, l. c., 262f.)

Die AF folgt in den beiden Teilbriefen der neuen Norm; eine Verbindung zum alten Brief stellt eventuell die Anrede ***батюшка*** bzw. ***матушка сестрица*** dar, die sich insgesamt als überaus zeitresistent erwiesen haben. Nur der Brief an den Vater enthält eine erweiterte Variante der SF:

В прочем, прося вашего родительского благословения и желая усерднейше вашего любезного здравия, остаюсь навсегда с глубочайшим почтением, милостивый государь батюшка, ваш нижайший слуга и сын Михайло Муравьев.

Bemerkenswert ist hier die Bitte um den elterlichen Segen, ein obligatorisches Element der alten Norm in Kinderbriefen.

Die Sprache des Briefes ist homogen und syntaktisch wohlstrukturiert. Der Anteil an Barbarismen ist minimal. Da alle Briefe dieser Edition modernisiert und redigiert sind, können zur Morphologie, vor allem zur Flexion und zur Orthographie, keine gesicherten Aussagen gemacht werden.

12) Jakovlev an Čulkov, 3.3.1778 (KS81/120)

Die alte Formel ist in diesem recht späten Brief noch erstaunlich gut erkennbar:

Милостивои гсдрь мои Илья Петровичь
Многолетно здравствовать во всяком благополучи усердно желаю... (*F2*)
...о себе же вамъ милостивои гсдрь доношу по ѡтпускъ сего я зъ женои моеи и з детми нахожус в Москве слава богу живы (*F6*) а впредь уповаю на власть нашего создателя... (*F7*).

Allerdings ist hier die AFII ans Briefende versetzt - wie es auch in den petrinischen Briefen des Grundkorpus wiederholt vorkommt und in nachpetrinischer Zeit zur Norm wird. Unmittelbar darauf schließt die SF an, die auch eher der petrinischen SF als der des späten 18. Jh.s nahesteht:

> ...и остаюс с моим почтениемъ
> Есмь навсегда милостивои гдрь вашъ всепокорнеишеи слуга Василеи Яковлев.

Unübersehbar ist der Duktus einer müdlichen Erzählung, ein intendierter Dialog:

> ...об횟номъ я не спорю толко надобно мне с вами персонално видитца и что принадлежитъ переговори и решитца...

sowie eine gewisse stilistische Diskrepanz, die darauf hindeutet, daß die Sprachelemente unterschiedlicher Provenienz (die im vorpetrinischen Russisch gleichzeitig Elemente unterschiedlicher und getrennter Stilsysteme waren) noch nicht vollständig in die Sprache des Verfassers integriert sind:

> ...уведомь батюшка Илья Петровичь какъ вы будите в Москву то не лишите слугу вашего посещением извини батюшка (*Übergang von "Ihr" zu "Du"!*) что я чрезъ несколко времяни не писалъ краиния недосуги не допускали...

Die Morphologie weist keine Besonderheiten auf, auch kaum (r)ksl Elemente außerhalb entsprechender markierter Kotexte. Die Orthographie aber ist hier wesentlich einheitlicher als in dem Grundkorpus (aber auch als die Golicyns).

13) Barykova an Čulkov, 1779 (l. c./18)

Die Absenderin macht im Brief dem Adressaten (beide Gutsbesitzer, vermutlich Nachbarn) Vorwürfe wegen nicht eingehaltener geschäftlicher Vereinbarungen.

Die Formel folgt der neuen Norm, stellt aber auch die einzige normierte Stelle des Briefes dar. Seine Sprache (von der Syntax bis zur Orthographie) ist eine inhomogene Mischung sehr divergenter Elemente:

> Пишитя вы ко мне видна что с серцам толко напрасно бабу (*sic!*) мене стараю трогаитя я даволна і своим хлебомъ а что жъ бес писма вашева не отдала эта порядакъ ныне получа писмо ваша вашева хлеба по договору отпущено ... и на оное прошу ответъствовать я очень несчеслива что по договору нашему многия перемены пишитя я паче распискавъ ваших вашим славам верить хачу какъ вы есть благородныя люди при том свидетели есть прошу дать знат какъ крепость писат уже время приходитъ а у мене денги давно гатовы сваих ни случилось я занела еще в ыюле месяце напрасно плачю процентъ...

Man könnte darin ein Beispiel für die Sprache der provinziellen Gutsbesitzer sehen. Für definitivere Aussagen bedarf es aber größerer Korpora.

14) N. M. Golicyn an V. B. Golicyn, 7.11.1779 (l. c./29)

Statt mit der AF beginnt dieser Brief mit der zeitlichen und lokalen Bestimmung. Die AF, auch hier Anrede *братецъ князь Володимеръ Борисовичь*, ist in den ersten Satz des narrativen Teils integriert. Auch die SF ist ungewöhnlich kurz:

> я есмь и не престану быть Вернои братъ і слуга к. Николаі Голицынъ.

Ein Element der alten Norm dürfte die wiederkehrende Anrede *братецъ* sein. Die Sprache ist wohlgeordneter als die der beiden anderen Golicyns (vgl. o.), ist aber noch deutlich stilistisch heterogen. Sehr häufig sind neue Stereotype:

...приемлемое тобою попечение...

...ничево болше не имею сказать...

...прошу меня уведомить ... в разсуждені кареты...

Dies (wie auch die Kürze der SF) könnte durch den ausschließlich geschäftlichen Inhalt des Briefes bedingt sein. Die Sprache ist Russisch: sowohl (r)ksl. als auch fremdsprachliche Einflüsse sind gering (z. B. das wiederholte *оный*). Die folgende Passage vermittelt einen Eindruck von der Sprache des Briefes:

...кажется я все теперь тебе братецъ о каретахъ и об шорахъ описалъ толко остаетца сказать какимъ кареты цветомъ обить выкрасить и какъ написать в чемъ мнѣ совѣтуешъ положитца на кнеиню Наталью Петровну и что она то на себя принимать изволитъ...

<u>*15) M. M. Ščerbatov an die Verlobte seines Sohnes, 10.12.1781 (l. c./76)*</u>

Es handelt sich um keinen Privatbrief im eigentlichen Sinne, sondern um ein Schreiben aus der sich gerade konstituierenden Gattung offizieller und halboffizieller Schreiben zu bestimmten Anlässen (hier: Empfehlungsschreiben eines zukünftigen Schwiegervaters). Damit ist wohl auch die ungewöhnliche Häufung von Floskeln zu erklären. Entsprechend anspruchsvoll ist auch die Syntax mit ihrer Dominanz der überlangen Perioden. Auch in der Lexik ist der Anteil an stilistisch markierten Elementen erheblich:

Дражаишее и приятнеишее для меня писмо ваше я имѣлъ честь получить, и чюствованіи мои могутъ токмо измерится вашими достоинствами и приятнымъ соизволеніемъ вашимъ на искреннее желаніе сына моего...

...не помнитѣ милостивая гдрня чтобы какои етикетъ былъ руководитель изъясняемыхъ моихъ чюствъ, но неизвѣстная самому мнѣ склонность побуждаетъ меня вамъ сказать, что с того часу какъ я краткое время васъ видѣлъ, неизвѣстное мне чюствованіе обращало сердце мое к вамъ ...

Die SF ist gemäß der neuen Norm in den Brieftext integriert:

...и пребываетъ съ совершенною любовію и преданностію вашего высокопревосходителства милостивая гдрня моя всепокорныи слуга кнзь Михаило Щербатово.

Die AF tritt dagegen in der üblichen Kurzform auf:

Милостивая гдрня моя Александра Өедоровна.

<u>*16) Ščerbatov an seinen Sohn, 16.1.1783 (l. c./78)*</u>

Dieser Brief, wie auch die übrigen 42 Briefe desselben Absenders an seinen Sohn (l. c., Nrr. 77-92; 94; 96-100; 102; 104-112; 114-118), beginnt mit einer kurzen Anrede: *Кнзь Дмитреи Михаиловичь*. Die SF variiert nur geringfügig, enthält immer die Floskel *препоручаю тебя въ милость божию*, vergleichbar der Segensformel der alten Elternbriefe.

Die Syntax ist wohlstrukturiert und weist viele verschiedene Nebensatztypen auf. Dem Absender gelingt es auch recht gut, einen in jeder Hinsicht homogenen Text zu produzieren, der bereits die sich vollziehende Annäherung zwischen einer (kultivierten) Kolloquial- und der Schriftsprache deutlich macht:

> ...А жене молодого Богомолова со внучаты пашпортовъ не давать, ибо отправлять ее в деревню нечего, потому что негодная в Петербурхѣ негодная будетъ и в деревнѣ...

> ...Долженъ я Михаилову и Кузнецову до осми тысечь рублевъ, многажды к нимъ писалъ о присылки векселеи, но никакъ добится не могъ, и для того съезди хъ кому из нихъ и скажи что денги у меня готовы, но чтобъ для принятія ихъ переслали вексели хъ кому за благо разсудятъ...

17) Fonvizin an Melissino, 3.8.1785 (MAKOGONENKO, l. c., 383)

Auch das ist kein Privatbrief im eigentlichen Sinne: er ist an den Vorgesetzten gerichtet, den Universitätskurator Melissino. Gemäß entsprechender Norm der katharinischen Epoche ist die SF hier erweitert und in den Brieftext integriert:

> В прочем предоставля себе честь персонально принять на все сие вашего превосходителёства решение, с истинным почтением и совершенною преданностию имею честь быть, милостивый государь, вашего превосходительства всепокорнейший слуга Павел Фон Визин,

während die AF in der üblichen Kurzform auftritt:

> Милостивый государь Иван Иванович!

Als ein Charakteristikum solcher Briefe ist auch die Häufung von komplexen syntaktischen Strukturen und situativ gebundenen Elementen zu sehen:

> ...нахожу я себя принужденным извинить себя пред вами...в неисполнении сего столь лестного для меня предприятия...

> ...Я не сумневаюсь, чтоб ваше превосходительство, приняв во уважение сию причину, милостиво меня не извинили, тем паче, что я, конечно, на сих днях не премину воспользоваться честию исполнить прежнее мое намерение...

18) Ščerbatov an Voronzov, 5.10.1786 (l. c/95)

Hier, wie bei den Briefen an die Schwiegertochter (Nr. 15 + 19) handelt es sich um ein halboffizielles Schreiben an eine hochgestellte Person. Entsprechend hoch ist der Anteil an stilistisch markierten und situativ gebundenen Elementen, vor allem in der Lexik und Idiomatik:

> По приездѣ моемъ изъ Владимира нашелъ я свои потретъ готовымъ, которыи по приказанію вашему в домъ вашего сіятелства завтра отошлю, для пересылки к вамъ.

> ...что же касается до портрета тестя моего, долженствуюшаго бы быть преждѣ написаннымъ...

Auch hier, wie in (15), ist die SF erweitert und in den Brieftext integriert (das letztere ist allerdings ein allgemeines Charakteristikum des nachpetrinischen Briefs):

> во ожидание же того примите зъ благоволеніемъ изображеніе того человѢка, которыи есть и навсегда пребудетъ съ искреннимъ почтеніемъ милстивыи гдрь мои вашего сіятелства всепокорныи слуга кнзь Михаило Щербатово.

Die AF tritt in der üblichen Kurzform auf:

> Милостивыи гдрь мои графъ Александръ Романовичь.

19) Ščerbatov an seine Schwiegertochter, 26.4.1787 (l. c./113)

Der Brief, kurz nach der Eheschließung geschrieben, trägt deutliche Merkmale eines halboffiziellen Empfehlungsschreibens. Da aber die Adressatin nun zur Familie gehört, wechseln solche Elemente mit denen der "privaten" Sprache ab:

> Гдрня моя невѢстушка кнеиня Александра Өедоровна.
> Съ совершеннымъ удоволствіемъ получилъ я приятное ваше писмо, обрадовавшее меня свѢршеніемъ благополучія сына моего, равно какъ и вашими изъясненіями оказующими мнѢ ваше доброе сердцѢ.

Die AF ist somit wesentlich kürzer als im ersten Brief und hat eine neutrale Form. Der Brief hat hier schon deutlich den Charakter eines für diese Epoche (auch für Westeuropa) geläufigen Typs des moralisierenden Vaterbriefes, der in den Briefen desselben Absenders an seinen Sohn besonders evident wird.

20) L'vov an Kapnist, 28.11.1794 (l. c., 389f.)

Hier handelt es sich um einen echten Freundesbrief, eine aus der Antike tradierte und über Westeuropa entlehnte Subart der Privatkorrespondenz, die es im vorpetrinischen Rußland nicht gab (vgl. PONYRKO 1992, 4). Charakteristisch dafür ist die in der katharinischen Zeit bereits markierte Du-Anrede (wie sie sonst nur in den Briefen Ščerbatovs an seines Sohn vorkommt), das Fehlen der AF und eine ungewöhnlich kurze SF: *Прости, брат ... Сашу целую.*

Die Sprache ist in jeder Hinsicht homogen und zeugt davon, daß der Verfasser sowohl über eine kultivierte und funktionale Schriftsprache als auch über eine bereits existente und wohlentwickelte mündliche Kolloquialsprache (im Sinne Karamzins) gleichermaßen verfügte, die beide in seinem Brief zutage treten. Mit anderen Worten, hier hat man bereits Standardrussisch vor sich:

> Посылаю к тебе, мой друг, целый груз стихов посредственных, дурноватых и дурных, между прочим по старшинству следует "Песнь Екатерине II", которую намахал наш искренний приятель...
>
> я сам не пишу к тебе для того, что у меня глаза болят. Однако напишу немножко...

Die Untersuchung dieses Korpus von 20 Briefen des späten 18. Jh.s hat deutlichen Normwechsel gezeigt, wobei die neue Briefnorm sich sowohl von der des vorpetrinischen Privatbriefes als auch von der der petrinischen Zeit deutlich unterscheidet. Da nur ein kleines Korpus von Briefen aus petrinischer Zeit zur Verfügung stand, kann man nur vorläufig von einer Norm für diese Zeit sprechen. Die Ergebnisse deuten eher darauf hin, daß die Briefnorm, wie sie in den Briefen des späten 18. Jh.s vertreten ist, dieselbe ist, die zur petrinischen Zeit einsetzt. Für definitivere Aussagen zum Zeitpunkt und zum Verlauf des Normwandels bedarf es weiterer Korpora. Ein wesentlicher Unterschied zum Brief des 17. Jh.s besteht in der Vereinigung und Integration von Elementen von Sprach- und Stilsystemen, die im vorpetrinischen Russisch funktional getrennt waren. Ein weiterer Unterschied besteht in dem Aufkommen verschiedener Subarten des Privatbriefes (Freundesbrief, Elternbrief, Empfehlungsschreiben) und dem im russischen Privatbrief des 17. Jh.s unbekannten Phänomen des Individualstils. Die deutlichen Unterschiede in dem Grad der Souveränität, der Kompetenz des sprachlichen Ausdrucks, deuten auch auf die wesentlich stärkere soziolinguistische Schichtung der Gesellschaft als in vorpetrinischer Zeit. Vergleicht man die Sprache der untersuchten Briefe mit der der zeitgenössischen Belletristik, muß aber festgestellt werden, daß die letztere wesentlich homogener ist, daß hier die Norm bereits fest etabliert ist.

III. Ausblick

1. Zur Textsorte "vorpetrinischer Privatbrief"

1.1. Vorbemerkungen

Die Analyse hat gezeigt, daß die russische Privatkorrespondenz im Rußland des 17. Jh.s eine autonome und klar abgrenzbare Textsorte war. Sie besaß eine feste Norm, die in der gesamten Bevölkerung wohlbekannt war. Zwei der wichtigsten distinktiven Merkmale des russischen Privatbriefes dieser Epoche sind das strukturelle (sein Formular) und das intentionale (intendierter privater Informationstransfer mit z. T. erheblicher phatischer Färbung und Polythematik). Die Sprache der Briefe hat dagegen keinen in diesem Sinne distinktiven Status, da sie größte Ähnlichkeit mit anderen Textsorten der Amtssprache aufweist, wie durch die Kontrastanalyse bestätigt wurde. Mit anderen Worten, die Sprache der Briefe ist nur in Kontrastierung zu nicht-amtssprachlichen Texten distinktiv. Das schließt nicht aus, daß es auch innerhalb des amtssprachlichen Schrifttums gewisse textsortenspezifische Divergenzen in der Sprache gab. Zur Klärung dieser Frage ist allerdings eine umfassende Sprachanalyse weiterer amtssprachlicher Textsorten notwendig.

1.2. Briefformel

Die Briefformel des Grundkorpus hat eine klare und verbindliche Struktur, sowohl, was die Zahl und die Abfolge der Elemente betrifft, als auch hinsichtlich des Repertoires der Ausdrucksmittel. Auch ist sie erstaunlich resistent. So wirkt sich z. B. weder der soziale Rang des Absenders noch der des Empfängers auf die Gestaltung der Formel aus. Nicht einmal das Thema (die Intention) beeinflußt die Gestaltung der Formel. Nur rein geschäftliche Schreiben und Grenzfälle zu Nichtbriefen (meist auch monothematisch) zeigen hier insofern Spezifik, als der Umfang der Formel stark abnimmt. Nur die Korrespondenz der Kleriker, die Eltern-/Kinderbriefe und eingeschränkt auch die Briefe an Ehefrauen zeigen bestimmte soziolinguistisch bedingte Modifikationen der Formel. Dies zeugt einerseits von dem Fehlen einer soziolinguistischen Schichtung der Gesellschaft, wie sie im zeitgenössischen Westeuropa (aber auch im benachbarten Polen) schon lange die Norm war, andererseits von dem noch dominierenden rural-patriarchalischen Charakter der russischen Gesellschaft, in der die Familie die wichtigste soziale Gruppe war und dem (v. a. schwarzen) Klerus ein deutlich empfundener Sonderstatus zukam.

Nicht nur ist der Gebrauch der Formel im Brief obligatorisch, er ist auch streng geregelt. Die Regeln erstrecken sich auf die Komplexität der Formel, die Abfolge ihrer Elemente und Elementenblöcke und die zulässige Varianz sowohl der Struktur als auch des Ausdrucks. Die vollständige Formel umfaßt 10 Elemente, davon entfallen 7 auf die Anfangs- und 3 auf die Schlußformel, die eine Art der Dublierung bestimmter Teile der Anfangsformel darstellt. Während die Schlußformel einen homogenen Block darstellt, zerfällt die Anfangsformel noch in AFI und AFII (Auskunft über das Befinden des Adressaten).

Sowohl die einzelnen Formelelemente als auch Elementenblöcke verfügen über einen unterschiedlichen Grad an Verbindlichkeit und damit auch an Stabilität. Als der beständigste Teil der Formel zeigt sich ihr Anfang (AFI/1: *Nennung von Adressat und Absender und die Ehrerbietung sowie der Gesundheitswunsch an den Adressaten*). Der SF kann auch noch ein - mitunter auch umfangreicher - Textabschnitt nachgestellt werden, wobei es sich nur gelegentlich um ein echtes Postskriptum handelt. Die SF darf im Brief auch fehlen. In besonderem Maße gilt das für Geschäftsbriefe und Briefe der Väter. Hier kann man bereits eine Regelhaftigkeit erkennen, zumindest aber eine so deutliche Tendenz, daß eine Zufallserscheinung unwahrscheinlich ist. In den Briefen der Väter (z. T. auch der Ehemänner) tritt die SF zudem in einer bestimmten Variation auf:

а от меня тебѣ поклон(ъ), а по семъ ... здравствуи...

Ausgelassen werden darf die SF auch in den Briefen an Personen von deutlich niedrigerem sozialen Status. Da das Korpus nur sehr wenige solche Briefe enthält, können hierüber keine definitiveren Aussagen gemacht werden. Das Fehlen der SF in dieser letzteren Gruppe wäre allerdings einleuchtend: die kanonische SF drückt noch einmal die Ehrerbietung des Absenders aus, daher ist ihr Fehlen in den Briefen an Kinder, Ehefrauen und Untergebene im soziokulturellen Kontext des damaligen Rußlands durchaus verständlich.

Die instabilste Einzelelemente der Formel sind:

F7: *а впред ево ж ... воля* (Fehlfrequenz 80,7%)
F4: *а я о твоемъ здравии всегда слышать желаю* (Fehlfrequenz 74%) und
F9: Nennung des Absenders in der SF (Fehlfrequenz 62,7%)

Alle anderen Elemente der Formel sind in mindestens der Hälfte der Briefe enthalten. Das stabilste Einzelelement ist F1 (Fehlquote 1,3%). Im ganzen Korpus ist auch die Tendenz stark ausgeprägt, jeweils nur einzelne Elemente, nicht aber ganze Blöcke auszulassen. Es überwiegen auch die Briefe mit nur unerheblichen Defiziten der Formel.

All das weist auf eine feste und im Sprachbewußtsein der Gesellschaft verankerte Briefnorm hin. Während des ganzen 17. Jh.s verändert sich die

Formel nicht, weder quantitativ noch qualitativ. Auch in den ersten Jahren und Jahrzehnten des 18. Jh.s zeigen die meisten Briefe noch die alte Formel. Der zu dieser Zeit einsetzende Formularwandel ist aber unübersehbar, vor allem in der Sprache der sozialen Oberschicht. Im Grundkorpus setzen die Neuerungen erst rund 20 Jahre später ein und erfassen zudem nur einen kleinen Teil der Briefe (ca. 13 %). Auch hier betreffen die Änderungen mehr die Sprache des narrativen Teils als die Formel selbst. Die im Vergleichskorpus vertretenen Briefe aus der 2. Hälfte des 18. Jh.s zeigen bereits alle eine neue Briefformel. Da in beiden Korpora die Zeit zwischen 1730-1750 so gut wie nicht vertreten ist und da die Briefe des Vergleichskorpus eine viel schmalere soziale Basis als die des Grundkorpus haben, können in bezug auf den Zeitpunkt des Normwandels keine definitiven Aussagen gemacht werden. Einiges läßt vermuten, daß zumindest für die Sphäre des Gebrauchsschrifttums der Sprachusus Peters I. und seiner Umgebung mehr oder weniger expilizit die Orientierungsgrößen darstellten, daß ihre Texte gewissermaßen die Rolle von Mustertexten hatten. Das würde u. a. auch erklären, warum die neuen Formel- und Sprachelemente bei Peter so viel früher aufkommen als im Grundkorpus.

Offen bleibt auch die Frage nach dem Beginn der vorpetrinischen Formularnorm des Privatbriefes, weil aus der Zeit vor dem 17. Jh. nur sehr wenige Privatbriefe erhalten sind - und noch weniger sind ediert und somit der Forschung zugänglich. Entsprechend wenig ist auch über ihre Spezifik bekannt. Gesicherte Aussagen zum Verhältnis zwischen der Privatkorrespondenz des 17. Jh.s und älterer Epochen können somit noch nicht gemacht werden.

1.3. Zur Sprache der Briefe

Die Sprache des Grundkorpus ist homogen. Sie ist eine Mischung aus Elementen der Kanzlei- und der Alltagssprache, und damit eindeutig Russisch. (R)Ksl. Elemente sind nicht mehr als - gezielte und bewußte - Inklusionen, stilistisch bzw. intentional markiert. Der Einfluß diverser Faktoren auf die Sprache der Briefe ist noch geringer als auf ihre Formel: weder das Thema noch der soziale Status noch die familiären Beziehungen zeigen Wirkung auf den Charakter der Sprache in den Briefen. Auch gegenüber dem Zeitfaktor ist die Sprache der Briefe resistenter als deren Formel - noch im späten 18. Jh. ist sie in vielem dieselbe wie zu Beginn des 17. Jh.s.

Diese Aussage trifft aber in verschiedenem Maße auf verschiedene Sprachbereiche zu. Während Neuerungen in der Syntax, aber auch in der Lexik erheblich sind, sind sie in dem Formenbestand und in der Flexion eher gering. Aber gerade die Syntax und der Wortschatz einschließlich der Idiomatik verleihen der Sprache die meiste Spezifik. Unbedingt zu berücksichtigen ist hier allerdings, daß im Zuge der zunehmenden soziolinguistischen Schichtung der Gesellschaft die sprachlichen Divergenzen in den Briefen immer deutlicher werden. Die Analyse der Briefe des späten 18. Jh.s hat das überzeugend gezeigt: so unterscheiden sich z. B. die Briefe Golicyns, in den 1770er Jahren geschrieben, weniger von der Sprache der petrinischen Zeit als die Briefe Sumarokovs aus den 1740er Jahren. Überhaupt weist die Sprache in den Privatbriefen der Schriftsteller einen wesentlich höheren Grad an Homogenität und Stringenz des Ausdrucks auf als die Briefe der Adligen (Golicyns) oder *помещики* (Barykova).

Die Heranziehung des kontrastiven Textmaterials hat große Ähnlichkeit (bis hin zur Identität) zwischen der Sprache des Grundkorpus und der der meisten Texte des Vergleichskorpus ergeben. Größere Differenzen gab es nur zu den (r)ksl. Passagen in *Домострой* und in Kotošichins Bericht, aber auch zu der Mischsprache der petrinischen Belletristik. Deutlich anders sind ferner die Briefe des späten 18. Jh.s, obwohl auch hier immer noch eine breite gemeinsame Basis existiert. Das stützt zusätzlich die These von der Zugehörigkeit des Privatbriefes zu der Amtssprache. Der Einfluß ihres Kernbereiches, der Kanzleisprache, ist im Privatbrief vor allem in der Dominanz der parataktischen Reihung, in der spezifischen Idiomatik und in der Lexik erkennbar. In der Morphologie und in der Orthographie stimmen Amts- und Alltagssprache ohnehin überein. Auch der Charakter eines intendierten Berichts ist auf den Einfluß der Kanzleisprache zurückzuführen.

Allerdings unterscheidet sich der Privatbrief von den anderen Textsorten der Amtssprache durch die intentionale Vielfalt - und damit verbunden - durch ein erheblich größeres Repertoire an Ausdrucksmitteln. Ein weiteres Charakteristikum ist seine Nähe zur mündlichen Kolloquialsprache: der Charakter einer mündlichen Erzählung mit der für sie charakteristischen Verflechtung einzelner thematischer Stränge ist in mehreren Briefen evident. Dennoch handelt es sich keineswegs um die bloße schriftliche Fixierung mündlicher Rede, dafür ist der Einfluß des genormten schriftlichen Ausdrucks der Kanzleisprache viel zu deutlich. Wohl kann man verschieden stark ausgeprägte Kompetenz im Verfassen der Briefe feststellen: die einfachen Grundbesitzer scheinen wesentlich weniger darin geübt zu sein als Beamte. Eine distinkte Grenzziehung zwischen den Reflexen des mündlichen Idioms und denen der amtssprachlichen Norm ist nicht immer möglich, denn auch zwischen diesen beiden Bereichen bestehen vielfältige Interferenzen. Man denke in diesem Zusammenhang an die These Seemanns von der festen, tradierten mündlichen Norm der ostslavischen Rechtssprechung, die erst nachträglich schriftlich fixiert wurde (SEEMANN 1982+1983).

Man muß Issatschenkos These von der Unbeholfenheit, ja Unverständlichkeit der Amtsprache widersprechen. Auch im Privatbrief, in dem eigentlich noch weniger Stringenz an Ausdruck zu erwarten wäre, ist die Syntax nur sehr selten so verworren, daß die Zusammenhänge nicht klar erkennbar sind. Bedenkt man, daß (obwohl viele Privatbriefe nicht von den Absendern selbst geschrieben, sondern diktiert wurden) deren Schreiber in den wenigsten Fällen so gut geschult wie die Beamten des *Посольский Приказ* waren, so erscheint die Klarheit des Ausdrucks auch bei recht komplexen Sachverhalten fast verwunderlich. All das deutet auf eine feste, bewußte und auch in relativ weiten Kreisen der Bevölkerung wohlbekannte Norm des schriftlichen Ausdrucks auch im Russischen hin. Während die Sprache Kotošichins noch als einmalige Leistung eines besonders fähigen und besonders gut geschulten Beamten interpretiert werden könnte, zeugen die untersuchten Briefe von einer wohlentwickelten, genormten und funktionalen Schriftsprache auf der Basis des Russischen.

Die Sprache des frühen 18. Jh.s (wie sie im untersuchten Korpus vertreten ist) zeigt in bestimmten Bereichen deutliche Unterschiede zu der Norm dieses sprachlichen Ausdrucks (allerdings viel weniger in den Briefen als in den Textsorten mit gewissem belletristischem Anspruch). Die Sprache des vorpetrinischen Privatbriefes ist reines Russisch, in das (r)ksl. Elemente immer als markierte Einheiten gezielt integriert wurden. Auch in *Домострой* und bei Kotošichin, bei denen der Anteil des (R)KSl um ein Vielfaches höher liegt, ist die Distribution der Elemente der beiden Sprachen deutlich geregelt. In den petrinischen Romanen, in den Aufzeichnungen des Teilnehmers an der "Großen Gesandtschaft" von 1697-98, in den Memoiren Kurakins und auch in anderen Texten dieser Zeit mit gewissem literarischem Anspruch begegnet man dagegen einer auf den ersten Blick gänzlich ungeregelten, ekletischen Mischung aus (R)KSl, Russisch und diversen Fremdsprachen. Bei näherem Hinsehen wird allerdings deutlich, daß auch hier die Distribution der Elemente nicht ganz willkürlich ist. Dennoch vermitteln diese Texte den Eindruck des ständigen Stilbruches, auch innerhalb kurzer Syntagmen. Hier kann man deutlich den sich vollziehenden Prozeß des Sprachwandels erkennen, bei dem die Elemente, die im vorpetrinischen russischen Diasystem zu funktional getrennten Bereichen, zu verschiedenen, mehr oder weniger geschlossenen Stilsystemen (vgl. LICHAČEV 1968, TOLSTOJ 1988 et pass.) gehört haben, nun in einer neuen Sprachnorm integriert werden. Diesen Prozeß der Integration kann man auch noch in einigen der Briefe aus dem späten 18. Jh. erkennen, in den anderen ist er bereits vollzogen. Bemerkenswert ist, daß die auch zur petrinischen Zeit aufkommende neue amtssprachliche Norm sich wesentlich schneller durchzusetzen vermag als die im engeren Sinne schriftsprachliche.

1.4. Vorpetrinische russische Briefkultur

In dieser Arbeit wurden ausschließlich Privatbriefe untersucht. Der russische Brief der vorpetrinischen Zeit weist aber noch andere Brieftypen auf: *поучения*, *послания*, den sogenannten *literarischen Brief* (PONYRKO 1992, 3f.; BROGI BERCOFF 1984, 98). Die bisherige epistolographische Forschung beschränkte sich im wesentlichen auf diesen Bereich. In den letzten Jahren erschienen Arbeiten zur Spezifik der Birkenrindenbriefe (JANIN/ZALIZNJAK 1994; vgl. a. WORTH 1977, 283). Die Birkenrindenbriefe werden allerdings hier nicht als epistolographische Textsorte behandelt. Die epistolographische Forschung selbst berücksichtigt sie noch weniger als den Privatbrief.

Neben dieser Einschränkung des Untersuchungsgegenstandes auf den mehr oder weniger "literarischen" Brief, die weder kommentiert noch begründet wird, ist auch das Fehlen einer dezidierten inneren Strukturierung, einer Typologie der vorpetrinischen russischen Korrespondenz zu beklagen. M. E. steht die These von der weiten Verbreitung und der Musterrolle der *письмовники* in ursächlichem Zusammenhang mit dieser pauschalen Beurteilung der Korrespondenz. Das untersuchte Korpus von mehr als 1000 Privatbriefen aus fast zwei Jahrhunderten (1603-1794) zeigt zwar eine feste und stringente Norm, diese Norm ist aber keineswegs auf die bekannten *письмовники* zurückzuführen. Nur bestimmte Briefe des Vergleichskorpus zeigen eine gewisse Änlichkeit mit dieser Norm. Bezeichnenderweise handelt es sich dabei um (nur einige wenige!) Briefe des Zaren Aleksej Michajlovič,- des weltlichen Oberhaupts Rußlands. Der These Schmücker-Breloers:

> "Es besteht kein Zweifel, daß bei der dichten Distribution der Pis'movniki und der Evolution der Briefkultur das in der Pis'movniktradition gebotene, gesellschaftlich verbindliche und artifiziell geformte System der Adresse vielfältig praktiziert worden ist." (Schmücker-Breloer 1984, 161ff.)

muß man somit widersprechen. Wenn in bezug auf Privatbrief von Mustertexten überhaupt gesprochen werden kann, so kommen höchstens die *титулярники* des 17. Jh.s in Frage, nicht aber die von Schmücker-Breloer angeführten *письмовники*. Es ist an der Zeit, daß sich die epistolographische Forschung dieser Problematik annimmt. Auf diesem Gebiet sind noch allzu viele Fragen offen, deren Beantwortung weiterer Korpusanalysen bedarf. Diese kritischen Bemerkungen mindern keineswegs die großen Verdienste der russischen epistolographischen Forschung, die in besonderem Maße Demin gebühren. Es ist zu bedauern, daß diese Forschung in der diachronen Russistik bis heute praktisch nicht zur Kenntnis genommen wurden.

Es wurde bis jetzt bewußt nicht auf die westeuropäische Brieftradition und die entsprechenden Forschungsansätze eingegangen. Diese Haltung wurde auch im ersten Teil der Arbeit begründet (I.4.4.). Die Frage nach dem Verhältnis zwischen dem russischen und dem westeuropäischen epistolographischen System muß aber zumindest gestellt werden, auch wenn eine definitive Antwort darauf im Rahmen dieser Arbeit wohl kaum möglich ist.

Eine umfassende kontrastive Analyse der beiden Systeme ist mit vielerlei Problemen verbunden. So ist u. a. noch nicht definitiv geklärt, inwiefern man von einer homogenen westeuropäischen Brieftradition und -norm sprechen kann. Zum anderen besteht, wie auch in der Russistik, zu wenig Koordination zwischen der epistolographischen und der sprachgeschichtlichen Forschung, denn die erstere wird vorwiegend in die Gattungsforschung integriert. Einen interessanten Versuch der Kontrastierung der aruss. Brieftradition mit der byzantinischen hat Brogi Bercoff (1984) unternommen. Auch wenn man ihr beipflichten kann, was die prinzipielle Existenz einer Verbindung zwischen den beiden Systemen im Bereich des literarischen Briefes angeht, lassen die untersuchten Privatbriefe darauf schließen, daß sie keine solche Verbindung zum Privatbrief von Byzanz gehabt haben. Allerdings befaßt sich Brogi Bercoff nur mit dem literarischen Brief und schließt die Privatkorrespondenz ausdrücklich aus der Untersuchung aus:

> "Von einer Untersuchung, die sich mit literarischen Texten befaßt, müssen Dokumente wie die Birkenrinden von Novgorod ausgenommen werden, außerdem Privatbriefe, die eine ausschließlich persönliche, sachliche Prägung haben, stilistisch oder inhaltlich keine literarische Zielsetzung und so auch keine überpersönliche Funktion aufweisen." (l. c., 100).

Sie bestimmt ihren Untersuchungsgegenstand so:

> "Unsere Untersuchung der älteren russischen Epistolographie konzentriert sich auf Briefe mit privatem (oder halb-privatem) Charakter, die auch eine mehr oder weniger ausgeprägte öffentliche Funktion und zugleich Eigenschaften haben, die als Zeugnisse des Gattungsbewußtseins aufgefaßt werden können." (l. c., 101).

Wenn man nun, abstrahierend von der Forschung, sich dem Textmaterial widmet und die russischen Privatbriefe des 17. Jh.s mit den zeitgenössischen westeuropäischen vergleicht, werden Unterschiede evident. Die Gründe dafür liegen m. E. in den grundsätzlichen Unterschieden der soziolinguistischen und spziokulturellen Paradigmata Westeuropas und Rußlands. Während im Rußland des 17. Jh.s, das kaum eine soziolinguistische Schichtung der Gesellschaft kennt, man nur zwischen der offiziellen Epistel, dem kaum noch vertretenen literarischen Brief des 11.-13. Jh.s und der privaten *грамотка* zu unterscheiden hat (der Briefstatus von - in westlicher Tradition stehenden - theologischen Schriften ist m. E. fraglich), weist das zeitgenössische Westeuropa (aber auch Polen!) eine wesentlich größere Typenvielfalt auf - was auch soziolinguistisch bedingt ist. Auch kann nicht jeder Brief aus diesem Material als Privatbrief betrachtet werden (z. B. Korrespondenz von Wissenschaftlern und Schriftstellern). Als sehr reizvoll erscheint eine Kontrastierung mit der

Korrespondenz der Liselotte von der Pfalz, der man nun keineswegs den privaten Charakter absprechen kann (zur Abgrenzung von *privat* und *öffentlich* vgl. BROGI BERCOFF, l. c., 100).

Ein weiteres Phänomen des russischen Privatbriefes bedarf noch der Interpretation: das Fehlen von jeglichem Bezug auf die aktuellen politischen Ereignisse. Wenn man bedenkt, wie stürmisch das 17. Jh. war, ist es doch verwunderlich, daß dies in den Briefen überhaupt nicht thematisiert wird. Und das nicht einmal in den Briefen von Persönlichkeiten, die selbst aktiv am politischen Geschehen teilgenommen haben (z. B. Golicyn, Strešnev, Šaklovityj). Eine der möglichen Erklärungen wäre hier die von der westeuropäischen Haltung stark abweichende Einstellung des Individuums zum Staat, das Fehlen eines "Bürgers" im russischen gesellschaftlichen System. Ein weiteres Spezifikum besteht darin, daß während viele der westeuropäischen Brieftypen - auch Privatbriefe - den Anspruch auf eine gewisse Literarizität erheben, ein solcher Anspruch in dem russischen Privatbrief fehlt. Das wiederum könnte im Zusammenhang mit den abweichenden Auffassungen vom Schrifttum und dem Fehlen einer Literatur (im westeuropäischen Sinne) in Rußland stehen.

All das sind vorläufig noch recht spekulative Thesen. Dennoch berechtigen m. E. die evidenten Unterschiede zwischen den epistolographischen Systemen eine, wenn auch vorläufige, gesonderte Behandlung der aruss. Epistolographie.

In diesem Zusammenhang sollte auch erwähnt werden, daß die Vergleiche der Slavia, vor allem der Pax Slavia Orthodoxa, mit Westeuropa leider allzu oft dazu neigen, das letztere als Maßstab zu setzen. Somit kommt aber ein Wertungsmoment in die Diskussion, was nicht ungefährlich ist. Dabei wird entweder das Russische gegenüber dem postulierten westeuropäischen Maßstab abgewertet (so ISSATSCHENKO 1975; 1980, IV+XII; 1983, XVII+XVIII). Oder - als Reaktion auf einen solchen, zumindest intendierten Vergleich - tritt die Überbetonung des Autochthonen, die Glorifizierung der Einzigartigkeit des Eigenen auf (vgl. F. P. Filin; auch LICHAČEV 1993). Oder es wird versucht, um die Zugehörigkeit der slavischen Kulturen zum abendländischen Kulturparadigma zu beweisen, die Parallelen zu diesem Paradigma auch dort zu finden, wo sie kaum möglich sind - man denke hier z. B. an die Diskussion um die slavische (auch ostslavische!) Renaissance und das slavische Barock. Aber unabhängig davon, welche Richtung im einzelnen verfolgt wird, keine dieser Thesen stützt sich auf gesicherte und repräsentative Daten. Daher sollte m. E. einem Vergleich des russischen epistolographischen Systems mit dem (oder den) westeuropäischen eine umfassende Aufarbeitung und Analyse entsprechender Korpora vorausgehen.

2. Zur Geschichte des Schriftrussischen

2.1. Die Sprachsituation und die schriftsprachliche Entwicklung in Rußland zwischen 1600-1800

Vor dem Hintergrund der aus der Analyse der beiden Korpora gewonnenen Ergebnisse soll nun versucht werden, die Sprachsituation und die Sprachentwicklung in Rußland zwischen 1600 und 1800 zu rekonstruieren.

Neben dem mündlichen Kolloquialrussisch und dem (R)KSl des traditionellen Textsortenkanons der PSO existiert im 17. Jh. ein zunehmend expandierender Bereich des Schrifttums, dessen Kern und Ausgangspunkt wahrscheinlich in der mündlichen ostslavischen Rechtssprechungstradition zu sehen ist (vgl. SEEMANN 1982+1983). Es greift auch auf die Textsorten außerhalb der eigentlichen Rechtssphäre über - auf die Übersetzungen - und dringt zur petrinischen Zeit auch in die Belletristik ein. Zwar ist die Belletristik ein für Rußland neuer Textbereich, der sich erst im späten 17. Jh. allmählich etabliert, er wird aber im Sprachbewußtsein der Gesellschaft der Einflußsphäre des (R)KSl zugeordnet. Was dabei ausschlaggebend war: die explizite Nichtzugehörigkeit der Belletristik zur Amtssprache und zu ihrem Textsortenkanon, oder die gewisse Literarizität als gemeinsamer Nenner des traditionellen (r)ksl. Schrifttums und der neuen Belletristik, kann (zumindest vorläufig) nur vermutet werden. Das Resultat jedenfalls war die Entstehung eines Schrifttumsbereichs, dessen Charakteristikum die eben erwähnte eigenartige Verflechtung von Elementen verschiedener Sprachen in einem Text, in einem Satz, in einem Syntagma ist. Solch bunte Mischung ist aber vorwiegend auf die literarischen Textsorten beschränkt. Die Sprache der nichtliterarischen Genres weist eine erheblich größere Homogenität auf. Aber auch hier ist eine deutliche Zunahme von Kirchenslavismen und Barbarismen zu beobachten, verständlicherweise vor allem in der Syntax, in der Lexik und in der Idiomatik. Dennoch gibt es noch immer genügend Gemeinsames zwischen der Sprache des frühen 17. und der des späten 18. Jh.s.

Der Wandel betrifft nicht nur die Sprache in ihren verschiedenen Bereichen. Auch die Gestaltung verschiedener Textsorten, ihre Struktur, ihr Formular unterliegen einem deutlichen Normwechsel, der hier sogar stärker und auch früher zu beobachten ist als der eigentliche Sprachwandel. Der Normwechsel, sowohl in der Sprache als auch in der Textorganisation, ist keine gleichmäßige Entwicklung. Er setzt in unterschiedlichen Textsorten, in unterschiedlichen Regionen, in unterschiedlichen gesellschaftlichen Gruppen unterschiedlich stark und zu unterschiedlicher Zeit ein.

Soweit das Vergleichskorpus zeigt, ist dieser Wandel in der zweiten Hälfte des 18. Jh.s z. T. bereits vollzogen. Definitivere Aussagen sind nur auf der Basis eines quantitativ wie qualitativ erheblich größeren Korpus möglich (vgl. z. B. die Anweisung Senjavins an seinen Verwalter, die 1723 geschrieben wurde und die sich kaum von ähnlichen Schreiben A. I. Bezobrazovs aus der Mitte des 17. Jh.s unterscheiden (OREŠNIKOV 1963; Text der Anweisung siehe Anlage). Mit diesem Wandel geht auch die immer deutlichere soziolinguistische Schichtung der Gesellschaft einher: das Aufkommen der "Ihr"-Anrede, die nun deutlich getrennte Textsortenkanones verschiedener sozialer Klassen. Aus den Privatbriefen, die sui generis eine starke Bindung an die mündliche Sprache haben, wird auch die Schichtung der kolloquialen Alltagsprache evident, ein Phänomen, das das vorpetrinische Rußland kaum kannte.

Es wird traditionell eine direkte Verbindung zwischen den petrinischen Reformen und dem Sprachwandel dieser Zeit angenommen. Es ist aber evident, daß bereits in der Sprache des 17. Jh.s qualitative Veränderungen gegenüber der der vorausgegangenen Epochen zu beobachten sind, und zwar in nicht unerheblichem Maße. Das zeigt eindrucksvoll die Sprache Kotošichins. Betroffen sind vor allem die neuen, nicht tradierten Genres, auch solche im Bereich zwischen dem traditionellen (r)ksl. und dem amtssprachlichen Schrifttum. Hier kommt es, wenn auch mit unterschiedlicher Intensität, zur Interferenz der Elemente beider Sprachen, wobei die Amtssprache die expandierende ist, die sich neues Terrain erobert. Dennoch kann man die Wandlungsprozesse der petrinischen Zeit - zumindest soweit sie in den untersuchten Korpora vertreten sind - nicht als konsequente Fortsetzung der Entwicklungen des 17. Jh.s. ansehen. Denn hier hat man es deutlich nicht nur mit progredientem Wandel, sondern mit einem Normwechsel zu tun. Sieht man sich die Briefe und sonstige Schreiben Peters I. an, liegt die Vermutung nahe, er sei das Epizentrum dieses Normwechsels gewesen, und seine Texte hätten die Rolle von Mustertexten gehabt.

In dieses Bild würde auch die allgemeine Einstellung dieser Epoche gegenüber der schriftsprachlichen Problematik passen: nämlich das Fehlen jeglicher Reflexion, jeglicher metasprachlichen Diskussion. Dennoch kann man nicht, wie Issatschenko es tut, von einer Verwirrung sprechen. Die Sprache funktioniert ja, es ist auch unbedingt eine Entwicklung zu beobachten. Was tatsächlich fehlt, ist die gezielte Suche nach adäquaten Ausdrucksformen, das Sprachplanerische. Diese Suche setzt erst - und hier muß man Issatschenko beipflichten - in der nachpetrinischen Zeit ein, vermutlich erst mit Trediakovskij. Leider hat sich die Forschung hier bis jetzt fast nur auf literarische Genres und ihre Entwicklung konzentriert (diesen Vorwurf muß sich auch Issatschenko gefallen lassen). Es ist aber mindestens genauso wichtig, zu eruieren, wie sich der Sprachgebrauch im Alltag, jenseits der Literatur im engeren Sinne entwickelt hat. Solche Information können Briefe, nichtliterarische Memoiren, *допросы*, amtliche Berichte u. ä. aus der Sphäre des Gebrauchsschriftums liefern.

Vor dem Hintergrund dieses Bildes der Sprachentwicklung und der ihm zugrunde liegenden Analyseergebnisse sollen nun im nächsten Abschnitt einige Fragen und Probleme der Genesediskussion noch einmal aufgenommen werden.

2.2. Zu einigen offenen Fragen der Geschichte des Schriftrussischen

2.2.1. Die Diskontinuitätsthese und der Status der Amtssprache

Diese beiden Fragenkomplexe stehen in ursächlichem Verhältnis zueinander. So begründet Issatschenko seine These von dem Bruch der schriftsprachlichen Tradition mit dem von ihm postulierten Unvermögen der Amtssprache, komplexe - und neue - Sachverhalte auszudrücken. Für die sovjetische Schule, die von der kontinuierlichen und sukzessiven Entwicklung des Schriftrussischen von der Christianisierung bis heute ausgeht, bildet das Postulat einer wohlentwickelten und in zunehmendem Maße poly-, wenn nicht omnifunktionalen Amtssprache einen der Eckpfeiler der Kontinuitätsthese. Beide Standpunkte sind aber spekulativ, da sie sich nicht auf ernsthafte Untersuchungen eben dieser Amtssprache stützen. Die beiden hier untersuchten Korpora bieten weder Anhaltspunkte für den Standpunkt Issatschenkos noch für den der sovjetischen Schule,- weder für einen Bruch noch für eine sukzessive Weiterentwicklung. Vielmehr ist ein, eventuell auch mehrfacher Normwechsel zu beobachten, wobei das Wesentliche hier die zunehmende Integration von Elementen aus früher getrennten (Sub)Systemen in einem System ist. Dieser Normwechsel vollzieht sich allerdings sehr ungleichmäßig: in bezug auf Textsorte, soziale Gruppe oder Epoche. Auch sind verschiedene Bereiche der Sprache in unterschiedlichem Maße betroffen: am stärksten die Syntax, es folgt die Lexik (aber in noch stärkerem Maße die Idiomatik). Allmählich wird auch die Orthographie geregelt. Am wenigsten verändert sich die Morphologie. Deutlich sind ferner die Neuerungen im Stil und in der Textorganisation, wo es zunächst zu einer starken und kaum geregelten Interferenz von Elementen des Amtsrussischen, der Folkoresprache, des (R)KSl und diverser Fremdsprachen kommt. Später bilden sich neue Muster heraus, oft werden sie auch mit den neuen Textsorten mitübernommen. Da die untersuchten Korpora bis auf eine Ausnahme keine literarischen Texte enthalten, gilt das Gesagte zunächst nur für den nichtliterarischen Bereich. Eigene Vorarbeiten lassen allerdings vermuten, daß die Entwicklung der literarischen Genres im wesentlichen analog verlief.

In einem Punkt scheint Issatschenko allerdings, wenn auch nur partiell, Recht zu behalten. Die Spuren sowohl des (R)KSl als auch der Amtssprache in den literarischen und publizistischen Genres des späten 18. Jh.s sind sehr gering. Ich würde dennoch eher von einem Wechsel des Repertoires der Ausdrucksmittel als von einem Bruch mit der Tradition sprechen. Die westeuropäische literarische Norm nahm den Platz der alten (r)ksl. ein, und die neue administrative Norm den der alten amtssprachlichen.

Die Ablösung der alten Amtssprache wurde aber nicht durch ihr von Issatschenko postuliertes prinzipielles Unvermögen bedingt. Diese Sprache war durchaus funktionstüchtig und genügte völlig den Ansprüchen und Bedürfnissen des vorpetrinischen Rußlands. Sie war auch keineswegs unverständlicher als die heutigen Amts- und Fachsprachen, auch nicht in ihren Kernbereichen, der sogenannten Kanzleisprache. Sie war auch kein starres, geschlossenes System, sondern entwickelte sich kontinuierlich weiter. Der beschleunigte Normwechsel in diesem außerliterarischen Bereich des Schrifttums könnte m. E. durch die katalytische Wirkung der Reformen Peters. I. erklärt werden. Sie waren zwar von den Ereignissen und Entwicklungstendenzen des vorausgegangenen Jahrhunderts vorbereitet worden, Peter hat aber diesen Prozeß um ein Vielfaches beschleunigt und auch die ausschließliche Ausrichtung auf Westeuropa vorgegeben. Bedingt durch das o. e. Fehlen einer gezielten Sprachplanung in der petrinischen Zeit und durch die aus objektiven Notwendigkeiten gegebene Ausrichtung auf das Gebrauchsschrifttum entwickelt sich auch die neue amtsprachliche Norm wesentlich schneller als die literarische.

Zur Klärung der Frage der (Dis)Kontinuität des Schriftrussischen müssen ferner auch die bis heute vernachlässigten Epochen aufgearbeitet werden; in besonderem Maße gilt das für die beiden in der Forschung lange vernachlässigten Jahrzehnte 1720-1740. Da die (Dis)Kontinuitätsfrage mehrfach mit anderen zentralen Problemen der russistischen Genesediskussion verzahnt ist, wird sie im Laufe der folgenden Ausführungen noch wiederholt aufgenommen werden.

2.2.2. Zur Bestimmung des Objekts

Auch wenn der (m. E. inadäquate und nicht unbedenkliche) Begriff *Literatursprache* von den Vertretern verschiedener Richtungen in der Genesediskussion gleichermaßen benutzt wird, bedeutet das keineswegs die Identität der damit bezeichneten Objekte. Diese Frage wurde im ersten Teil der

Arbeit als das *Extensionsproblem* ausführlich dargestellt und soll nun vor dem Hintergrund der Analysedaten noch einmal aufgenommen werden.

Die Analyse hat u. a. gezeigt, daß es auch außerhalb sowohl des literarischen als auch des im eigentlichen Sinne amtssprachlichen Schrifttums Schrifttum gegeben hat, und zwar ein Schrifttum mit einer distinkten, festen und deutlich empfundenen Norm und mit einer sehr breiten sozialen Basis. Das allein dürfte bereits die Relevanz auch solcher Sprachformen deutlich machen. Dabei ist es m. E. irrelevant, ob man nun diesen Bereich - wie auch die ganze Amtssprache - der Sphäre der "Literatursprache" zuordnet oder nicht. Der Streit darüber, wo die Grenzen dieser *Literatursprache* zu ziehen sind, ist für das vorpetrinische Rußland nicht nur unergiebig, sondern auch unsinnig und zeugt von mechanistischer und ahistorischer Projizierung moderner bzw. eurozentristischer Sicht- und Denkweisen auf die älteren Epochen. Es gibt in Rußland vor (aber auch noch einige Zeit nach) 1700 keine Literatur im heutigen Sinne, auch nicht eine mit dem zeitgenössischen westeuropäischen literarischen Modell vergleichbare. Das ist weder gut noch schlecht an sich, das ist die Spezifik der PSO. Es gibt ein kanonisches Genresystem, in etwa so, wie es Tolstojs Modell darstellt (TOLSTOJ 1961 et pass.): mit einem Kernbereich und deutlicher Hierarchie. Auch das Verhältnis zu diesem Schrifttum ist nicht das eines zeitgenössischen westeuropäischen (oder auch čechischen oder polnischen) Lesers. Die Lektüre dient dem Seelenheil des Lesers/Hörers, sie hat immer eine mehr oder weniger ausgeprägte dignitas. Erst nach den inneren politischen Erschütterungen der *Смута* kommt es zu einem erdrutschartigen Wandel, wobei sich dieser Erdrutsch aber erst langsam ankündigt. Dabei expandiert der frühere Bereich der Rechts- und Verwaltungsprache, und das Phänomen der Unterhaltungslektüre kommt auf. Eine Literatur im eigentlichen Sinne mit dem entsprechenden Rezipientenkreis und eine der europäischen gleiche Einstellung zum Buch beginnen erst im nachpetrinischen Rußland sich zu etablieren, um 1730-40. Es sollte daher nicht mit dem - sui generis unscharfen - Begriff der *Literatursprache* operiert werden. Für das vorpetrinische Rußland kann nur von einer vornationalen Schriftsprache im Sinne der Prager Schule gesprochen werden. Daher wird hier die Forderung erhoben, die Untersuchungsbasis der russischen historischen Standardologie auf alle schriftlichen Texte auszudehnen. Erst auf dem Hintergrund einer solchen umfassenden Analyse kann die innere Substrukturierung des russischen Schrifttums dieser Zeit rekonstruiert werden.

2.2.3. Zum Primat der sprachlichen Untersuchung

Im ersten Teil der Arbeit wurde mehrfach auf die folgenschwere Loslösung der theoretischen Diskussion von der empirischen Arbeit hingewiesen, unter der beide Seiten leiden. Ein wirklicher Fortschritt in der Erforschung der Geschichte des Schriftrussischen kann nur auf der Basis von umfangreichen Textanalysen erzielt werden. Eine der wichtigsten methodologischen Prämissen des hier vorgestellten Ansatzes entspringt seinem deskriptiven Chrarakter: es ist die Ausrichtung auf den einzelnen Text als das konkrete Objekt der Untersuchung, und zwar bei gleichzeitigem weitestgehendem Verzicht auf Selektionen im Vorfeld der Analyse, sei es am Umfang, an der Art des Textmaterials oder an der Intention der Analyse. Daher wird hier der Gegenstand der historischen russischen Standardologie als die Gesamtmenge der überlieferten schriftlichen Texte verstanden, von dem Evangelium bis hin zur Quittung. Und das Ziel der Analyse ist zunächst eine vollständige Erfassung aller in den Texten repräsentierten Aspekte und Erscheinungformen der Sprache. Hierbei handelt es sich durchaus um einen maximalistischen Ansatz, dessen Analyse- und Erhebungsmethoden sich aber auf bestimmte Präferenzen stützen. Es wird dabei der Aufarbeitung der nichtliterarischen Genres der Vorrang gegeben, in der Sprachanalyse insbesondere der Syntax und der Lexik. Das ändert allerdings wenig an dem prinzipiellen Verständnis vom Text (mit all seinen Parametern) als eigentlichem Objekt der Analyse. Ein solches Vorgehen ist jedoch nur dann sinnvoll, wenn es gelingt, sich von den außerwissenschafltichen Fesseln zu befreien: man soll die Texte nicht untersuchen, um damit die Priorität des (R)KSl oder des Russischen (oder diverser Fremdsprachen) zu belegen.

2.2.4. Die Diglossiethese von Ferguson/Uspenskij

Eines der Hauptargumente gegen die These einer diglottischen Situation im vorpetrinischen Rußland ist die Existenz der Amtssprache, die als Verstoß gegen die strenge Binarität des Modells Fergusons (eine schriftliche vs. eine mündliche Sprache) verstanden wird. In einigen früheren Arbeiten habe ich bereits auf dieses starre, mechanistische Verständnis von Modell hingewiesen (KRETSCHMER 1986+1994). Das Fergusonsche Modell wurde am Material völlig anderer (noch dazu moderner) Sprachsituationen entwickelt, und es wäre schon fast ein Wunder, wenn es in seiner ursprünglichen Form auf die russische Sprachgeschichte in ihrer Spezifik voll zutreffen sollte. Es steht nicht so sehr zur Debatte, ob das Diglossiemodell überhaupt zur Erforschung und Beschreibung der aruss. Sprachsituation geeignet ist, sondern vielmehr, ob die Modifizierung dieses Modells so erhebliche Änderungen daran mit sich brächte, daß man bereits von einem neuen Modell sprechen müßte. Mit anderen Worten, würden die Modifizierungen die existentiellen Parameter des Modells verändern oder nicht? Leider haben weder Ferguson noch Uspenskij die Gewichtung der einzelnen Merkmale der diglottischen Situation ausreichend expliziert.

M. E. stellt die Existenz einer auf dem Idiom basierenden Amtssprache in Rußland keinen schwerwiegenden Verstoß gegen die Diglossiemerkmale dar. Denn das Amtsrussische ist keine bloße schriftliche Manifestation des mündlichen Idioms, es handelt sich um ein autonomes Sprachsystem. Um beurteilen zu können, ob die Existenz zweier schriftlicher Sprachformen definitiv die diglottische Situation aufhebt, bedarf es m. E. einer adäquaten Einschätzung des zeitgenössischen Sprachbewußtseins dieser Epoche: wie wurden die beiden schriftlichen Sprachformen empfunden? Gingen sie beide gleichermaßen die Opposition zur mündlichen Kolloquialsprache ein? Wurde die Amtssprache in Einheit mit dieser Kolloquialsprache und in Abgrenzung vom (R)KSl gesehen? Wurden alle drei Subsysteme als autonom empfunden? Es ist somit nicht so sehr relevant, wie wir die Sprachsituation bewerten, sondern wie sie von den Zeitgenossen bewertet wurde - auch von Ausländern.

Die Rekonstruktion des Sprachbewußtseins der Vergangenheit ist ein mühsames Unterfangen. Erfreulicherweise mehren sich die Versuche, sich dieses schwierigen Themas anzunehmen (Vassilev, Issatschenko, Uspenskij, Tolstoj, Kovtun, Živov u. a.). Auch hier aber ist ein Fortschritt nur auf der Basis umfangreicher Textananalysen möglich, denn unsere wichtigste Informationsquelle über die Einstellung zur Sprache, über die Beurteilung der Sprachsituation und ihrer Entwicklung sind die überlieferten Texte.

2.2.5. Diachrone Normforschung

Da das Modell Remnevas bis jetzt das einzige dieser Art in der diachronen Russistik ist und durchaus funktional zu sein scheint, wurden die Texte der beiden Korpora auch auf diese Merkmale hin untersucht. Die erzielten Ergebnisse scheinen das Modell zu stützen: die Verteilung der Formen stimmt mit der Intention und dem sprachlichen Charakter des Textes überein. Dennoch sind hier noch viele Fragen offen. So bleibt Remneva die Begründung für die Wahl der Merkmale schuldig. M. E. könnte die Liste durchaus erweitert werden, z.B. durch die Einbeziehung noch anderer Typen von Nebensätzen und Gerundien. Andererseits erscheinen die Kurzformen der Adjektive - zumindest was das untersuchte Korpus anbelangt - keinen distinktiven Status zu haben (allerdings wird gerade dieses Merkmal bei Remneva weder erläutert noch in ihren eigenen Textuntersuchungen berücksichtigt). Als in hohem Maße distinktiv haben sich dagegen viele andere Merkmale erwiesen: vor allem

Präteritalformen, dativus absolutus, aber auch Kausal- und Finalkonstruktionen. Einige Merkmale fanden sich dagegen auch in den eindeutig (r)ksl. Passagen, z. B. in *Домострой* und im Berichts Kotošichins gar nicht, oder waren überaus selten (vor allem *да* + *Prs.* als Imperativ). Dies muß aber nicht unbedingt eine Schwäche des Modells sein, sondern ist darin begründet, daß es sich bei den beiden hier untersuchten Korpora um recht junge Texte handelt. Das Modell Remnevas aber ist für die gesamte sogenannte „altrussische“ Zeit konzipiert.

Die Aussagekraft ihres Modells ist allerdings begrenzt, da es sich nur um Merkmale der grammatischen Norm handelt. Eine Erweiterung des Modells, z. B. auf lexikalische oder stilistische Norm, wäre wünschenswert, ist aber nur bedingt durchführbar, zumindest was die Lexik anbelangt. Notwendig und machbar ist dagegen die Erweiterung der syntaktischen Merkmalliste, denn eigene Untersuchungen haben ergeben, daß sich die sprachliche Spezifik überwiegend in der Syntax und in der Lexik bemerkbar macht (auch in der Idiomatik, aber die Modellierung dieses Bereiches scheint mit vielen Problemen verbunden zu sein).

Insgesamt scheint das Modell Remnevas eine durchaus geeignete Ausgangsposition für die Ermittlung sowohl des (grammatischen) Normsystems des aruss. Schrifttums als auch der normregulierenden Mechanismen (im Sinne Alekseevs) zu sein. Die Ergebnisse der Analyse beider Korpora scheinen im übrigen die Ausführungen Alekseevs zur Spezifik der normregulierenden Mechanismen vielfach zu stützen.

3. Ausblick

Die russistische Genesediskussion gerät zusehends in einen circulus vitiosus. Losgelöst von empirischer Rückkoppelung, dreht sie sich im Kreise. Die wenigen interessanten und diskussionswürdigen Ansätze werden nicht ernsthaft und sachlich rezipiert, geschweige denn am Material überprüft. Die hier vorgestellte Konzeption einer neuen philologischen Disziplin, der historischen (russ.) Standardologie, versteht sich als Alternative zu der konventionellen Forschung. Da sie in Abgrenzung zu der letzteren entstanden ist, ist ihr Charakter ex negativo noch sehr deutlich. Dies halte ich allerdings für eine überwindbare, in der Anfangsphase fast unvermeidliche Schwäche. In den vorausgegangenen Teilen der Arbeit wurden bereits die wichtigsten Prämissen und Schwerpunkte der neuen Disziplin erörtert. Nun sollen sie hier zusammengefaßt werden, als eine Art Vorgabe für eine mögliche weitere Entwicklung.

In der Anfangsphase ist die vorwiegend empirische Ausrichtung des Ansatzes unumgänglich und notwendig: durch die Interpretation und die Auswertung der Ergebnisse wird auch die Theoriebildung profitieren, und die Methode kann so laufend überprüft werden. Von grundlegender Bedeutung sind die Textzentriertheit des Ansatzes und sein deskriptiver Charakter. Das bedeutet keine prinzipielle Beschränkung auf die nur deskriptive Abstraktionsebene. Das Objekt der Untersuchung ist im Prinzip das gesamte Schrifttum. Dabei soll man aber sukzessive vorgehen und das gesamte Korpus einer Substrukturierung nach bestimmten Parametern unterziehen. Sinnvoll ist auch das Vorgehen in chronologisch angeordneten Synchronschritten. Die konkreten Texte sollen als komplexe überlinguistische Einheiten aufgefaßt und auch entsprechend interpretiert werden. Innerhalb der eigentlichen linguistischen Analyse dürfen gewisse Prioritäten gesetzt werden (wie z. B. im Grundkorpus die bevorzugte Behandlung der Syntax und der Idiomatik), wenn dadurch das übergeordnete Gebot der vollständigen Erfassung der Sprache nicht verletzt wird.

Die Wahl der Privatkorrespondenz sollte hier auf die Notwendigkeit hinweisen, in die Untersuchung verstärkt die nichtliterarischen Genres einzubeziehen, vor allem solche, die eine Beziehung zu dem sie verfassenden und sie rezipierenden Menschen haben. Sie sollte auch auf die Notwendigkeit einer "Philologisierung" der sprachgeschichtlichen Forschung hinweisen, zumal dort, wo es um die Geschichte von Schrift- und Standardsprachen geht. Somit versteht sich diese Arbeit als ein Beitrag zu der m. E. notwendigen Umorientierung der diachronen Russistik und zur Klärung einiger ihrer *проклятые вопросы.*

Anhang

Liste der untersuchten Briefe

1. KP64:

K: 1-4, 7-8, 10-14, 18-25, 27-40, 43, 45, 47-50, 53-55, 63-64, 66, 69-71, 74-75, 77-79, 81-82, 85-87, 89-90;
L: 1-23, 25-28;
M: 1-14;
MA: 2-4, 6-11, 13-21, 23-24, 26-28, 30-39, 41-62, 65-66, 68-69, 71-75, 78-87, 89-101, 103, 105-106a+b, 107-125, 127-131, 135-137, 141-144, 146-162;
P: 3-5, 7-11, 14-15, 17-19, 21, 23-25, 27-32, 34-37, 40-43, 45-48, 51, 54;
S: 2-3, 5-6, 8-10, 12, 1422, 24-27, 29, 31-33, 95;
Č: 4-6.

2. KT65: 1-7, 9-21, 24-34, 36-37, 40-48, 50, 52-57, 59-84, 88, 90-94, 97-98, 101-118, 121-125, 127-129, 131-136, 138, 140-163a+b, 164-175, 177-185, 189, 192-193, 195-207, 211-219, 222-223, 225-227;
Šč : 3-4.

3. KO68: 1, 2a-k, 3a-c, 4a-b, 5-9a+b, 10, 11a-f, 12a-d, 16b, 17a-c, 18a-b, 19.

4. KT69: 1, 3-23, 25, 28-32, 35-39, 43-45, 48, 50-53, 58-59, 61-65, 67-71, 73-80, 83-91, 93, 98-103, 105-106, 108, 111-112, 114-117, 119-121, 123, 128-129, 131-134, 140, 142-143, 145, 147-148, 155-165, 167, 169-173, 175, 177, 179-180, 183-189, 191, 193, 195, 197-198, 200, 202, 205-222, 224-232, 236-237, 243-258, 260-266, 268-286, 289-291, 293-294, 297-302, 304-323, 325-326, 328-332, 335, 338-342, 345349, 351-366, 369-378, 380-382, 384-389, 391-395, 397a+c, 398-413, 415430, 432-435, 437-439, 444, 456-458, 461-465, 467, 469-471, 473-476, 481-486, 491-492, 494, 497-499, 501-502, 504-511, 513-521, 523-524, 526-528.

5. KS81: 31-56.

6. KA84: 256-274a+b, 275-278a+b, 279a+b, 280-289a+b, 298, 300-321a+b, 322-323.

7. Zusatztexte:

Z1603 (MOROZOV 1982)
Z1609a+b (FLORJA 1982)
Z1618 (MORDOVINA/STANISLAVSKIJ 1982)
Z1634a+b (MORDOVINA/STANISLAVSKIJ 1979)
Z1655a+b (DAVIDSSON 1982)
Z1656 (l. c.)
Z1670 (EVTJUŠINA 1971)
Z1672 (l. c.)
Z1675a-c (l. c.)
Z1678 (l. c.)
Z1690 (l. c.)
Z1696 (SUMKINA 1969)
Z1696-98 (PANKRATOVA 1969)
Z1698a-c (ŠEPELEVA 1991

Abkürzungen und Siglen:

AF = Anfangsformel
(r)ksl = (russ.-)kirchenslavisch
PSO = Pax Slavia Orthodoxa
(R)KSl = (Russisch-)Kirchenslavisch
SF = Schlußformel
KA84 = S. I. Kotkov et al. (Hrsg.).: Памятники деловой письменности XVII века. Владимирский край. Москва 1984
KP64 = S. I. Kotkov, N. P. Pankratova (Hrsg.): Источники по истории русского народно-разговорного языка XVII - начала XVIII века. Москва 1964
KO68 = S. I. Kotkov, A. S. Orešnikov (Hrsg.): Московская деловая и бытовая письменность. Москва 1968
KS81 = S. I. Kotkov, A. I. Sumkina (Hrsg.): Памятники московской деловой письменности XVIII века. Москва 1981
KT65 = S. I. Kotkov, N. I. Tarabasova (Hrsg.): Памятники русского народно-разговорного языка XVII столетия (Из фонда А. И. Безобразова). Москва 1965
KT69 = S. I. Kotkov et al. (Hrsg.): Грамотки XVII - начала XVIII века. Москва 1969
PlZ = Prager linguistischer Zirkel: Literaturwissenschaft (Slavische Propyläen 108). München 1971
RL = Russian Linguistics
WdSl = Welt der Slawen
WSlA = Wiener Slawistischer Almanach
WSlJ = Wiener Slawistisches Jahrbuch
ZSl = Zeitschrift für Slawistik
ZSlPh = Zeitschrift für slavische Philologie

ВМУ = Вестник Московского университета. Серия 9: Филология
ВЯ = Вопросы языкознания
ИАН = Известия Академии наук СССР. Серия литературы и языка
ИзвРАН = Известия Росс. Академии наук. Серия литературы и языка
ПЛДР = Памятники литературы Древней Руси
РЛит = Русская литература
СлЯ = Славянское языковедение
ТОДРЛ = Труды Отдела Древнерусской Литературы
УЗ = Ученые записки

Textsammlungen

Бартенев, П. (Hrsg.) (1856): Собранiе писемъ царя Алеξѣя Михайловича. Москва

Дмитриев, Л. А. / Лихачев, Д. С. (Hrsg.) (1985): Памятники литературы Древней Руси. Середина XVI века. Москва

- (Hrsg.) (1989): Памятники литературы Древней Руси. XVII век. Книга вторая. Москва

- (Hrsg.) (1988): Памятники литературы Древней Руси. XVII век. Книга первая. Москва

Есин, Б. И. (Hrsg.) (1986): Русская журналистика XVIII - XIX веков. Тексты. Москва

Кожин, А. Н. (Hrsg.) (1989): История русского литературного языка. Хрестоматия. Москва

Котков, С. И. / Астахина, Л. Ю. / Владимирова, Л. А. / Панкратова, Н. П. (Hrsg.) (1984): Памятники деловой письменности XVII века. Владимирский край. Москва

Котков, С. И. / Демьянов / В. Г. / Тарабасова, Н. И. (Hrsg.) (1980): Вести-Куранты. 1645-1646 гг. Москва

Котков, С. И. / Коткова, Н. С. (Hrsg.) (1977): Памятники южновеликорусского наречия. Отказные книги. Москва

- (Hrsg.) (1982): Памятники южновеликорусского наречия. Таможенные книги. Москва

- (Hrsg.) (1990): Памятники южновеликорусского наречия. Конец XVI - начало XVII в. Москва

Котков, С. И. / Коткова, Н. С. / Ващенко, Т. Ф. / Демьянов, В. Г. / Вомперский, В. П. (Hrsg.): Памятники южновеликорусского наречия. Челобитья и расспросные речи. Москва

Котков, С. И. / Орешников, А. С. / Филиппова, И. С. (Hrsg.) (1993): Московская деловая и бытовая письменность XVII века. Москва 1968

Котков, С. И. / Панкратова, Н. П. (Hrsg.) (1964): Источники по истории русского народно-разговорного языка XVII - начала XVIII века. Москва

Котков, С. И. / Сумкина, А. И. (Hrsg.) (1981): Памятники московской деловой письменности XVIII века. Москва

Котков, С. И. / Тарабасова, Н. И. (Hrsg.) (1965): Памятники русского народно-разговорного языка XVII столетия (Из фонда А. И. Безобразова). Москва

- (Hrsg.) (1972): Вести-Куранты. 1600-1639 гг. Москва

- (Hrsg.) (1976): Вести-Куранты. 1642-1644 гг. Москва

Котков, С. И. / Тарабасова, Н. И., Панкратова, Н. П. (Hrsg.) (1969): Грамотки XVII - начала XVIII века. Москва

Макогоненко, Г. П. (Hrsg.) (1980): Письма русских писателей XVIII века. Москва

Обнорский, С. П. / Бархударов, С. Г. (Hrsg.) (1949): Хрестоматия по истории русского языка. Ч. вторая, вып. первый. Москва

Literatur

Birkfellner, G. (Hrsg.) (1987): *Sprache und Literatur Altrußlands*. Aufsatzsammlung. Münster

Bräuer, H. (1987): Fremde Eigennamen in Deklination und Derivation in der russischen Sprache des 17. Jahrhunderts. In: Birkfellner, G. (1987), 7-53

Breloer, M. (1964): *Zur Geschichte des russischen Privatbriefes in der ersten Hälfte des 17. Jahrhunderts*. Bonn

Brogi-Bercoff, G. (1984): Gattungs- und Stilprobleme der altrussischen Briefliteratur (XI-XV Jh.). In: Schmidt, W.-H. (1984), 97-120

Daneš, F. (1968): Einige soziolinguistische Aspekte der Schriftsprachen. In: *WdSl* 13, 17-27

Ferguson, Ch. A. (1959): Diglossia. In: *Word* 15, 325-340

Freydank, D. (1992): Латинизмы в петровском переводе *Истории Александра Великого* Квинта Курция Руфа. In: Sjöberg, A. et al. (1992), 281-295

Gmüg, H. / Möhrmann, R. (Hrsg.) (1985): *Frauen Literatur Geschichte*. Schreibende Frauen vom Mittelalter bis zur Gegenwart. Stuttgart

Gülich, E. /Raible, W. (Hrsg.) ([2]1975): *Textsorten*. Wiesbaden

Havránek, B. (1963): *Studie o spisovném jazyce*. Praha

(1967): Zum Problem der Norm in der heutigen Sprachwissenschaft und Sprachkultur. In: Vachek, J. (1967), 413-420

(1971a): Задачи литературного языка и его культура. In: PIZ, 338-377

(1971b): О функциональном расслоении литературного языка. In: PIZ 432-443

Hüttl-Folter, G. (1978a): Диглоссия в Древней Руси. In: *WSlJ* 24, 198-123

(1978b): Zum Primat der Syntax bei historischen Untersuchungen des Russischen. In: *Studia linguistica* (Gedenkschrift für A. V. Issatschenko). Lisse, 187-190

(1979): Zusammenhänge zwischen dem sprachlichen Erbe und der neueren russischen Literatursprache. In: *WSlJ* 25, 26-47

(1982): Проблематика языкового наследия XVII в. в русском литературном языке нового времени (XVIII в.). In: *WSlJ* 28, 9-24

(1987a): Zur Rolle des 17. Jahrhunderts in der Sprachgeschichte Rußlands. In: Birkfellner, G. (1987), 73-81

(1987b): Языковая ситуация петровской эпохи и возниковение русского литературного языка нового типа. In: *WSlJ* 33, 7-21

(1987c): О синтаксисе "Расужденія о оказателствахь кь міру" 1720 г. In: *RL* 11, 279-296

(1992): Синтаксис ранних переводов с французского языка на русский литературный язык нового типа. In: Sjöberg, A. et al. (1992), 305-320

(1993): О предложениях с неориентированной анафорической связью в русском литературном языке нового типа. In: Бездидько, А. В. (1993), 410-416

Hüttl-Worth, G. (1968a): Роль церковнославянского языка в развитии русского литературного языка. In: *American Contributions to the 6th International Congress of Slavists*. Vol. I. The Hague, 95-124

(1968b): The Church Slavonic Elements in Russian. In: *Oxford Slavonic Papers* N. S. Vol. I., 1-11

(1973): Спорные проблемы изучения литературного языка в древнерусский период. In: *WSlJ* 18, 29-47

(1978): О нормализации русского литературного языка нового времени. In: Белозерцев, Г. И. (1978), 197-201

Issatschenko, A.: Какова специфика литературного двуязычия в истории славянских народов? In: *ВЯ* 3/1958, 42-45

(1963): К вопросу о периодизации истории русского языка. In: Маслов, Ю. С. (1963), 149-158

(1974): Vorgeschichte und Entstehung der modernen russischen Literatursprache. In: *ZSlPh* 37, 339-344

(1975): *Mythen und Tatsachen über die Entstehung der russischen Literatursprache*. Österr. Akademie der Wiss. Philosophisch-histor. Klasse. Sitzungsberichte, 298. Bd., 5. Abhandlung. Wien

(1978): Когда сформировался русский литературный язык? In: *WSlJ* 24, 124-136

(1980+1983): *Geschichte der russischen Sprache*. Bd. 1-2. Heidelberg

Jachnow, H. (Hrsg.) (1984): *Handbuch des Russisten*. Wiesbaden

Jedlička, A. (1971): О пражской теории литературного языка. In: *PlZ*, 544-556

(1976): Проблематика нормы и кодификации литературного языка в отношении к типу литературного языка. In: Филин, Ф. П. / Горшков, А. I. (1976), 16-35

(1978): *Die Schriftsprache in der heutigen Kommunikation*. Leipzig

Keipert, H. (1982): Russische Sprachgeschichte als Übersetzungsgeschichte. In: *Slavistische Linguistik 1981*. München, 67-101

(1984): Geschichte der russischen Literatursprache. In: Jachnow, H. (1984), 444-481

(1987): Kirchenslavisch und Latein. Über die Vergleichbarkeit zweier mittelalterlicher Kultursprachen. In: Birkfellner, G. (1987), 181-111

(1991): Крещение Руси и история русского литературного языка. In: *ВЯ* 5/1991, 86-112

Kretschmer, A.: *Zur Diskussion um den Ursprung des russischen "literaturnyj jazyk" (seit Ende der fünfziger Jahre)*. Bochumer Slavistische Beiträge, Bd. 8. Hagen

(1989): *Zur Methodik der Untersuchung älterer slavischer schriftsprachlicher Texte (am Beispiel des slavenoserbischen Schrifttums)*. Slavistische Beiträge, Bd. 241. München

(1991): Zur Frage der Texttypologie. In: Супрун, А. Е. / Яхнов, Х. (1991), 122-150

(1992): Zur Rolle der Übersetzungen bei der Entstehung von slavischen Standardsprachen (unter besonderer Berücksichtigung der russischen und der serbischen Situation). In: *ZSl* 37/1, 72-76

(1993): Zur Entstehungsgeschichte slavischer Standardsprachen. In: *WdSl* 38/2, 254-264

(1994): Und noch einmal zur Diglossie. In: *WSlA* 33, 181-195

(1995): Спорные вопросы истории русского литературного языка. In: *ВЯ* 6/1995, 96-123

Kristophson, J. (1988): A slovenьskyi jazykъ i ruskyi odno estь. Hat Nestor recht? Anmerkungen und Beobachtungen zur Sprachnamenproblematik. In: *Die slawischen Sprachen* 14, 67-77

(1989): Taugt der Terminus "Diglossie" zur Beschreibung der Sprachsituation n der alten Rus'?. In: Die Slawischen Sprachen 19, 63-72

Kuna, H. (1976): Knji evne kojne u relaciji prema predstandardnim idiomima i standardnom jeziku. In: *Knji evni jezik* 5/1-2, 9-20

Marx, B. (1978): *Bartolomeus Pagello: Epistolae familiares (1464-1525)*. Materialien zur Vincentiner Kulturgeschichte des 15. Jh.s und kritische Edition des Briefwechsels, Padova (Miscellama erudita 31)

(1980): Venedig - altera Roma. Transformationen eines Mythos. In: *Quellen und Forschungen aus italienischen Archiven und Bibliotheken* (1980), 325-373

(1983): Zur Typologie lateinischer Briefsammlungen in Venedig vom 15. zum 16. Jh. Jh. In: Worstbrock, F.J. (1983), 118-154

Otten, F. (1987): Ein Reisebericht aus Petrinischer Zeit. Anmerkungen zur Sprache und zum anonymen Autor (Forschungsbericht). In: Birkfellner, G. (1987), 125-143

(1987): Zur sogenannten russischen Zeitungssprache der Petrinischen Zeit. In: *ZSlPh* XLVII/1, 39-48

(1992): Lexikologische Probleme der russischen Sprache der Petrinischen Zeit. In: *ZSl* 37/2, 252-269

Panzer, B. (Hrsg.) (1988): *Sprache, Literatur und Geschichte der Altgläubigen*. Akten des Heidelberger Symposiums vom 28. bis 30. April 1986. Heidelberg

Picchio, R. (1962): Die historisch-philologische Bedeutung der kirchenslavischen Tradition. In: *WdSl* 7, 1-27

Rehder, P. (1988): Weiteres zum Problem Standardsprache und sprachliche Norm: Diachronische Aspekte. In: *Slavistische Beiträge* Bd. 230. München, 375-384

Schmidt, W.-H. (Hrsg.) (1984): *Gattungsprobleme der älteren slavischen Literaturen*. Osteuropa-Institut an der FU Berlin. Slavistische Veröffentlichungen , Bd. 55. Berlin

Schmücker-Breloer, M. (1984): Zur Bedeutung der "pis'movniki" in der altrussischen Epistolographie. In: Schmidt, W.-H. (1984), 146-166.

(1987): Передача прямой речи в деловых текстах XVII в. (по материалам архива Пожарских). In: Иванов, В. В. /Сумкина, А. И. (1987), 248-254

(1988): Die Briefe der Fürstin Evdokija Prokop'evna Urusova, ein vergessenes Zeugnis der Altgläubigenliteratur. In: Panzer, B. (1988), 264-292

Seemann, K.-D. (1982): Loquendum est russice & scribendum est slavonice. In: *Russia Medievalis* 5, 103-136

(1983): Die "Diglossie" und die Systeme der sprachlichen Kommunikation im alten Rußland. In: *Slavistische Forschungen* 40. Slavistische Studien zum IX. Internationalen Slavistenkongreß in Kiev 1983. Köln/Wien, 553-561

Šachmatov, A. A. /Shevelov, G. Yu. (1960): *Die kirchenslavischen Elemente in der moderen russischen Literatursprache.* Wiesbaden

Sjoberg, A. et al. (Hrsg.) (1992): *Доломоносовский период русского языка. The Pre-Lomonosov period of the Russian literary language.* (Материалы конференции на Фагерудде, 20-25 мая 1989 г..). Stockholm

Stegmüller, W. (1975): *Der sogenannte Zirkel des Verstehens.* Darmstadt 1975

Steinke, K. (1988): Die Altgläubigen und ihre Sprache. In: Panzer, B. (1988), 293-313

Unbegaun, B. O.: s. Унбегаун, Б. О.

Vachek, J. (Hrsg.) (1967): *A Prague School Reader in Linguistics.* London

(1971): К проблеме пиьменного языка. In: *PlZ*, 524-534

Vasilev, Ch. (1972): Der Ausdruck "einfache Sprache" bei Avvakum und bei den orthodoxen Südslaven. Das Ende des Kirchenslavischen als Literatursprache. In: *WSlJ* 17, 295-302

Vlasto, A. P. (1986): *A Linguistic History of Russia to the End of the Eighteenth Century.* Oxford

Wienold, G. (1975): Aufgaben der Textsortenspezifikation und Möglichkeiten der experimentellenÜberprüfung. In: Gülich, E. / Raible, W. (1975), 144-154

Worstbrock, F. J. (Hrsg.) (1993): *Der Brief im Zeitalter der Renaissance.* Weinheim 1983 (Mitteilung IX der Kommission für Humanismusforschung bei der DFG),

Worth, D. S. (1977): Was there a "literary language" in Kievan Rus? In: ders., *On the Structure of Russian.* Selected Essays (Slavistische Beiträge 110). München, 249-256

(1978): On "Diglossia" in Medieval Russia. In: *WdSl* 23/2, 371-393

Аванесов, Р. И. (1953): К вопросам образования русского национального языка. In: *ВЯ* 2/1953, 47-70

(Hrsg.) (1964): *Исследования по исторической лексикологии древнерусского языка.* Москва

(Hrsg.) (1966): *Лексикология и словообразование древне-русского языка.* Москва

Аванесов, Р. И. / Котков, С. И. (Hrsg.) (1962): *Вопросы образования национальных языков.* Москва

Алексеев, А. А. (1986): Почему в Древней Руси не было диглоссии. In: Колесов, В. В. (1986), 3-11

(1987): Пути стабилизации языковой нормы в России XI - XVI вв. In: *ВЯ* 2/1987, 34-46

(1992): Социолингвистические предпосылки нормативно-стилистической реформы Ломоносова. In: Sjöberg, A. et al. (1992), 339-356

(1993): Внутренняя хронология русского литературного языка. In: Бездидько А. В. (1993), 238-245

Астахина, Л. Ю. (Rez.) (1981): С.И. Котков, Лингвистическое источниковедение и история русского языка. Москва 1980. In: *ВЯ* 5/1981, 132-137

Базанов, С. И. (Hrsg.) (1976): *Культурное наследие Древней Руси*. Москва

Бакланова, Н. А. (1967): Русский читатель XVII века. In: Державина, О. Н. (1967), 156-93

Бахтурина, Р. В. (1963): Воспроизведение скорописного текста и учет графических вариантов. In: Котков, С. И. (1963), 35-57

Бездидько, А. В. (Hrsg.) (1993): *Philologia slavica*: К 70-летию академика Н. И. Толстого. Москва

Белозерцев, Г. И. (1966): О соотношении элементов книжного и народного языка в памятниках XV-XVII вв. (на материале глаголов с приставками вы- и из- выделительного значения. In: Аванесов, Р. И. (1966), 68-122

(Hrsg.) (1978): *Восточнославянское и общее языкознание*. Москва 1978

Борисова, Е. Н.: К вопросу о региональной деловой письменности XVII-XVIII вв. как источнике изучения истории лексики русского литературного языка. In: Иванов, В. В. / Сумкина, А. И. (1987), 37-46

Борковский, В. И. (Hrsg.) (1975): *Древнерусский язык*. Лексикология и словообразование. Москва 1975

Борковский, В. И. /Котков, С. И. (Hrsg.) (1961): *Исследования по лексикологии и грамматике русского языка*. Москва

Ващенко, Т. Ф. (1982): К изучению отказных книг. In: Демьянов, В. Г. / Дубровина, В. Ф. (1982), 19-40

(1987): Наблюдения над некоторыми морфологическими явлениями в отказных книгах. In: Иванов, В. В. / Сумкина, А. И. (1987), 45-50

Верещагин, Е. М. /Вомперский, В. П. (1992): К дискусии о предмете истории русского литературного языка старшей поры. In: Караулов, Ю. Н. (1992), 105-123

Виноградов, В. В. (1958): *Основные проблемы изучения образования и развития древнерусского литературного языка*. Москва

(1963): *Различия между закономерностями развития славянских литературных языков в донациональную и национальную эпоху*. Москва

(1967): *Проблемы литературных языков и закономерности их образования и развития*. Москва

Владимирова, Л. А. (1987): Употребление конструкции *отдать ся грамотка* в письменности XVII в. In: Иванов, В. В. / Сумкина, А. И. (1987), 50-52

Волков, М. Я. (1966): Письмо Н. А. Сенявина сельскому старосте. In: Жуковская, Л. П. / Тарабасова, Н. И. (1966), 291-294

Волков, С. С. (1961): Развитие административно-деловой терминологии в начале XVII века (по документам "Слова и дела"). In: Ларин, Б. А. (1961), 138-159

(Hrsg.) (1972-1983): *Русская историческая лексикология и лексикография*. Ленинград (ЛГУ). Том 1 (1972), Том 2 (1977); Том 3 (1983)

Вялкина, Л. В. /Лукина, Г. Н. (1964): Опыт применения некоторых методов математической статистики к изучению лексики древнерусских текстов. In: Аванесов, Р. И. (1964), 298-308

Гейман, В. Г. (1958): Письмо подьячего В. И. Торокана из осажденного Смоленска в Москву в 1609 г. In: *ТОДРЛ* XIV, 275-278

Гельгардт, Р. Р. (1981): Наука о русском языке в журнале "Russian Linguistics". In: *ВЯ* 3/1981, 111-127

Глинкина, Л. А. (1961): К вопросу о бессоюзном сложном предложении в языке древнерусских памятников XVI-XVII вв. (бессоюзные предложения с пояснительной связью частей. In: Борковский, В. И. /Котков, С. И. (1961), 230-260

Голубев, И. Ф. (Hrsg.) (1965): Два прозаических послания из письмовника XVII в. In: *ТОДРЛ* XXI, 183-187

Голышенко, В. С. /Сумкина, А. И. (Hrsg.) (1979): *Памятники русского языка.* Исследования и публикации. Москва

Горбунова, А. А. (1957): Два неизвестных частных письма конца XVIIв. In: *ТОДРЛ* XIII, 506-510

Горшков, А. И. (1976): Литературный язык и норма (на материале истории русского литературного языка). In: Филин, Ф. П. / Горшков, А. И. (1976), 192-202

(1978): О предмете истории русского литературного языка. In: *ВЯ* 6/1978, 3-14

(1984): *Теория и история русского литературного языка.* Москва

(1987): Отечественные филологии о старославянском и древнерусском литературном языке. In: Жуковская, Л. П. (1987), 7-30

Горшкова, К. П. (Hrsg.) (1976): *Вопросы русского языка.* Вып. 1. МГУ. Москва

Гухман, М. М. (1970): Литературный язык. In: Серебенников, Б. А. (1970), 502-548

(1977a): Соотношение социальной дифференциаци и других типов варьирования литературного языка. In: dies. (1977), 41-60

(Hrsg.) (1977b): *Социальная и функциональная дифференциация литературных языков.* Москва 1977

Давидссон, К. К. (1987): Новгородские документы. Из русских рукописей XVII в., хранящихся в университетской библиотеке г. Упсалы. In: Демьянов, В. Г. / Дубровина, В. Ф. (1987), 326-366

Демин, А. С. (1964a): О литературном значении древнерусских письмовников. In: *РЛит* 4/1964, 165-170

(1964b): Вопросы изучения русских письмовников XV-XVII вв. (Из истории взаимодействия литературы и документальной письменности). In: *ТОДРЛ* XX, 90-99

(1965): Отрывки из неизвестных посланий и писем XVI-XVII вв. In: *ТОДРЛ* XXI, 188-194

(1970): Челобитные Аввакума и одна из неисследованных традиций деловей письменности XVII в. In: *ТОДРЛ* XXV, 220-31

Демьянов, В. Г. (1982a): Процессы графемно-фонетической адаптации в области вокализма лексики, заимствованной из немецкого языка (по данным "Вестей-Курантов" 1600-1639 гг.). In: ders./ Дубровина, В. Ф. (1982), 92-115

(1982b): Из наблюдений над передачей немецких топонимов в "Вестях-Курантах" 1600-1639 гг. In: Котков, С. И. / Панкратова, Н. П. (1982), 158-169

(1990): *Фонетико-морфологическая адаптация иноязычной лексики в русском языке XVII в.* Москва

Демьянов, В. Г. / Дубровина В. Ф. (Hrsg.) (1982): *История русского языка.* Исследования и тексты. Москва

Демьянов, В. Г. / Тарабасова, Н. И. (Hrsg.) (1991): *Источники по истории русского языка XI-XVII вв.* Москва

Державина, О. Н. (Hrsg.) (1967): *Древне-русская литература и ее связи с новым временем.* Москва

Дерягин, В. Я. (1964a): Связные написания в северных актах XVI-начала XVII в. In: Котков, С. И. / Дубровина, . Ф. (1964), 203-211

(1964b): Пинежская челобитная 1676 г. In: Котков, С. И. / Дубровина, В. Ф. (1964), 211-216

(1971): К вопросу об индивидуальном и традиционном в деловой письменности (на материале важских порядных XVII в.). In: Котков, С. И. (1971), 151-189

(1974): Лексико-семантический анализ группы деловых текстов. In: Жуковская, Л. П. (1974), 202-223

(1980): Об историко-стилистическом исследовании актовых текстов. In: *ВЯ* 4/1980, 97-107

(1987): Заметки об источниках исторической лексикологии русского языка и некоторых приемах их использования. In: Иванов, В. В. / Сумкина, А. И. (1987), 80-88

Дмитриев, А. Н. / Лихачев, Д. С. / Сумкина, А. И. (Hrsg.) (1971): *Древнерусская литература и русская культура XVIII-XX вв.* Ленинград

Дубровина, В. Ф. (Hrsg.) (1969): *Изучение русского языка и источниковедение.* Москва

Евтюшина, Т. И. (1971): Из белозерской переписки XVII в. In: Котков, С. И. (1971), 223-230

Жанэ, Д. К. (1978): Французкий язык в России XVIIIв. как общественное явление. In: *ВМУ* 1/1978, 62-71

Живов, В. М. (1986a): *Азбучная реформа Петра I как семиотическое преобразование.* In: УЗ Тартуского ун-та. Вып. 720. Труды по знаковым системам XIX. Тарту

(1986b): Новые материалы для истории перевода "Географии генеральной" Бернарда Варения. In: *ИАН СССР.* Сер. лит. и яз. XL/3, 246-260

(1988): Смена норм в истории русского литературного языка XVIII века. In: *RL* 12/1, 3-49

(1991): *Культурные конфликты в истории русского литературного языка в XVIII-начале XIX века.* Москва

(1987): Царь и бог. Семиотические аспекты сакрализации монарха в России. In: Успенский, Б. А. (1987b), 47-154

(1993): Двоеверие и особый характер русской культурной истории. In: Бездидько, А. В. (1993), 50-60

Живов, В. М. / Успенский, Б. А. (1986): Grammatica sub speciae theologiae. Претеритные формы глагола "быти" в русском языковом сознании XVI-XVIII веков. In: *RL* 10/3, 259-279

Жуковская, Л. П. (Hrsg.) (1972): О некоторых проблемах истории русского литературного языка древнейшего периода. In: *ВЯ* 5/1972, 62-76

(Hrsg.) (1974): *Памятники русского языка.* Вопросы исследования и издания. Москва

(Hrsg.) (1987): *Древнерусский литературный язык в его отношении к старославянскому.* Москва

Жуковская, Л. П. / Тарабасова, Н. И. (Hrsg.) (1966): *Исследования источников по истории русского языка и письменности.* Москва

Забелин, И. Е. (1990): *Домашний быт русских царей в XVI и XVII столетиях.* Кн. первая. Москва

Зализняк, А. А. (1991): Берестяные грамоты перед лицом традиционных постулатов. In: *RL* 15/3, 217-247

Звегинцев, А. А. (Hrsg.) (1970): *Язык и человек.* Москва

Зверковская, Н. П. (1964): Параллельное образование прилагательных с суффиксами *-ън-* и *-ъск-* в древнерусском языке. In: Аванесов, Р. И. (1964), 272-298

Зимин, А. А. (1963): Рукописи Евфимия Туркова и письмо Марины Турковой. In: Котков, С. И. (1963), 136-139

Злыднев, В. И. (Hrsg.) (1977): *Формирование национальных культур.* Москва

Иванов, В. В. (1987): Вопросы исследования истории русского языка и лингвистического источниковедения в трудах С. И. Коткова. In: ders./ Сумкина, А. И. (1987), 3-13

(Rez.) (1975): Котков, С. И. (1975): Московкая речь в начальный период становления русского национального языка. Москва 1974. In: *ВЯ* 6/1975, 139-142

Иванов, В. В. / Сумкина, А. И. (Hrsg.) (1987): *История русского языка и лингвистическое источниковедение.* Москва

Иссерлин, Е. М. (1961): Конкретная и абстрактная лексика в русском литературном языке XVII века. In: Ларин, Б. А. et al. (1961), 97-111

Каган-Тарковская, М. Д. (1971): "Титулярник" как переходная форма от исторического сочинения XVIIв. к историографии XVIIIв. In: Дмитриев, А. Н. / Лихачев, Д. С. / Сумкина, А. И. (1971), 54-64

Казакова, Н. А. (1985): А. А. Виниус и статейный список его посольства в Англию, Францию и Испанию в 1672-74 гг. In: *ТОДРЛ* XXXIX, 348-364

(1988): Статейные списки русских послов в Италию как памятники литературы путешествий (сер. XVII в.). In: *ТОДРЛ* XLI, 268-288

Калугин, В. В. (1987): "Ѹказ како книги перѣплѣтат" как источник по специальной лексике книжного дела XVII-XVIII вв. In: Иванов, В. В. / Сумкина, А. И. (1987), 109-116

Караулов, Ю. Н. (Hrsg.) (1992): *Русистика сегодня.* Функционирование языка: лексика и грамматика. Москва

Клименко, Л. П. (1986): История русского литературного языка с точки зрения теории диглоссии. In: Колесов, В. В. (1986), 11-22

Ковалевская, Е. Г. (1978): *История русского литературного языка*. Москва

Ковтун, Л. С. (1961): Словари XVI-XVIIвв. как источник изучения лексики этого периода (произвольники). In: Ларин, Б. А. et al. (1961), 112-123

(1971): Русские книжники XVI столетия о литературном языке своего времени. In: Котков, С. И. (1971), 3-23

(1980): Азбуковники, или алфавиты иностранных речей конца XVI-XVII вв. (Об историзме в критике источника). In: *ВЯ* 5/1980, 84-93

(1983): Высокий стиль у поэтов приказной школы. In: Волков, С. С. (1983), Т. 3, 53-62

Ковтунова, И. И. (1971): О роли художественной литературы в процессе формирования норм русского литературного языка к XVII-XVIII вв. In: Робинсон, А. Н. (1971), 308-341

Кожин, А. Н. (1981): *Литературный язык Киевской Руси*. Москва

(1987): Описательные типы текста в деловой письменности XVII в. In: Иванов, В. В. / Сумкина, А. И. (1987), 116-123

Колесов, В. В. (1974): Лексическое варьирование в литературном языке XVIIв. In: Филин, Ф. П. (1974), 130-137

(Hrsg.) (1986a): *Литературный язык древней Руси*. Ленинград

(1986b): Критические заметки о "древнерусской диглоссии". In: ders. (1986a), 22-42

(1987): К исследованию фонетики старомосковского говора. In: Иванов, В. В. / Сумкина, А. И. (1987), 116-123

Колесов, В. В. et al. (Hrsg.) (1982): *История русского языка. Среднерусский период* (Проблемы исторического языкознания. Вып. 2) Ленинград

Коротаева, Э. И. (1961): Наблюдения над синтаксисом Григория Котошихина, протопопа Аввакума, Симеона Полоцкого. In: Ларин, Б. А. (1961), 63-84

Кортава, Т. В. (1990): Предикативное функционирование кратких действительных причастий в приказном языке XVII в. In: *ВМУ* 1/1990, 69-76

Котков, С. И. (1962): Вопросы истории русского языка в свете некоторых данных южновеликорусских памятников. In: Аванесов, Р. И. / Котков, С. И. (1962), 31-49

(1963a): *Южновеликорусское наречие в XVII столетии*. Москва

(1963b): О совместном издании древне-русских скорописных памятников лингвистами и историками. In: ders. (Hrsg.) (1963c), 5-23

(Hrsg.) (1963c): *Лингвистическое источниковедение*. Москва

(1963d): Русская частная переписка XVII-XVIII вв. как лингвистический источник. In: *ВЯ* 6/1963, 107-116

(1964): О предмете лингвистического источниковедения. In: ders. / Дубровина, В. Ф. (1964), 3-13

(1966): Современные русские художественные тексты и история языка. In: Жуковская, Л. П. / Тарабасова, Н. И. (1966), 5-25

(1967): О лингвистических источниках с заданной информацией и некоторых других. In: ders. / Сумкина, А. И. (1967), 5-10

(1969): Отказные книги. In: *ВЯ* 1/1969, 130-135

(1970): *Очерки по лексике южновеликорусской письменности XVI-XVIII вв.* Москва

(Hrsg.) (1971a): *Русский язык.* Источники для его изучения. Москва

(1971b): Об исследовании источников по истории говора Москвы. In: ders. (1971a)

(1974): *Московская речь в начальный период становления русского национального языка.* Москва

(1975): Памятники русского пиьменности и историческая диалектология. In: *ВЯ* 2/1975, 12-21

(1976): *Источники по истории русского языка.* Москва

(1977): О лингвистическом источниковедении. In: *ВЯ* 6/1977, 51-58

(1980): *Лингвистическое источниковедение и история русского языка.* Москва

(1981): Исследование и издание скорописных памятников русского языка. In: *ВЯ* 6/1981, 6-16

(Hrsg.) (1982): *История русского языка. Памятники XI-XVIII вв.* Москва

(1990): *Памятники южновеликорусского наречия. Конец XVI-н. XVII в.* Москва

Котков, С. И. et al. (Hrsg.) (1969): *Грамотки XVII - начала XVIII в.* Москва

(Hrsg.) (1984): *Памятники деловой письмености XVII в. Владимирский край.* Москва

Котков, С. И. / Рыбочкина, Е. А. (1979): Лингвистическое значение "Экономических примечаний" XVIII в. In: Голышенко, В. С. / Сумкина, А. И. (1979), 3-38

Котков, С. И. / Бражникова, Н. Н. (1982): Книги городового дела XVIIв. In: Демьянов, В. Г. / Дубровина, В. Ф. (1982), 3-18

Котков, С. И. / Ларионова, А. П. (1987): Материалы Корочанской приказной избы. In: Демьянов, В. Г. / Дубровина, В. Ф. (1987), 370-384

Котков, С. И. / Дубровина, В. Ф. (Hrsg.) (1964): *Источниковедение и история русского языка.* Москва

Котков, С. И. / Дерягин, В. Я. (Hrsg.) (1976): *Источники по истории русского языка.* Москва

Котков, С. И. / Коткова, Н. С. (Hrsg.) (1982): *Памятники южновеликорусского наречия.* Таможенные книги. Москва

Котков, С. И. / Орешников, А. С. / Филиппова, И. С. (Hrsg.) (1968): *Московская деловая и бытовая письменность XVII в.* Москва

Котков, С. И. / Панкратова, Н. П. (Hrsg.) (1964): *Источники по истории русского народно-разговорного языка XVII-начала XVIII в.* Москва

(Hrsg.) (1982): *История русского языка.* Памятники XI-XVIII вв. Москва

Котков, С. И. / Сумкина, А. И. (Hrsg.) (1967): *Лингвистические источники.* Москва

Коткова, Н. С. (1964): Книги Денежного стола. In: Котков, С. И. / Дубровина, В. Ф. (1964), 190-202

(1976): Некоторые сведения о таможенных книгах XVII в. In: Котков, С. И. / Дерягин, В. Я. (1976), 38-50

(1982): Удвоенные написания *и* по данным некоторых рукописных текстов делового содержания XVII в. In: Демьянов, В. Г. / Дубровина, В. Ф. (1982), 132-155

(1987): Выявление московских лексических норм XVIIв. путем сравнения с периферийными данными. In: Иванов, В. В. / Сумкина, А. И. (1987), 131-142

Кузнецова, Н. А. (Hrsg.) (1958): *Хождение купца Федота (Афанасьевича) Котова в Персию.* Москва

Кутина, Л. Л. (1978): Последний период славяно-русского двуязычия в России. In: Славянское языкознание. VIII Международ. съезд славистов. Москва, 241-264

Ларин, Б. А. (1961): *Разговорный язык Московской Руси.* In: ders. et al. (1961), 22-34

(1975): *Лекции по истории русского литературного языка (X-сер. XVIII в.).* Москва

Ларин, Б. А. et al. (Hrsg.) (1961): *Начальный этап формирования русского национального языка.* Ленинград (ЛГУ)

Лихачев, Д. С. (1962): *Текстология.* Москва/Ленинград2

(1967): Несколько мыслей о языке литературы и литературном языке Древней Руси. In: Храпченко, Б. А. (1967), 302-307

(1968): Древнеславянские литературы как система. In: *Славянские литературы. VI Междунар. съезд славистов.* Москва, 5-48

(Hrsg.) (1969): *Литература и общественная мысль Древней Руси.* К 80-летию со дня рождения члена-корреспондента АН СССР В. П. Адриановой-Перетц. Ленинград

(1972a): Русская литература XI-III вв. и процессы жанрообразования. In: *WSlJ* 17, 184-191

(1972b): Своеобразие исторического пути русской литературы X-XVII вв. In: *РЛит* 2/1972, 3-36

([3]1979): *Поэтика древнерусской литературы.* Ленинград

(Hrsg.) (1980): *История русской литературы X-XVII веков.* Москва

(1993): Концептосфера русского языка. In: *ИзвРАН* 1/1993, 3-9

Лихачев, Д. С. et al. (Hrsg.) (1980): *Источниковедение литературы Древней Руси.* Ленинград

Лопатин, В. В. (1964): Об именном префиксе *пра-* в русском языке. In: Аванесов, Р. И. (1964), 245-260

Лопатина, Л. Е. (1987): Закономерности синтаксической структуры текста в памятниках народно-разговорной разновидности русского литературного языка XVI-XVII вв. In: Жуковская, Л. П. (1987), 237-245

Лотман, Ю. М. (1987a): *Сотворение Карамзина.* Москва

(1987b): Несколько мыслей о типологии культур. In: Успенский, Б. А. (1987b), 3-12

Лотман, Ю. М. / Успенский, Б. А. (1975): Споры о языке в начале XIX в. как факт русской культуры ("Происшествие в царстве теней, или судьбина российского ясыка" - неизвестное сочинение Семена Боброва). In: УЗ Тартуского ГУ. Труды по рус. и слав. филологии XXIV. Лит.-ведение. Тарту, 168-327

Лукина, Г. Н. (1964): К истории антонимических прилагательных в русском языке. (слова *тонкий* и *толстый*). In: Аванесов, Р. И. (1964), 80-94

Луппов, С. П. (1970): *Книга в России в XVII в.* Ленинград

Лыков, А. Г. (1992): *Введение в историю русского литературного языка.* Ростов-на-Дону

Лысакова, И. Р. (1982): К вопросу об изучении русской разговорной речи в историческом и социолингвистическом аспектах. In: Колесов, В. В. (1982), 138-147

Майоров, А. П. (1987): Формуляр и лексическая содержательность явочных челобитных. In: Иванов, В. В. / Сумкина, А. И. (1987), 142-151

Маловицкий, Л. Я. (1979): *Вопросы формирования русского национального языка.* Вологда

Маркова, З. М. (1982): О лексическом комплексе *по тому* в русском языке XVI-XVIIвв. In: Колесов, В. В. et al. (1982), 124-31

Маслов, Ю. С. (Hrsg.) (1963): *Вопросы теории и истории языка.* Ленинград

Матезиус, В. (1971): О необходимости стабильности литературного языка. In: PIZ, 378-393

Мечковская, Н. Б. (1992): Грамматики, буквари и риторики в великорусской языковой ситуации второй половины XVII века. In: Sjöberg, A. et al. (1992), 9-35

Мещерский, Н. А. (1980): *История русского литературного языка.* Москва

(1981): *История русского литературного языка.* Ленинград

Михайловская, Н. Г. (1964): Прилагательные *правый-десный-лѣвый-шуи* в русском языке. XI-XVII вв. In: Аванесов, Р. И. (1964), 43-59

(1975): К проблеме нормы древне-русского языка. In: *ВЯ* 3/1975, 119-127

Молчанова, Н. Ф.: К вопросу об отражении морфологического процесса в памятниках письменности. In: Котков, С. И. / Дубровина, В. Ф. (1964), 69-64

Мордовина, С. П. / Станиславский, А. Л. (1979): Подложные письма московского холопа XVII в. In: Голышенко, В. С. / Сумкина, А. И. (1979), 99-105

Морозов, Б. Н. (1982): Частное письмо начала XVII века. In: Котков, С. И. / Панкратова, Н. П. (1982), 287-290

(1987): Об одном "частном" письме XVII в. In: Демьянов, В. Г. / Дубровина, В. Ф. (1987), 366-370

Мошин, В. А. (1969): Из переписки самозванца Тимошки Акундинова. In: Лихачев, Д. С. (1969), 309-314

Николаев, С. И. (1980): "Небездельное безделье" В. Коховского в Посольском приказе. In: Лихачев, Д. С. et al. (1980), 251-258

(1989): Поэзия и дипломатия (Из литерартурной деятельности Посольского приказа в 1670-х гг.) In: *ТОДРЛ* XLII, 143-173

Обнорский, С. П. (1946): *Очерки по истории русского литературного языка старшего периода.* Москва/Ленинград

Одинцов, Г. Ф. (1991): Отводные книги Соловецкого монастыря 1649-1711 гг. (Оружейная лексика). In: Демьянов, В. Г. / Тарабасова, Н. И. (1991), 90-98

Орешников, А. С. (1964): О применении формализации к описанию деловых текстов. In: Котков, С. И. / Дубровина, В. Ф. (1964), 157-173

Панин, Л. Г. (1985): *Лексика западносибирской деловой письменности.* XVII - первая половина XVIII в. Новосибирск

(Rez.) (1977): Котков, С. И., "Вести-Куранты". 1642-44гг., Москва 1976. In: *ВЯ* 4/1977, 131-134

Панкратова, Н. П. (1969a): Из истории частной переписки на Руси. In: Дубровина, В. Ф. (1969), 127-155

(1969b): Письмо Д. Ларионовой (XVII в.). In: Дубровина, В. Ф. (1969), 252-257

(1975): Элементы делового языка в частной переписке XVIIв. In: Борковский, В. И. (1975), 25-44

Панченко, А. М. (1969): О русском литературном быте рубежа XVII-XVIII вв. In: Лихачев, Д. С. (1969), 267-271

Плющ, П. П. (1961): Русская "простая мова" на Украине в XVI- XVIII веках. In: Ларин, Б. А. et al. (1961), 219-237

Понырко, Н. В. (1992): *Эпистолярное наследие Древней Руси XI-XIII вв.* Исследования, тексты, переводы. Санкт-Петербург

Попова, З. Д. (1969): *Система падежных и предложно-падежных форм в русском литературном языке XVIII века.* Воронеж

(1971): Об источниках XVII в. для изучения синтаксика устной и разговорной речи. In: Котков, С. И. (1971), 113-127

(1987): Употребление глаголов перемещения и местонахождения в южновеликорусских отказных книгах XVII в. In: Иванов, В. В. / Сумкина, А. И. (1987), 157-163

Порохова, О. Г. (1964): Некоторые вопросы синонимии русского языка XVIIв. In: Аванесов, Р. И. (1964), 59-80

(1969): *Лексика сибирских летописей XVII века.* Ленинград

Ремнева, М. Л. (1988): *Литературный язык Древней Руси.* Некоторые особенности грамматической нормы. Москва

(1989): Конструкция "дательный самостоятельность" как стилистически маркированное средство передачи временных значений. In: *ВМУ* 2/1989, 33-41

(1993): К вопросу об эволюции грамматической нормы житийных текстов. In: *ВМУ* 2/1993, 27-32

Ремнева, М. Л. / Киянова, О. Н. (1991): Из истории использования форм двойственного числа в книжно-славянской и деловой письменности XII-XVII вв. In: *ВМУ* 1/1991), 23-33

Робинсон А. Н. (Hrsg.) (1971): *Русская литература на рубеже 2-х эпох (XVII - начало XVIII в.).* Москва

Рупосова, Л. П. (1987): Травник серпуховского воеводы Фомы Афанасьевича Бутурлина как источник по истории русского языка (наименования из области медицины). In: Иванов, С. И. / Сумкина, А. И. (1987), 170-178

Сабенина, А. М. (1971): Статейные списки и их значение для истории русского языка. In: Котков, С. И. (1971), 59-85

(1987): Связочные конструкции в функциональном аспекте. In: Иванов, В. В. / Сумкина, А. И. (1987), 178-185

Серебренников, Б. А. (Hrsg.) (1970): *Общее языкознание.* Москва

Скогорев, В. А. (1971): Памятники деловой письменности XVII-XVIII вв. в Государственном архиве Тамбовской области. In: Котков, С. И. (1971), 210-216

Смолина, К. П. (1990): *Лексика имущественной сферы в русском языке XI-XVII вв.* Москва

Собинникова, В. И. (1961): Общенародные и диалектные черты в языке областной письменности XVII-начала XVIII века (по материалам воронежских грамот). In: Ларин, Б. А. et al. (1961), 205-219

(1987): Типы предложений в малых жанрах Воренежских рукописных намятников конца XVII в. In: Иванов, В. В. / Сумкина, А. И. (1987), 199-205

Соболевский, А. И. (1980): *История русского литературного языка.* Ленинград

Соколова, Н. К. (1961): О путях образования административно-юридической терминологии XVII века (по материалям воронежских грамот XVII века). In: Ларин, Б. А. et al. (1961), 159-169

Соловьев, С. М. (1962): *История России с древнейших времен.* Тт. I-VIII. Москва

Сорокин, Ю. С. (1976): К вопросу о сложении литературной нормы в русском языке XVIII в. In: Филин, Ф. П. / Горшков, А. И. (1976), 180-191

Сумкина, А. И. (1979): Обзор некоторых материалов московской деловой письменности XVIII в. In: Голышенко, В. С. / Сумкина,А. И. (1979), 55-65

(1987a): *Синтаксис московских актовых и эпистолярных текстов XVIII. в.* Москва

(1987b): Об источниковедческом аспекте в анализе синтаксических явлений. In: Иванов, В. В. / Сумкина, А. И. (1987), 219-225

Супрун, А. Е. / Яхнов, Х. (Hrsg.) (1991): *Проблемы лингвистики текста.* Совместный труд лингвистов партнерских университетов в Минске и Бохуме. Минск

Таман, В. М. (1961): К вопросу о польском влиянии на литературный язык Московской Руси. In: Ларин, Б. А. et al. (1961), 197-205

Тарабасова, Н. И. (1979): К изучению русских правописных норм первой половины XVII в. (на материале "Вестей-Курантов"). In: Голышенко, В. С. / Сумкина, А. И. (1979), 38-55

(1986): *Явления вариативности в языке московской деловой письменности XVIII в.* Москва

(1987): Из истории синонимических отношений слов с корнями *бол-* и *скорб-* (на материале "Вестей-Курантов" первой половины XVIIв.). In: Демьянов, В. Г. / Дубровина, В. Ф. (1987), 115-132

Тихомиров, М. Н. (1956): Записки приказных людей конца XVII века. In: *ТОДРЛ* XII, 442-458

Толстой, Н. И. (1961): К вопросу о древнеславянском языке как общем литературном языке южных и восточных славян. In: *ВЯ* 1/1961, 52-66

(1962): Роль древнеславянского литературного языка в истории русского, сербского и болгарского литературных языков в XVII-XVIII вв. In: Аванесов, Р. И. /Котков, С. И. (1962), 5-21

(1963): Взаимоотношения локальных типов древнеславянского (литературного) языка позднего периода (2-я пол. XVI-XVII вв.). In: *Краткие сообщения Института славяноведения.* Москва, 230-272

(1976): Старинные представления о народно-языковой базе древнеславянского литературного языка. In: Горшкова, К. П. (1976), 177-204

(1977): К историко-культурной характеристике "славяно-сербского" литературного языка. In: Злыднев, В. И. (1977, 267-281

(1988): *История и структура славянских литературных языков.* Москва

Топоров, В. Н. (1993): Московские люди XVII века (к злобе дня). In: Бездидько, А. В. (1993), 191-220

Трубачев, О. Н. (1987): К истории одной семемы XVII в.: "облегчить"-"удалить, ускорить дело" (польск. *załatwić*, др.-рус. *облегчитисия*), In: Иванов, В: В. / Сумкина, А. И. (1987), 233-236

Улуханов, И. С. (1964): Предлоги *предъ-передъ* в русском языке XI-XVIIвв. In: Аванесов, Р. И. (1964), 125-161

(1972): *О языке Древней Руси.* Москва

Унбегаун, Б. О. (1968): Язык русской литературы и проблемы его развития. In: Revue des Études Slaves. 47, 129-134

(1970a): Происхождение русского литературного языка. In: *Новый журнал* 100, 306-319

(1970b): Историческая грамматика русского языка и ее задачи. In: Звегинцев, А. А. (1970), 262-267

Успенский, Б. А. (1976a): К вопросу о сематических взаимоотношениях системно противопоставленных церковнославянских и русских форм в истории русского языка. In: *WSlJ* 22, 92-100

(1976b): Historia sub specie semioticae. In: Базанов, С. И. (1976), 286-292

(1983a): *Языковая ситуация Киевской Руси и ее значение для истории русского литературного языка.* Москва

(1983b): Диглоссия и двуязычие в истории русского литературного языка. In: *International Journal of Slavic Linguistics and Poetics* 27, 81-126

(1984): К истории одной эпиграммы Тредиаковского (Эпизод языковой полемики середины XVIII в.). In: *RL* 8/2, 75-127

(1985): *Из истории русского литературного языка XVIII - начала XIX века.* Москва

(1987a): *История русского литературного языка (XI-XVII вв.).* München

(Hrsg.) (1987b): *Языки культуры и проблемы переводимости.* Москва

(1994): *Краткий очерк истории русского литературного языка (XI-XIX вв.).* Москва

Федченко, А. П. (1971): О некоторых московских материалах деловой письменности XVIII в. In: Котков, С. И. (1971), 104-113

Фелицына, В. П. (1961): Лексика русских пословиц XVII века. In: Ларин, Б. А. et al. (1961), 187-197

Филин, Ф. П. (1979): Что такое литературный язык. In: *ВЯ* 3/1979, 3-19

(1981a): *Истоки и судьбы русского литературного языка.* Москва

(1981b): О. т. н. "диалектном языке". In: *ВЯ* 2/1981, 36-43

(Hrsg.) (1981c): *История лексики русского литературного языка конца XVII - начала XIX века.* Москва

(1982): О лексике древнерусского языка. In: *ВЯ* 2/1982, 3-17; *ВЯ* 3/1982, 3-18

Филин, Ф. П. et al. (Hrsg.) (1974): *Вопросы исторической лексикологии и лексикографии восточнославянских языков.* (К 80-летию члена-корреспондента АН СССР С. Г. Бархударова). Москва

Филин, Ф. П. / Горшков, А. И. (Hrsg.) (1976): *Проблемы нормы в славянских языках в синхронном и диахронном аспектах.* Москва

Филиппова, И. С. (1964): К лингвистическому изучению писцовых книг. In: Котков, С. И. / Дубровина,В. Ф. (1964), 173-189

Флоря, Б. Н. (1987): Два письма начала XVIIв. из Троице-Сергиева монастыря. In: Демьянов, В. Г. / Дубровина, В. Ф. (1987), 319-326

Хабургаев, Г. А.(1980): *Становление русского языка.* Москва

(1983): "Средний штиль" М. В. Ломоносова в контексте истории русского литературного языка. In: *ВЯ* 3/1983, 101-109

Хаустова, И. С. (1961): О лексической синонимии в литературном языке Петровской эпохи (по материалам "Ведомостей" 1702-1703 годов). In: Ларин, Б. А. et al. (1961), 169-179

Хохлачева, В. Н. (1974): Существительные на *-тель* в русском языке XIV-XVII вв. In: Филин, Ф. П. et al. (1974), 319-327

Храпченко, Б. А. (Hrsg.) (1967): *Историко-филологические исследования.* Москва

Хурмаева, Н. В.: История слова *напрасный* по русским письменным памятникам. In: Борковский, В. И. (1975), 113-139

Чайкина, Ю. И. (1987): К истории становления производственно-технической терминологии в русском литературном языке XVII-XVIII вв. (названия предприятий). In: Иванов, В. В. / Сумкина, А. И. (1987), 236-248

Черкасова, Е. Т. (1972): К вопросу о самобытности синтаксического строя русского языка. In: *ВЯ* 5/1972, 77-81

Чернов, В. А. (1989): На каком языке писал Аввакум? In: *ТОДРЛ* XLII (1989), 369-374

Черных, П. Я. (1953): *Язык Уложения 1649 года.* (Вопросы орфографии, фонетики и морфологии в связи с историей Уложенной книги). Москва

Шепелева, Р. Д. (1991): Письма Г.-В. Лудольфа 1698. In: Демьянов, В. Г. / Тарабасова, Н. И. (1991), 196-199

Шкляревский, Г. И. (1968): *История русского литературного языка.* Харьков

Шмидт, С. О. (1964): Врачебница мудра зело. In: Котков, С. И. / Дубровина, В. Ф. (1964), 216-218

Яковлева, П. Т. (1958): *Первый русско-китайский договор 1689 г.* Москва

Янин, В. Л. / Зализняк, А. А. (1994): Берестяные грамоты из новгородских раскопок 1990-1993 гг. In: *ВЯ* 3/1994, 3-23

Personenregister

Sachregister

Textanhang

Die folgende Übersicht enthält Textbeispiele aus beiden untersuchten Korpora und dient mehreren Zwecken. Zum einen soll sie - da die in ihnen enthaltenen Texte eine Zeitspanne von fast 200 Jahren umfassen - einen Überblick sowohl über die Zeitresistenz der vorpetrinischen Briefnorm geben, als auch den Normwandel, der zu petrinischer Zeit einsetzt, veranschaulichen. Zum anderen sollen hier auch einige von der Norm abweichende Briefe in vollem Umfang wiedergegeben werden.

Der Brief an A. I. Bezobrazov von seinem Schwiegervater (beide Gutsbesitzer) ist eine erbitterte Anklage - in sehr pathetischer Form vorgetragen und umrahmt von einer neutralen Briefformel (hier Nr. 1).

So der Brief des unbekannten Ikonenmalers, in dem sich dieser bei seinem Auftraggeber, I. I. Kireevskij darüber beschwert daß dieser die Vertragsbedingungen nicht einhält (KP64/K54, hier Nr. 8). Dieser Brief, dessen genaue Datierung nicht möglich ist (ca. 1680-1710), stellt eine eigenartige Mischung von Elementen der Rechts- und der Folkloresprache dar. Auch in mancher anderer Hinsicht weicht er von der Briefnorm ab: durch die ungewöhnlich starke Emphase, oder durch die eindeutigen Verstöße gegen die Norm der Briefstruktur. Denn in diesem Brief ist so gut wie kein Formel enthalten. Da er sich keiner anderen Textsorte dieser Epoche eindeutig zuordnen läßt, gleichzeitig aber von der recht hohen Kompetenz seines Verfassers im schriftlichen Ausdruck zeugt, wurde er in die Analyse mireinbezogen.

Der Brief Postnikovs, eines Diplomaten aus der frühen petrinischen Zeit, ist der einzige Brief des Grundkorpus, der an den Zaren adressiert ist. So kann vermutet werden, daß die Abweichungen von der Norm (in der Formelstruktur wie in der Sprache) zumindest partiell dadurch zu erklären sind. Auch dieser Brief (hier Nr. 9) hat keine Parallelen, weder im Grund- noch im Vegleichskorpus.

Der Brief Krjukovs (KT69/52, hier Nr. 13) ist der einzige Brief der beiden Korpora, der sehr hohen Anteil an (r)ksl. Elementen aufweist. Die Datierung dieses Briefes bereitet Schwierigkeiten. Vermutlich ist er um 1700 entstanden: in seinem gehobenen, pathetischen Stil und in der Häufung der Kirchenslavismen weist er deutliche Parallelen zu petrinischen Briefen auf.

Alle übrigen Texte der Übersicht geben die damalige Briefnorm wieder. Die Auflistung geschieht in etwa chronologischer Abfolge. Die bibliographischen Angaben stehen jeweils in Klammern.

Textliste

(1) Brief an A. I. Bezobrazov von seinem Schwiegervater, ca. 1660-1670 (KT65/3)

(2) Brief mehrerer Bürgen mit der Anmahnung der Schuld, 1668 (KO68/1)

(3) Brief des Klosterbeamten V. F. Belin an seinen Sohn, I. V. Belin, ca. 1670er (KA84/277)

(4+5) Zwei Briefe an V. V. Golicyn von seiner Frau und seiner Mutter, 1677 (KO68/2a+3a)

(6) Brief F. I. Bezobrazovs an seinen Bruder A. I. Bezobrazov, ca. 1670-90 (KT65/64)

(7) Brief des Gutsbesitzers und Beamten D. V. Michalkovs an seinen Sohn, ca. 1680er (KO68/18b)

(8) Beschwerde eines unbekannten Ikonenmalers an I. I. Kireeevskij, ca. 1680-1710 (KP64/K54)

(9) Brief des Gesandten Postnikov an Peter I., 1696 (SUMKINA 1969)

(10) Brief D. Larionovas an ihren Mann, einen hohen Beamten, 1696 (KP64/L7)

(11) Entwurf und Brief H.-W. Ludolfs an A. A. Vejde, 1698 (ŠEPELEVA 1991)

(12) Brief des Kaufmannsgehilfen P. V. Okulovs an seinen Dienstherrn, um 1700 (KT69/347)

(13) Brief I. Krjukovs, verm. um 1700 (KT69/52)

(14) Brief N. A. Senjavins, eines Offiziers an seinen Verwalter, 1723 (VOLKOV 1966)

(15) Brief E. B. Kurakinas an ihren Vater, Juli 1725 (KS81/40)

(16) Brief V. B. Golicyns an seinen Bruder, 9.9.1770 (l. c., 19)

(17) Brief des Fürsten M. M. Ščerbatov an seinen Sohn, 4.3.1787 (l. c., 108)

Г. АНИЧКОВ А. И. БЕЗОБРАЗОВУ

| л. 2 | Гсдрю моему *Андрѣю* Ильичю Гришка Аничко*в* чело*м* бь*ет* даи | бгъ тебѣ гсдрю моемꙋ многолетное здоро*ве* не ꙋбо*ял*|ся гсдрь страшнаго сꙋда и смертнаго часꙋ что на|до мною неправед*но* ꙋчини*л* забы*в* своево писма и | клятвеное свое слово что было тебѣ не посы|лать *от*казыва*т* до моеи смерти и веле*т* было меня | во всемъ слꙋша*т* а нинѣ ты не ꙋбояся бга и смер|тнаго часꙋ поместье мое *от*каза*л* и крстьяно*м* | мои*м* не веле*л* меня слꙋша*т* и ничево дава*т* не *ве*лелъ | и заставилъ меня на себя плака*т* перед спасовымъ | образомъ и перед пречистою застꙋпницы мое*и* бдцы | али гсдрь бѣзсмерьтенъ мнишися и страшнаго | грознаго сꙋда не боишися тово ли я *от* тебя чая*л* | что ты не ꙋмлсрдился на*д* моею старостью и на*д* мо|имъ сиро*т*ствомъ не *от* бѣды я тебѣ да*л* поместье | и не должен*ъ* тебѣ ничемъ і чаялъ о*т* тебя вся|ково добра и старости мое*и* покою и по смер|ти поминка себѣ и сожителнице мое*и* и дочери[1] мо|еи а твое*и* женѣ а ты гсдрь и ꙋ жива ꙋ меня |*от*ня*л* | совсемъ а по смерти *от* тебя поми*н*ка *л* чаять | надеючис на тебя по твоему приказу ни в чемъ | не слꙋшаютъ и рознесли все мое по себѣ мои сле|зы оголоди*л* меня и ꙋмори*л* с людишками *з* голо|дꙋ али тебѣ прямово своево мало на что было | тебѣ мои горкие слезы не да*л* мнѣ довладет[2]... | л. 3 | до смерти мое*и* не положать гсдрь во гро*б* с нами ничего | все останетца одна дша да *де*ла на страш*но*м праве*д*|номъ сꙋ*де* пере*д* бгомъ станꙋ*т* бѣспрестани стан*ꙋ* | пере*д* спасовы*м* образо*м* и призывать в помощь надеж|дꙋ мою застꙋпницꙋ прчстꙋю *бд*цꙋ бѣспрестани пла|ка*т* на тебя за что ты на мои горкие слѣзы палсл не | ꙋмлсрдилсл на*д* моею старостью и бѣдностью станемъ | на сꙋ*де* страш*но*мъ сꙋдитца с тобою много гсдрь за | тобою моево давоно и дарено а чаяно было *от* тебя | всяково добра а по смерти поминовения не за винꙋ | гсдрь я тебѣ постꙋпился поместья и не долж*ен* ничемъ | тебѣ а чаяно было вечнаго поми*н*ка дочери свое*и* и | сожителнице а ты гсдрь и одиново не приезжива*л* | в мнстрь и пере*д* собою панахиды не *от*певыва*л* а | мнѣ ли *от* тебя поми*н*ка чая*т* не мни гсдрь того что мои | горкие слезы даро*м* проидꙋтъ взя*л* ты гсдрь долгъ | на себя и не *от*казаны были и оне мало слꙋшали въ | честь делали а нинѣ ни в чемъ не слꙋшаю*т* | а что гсдрь ты да*л* писмо Ѳедор*у* Нармацкому а веле*л* ко мнѣ | писа*т* и того гсдрь ничего не бывало все затеяно | и написано ложно все делали оне и до *от*казꙋ | по свое*и* воли и землю мою пахотꙋ ро*з*делили по | себѣ и хлѣбъ мо*и* и лошеди и всяко*и* животъ мои | пограбили ка*к* воровали вместе с воро*в*скими ка|заченки ꙋбоися гсдрь смертнаго часꙋ и страш*но*|во праве*д*наго грозного сꙋда посла*л* гсдрь нинѣ | члвка своево досмотре*т* и всеять ржи и *он* ко мнѣ пи|шетъ что оставлено было на семяна ржи и то*и* | де ржи не оставлено ни четверика все ро*з*несли | по себѣ и не слꙋшаю*т* ни *в* чемъ и не оставили в жи|тницах никакова хлѣба ни четверика и землю | лꙋтчюю что на меня пахали всю ро*з*делили по | себѣ и сеноко*с* а на меня покинꙋли хꙋдꙋю да | и то*и* де не хотятъ пахать а говорятъ гсдрь | оне крстьяня что ты имъ не веле*л* слꙋшать | меня и на поле и на гꙋмнѣ крадꙋтъ а члвкъ | молвитъ что несꙋтъ розно и оне ла*ют* и грозятъ | тобою намъ *де* та*к* Андрѣи приказа*л* за семъ | гсдрь много челомъ бью |

На л. 2 об.: Гсдрю моемꙋ *Андрѣю* Ильичю

Бел. ст., стб. 1100, л. 2—3

[1] *Исправлено из* дочи. [2] *Далее лист обрезан, остались верхушки букв.*

Я. Зотов, С. А. Чернавин, И. Махота, Т. Антипов, Ф. Сергеев с товарищи Марье Микуличне и Афанасию Корнильевичу

1668 г.

| л. 6 | Ѿт поручиков ѿт Якова Зотова да ѿт | Семена Ѳоонасева сна Чернавина да ѿт Ы|вана Махоты да ѿт Триѳона Антипова | да ѿт Ѳедора Сергѣева і ото всѣх то|варищев Маре Микулишне да Ѡѳонасю | Корнильевичю по великому челобитю как | вас бгъ милует а про нас изволите спро|шат і мы на Москвѣ сидим в Приказе | за решоткою в Устюскои чети в том что | ручалис мы по сне твоем Ѳоонасе в от|купных денгах веневского кружешного дво|ра впред на три годы а пне сидим мы | за решоткою в недоплатных в полуго|довых денгах в девяносте рублех | во шти алтынех в дву денгах что не | довез муж твои Корнеи в Приказ в Ус|тюскую чет в платеж і в том у нас дво|ры і животы ѿписали на великого | л. 8 | гсдря і в ннешнем во РОЅ м [году] | апрѣля въ А де послали мы това|рищев своих тѣх же порутчиков за своі.ми | поруками з грамоткою Степана Сергѣ|ева да Ивана Ісаева для тѣх полуго|довых недоплатных денгах [1] і как к вам | ся нша братцкая грамотка придет | і вам бы тѣ денги полугодовые де|вяносто рублев шесть алтын В де | да на харчи дат бы вам імъ порут|чиком тому Степану Івану і в тѣхъ | бы денгах взят у них росписку за рукою | і прислат тѣ денги к нам к Москвѣ в При|каз в Устюскую чет і нас бы порутчиков | тебе б не выдат а что у тебя на кру|жешном дворѣ вина і пива і меду | і всякого [2] заводу і тебѣ б пожаловат | л. 9 | переписать то все на роспис подлинно | против дхвнои что Корнѣи писал ѿходя | сего свѣту за рукою ѿтца дхвного і тое ро|спис прислат с ними ж порутчиками чтоб было | нам про то про все вѣдомо подлинно а тово б | тебѣ Маря Микулишна не учинит что нас | порутчиков выдат і денег против сеи гра|мотки ншеи не прислать | і тои росписи | заводу а буде ты с ними денег и росписи | не пришлеш і нас порутчиков выдаш і мы | по тебя пришлем с Москвы пристава | с наказною памятю і в тѣ поры животы | твои і статки возмут все на великого | гсдря а ты с нами ж будеш сидет за решоткою | а буде ты толко тѣ полугодовые денги | пришлеш с тѣми порутчиками і нас во всем | ѿчистиш і сын твои Ѡѳонасеи сиди [3] по|прежнему за нашими поруками с на|ми ж порутчиками ково мы излюбим | л. 10 | і дади[м] на ни[х] выбор за свои[ми руками] | а Олѳерку б тебѣ Мая [4] на кружешном дворѣ | не держат і ни в чем ему не вѣрит потому | что ѿн на кружешном дворѣ плутает а нам | безпрестани про нево к Москвѣ вѣсти | доходят да бгъ тебя Маря Микулишна | судит что к нам про мужа своего Корнѣя | не писала грамотки что волею бжиею | в животѣ ево не стало і то ты с тѣм | Алѳеркою над нами думаеш негоразда | і хочеш ты нас порутчиков погубит вко|нецъ а у сеи грамотки наши порутчи|ковы рꙋки і тебѣ б Маря Микулишна | сеи грамотки вѣрит і прочетчи сию гра|мотку ѿтдат имъ товарищем ншимъ | ему Степану і Ивану і взят бы тебѣ на них | в том против сеи грамотки спис[о]к слово | в слово за их руками как ты тѣ денги | к Москвѣ пришлеш а по том тебѣ ѿт нас | ѿто всѣх по великому челобитю

| л. 6 об. | К сеи грамотке садовник Триѳонка | л. 8 об. | А[н]типов и вмѣста [5]. . . | своих Ивана Мохоты да Ѳедора Сергѣ|ева что та грамотка писана по на|шему велѣню | и по их велѣню я Триѳон|ка і руку при|л. 8 об.—9 об. |ложи| л. 10 |лъ

ЦГАДА, ф. 141, оп. 4, № 170, 1668, л. 6—6 об., 8—10

[1] *Так в ркп.* [2] *с написано по* ъ. [3] *Так в ркп.* [4] *Так в ркп.*, Марья?
[5] *Далее утрачено 10—12 букв: обрыв.*

Ивану Васильевичу Белину от отца Василия Белина

24 августа

|л. 22| Ѡт Василя Бѣлина снꙋ моему Іванꙋ Васил|евичю блгословение и невѣстꙋшке | Анне Андрѣевне пиши ко мнѣ Іван | Василевич про свое здорове и про не|вѣстꙋшки Анны Андрѣевны как | вас бгъ милꙋет а я в Суздале и Ѳе|дор с невѣскою Ѳедосею Василевною | августа по КД число дал бгъ здо|рово писал ты ко мнѣ августа *де* | въ ЕI *де* говорил, тебѣ Василеи Калинин | что послана великого гсдря грамота | к игумене ѡ росписном списке да ѡн же | де Василеи говорил тебѣ пришлем де | и дрꙋгую великого гсдря грамотꙋ ука|жꙋт де нам быт на Москвѣ ꙋ дѣла [1] | береч [2] де много а нне *де* молчат | полно бутто емꙋ все смехом дѣла|ем и наша была емꙋ не все сме|хотворство и преж сего в ѕабыти | не был а нне к тебѣ с Ывашком Вшив|ковым послано пят рꙋблев да те|лѣга и тебѣ *б* емꙋ тѣ денги и те|лѣгу ѿдат и ѡ том емꙋ побит челом | чтоб пожаловал домꙋ светагѡ | поберег и нас лишними словами | не возбранял и то емꙋ скажи нне по|ра лѣтняя а в ѕимꙋ по первому пути | и ѕапасꙋ пришлют потому что нне | вести запас к Москве не том пут | да ты ж пишеш что бьет челом в Прика|ѕе Болшаг дворца Павелъ Савелов | и иные многие дворяня чтобы им | быт ꙋ Покровского мнстря а ѡ кабал|ных денгах и ѡ ѕаемном хлѣбе ѿпу|скают великого гсдря грамоту на кре|стьянех денги и хлѣб доправит | и Василю Калину [3] для того денги | пят рꙋблев и посланы чтобы ѡн | поберег а грамоты не ѿпꙋскал | денги емꙋ даи и ѡ том емꙋ говори | чтобы грамоты не ѿпꙋскал |л. 22 об.| ѿпиши ко мнѣ что ꙋ Степана Воронина есть ли что | против челобитя ево ꙋказ ему а по Івановꙋ | челобитю Патрекѣева прислана к архиепис|кꙋпу грамота велено ево Степана выслат к Мѡс|кве в Потриаршъ розряд и с черными книгами | Івана Патрекѣева и Степан ꙋѣхал до грамоты | к Москве и на архиепискуплевъ двор има|ли стряпчево и соцкого для допросꙋ книг | и соцкои сказал что книги ꙋ Степана Воро|нина [4] і в том стряпчево и соц|кого держали ѕа решеткою в приказе | шестеры сꙋтки и свобожены а нне *де* | писал в Потриаршъ розряд и тебѣ *о* Сте|пану Воронинꙋ сказат чтобы ѡн в Потри|арше розряде того провѣдывал | с Микиѳором Конковым послано к тебѣ ВI | рꙋблев бꙋде дворяня бьют челом и ты промы|шляи неѡплошно ѡ том к тебѣ ѡн игумени | с сестрами писано дѣлаи по тамошнему | смотря бꙋде к мнстрю челобитчики бꙋдꙋт | а твоеи мочи не бꙋдет ѿпиши [5] | и к тебѣ старицы пришлют ѡ денгах к Емел|яну Телицыну писал и грамотку послал | с Микиѳором Конковым пожалꙋи ку|пи аршин камки зеленои и двоеличнои | на нагрꙋдникъ и сошли с Микиѳором | а что дашъ ѿпиши и я денги пришлю

Пажаловат ѿдат ся гра|мотка Івану Василевичю | Бѣлину [6]

Августа въ КЅ *де* привез гра|мотку Микиѳор Конковъ

ГИМ, ф. 17, карт. XIV, № 1, л. 22—22 об.

---

[1] *Далее зачеркнуто* а нне *де* п. [2] ч *читается предположительно.* [3] *Так в ркп.*, Калинину? [4] *Далее зачеркнуто* а с собою ли взял или ꙋ кого поки|нул тебѣ у не. [5] *Далее зачеркнуто* ста. [6] *Далее вторым почерком.*

Е. И. Голицына В. В. Голицыну

а

26 августа 1677 г.

| л. 34 | Гсдрю моему кнзю Василю Василевичю же|нишка твоя Дѹнка много челом бьет бѹди | гсдрь мои здоров па многие лѣта а ко мне | гсдрь мои прикажи писат про свое многолѣт|ное здорове какъ тебя гсдрь моево бгъ | милѹетъ а изволишъ гсдрь мои вѣдат про здо|рове гсдрни моеи матушки кнгни Татяны Иванов|ны и про здорове гсдря моего батюшка Ивана | Өеодоровича и про здорове гсдрни моеи мату|шки Настаси Ивановны и про меня и я па | Москвѣ и з детми августа въ КЅ де до воли | бжиі живы а впред ево ж создавшего влдки | бга|волл да пожалуи гсдрь мои Ва|силевич не держи нас без вести о своем | многолѣтном здорове да что ты гсдрь | писал что хто крестил Дунюшку вос|приемник был кнзь Алеѯѣи да восприем|ница была кнгня Өедося Василевна | а с весю окроме своих никуды не посыла|ли а жаловали ѣздили многие[1] | и без вести да буди тебѣ гсдрь[2] мои ведо|мо что ѹ кнзь Юрья Петровича Трубецко|ва сна кнзь Ивана меншова не стало же|нишка Дунка много челом бьет

| л. 34 об. | Гсдрю моему кнзю Василю Василевичю[3]

РПЅ *г сентября* въ Е *де* подал грамотку Малоросіиского | приказу подячеи Михаило Кипреянов

ЦГАДА, ф. 210, Приказн. стол, стлб. 640, л. 34—34 об.

[1] *Далее зачеркнуто жер.* [2] *Написано по каким-то другим буквам.* [3] *Далее другим почерком.*

Т. И. Голицына В. В. Голицыну

а

6 августа [1677 г.]

| л. 3 | Свету моему кнзю Василю Василевичю буд на тебѣ свѣт мои | млсть бжия и мое грешное блгословение отнее і до вѣка | пиши свѣт мои ко мнѣ о своем здорове как тебя свѣта | моего Хрстос своею млстию хранит а про меня | свет мои изволиш ведат і про невеску і про Олешенку | і про Оринушку і про Дѹнюшку і мы августа въ Ѕ де | все дал бгъ здоровы а впред уповаем | на млсть бжию да буди тебѣ свѣт мои | ведамо что Дѹнюшку сего числа бгъ привелъ в кре|щонѹю верѹ крстила свѣт мои простым обычемъ | крстил Олешенка да кнгня Өедося Васильевна | да поехали к тебѣ свѣт мои головы стрелецкие | Маѯим Лѹпандин да Матвеи Вешняков і били | челом мнѣ чтоб ты их жаловал и тебѣ б свѣт мои | их жаловат и быт к ним приятнѹ буд на тебѣ | свѣт мои млсть бжия і мое грешное блго|словение отнее і до века да посла[1] мы | к тебѣ свѣт мои ковришку родилнѹю и тебѣ б кушат | на здорове

| л. 3 об. | [Свету мо]ему кнзю Василью Васильевичю

ЦГАДА, ф. 210, Приказн. стол, стлб. 640, л. 3—3 об.

[1] *Так в ркп.*

Ф. И. БЕЗОБРАЗОВ А. И. БЕЗОБРАЗОВУ

| л. 52 | Андреи Илrichь здравствуи гсдрь на многия лѣ[та] | и пребываи во всякои радости прислал ты | гсдрь ко мне с Вологды грамотки и чел[о]|битные и я гсдрь послал х тебѣ о[1]. . . | пишеш ты гсдрь ко мне с кручиною что|бы мне лутчи с Шестоковым разделат|ца и то гсдрь вымыслъ Авдея Ми|китича а пишеш чтобы ходит вме|сте за Шестоковым делам и у меня | гсдрь дела нету а то дела ув Авдю|шки а как гсдрь ты был на служьбѣ | и я за тем делам ходил и Василю Се|меновичю Семенову бивал челом | чтобы он побил челом околничему | Василю Семеновичю и Василеи | Григоревич бил челом околничему | Василю Семеновичю и он была | и хотел дела вершит а как тебя | гсдрь бгъ принес и ты гсдрь никому | не бивал челом о том деле и не го|варивал а толка у тебя гсдрь и | вымыслъ что меня разорит и агра|бит и мне гсдрь стоит десяти Ше|стоковых твое жалованя прият|ство в Василеве деле Баженове | и в Спиркине и ныне гсдрь слуга | твои на Вологде Иван Исаев на кре|стьянских детеи кабалы поимал | и в том нас гсдрь бгъ разсудит а людем | нас неколи судит писал ты гсдрь | ко мне про Дениса что он не хочет | за землю стоят бутта я ему писал | что не велел соритца и за землю сто|ят и я гсдрь и в грамотки писал съ Ес|кою что ты гсдрь укажешь[2] то я и велел де|лат с человеком с топмъ[3] с Ываном | Исаевым а то гсдрь ссора от Ивана | л. 52 об. | Исаева полна гсдрь и тои ссоры что | и Овдюшка сорит а и нынеча пишю | что ты гсдрь укажеш то и делат пи|шеш ты гсдрь про двор про московскои | что разделит и я гсдрь буду к Семе|ню дни будет что не заимет да пи|шеш ты гсдрь про маронинскои двор | что мне которою половину брат и ты | пожалуи мне ту половину что | с канюшною и с изобою и с клетю и полови|ну двора ту ж а себѣ гсдрь изволил взят | горницы да баню и с местом а житни|цы гсдрь вели разделит Андреи Илич | гсдрь то какая правда что палти|нных денги с чюбаровских мужиков | и ты гсдрь те денги изволил к себѣ | взят и своим гсдрь хрестьяном отдал | кои тебѣ досталис а кои мне | гсдрь досталис крестьяня и ты | тем гсдрь не отдал и тем гсдрь кресть|янишек не згониш а меня не разо|риш жа а батюшка гсдрь приказал все|мъ отдат а не однои твоеи половине | за всякоя милосердие твое Ѳет|ка БѢзобразовъ челом бьет | Андреи Илич гсдрь писал ты ко мне что я | в покое живу и у меня гсдрь виделъ | ты и сам в коком я покое живу на Москъ|ве одна у меня избишка и ты и тому | позовидовал[4] а у тебя люди и повор Власка в батюшкина ж | хоромах живут а хоромы обчие ещо не разде|лены | а двор гсдрь московскои я рад делит против | прежнева договору какъ договорилис | при отце при духовномъ[4]

Гсдрю моему брату Андрею | Ильичю

Дополн. отд., стб. 115, л. 52—52 об.

[1] Далее утрачено 4—5 букв: обрыв. [2] Написано под словами то я. [3] Так в ркп. [4-4] Написано на левом поле.

| л. 7 | Ѡт Дмитрея Василевича снȣ моемȣ Прокоѳью | Дмитреевичю ѧ на Москвѣ | ноября въ КЅ де да воли | божи жив а впред бгъ воленъ а ты Прокоѳюшка | пиши ко мнѣ ѡ материне здарове Маремъяны | Ивановны и о своем здарове какъ вас бгъ милȣет | и штоб мнѣ слыша о вашемъ здарове радостнȣ быт | да скажи Пронюшка матȣшке своеи штоб велела | вина сидѣт три браги тотчас не мешкав зачем по се | число вина не сидѣли а в вотчинах не сижено вино | ряские отымаютца дровами а хлеб на вино в обѣихъ | вотчинах крестьяномъ роздан а на Москвѣ хлебȣ цена | ржи чети кȣпят в полтину овса чети в дватцет алтнъ | а бȣдѣт подредитца намъ у крестьянъ своих и ȣ чюжих | пехотѣ надворнои хлеб платит ино ȣ своих днгъ | вѕят с полȣосминного жеребѧ по семи капе|екъ а ȣ чюжих по гривне з двора вѕять | а менши тово вѕят нелѕѣ и вѕят ȣ них с прежних отпи|сеи список против чево отписи новые вѕят а днги | ȣ всех у своих и ȣ чюжих вѕят наперед а запасу ис Пер|кина велел привести бѣлые мȣки на ситные | хлебы пят чети на лютцкие хлебы мȣки пятнатцет | чети да на прадажȣ ржи пятнатцет чети да овса | тритцет чети с лишком а живу на Москвѣ и с холодомъ | и голодом нѣт ни хлеба ни дров у Троицы в слободе асми|на мȣки да солоду полосмины да сена воза с полтора | и тово привести нелѕе потомȣ бездорожица колотли| во снѣгȣ нѣт а кои час пȣт ѕимнеи ȣставитца и ты | л. 7 об. | Прокоѳьюшка скажи матȣшке своеи штобы | ȣбрався со всем и с тобою ехала ко мнѣ к Мо|скве а печ в подклетѣ нюече станȣ дѣлать хоша | заняв днгъ а кирпичю сырцȣ сотня по полȣгривне | дядя твои Ондрѣи Сергеевич живет ȣ меня на дворе | дает мнѣ днгъ взаимы дватцет алтнъ чем печ здѣлат | а вина браг колко ȣспеют ȣсидѣт при вас то и вѕять | с собою иные браги и после сидят за вином не мешкат | да вели Пронюшка на Горинском купит коробю болшȣю | на людцкое плате и на всякую рухлед длиною аршина | в полтора а кровлю ȣ неи здѣлать на вертлюгахъ | да два лȣкошка болших с кровлеми кȣпит на крȣпы | гречишные и на семя конопляное да бȣди Прокоѳюшка | над тобою млсть бжия и мое блгословение отныне | и до векȣ беи челом Маремяна какъ бȣдеш в црквѣ | братȣ Исаю на сене приказал с члвком дат мне сена взаимы | дватцет кит дьякъ Семен Кудрявцев ȣмер и брат ево ȣмеръ | а снъ ево Тимоѳѣи Кудрявцев пȣстоши Макушкина не жедает | а просит ȣбытков своих и тѣ бы ȣбытки ему поднели Елча|ниновы Тихон с племянником и нас бы в купчеи своеи очищали | и о том делѣ брат Исаи сьездил бы говорит Тихону Елчаянинову | дать емȣ моих три мерины которые постарие а другал | три лошади ево братни и полно емȣ тѣх лошадѣн

От Дмитреѧ Василевича снȣ моe|му Прокоѳью Дмитреевичю Михалкову[1]

Грамотку в сем пуке от Митрея к жене[2] . . . | к матере

ГИМ. ф. 401, № 116, л. 7—7 об.

[1] *Далее вторым почерком.* [2] *Далее утрачены 1—2 буквы: обрыв.*

И. И. КИРЕЕВСКОМУ ОТ ИКОНОПИСЦА

|л. 1| Іван Івановичь изволилъ ты меня призыват к црковному дѣлȣ и жит | п селѣ Долбинѣ и писат стые іконы твоим таваром а хлѣбь соль и всякои | харчь посноі и скоромноі мнѣ з женою и з дѣтми пить и есть твою а хлѣбъ | [я]ровоі хотѣлъ ты мнѣ жаловать дават доволнои и вмѣсто хар|чю хотѣлъ пожаловат дать коровȣ і всякȣю мѣлкȣю животинȣ а для і|конова писма хотѣлъ мнѣ поставит хороминȣ мастерскую пȣтнȣю с сенми и | с клѣтію и дровами топит твоими ѡдежȣ и ѡбȣвь носит было твою же | мнѣ на всякȣю нȣждȣ быт было и денежнои даче и шолъ я к млсти твоеи | к црковномȣ дѣлȣ а не в холопство и дать пожаловат хотѣлъ ѡгород | и в том ты мнѣ наменил спосителѣвъ и бдцы ѡбраз при свщеннике[1] и при ево | жа том храмом и рȣки ты мнѣ а я тебѣ в том дали что тебѣ и мнѣ | ѡбразу спасовȣ и бдцынȣ нѣ солгати ты де бȣд мои а я твои и сверхъ то|го писат было нам запис и рȣки у нас добрые люди рознимали а договорȣ | ѡ всем ѡ твоеи даче а ѡ моемъ икономъ писме быт было у записи | бȣдет бы твоя и чемъ явилас нѣустоіка иль бы запис нѣ в запис или бы я | не сработалъ ни бы заряд тому положенъ былъ и ты записи писать | не изволил а в словах во всѣхъ явилас твоя нѣустоіка свѣзъ ты меня в сѣло Долбино и посалилъ ты меня в такȣю погибелнȣю и хȣдую | избȣ что ни дѣла в неи ни покою только мȣкою замȣчилис и глаза | выкȣрили и совсем ѡгноилис ѡт потȣ и мокреди иконные дѣла | портятся и дѣлат и писат в неи невозможно хлѣба и соли ѡт млсти | твоеи и харчю дополнова нѣтъ хлѣбомъ и солью[2] и дровами[2] заставилъ ты | меня скитатца и хлѣбом по деревням нобиратца и в город для пѣ | чонова хлѣба таскатца и дрова на плечах и потпоры в ызбȣ | самъ я на себѣ из рощъ таскалъ ѡт того бѣз ногъ и бѣз рȣкъ | сталъ ты изволишъ говорит такъ чтоб я жилъ а инои говорит | что пора з двора а еж де что бгъ послалъ і всякъ болшоі | у млсти твоеи кралȣт и нас рȣгают не хотят у нас ѡстапит ни ку|ренка рȣских кȣръ покрали более десяті кȣрицȣ индеіскȣ украли же | дрȣгȣю индѣнкȣ в день нагло задавили а ѡб иноі пропаже и гово|рить нѣчево | что ни сыскȣ ни платежȣ у млсти твоеи нѣтъ | а иные говорят береги де и коровы что из сутки в сȣтки возмемъ клок | сѣна инъ из насъ і из животинишки нашеи хотят живот выклести | не проклятова не сопьешъ ни съежъ в домѣ млсти твоеи ѡдин | полякъ мнѣ сѣлъ на шееі велѣл мнѣ бѣз млсти твоеи животинȣ | послѣдню продават и дровъ не велѣлъ сторожам давать и сторо|жеи ѡт избы прочь толкает и топоры у сторожеи ѡтимаютъ | чтобы мнѣ дровъ никто не рȣбилъ а я был многое время бѣз рȣки | и хлѣба мнѣ бѣз млсти твоеи дават не велѣли что хочетъ мнѣ ста|роста дат а инои у нево насилно ѡтимет люди твои мастеровые на себя | дѣлат то нѣт ничево ѡни же с Орла хлѣбъ возят возами ѡни же гова|рят что голодни и к мсчнои пѣрвые првȣт из горла и к старосте при|стȣпают и хотят разорват а я при вас и бѣз насъ скитаньем скитаюс | вижȣ я что млсти твоеи нашева брата держать нѣ в моч ты | изволишъ чтобы я ис полȣѡсмины работалъ ндль дѣсеть | а я бȣдет бы рядою редитца нѣ возмȣ по четверти на мсцъ я у дѣла | днемъ четверть хлѣба выработывалъ когда твоя нѣ|могȣта пожалȣи дан мнѣ просто а писать я въ ѣтои | избѣ не бȣдȣ тово и смотрим ѡт вѣтрȣ долго ли не завалитца | и нас подавит въ вѣтръ вся трещит ѡ семъ какъ изволишъ | и за капȣстȣ нас всякъ клянет и бранит звалъ ты меня чтобы | я у млсти твоеи

жилъ а инои ведет чтобы я написалъ в малое время чтобы хлѣбꙋ и денгамъ нѣвяинно было а меня бы ни с чем проч | бꙋдет кто рядою подрежает и скоро что надобно лишне дат бꙋдет а мастер | редится что скоро здѣлат таварищевъ к себѣ приметъ пожалꙋи Іван | [Ивано]-вичь яви м(и)лсть надо мною чтобы бѣзгрешно нам здѣлатца[3] | ... жит невозможно с воды цдпои мнѣ сытꙋ не быть[4]; | л. 1 об. | ... празникъ свѣтлое Хрстово воскрсніе кто пива и браги | варит а у меня квасꙋ нѣ было а пирога нѣ то что пшеничнова и ржанова нѣ было ни заговѣтца ни розговѣтца было нѣчем толко посмѣщище | людское всякъ дивится чем мы живимся кто лапти плететъ | тот слаще нас пьет и есть и люди твои смеютца ужо де здѣс | і иконикъ станет лапти плести и я то вижꙋ над собою что | ис сапоговъ и лапти ѡбуваюсь и кожи х костям присꙋшили держат | стороннихъ людеи и розводъ дать по договорꙋ все давать:

Калужский краеведческий музей

[1] *Так в ркп.* [2-2] *Написано над словом* заставилъ. [3, 4] *Далее утрачено 3—4 буквы: обрыв.*

Неопубликованное письмо Постникова из Амстердама 15 октября [1696 г.]

| л. 1004 | Пресвѣтлѣйшии, и присноавгѹстѣйшiи востока, | и сѣвера повелителю, непобѣдимѣйшии монарха, | толиких ради славнохвалимых тiѹмфовъ | над Азiею по всей Еѵрѡпе чюдесно ѹдивляемыи, | всеюже подсолнечною, безсмертномѹ ѿдаваемыи возпомiновенiю, и гедрю мои препре|милосердиѣйшiи. |

Из' Амстрадама въ ЕI де ѡктябрѧ.

Ни в' которое минѡ прошедших вѣкѡвъ времи все хрiстiанство, | или начерецы все монархи, и прiнцепы еѵрѡпскiя толикѡ | многоѹпраждителцо ѡбратили своя очеса, якѡ в' прошломъ | и нпѣшнемъ годѣхъ, на едва слышанное, и прежестокоѹпор|ное двѹхъ крѣпостей взятiе. ѡт самои натѹры, и ѡт матема|тiческагѡ художества ѕелѡ ѹкрѣпленных: Азова сирѣчь | под щастливѣйшимъ, и храбрѣйшимъ полководителствомъ | вашегѡ свщеннагѡ величестнiя, и Намѹра во Фландрiи под | многѡискѹснымъ ѹправленiемъ короля аглинскагѡ Гѹiелма. | Но кромѣ всякагѡ сѹмнѣнiя Еѵрѡпа болши дивится преѡдолѣ|нiю крѣпости азовскiя, неже намѹрскiя, длятогѡ что | с' рѡсiискими толкѡ воисками вше свщенное величествiе | изволилъ такѡ чрезсилнѡ такѡ же преславнѡ взять Азовъ | из' варваромаометанскихъ человестей: и болшимъ наполне|ниа веселiемъ, понеже силнѣйшая рѹка вшегѡ црьскагѡ ве|личествiя низвергаетъ онаго фараона тѹрецкаго, врага всегѡ | хрiстiанства, и потопляетъ егѡ в' кровехъ побѣдителныхъ. | созидаи свои трiѹмфы монаршескiя над погибелми сегѡ ди|конеистовнагѡ варвара. ѡтнюдѹже и я последнѣйшiи | холопъ и воспитомецъ вшегѡ пресвѣтлоцрьскагѡ величе|ствiя ѡт всегѡ моегѡ вѣрнорабскагѡ срдца ѡбрадовался ѡсих | вших славнѣйших побѣдахъ, которыя предоставляютъ | ѹдивленiю всегѡ свѣта вшю авгѹстѣишѹю ѡсобѹ болши, | неже самая вша корона. и послѣдствѹю ѹмнѣ колесницѣ | 1004 об. | трiѹмфалнѡ носимои тебѣ монархѹ и побѣдителя в' [цар]|ствѹющiи градъ Москѡвiю, вонiя оное поздравителное д[а]|ваемое древле рiмляными ихъ монархѡмъ, вiва, живи ж[и]|ви побѣдоносныи црю, трiѹмфѹи всегда трiѹмфѹи над вра|гами, превзыди силы репѹбликъ афинскiя, спартанскiя, | и римскiя, и наконецъ ѡбезсмертви авгѹстѣйшее твое | имя, | ѡставляя е временамъ, вѣкѡмъ, и народѡмъ при|сноспѣваемое, и никогда ѹмолчаемое. |

И. С. ЛАРИОНОВУ ОТ ЖЕНЫ Д. ЛАРИОНОВОЙ

6 октября [1696 г.]

|л. 1| Гсдрю моемȣ і дрȣгȣ сердешному Івану Семеновичю | женишка твоя Д[а]шка премного челом бьет | здравствȣі др[у]г м[оі се]рдешноі Іван [Семенови]чь на множество лѣтъ в млсті бжиі, | а ко мнѣ друг ізвол [писат о своемъ] | многолѣтном здорове чего я о твоемъ | блгоздравиі по вся чсы слышати со ȣсер|днемъ желаю і з детми | а про мѣня друг моі Іванъ Семеновичь | ізволиш вѣдат і я на Москвѣ з детми | с Катюшкою і с Парашенкою октября по S е число | в добромъ здорове, |

Челомъ бью друг моі на млсти твоеі[1]... | пожаловал ізволил отписат ко мнѣ о своем | здорове і я ȣслыша о твоемъ здорове | і з детми с Катюшкою і с Парашенкою обрадо|валас, і а твоем здорове молим гсдȣ бгу |

Грамотка ко мнѣ с почтою пришла что писана | в Азовѣ авгуȣста КИ г числа а к Москвѣ пришла октября В г числа | а в тоі твоеі грамот | ке написано бȣдто я без тебя гораздо печалюс | без разсудкȣ[2] і лѣжала[2] і я друг моі еі еі не пѣчалюс і в добром | здорове какъ ты друг моі і в Азов поѣхал и од|нова не лѣживала і ине в добромъ здорове | да изволил ты друг моі ко мнѣ писат что тебѣ | великое сомнѣние припало что я к тебѣ | преж сего в грамотке писала хотя б тебѣ со мною | в полтара года на одинъ чсь видятца | для того писала что давно с табою другом своим не видалас | і то я к тебѣ друг моі писала в добром sдоровье | да я же тебѣ друг моі хотела боло написала | что которыя мѣня бояронии посѣщают да велѣ|ла почернит і я для того хотела написать которыя | казаки котор|я привезли к Москвѣ немцов | казачеі капитанъ Аѳонасеі Смирноі с това|рыщи і те казаки посланы в Азов і я с ним | Аѳонасемъ Смирнымъ послала к тебѣ | друг моі грамотку, |

Дети Катюшка і Парашенка імянинны[й] | послали к тебѣ друг моі вмѣсто і[3]... | нова калача Катюшка колечко sолотое | а Парашенка платочикъ колечко Катюшкино | ізволь на ручке своеі носит на здорове | а Парашенкиным платочком ізволь ȣтиратца | на здорове а по указу великаго гсдря да ȣправит | гсдь пут твоі к Москвѣ, |

Василеі Ертаȣлов по се число к Москвѣ не бывал а ты друг моі писал ко мнѣ что бȣдȣт вскоре после Покрава | бояриина кнзя Алеѯѣя Петровича члвкъ|ево Яков Микулаевъ Москвѣ приѣхал к Москвѣ і грамотку мнѣ отдал а в тоі твоеі грамотке напи|сано о денгах что толко днгь привез[4]... | с Москвы Н ру а надобно днгь О ру с лишкомъ | і марта въ Ѳ де послано к тебѣ друг моі с Лаsоревым | да с Василемъ Ертаȣловым пятдесят рублев і тех | днгь ни на какую державу держат не веле | но імъ же дано на дорогу лошедям на кормъ | К руім же дано еще К ру для всякого опа|сения для распȣтия і на будару і те днги | пятдесят рублев і двацат рублев которыя дан[ы] | для всякаго опасѣния [п]оложены с травами | в коробку і ты[5] коробку sам[кн]ула і sапѣчатала | изумрудным перснем і те днги им я какъ кл[а]|ла в коробкȣ Лаsореву і Ертаȣловȣ | сказывала і о том к те[б]ѣ преж сего писал[а] | а кормовых двацат рублевъ отдала[6]... |

Пермский краеведческий музей. Опубл. в Трудах Отдела древнерусской литературы, т. XIII, 1957, стр. 510.

[1] *Далее утрачено 5—6 букв: обрыв.* [2-2] *Написано над словами* і я друг. [3] *Далее утрачено 5—6 букв: обрыв.* [4] *Далее утрачено 2—3 буквы: обрыв.* [5] *Так в ркп.* [6] *Конец письма оборван.*

Письмо Г.В. Лудольфа к А.А. Вейде.
Беловик.

[Январь 1698 г.]

Дошло мнѣ пріятное[1] твое писаніе изъ Амстер|дама и зѣлѡ ѧ ѡбдолженъ тебѧ за поздравленіе | на новои годъ. надѣтисѧ[2] можешъ что по ѹсердной | моей дрꙋжбѣ всѧкое добро тебѣ всегда желаю | и молюсѧ вышномꙋ, чтобы онъ тебѧ ѿ всѧкогѡ | страха и бѣды сохранилъ[3] и въ постоѧнном | блгополꙋчіи такъ дꙋшевномъ какъ тѣлесномъ | содержалъ |

Гораздѡ возрадоватсѧ станꙋ естли агленскои поход | желаемое ѹдоволство вамъ всемъ подалъ, а не | знаю какъ впередъ вести твоѧ ко мнѣ прислат | можешь понеже[4] скорѡ ѿсюда поѣдꙋ въ намѣреніи[5] ... | сею вѣсною Италію видѣти. |

Съ гсдиномъ Неибаѹер, которои последнюю твою[6] гра|мотку ко мнѣ прислалъ, посовѣтоват можешъ | какимъ способомъ твоемꙋ братꙋ сꙋда приѣхат. | оповаюсѧ что бжїею помочїю[7] пребываніе егѡ | въ семъ мѣстѣ къ многꙋ добромꙋ[8] ѹгодное бꙋдет. |

Ѳедоръ Степановичъ Солтиковъ насъ посѣтилъ | здѣсь, естли стретишъсѧ съ нимъ можешъ | вопросити какъ здѣшное ѹченіе емꙋ показало|сѧ. многие пришледцы дивилисѧ что здѣш=|ние ѹченники въ маломъ времени толко при=|бываютъ въ различныхъ наꙋкахъ. |

Ѡ счастливомъ[9] пришествіи[10] гсдина Брюса велми[11] | ѹвеселилъсѧ[12] блгодарю емꙋ на доброе воз=|номинаніе, и черезъ твою милость мое челобитіе | симъ[13] къ немꙋ назадъ ѿсылаю. ѡстаюсѧ[14]

ГПБ, ф. 444, Лудольф, № 1.

Черновик.

Высокопочтеной гсподине | осердной приѧтель |

Дошло мнѣ приятное твое писаніе изъ | Амстердама, и зѣлѡ ѧ ѡбдолженъ тебѣ | на поздравленіе твое въ новои годъ. | надѣтисѧ[1] можешъ что по | ѹсердной моей дрꙋжбѣ всѧкое добро | тебѣ всегда желаю[2] и молюсѧ | вышномꙋ, чтобы онъ тебѧ ѿ | всѧкого страха[3] и бѣды сохра|нилъ, и въ постоѧном благополꙋчии[4]| такъ дꙋшевномъ какъ телесномъ | содержалъ |

Зѣло[5] возрадоватсѧ станꙋ естли | агленскои походъ желаемое | ѹдоволство вамъ всемъ подалъ | а не знаю какъ впередъ вести | твоѧ ко мнѣ присылат можешъ понеж[е] | скорѡ ѿсюда поѣдꙋ, намѣренъ[6] сею вѣсною видѣти съ господиномъ | Неибаѹеръ, которои мнѣ прислалъ последнюю | твою грамоткꙋ, посовѣтат можешъ | какимъ способомъ твоемꙋ братꙋ сꙋда | приѣхат. оповаюсѧ что[6] божию | помочїю[7] погꙋбіт | многоѧ добромꙋ ѹгодно будетъ |

Ѳедоръ[8] Стапановичъ Солтиков[9] | посѣтилъ насъ здѣсь естли жо[10] стретиш|сѧ съ нимъ, вопросити можешъ, какъ | емꙋ здѣшное ѹчение показалосѧ. | многие пришледцы дивилисѧ ѡ | прибываніи[11] здешныхъ ѹчениковъ въ различныхъ наукахъ ѡ[12] счастливомъ[13] | пришествіи гсдина Брюса ѹвиселилъ|сѧ, благодарю[14] емꙋ на доброе[15] | возпоминаніе, и челобитіе[16] | мое черезъ твою[17] милостъ емꙋ | назадъ посылаю.

ГПБ, ф. 444, Лудольф, № 1.

П. ОКУЛОВ К. П. КАЛМЫКОВУ

16 ноября

|л. 12| Гсдрю Клементью Покоѳевичю с Синбирска | раб твои Петрушка Окулов премного челом бью | многолѣтно гсдрь ѕдравствуи со всѣм сво[им] | праведным домом млстию гсдрь своею | изволиш о мнѣ рабѣ своем напаметоват | и я из Каѕани добрел до Синбирского в добром | ѕдорове ноября въ ЅІ де |

Вѣдомо тебѣ гсдрь буди об винном подря|де стало быт у нас не порядошно в Че|баѯарах и в Цывилском и в Свияжском и в Ка|ѕани у всѣх подрятчиков до нас ѕарян | подрядил Иван Ширяев съехал в ни|ѕовые городы Іван Ширяев до приѣз|ду Івана Русскова а ценою рядил | по[1]. . . де ѕа ведро разве толко[2]. . . ворил | Савелеи Мамут въ А в другую да Яшин[3] | так же а те всѣ откаѕали дѣлом мы | гсдрь опоздали и домечюс ли гсдрь разве | оприч Синбирского[4] А о пятке[4] а взят | гсдрь оприч с Синбирского негдѣ а в Син|бирскъ Іван Овдеѣв до моево ж приѣзду | приехал и порядил Илю Ѕамотина с то|варыщем въ S ѿ по Ѳ л гов[о]рил Іван | Андреѣвич отдавал вина съ Е да | Осип Твердышев съ Е толко гсдрь | прошали цено[5] по І л ѕа ведро а менши | де тои цены не отдадимъ |л. 13| и я с Ываном Андреѣвичем молвил у не|го да у Осипа Твердышева с ним ж[е] | Іваном Андреѣвичем до твоего гсдрь пис|ма и откаѕу Іван Андреѣвич[6] а с Осипом | мы де Івану Ширяеву в подрядъ | не отдадим такое свое слово Іван | Андреѣвич мнѣ дал і ты гсдрь | по своему размотрению с ним Іваном | и с Осипом Твердышевым так гсдрь | и чини а видимо дал бы Іван Ширя|евъ дал бы им и по тои гсдрь цене | видит стала гсдрь наша неизпра|ва да в упрос ꙗ упросил у Івана | Андреѣвича до твоеи вѣдомости | а ꙗ гсдрь без твоеи вѣдомости | такие цены Івану Андреѣвичю | и Осипу Твердышеву давать | и договариватца не смею а буде | гсдрь да отбыт от такова подряду | мочно отбыт все бы бросил а нояб|ря въ ѲІ де побрел ꙗ из Синбирска | в Каѕан а что гсдрь ѕдѣлаетца | с Мамутом и с Яшином і о том млсти | твоеи гсдрь буду писат а помолвил | боло Яшин по тои же цене отдат | что [7]по З л Д де ѕа ведро[7] буде ѕдѣлаетца в Каѕан | и в Синбирскъ о хлѣбном гсдрь прие|ме укаѕы ссылаи не мешкав да і в Ни|жнеи ꙗ гсдрь бгъ помощи дастъ |л. 13 об.| прибреду вскорости а как ꙗ гсдрь поехал | из Нижнег и я обо всѣм млсти твоеи гсдрь | писал и оставил грамотку обо всѣм у Тимо|ѳея Харитонова и велѣт послат тотчас | к Москвѣ хлѣб в ниѕовых городах цена | подымаетца в Синбирску по Д л и о|коло Каѕани покупают против тои | же цены да беѕ указу гсдрь купит и | не велят а Иван Андреѣвич буде де Кле|ментью Прокоѳевичю об винном подряде | да угодно будет і что б о хлѣбе о покуп|ке и указ сослал без това и нихто | и не договариваетца на Богородцком | отдаточную[8] гсдрь сол буѕун с рук не идет ска|ѕывал Алеѯѣи Тюрин стали Ѳедора | Бокова промыслу стали струга | и продают де по І де чистои буѕун а на на|шу и не глядят а что гсдрь о бело|волскои соли не отдает дворянин Левон|теи Михаилович Есипов соли и я | к млсти твоеи гсдрь писал из Нижнег | преж сего а ныне не лучилос ево видет | побреду из Каѕани ѕаеду к нему

|л. 12 об.| Пожаловат отдат грамотка | на Москвѣ в Огороднои слободе | в приходе Харитонии изпо|вѣдника гсдрю Клементью | Прокоѳевичю | Колмыкову

ЦГАДА, ф. 141, оп. 8 (1698 г.), № 367, л. 12—13 об.

[1, 2] *Далее утрачены 2—3 буквы: обрыв.* [3] и *написано по* в. [4-4, 5] *Так в ркп.* [6] *Далее, по-видимому, пропущено* сказал. [7-7] *Написано над словами* что буде. [8] *Так в ркп.*

И. КРЮКОВ ВИКУЛЕ ИВАНОВИЧУ

л. 49| Ѿкуду тебѣ гсдне и брате кнзь Викула Івановичь | имамъ восписати не вѣм малоумен бо есмь и бжественного | писания ненавычен обаче же и забытлив еще же и боязнию | ѡдержимъ вкупе же и стыдомъ дабы желаемаго не | погрешит и в горшая не приитти первое же молю твое | блгородие не прогнѣваися на мя что дерѕнул гсдрю вос|писати братишкам понеже хуждьше и грешнѣе всѣх на | ѕемли члвкъ толка по блгодати гсда ншго Іиса Хрста | по духу наричемся вси братие но ѡ семъ молю проще|ние мнѣ грѣшнику подати ѡ них же виновен ти есмь | быв аз [1]у твоего у твоего[1] блгородия ѡ сыроясной не|дѣли в среду і видя к себѣ твою нелицемѣрную любов | и млсть спцеву порадуяся ѡбщеи нашеи превеликия | радости начинающия дела к сопряженю брака | дшери твоея гсдрни моея ѡтроковицы Уляны | Васплевны ѕа снишка моево ѕа Сенку что были | у меня с тобою гсдрем правыя договоры како | бы учинити во ѡкончания дѣла привести к ра|дости быв аз по вашеи ко мнѣ премногои млсти в ве|селии ако же и никогда тако бывал и либо в чем тебя | гсдря такожде и супружницу твою гсдрню мою кнеиню Вар|вару Ѻѳонасевну прогневих каковым словом і вы | ѡ том гсдри прощения подадите ми да и сами тую | же мѕду ѿ всемогущего ншго Хрста восприимете да | по сем скращу глъ сеи нѣсть же мнѣ нѣсть еже учи|ти тя по данеи от бга премудрости дано тебѣ гсдрю | ѕнати самому свыше нас многих малоумных не ѕаз|ри гсдрь сему что дерѕнул к тебѣ гсдрю восписати | совесть ми нудит и не хотѣвшу ми тебѣ ѡ сих гла|ти но боюся рекшего ѡ любви ако всего лутчши | есть любов по апостолу братие любитя друг | друга и бгъ мира и любве да будет с вами ничто | же есть любве добрѣе тѣм бо рат и всякоя ѕлоба | разрушается ако же и самъ Хрстсъ рече си ѕа|повѣдою вам да любитя друг друга и не глите | лжи и ѿ сего раѕумѣют ако мои ученицы есте | аще любов между собою имате да идѣ же есмь аз | ту і вы со мною будете и ты гсдрь истинной рачи-|л. 50| тель ѕаповеди нелицемѣрного ншго судии удивил нам нѣми|лость свою высокую прнятелски и паки возвратимся | на предлежащии подвиг по глу великого стльника | Іоанна златоустого паки глю и гля не престану ѡ твоеи | совершенной любви како ты показал первую свою прни|скреннюю любов ко мнѣ по семеиски дабы начинающия | нша дела по намѣрению ншему во ѡкончания при|вести вскоре писанием ноипаки мимошедших днеи | что у нас с тобою гсдрем начинания словом укрепи|ша і во царствующим граде Москвѣ в соборе у бого|лѣпного преѡбраження гсда ншго Іиса Хрста | во церкви перед чюдодѣиственным ѡбраѕом все | держителя моего Хрста к сопряжению брака | дшери твоея гсдрни моея ѡтроковицы Уля|ны Васплевны ѕа снишка моево ѕа Сенку перед | многими послухи ншими приятели под вели|кими клятвами руками затвердиша ние же | еще довлѣет по нашему договору и писани|емъ к сопряжению брака потверди|ти днес же послах к тебѣ гсдрю служащего | своего ѡтрока Бориска Кузнецова а приказал | ему тебѣ гсдрю побити челом і вопросит како воля | твоя будет в которую годину во царствующии град | будеш и мы тако твоего блгородия и ѡжи|дат будем и я у тебя гсдря приятеля млсти про|шу учини надо мною совершенную млсть пожалуи | ѡблехчися к Москве не ѕамешкав чтобы и аз с то|бою свое начинающее дѣло совершити | на писмах вскоре по твоеи воли для того | чтобы мнѣ по указу великого гсдря посылки | куды вскоре не учинилас а я посылак ѡпасен | бывают почесту и против гсдрь сего писанеи|ца извол ко мнѣ ѿписати ѕ детиною моимъ | многогрѣшныи раб ѡтца и сна и стго дха | блгодат гсдня по словенски же Івашко Крюков | челом бью

|л. 49 об.| Гсдрю моему кнзю Викуле Івановичю

ГБЛ, ф. 29, № 1641, л. 49—50

[1-1] *Так в ркп.*

| л. 559 | Указ в синбирскую мою дрвню Жонковку старосте | Ѳедорꙋ Клементьеву пиал[2] ты к намъ что отпустил | столовой на пяти лошадяхъ ѕапас с сыном выборного | Давыдомъ а я тебѣ приказывал чтоб ты тотъ | ѕапасъ прислалъ с самимъ выборнымъ і в томъ ты | учинился мнѣ ослушен а по росписи твоей не до|везено к намъ вина три ведра два полтѧ | ветчины да крꙋгъ воску і то недовезеное вино | і мясо і воскъ даправь на выборномъ вдвоя. Ты ж | пишешъ к намъ что ѕа прошлые годы на кресть|янехъ ѕа пꙋдовое мясо правилъ днги на покꙋпку | асетровъ і они тебѣ ѕа скꙋдостью не дали і то | бꙋдетъ доправлено на тебѣ і на выборномъ а имъ | мꙋжикамъ ꙋчинено бꙋдетъ накозаня а кто | податеи гсдревыхъ платить не станетъ | тѣхъ отдавай в город длѧ правежꙋ а податеи | отнюдъ не ѕапꙋскай опасаѧ себя от великого | накозаниѧ а с кого свиное мясо і гꙋси не до|правлены то на нихъ даправь; ты ж ко мнѣ пи|шешъ что крестьяне которые бес пашни | і те пꙋдового мяса і гꙋсей не дали а длѧ чего | они бес пашни того я не знаю і для чего ты | іхъ похать не принꙋждаешъ того я не вѣдаю | і естли такия впред гꙋлѧки і бездѣлники | ꙋ тебя бꙋдꙋтъ і похат не станꙋтъ то какъ | ты такъ і выборнои наказаны і разарены со | всѣмъ от меня бꙋдите а тѣхъ беспашенных бездѣ|лниковъ переведꙋ к себѣ в мызу ты ж пишешъ что ꙋ вас девять быков і ты толко остав на племя | два быка а дастолные семь быковъ | л. 559 об. | продай і на тѣ днги кꙋпи коров такжа ꙋмножай | свиней гꙋсей ꙋтокъ сколко возможно да в твоем же | писмѣ написано что вы продали всякого хлѣба на трит|цать на два рꙋбли на шездесят копеекъ которыхъ | в расходе написали дватъцать четыре рꙋбли один|натцать копеекъ а в остаткахъ надлежитъ | у вас быть восемь рꙋблев сорокъ девять копеекъ | о которыхъ ты ничего к намъ не пишешъ і дꙋмаетя | что мы щету не знаемъ і считат вас не бꙋдемъ | а впред тебѣ никакого хлѣба без ꙋказу моево не про|дават толко разве что на ѕаплатꙋ пошлин ѕа пчелы | і на дорогу да Питербꙋрха лошадямъ а что ты поку|палъ сани клещи шлеи рагожи і протчиѧ бездѣ|лицы того впредь тебѣ не покꙋпать а дѣлать | [3]велѣть [велѣть][3] крестьяномъ і что покꙋ|палъ і то даправлю на вас понеже ѧ от вас | бездѣлниковъ сколко лѣт ꙋже не токмо |

[2] Так в ркп.
[3-3] Так в ркп.

лошадей і санеи да Питеръбу́рха не имѣлъ | і никакихъ с васъ даходов себѣ не вижу то|лко что привезутъ мое і то на моих подво|дахъ і харчахъ а что ты пишешъ к намъ | что сказывалъ тебѣ Дмитреи Мосѣев бу́тто онъ приведенъ в малыхъ лѣтехъ і онъ намъ | крѣпокъ для того что в ку́пчеи Волынского [4]нам | [намъ][4] написан і велите ему жить у насъ | в деревне а которого вамъ му- жика велѣлъ держат Николаи Ѩзыков а имянно Андрея Тра|ѳимова которой перевезен із Растевской дрвни | із села Степакова при отцѣ ево і вы по тому ево | приказу ево держитѧ длѧ того что он об немъ | л. 560 | ѕнаетъ лу́тчи какъ я что он ихъ старинноu а не чюжеи | а которого держить у себя выборноu того держать у нас | не вели под жестокимъ накозаниемъ а естли выборноu | тебя в томъ не послу́шаетъ то обявя сей мой указ | всемъ крестьяном і того выборного і с тѣмъ кто у него | живетъ связавъ отвези в город і отдай ево к суду і на|козанию і еще от меня скажи ему что я ѕа такое ево | воровство і ослу́шание ѕаплачю такъ какъ сыну | ево платилъ нне также і впред тебѣ какъ | самому такъ і смотрѣть ѕа крестьянами чтоб отнюдъ никакихъ бѣглыхъ і пришлыхъ людеи к себѣ не принимали | і в ботраки бес писменныхъ отпусковъ от помѣщиков ихъ у себя | не держали под жестокимъ накозаниемъ і которые мои | к вамъ указы приходятъ держать вам у́ себѧ | под ахранениемъ і ежели впредъ какая перепис | бу́детъ дворамъ іли ду́- шамъ то отнюдъ не та|ить ни су́щаго младенца і сей мои указ при собра|нии всѣхъ крестьянъ прочти і обяви чтоб всякъ | вѣдалъ понеже я у́же к вам многократно о семъ | писалъ; разданой крестьяном арженоu і еровой | хлѣб с первого снопа збери весь без доимки а впред | не довай без указу моево никому для того что берут | да не платят, также впред присылай | вѣдомости прежде написат сколко было посѣено | і сколко у́жато і по чему умолот; по томъ что | в расходе; і по томъ что осталос а но таким | вранемъ какъ нне что і разобрать нелзѧ. |

Сошли в Козань писмо к Олеѯанде Івановичю | Ру́- мянцову с нарочнымъ ходакомъ немедленно |

Наум Синявинъ

Санктъ-Питербу́рхъ марта 24 дня 1723 году

На л. 560 об.: Указ старосте Ѳедору | Клементьеву[5] 1723 октября 4 г припявъ записать

[4–4] Так в ркп.

[5] Далее вторым почерком.

Е. Б. Куракина Б. И. Куракину

Июль [1725 г.

|л. 11| Из Масквы июля 03[1]

Миластиваи гсдрь батюшка князь Борисъ Ивановичь многолетъ|но здравствуи |

Прежде сего гсдрь в прашедъшею пятьницу данасила вамъ | о маеи беде каторае меня богъ пасетилъ взялъ атъ меня | миластиваю маю гсдрию ба бушку[2] а меня аставилъ бедънаю | спру и я вамъ гсдрь данашу что печинъна не магу снесть | сваеи такои беды и ежели бы не тетушка княиня Мавъ|ра Димитревна то бы я чаю жива не была ана жалуетъ | меня не аставляетъ ездитъ ка мне а бабушка[3] мая гсдрия | атъхадя сего свету и приказывала чтобы я васъ гсдрь | прасила чтобъ ты пажалавалъ не аставилъ домъ и са-де|ръжалъ бы в сваеи миласти аба мне уже и не прасила васъ | гсдрь ведать то что не аставишь в сваеи миласти то|лка я прошу пажалуи гсдрь батюшка ради господа бо|га и матери его не аставь меня в сваеи миласти и буть | ка мне таковъ миластивъ какъ была ка мне гасударыня | моя бабушка хатя бы я вами магла сваю несноснаю печа|ль забыть и то гсдрь батюшка изволь расъсудить что | ежели мы в какои непарядашнаи жизни себя будимъ | преправадить то вамъ не честь будитъ для таго что мы | надъ вашимъ именемъ| ат чего вамъ нельзя удалитьца[4] | еще вамъ гсдрь данашу в девятаи день после канъ|чины была у меня паминавение и после всегъ[5] асталъса | князь Григореи Урусовъ и сказалъ мне что ево намере|ние есть что я ди Алешню[6] выкуплю ана залажена въ | пети тысечехъ и буду ди мать тваю угаваривать чтобы | ди ана прасрочила ея нарошна а я ди принесу денги | а если ди ана таго не зделаетъ то[7] ди ея мужъ ея вазме|тъ ва всякая худа а мы ди ея атъступимъса и выда|димъ[8], а ежели ана па нашеи воли зделаетъ тада | мы ея не выдадимъ и я гсдрь апасна таго что ане | ея угаворятъ и застращаютъ вами| ана атъ сваеи пе|чали м[9]. . . ихъ и паслушеетъ ане такъ гаварятъ |л. 11 об.| и умышляютъ|что хатя десить тысечь за Алешн[1]. . . | не пастапимъ ана была [2]на гадъ[2] залажена| а въ ныне|шнемъ мае минулъ годъ пашолъ другои| матушка | гасударыня к намъ пишетъ что пересрочили на дру|гои годъ а да каторава месяца не пишитъ|и какъ | атъсрочили дамовна или приказна ничего не знаю| и[3]. . .|жуи миластиваи гсдрь не изволь противъ сего пис|ма ка мне писать атъветъ| а чемъ я к вамъ пи[са]|ла|для таго что мне ис таго будитъ великая бед[4]. . .| ане наведутъ матушку гсдрь на мене великимъ | гневомъ что я вамъ абъ томъ далажу а не | иипать[5] не смею чтобы васъ а темъ не уведомить | и кроме таго что инои надежды нетъ пажалуи | жа миластиваи гсдрь не изволь на сие ка мне атъ|ветъ писать а я таперь ве-ликамъ[6] страхе аднака жа | палажиласа на миласть вашу ка мне что вы ме|ня не ведете[7] в такую напасть и астаюсь прася | вашего миластиваго благосла-вения всепослушна[я] | и покорная дочь ваша к. Е Куракина и ежели ты изъ|волишъ ка мне противъ сего атъветъ атъ|писать то ане не толка матушку гсдрию наведу|тъ сами все бредутъ[8] и меня ругательски убъю|тъ[9] ане ради меня жа[10] бы можна живую въ зе|млю палажить

ГБЛ, ф. 265, папка 191, № 53, л. 11—11 об.

Вас. Бор. Голицын Влад. Бор. Голицыну

9 сентября 1770 г.

|л. 3| Гсдрь мои братецъ князь Валадимеръ Барисовичь: |

Краино сожелею што принУжденъ ва*с* по краиности | и обстоятелствъ мои*х* нУждъ в покоинои и Удоволствен|*ной* вашеи жизни васъ обеспокоивать: ва*м* извесно: | што я все силы Упо*т*ребляю Учредить и Уставить мои: | долкъ что*б* мне не та*к* по мелочи и в разныхъ местахъ | быть должнУ и в[1] адно[2] время онои свесть: и та при*т*|чина што я в деревню никУда не съезжаю не Учредя: | онова: ва*м* же извесно што болшои мои долгъ сестре | и причитаетца па мне еѣ долгУ рУкодапны*х* и за *взя*|тые мною о*т* неѣ вещи: та*к* и с того времени по дека|брь бУдущеи по 1е число процентовъ и вся сУмма: | 15662 *ру* + въ 15 тысечахъ рУбляхъ даю еи ве*ѯ*ель | по декабрь *мсцъ*: но ка*к* ана имѣетъ краи*н*Ую нУждУ: | в денга*х* для о*т*ездУ еѣ то требУетъ: в чемъ Упраши|вать не могУ за еѣ одолжение што*б* 662 *ру* еи заплати|ть, вы *ж* Уверены штобъ без отягощения ва*с* жела*л* бы, | оною росплатУ с нею зделать, естьли *б* име*л* денги: | и та*к* принУжденъ васъ во ѡномъ беспокоить; в како*м* | слУчи[3] по ѡбстоятелствомъ вашимъ вы того *ж*ъ требо|вали о*т* меня што без отрицания но з благодарениемъ | принел и исполнил[4] в переводе на меня 550 *ру* што я вамъ | оставалса долженъ: за дво*р* взято*и* мною московско*и* бра*т*У | князь ІванУ БорисовичУ которые днги давно Уже мною | и заплачены та*к* и за перстень вашъ потеряннои: |л. 3 об.| женои моею 500 *ру* вы перевели Уплачивать разделно*и* штраѳъ | за невыстановленное вино при покоином батюшке и те | днги вычтены на Каменно*м* мостУ: Уповаю вамъ и то паме*т*|но што савсе*м* мне в забвени[1] бы*л* ве*ѯ*е*л* Мишелевъ которы|ми я и головои не сщита*л* на себе ибо нихто о*т* меня | не требова*л* даннои вами въ 200 *ру* за котороп прежде плати*л* | я по щотУ: а в приездъ вашъ последнеи из арми[2] явилса | онои ве*ѯ*е*л*, |вы в то время мне сказывали што онои | вы за меня давали: я ево обсектова*л* и о*т* долговреме|ння место 200 *ру* за нево заплати*л* 560 *ру* в ровномъ слУ|чи[3] нне васъ братецъ покорно прошУ меня не оставить: | вы ка*к* взяли за себя дво*р* загородно*и* и в разделно*и* челобитне за вами |Утвержо*н* за 3000 *ру* та*к* мне приходи*т* на часть 750 *ру*: Усерд|*но*| вас | прошУ из оны*х* 662 *ру* заплатить сестре Анне Барисовне: а о*б* | достальны*х* ва*с* не обезпокоиваю когда можете изправитца | в че*м* Уповаю вы на меня за оное требование прискорбности иметь | не можите, в чаяниі несУмненно*м* што вы в то*м* для меня Удовол|ственно зделать изволите и еѣ спокоите: и прошУ оно*и* разпо|рядок не замедля зделать и *с* сестрои поне*же* она ежечасно ожидае*т* | зятя сюды, так што*б* до ѡтездУ еѣ на че*м* вы положить изво|лите Удоволственно еи оное окончить: за те*м* есть вамъ | батюшка братецъ | [4]послушныі бра*т* и слуга | кнзь Василеи Голиц[5] |

P: S: кнеіне вашеи мо*и* усе*рд*но*и* паклон такъ | і брату и ево кнеіне жела*л* бы ва*с* скореи види*т*[6] |

ч. 9 г сентября | 1770 годУ

|л. 3а об.| Брату князь ВаладимерУ Барисовичу | его сиятелству | Голицыну | в селе Рожествене

ГБЛ, ф. 64, карт. 94, № 15, л. 3—3а об.

М. М. Щербатов Д. М. Щербатову

4 марта 1787 г.

|л. 158| Другъ мои кнзь Дмитреи Михаиловичь |

На сеи почте[1] я от тебя писемъ не получалъ, да и | пенять тебѣ не могу, потому что думаю ты упра|жненъ моими же хлопотами;|на прошедшеи же | почтѣ послалъ я к тебѣ свидетелства на та|рускую деревню и на восемь душъ Московскои гу|берніи, чрезъ графа Ивана Андреевича Остер|мана, дабы оные до тебя вѣрнея и скорея до|шли, которые подаи въ банкъ[2], а при семъ | посылаю и вѣрющее писмо о принятіи де|негъ которые ежели будутъ выдавать при|ми и перешли ко мнѣ. я тараплюса мои | другъ сіе писмо окончить, ибо еду съ графомъ | Ѳедоромъ Андреевичемъ на дворъ къ графу | Ивану Андреевичю. а на будущеи почте | такъ же не уповаю чтобы успѣлъ к тебѣ пи|сать, ибо еду в деревню говеть, однако хотя | коротко но постараюсъ к тебѣ отписать | в понедѣлникъ увѣдомь меня получилъ ли | ты спаржи,|и Елисавѣта Петровна шеко|ладъ. въ прочемъ пожалуи поклонисъ от | меня любезнои твоеи Александре Ѳедо|ровнѣ, которую ни при какихъ моихъ хло|л. 158 об.|потахъ не могу забыть, что бы чрезъ тебя еи искренно|сти моеи не изъяснить, и я есть доброжелателныи | отецъ твои | кнзь Михаило Щербатово |

Москва | марта 4 дня | 1787. |

PS При семъ посылаю доношеніе отъ графа Ѳедора | Алексеевича, чтобъ денги к нему переслать в Москву | гдѣ онъ по принятіі ихъ, мнѣ и крепость выдастъ. | я думаю что сіе банковуму учрежденію не противно | да должна мать твоя кнзь Сергію Александровичю | Меншикову, о которыхъ денгахъ какъ въ доношеніи | такъ и въ верющемъ писме прописано, а однои закладнои срокъ былъ февраля 22 числа. то попраси | его светлость, дабы соблаговолилъ до выдачи денегъ | матери твоеи подождать, то оные ему и заплатятся, | ибо что касается до процентовъ то[1] за про|слочку[2] я ему заплачю, а и по другои закладнои | процентовъ не вычитаи, а ежели вычтутъ за|плачю, готовъ бы я былъ ему и изъ[3] получен|ныхъ мною денегъ заплатить, но первое думаю | что уже ты ихъ шлешь, а второе боюсь что | бы сіе не здѣлало какихъ затрудненеи въ банке

|л. 159| Графъ Иванъ Андреевичь ко мнѣ пишетъ что онъ готовъ | свои стараніи о выдачи денегъ употребить, естли ну|жда будетъ его попраси. такъ же увѣдомь меня | о межевомъ моемъ дѣлѣ

ЦГАДА, ф. 1289, оп. 1, № 517, л. 158—159

л. 158
[1] е *написано по какой-то другой букве.*
[2] *Далее зачеркнуто* и со.

л. 158 об.
[1] *Далее зачеркнуто* дол.
[2] *Так в ркп.*
[3] *Далее зачеркнуто* сихъ.

Specimina philologiae slavicae

16. **Russische Gaunersprache I.** Herausgegeben und eingeleitet von O. Horbatsch. Frankfurt am Main 1978. 2. Auflage 1982. 154 S. 16.- DM.

19. **Polnische Gaunersprache I.** Herausgegeben und eingeleitet von O. Horbatsch. Frankfurt am Main 1979. IV, 191 S. 22.-DM.

20. **Polnische Gaunersprache II.** Herausgegeben von O. Horbatsch. Frankfurt am Main 1979. 48, X, 128 S. 21.- DM.

22. **Materialien zum Curriculum der west- und südslawischen Linguistik.** Nr. 1. V. Mathesius, Čeština a obecný jazykozpyt. Prag 1947. Teilnachdruck mit neuem Anhang. Frankfurt am Main 1979. 200 S. 16.- DM./ 125.- öS./ 17.- sFr. (3-87690-169-3)

23. **Materialien zum Curriculum der west- und südslawischen Linguistik.** Nr. 2. Texte zur Geschichte der polnischen und tschechischen Sprache. Frankfurt am Main 1979. 110 S. 10.- DM./ 78.- öS./ 11.- sFr. (3-87690-170-7)

24. **Klemisch, L.**: Die antikisierenden Tragödien A. N. Gruzincevs. Studien zur spätklassizistischen Tragödie in Rußland. 1979. 246 S. 36.- DM./ 281.- öS./ 37.- sFr. (3-87690-171-5)

25. **Materialien zum Curriculum der west- und südslawischen Linguistik.** Nr. 3. Texte zur Geschichte der serbokroatischen und slowenischen Sprache. Frankfurt am Main 1979. 167 S. 14.- DM./ 110.- öS./ 15.- sFr. (3-87690-172-3)

28. **Freidhof, Gerd**: Quantifizierungen im medizinischen Fachwortschatz. 1980. 97 S. 14.- DM./ 110.- öS./ 15.- sFr. (3-87690-176-6)

30. **Notizen und Materialien zur russistischen Linguistik.** Unterlagen für die Seminararbeit. Nr. 6. 1981. 158 S. 20.- DM./ 156.- öS./ 20.- sFr. (3-87690-178-2)

31. **Materialien zum Curriculum der west- und südslawischen Linguistik.** Nr. 4. Slowenische Texte aus der Reformationszeit. 1981. 142 S. 24.- DM./ 188.- öS./ 25.- sFr. (3-87690-174-X)

33. **Daničić, D.**: Istorija oblika srpskoga ili hrvatskoga jezika do svršetka XVII vijeka. U Biogradu 1874. 1981. 400 S. 80.- DM./ 624.- öS./ 81.- sFr. (3-87690-189-8)

34. **Materialien zum Curriculum der west- und südslawischen Linguistik.** Nr. 5. F. Šimek, Slovníček staré češtiny. Praha 1947. 1981. 110 S. 14.- DM./ 110.- öS./ 15.- sFr. (3-87690-191-X)

35. **Materialien zum Curriculum der west- und südslawischen Linguistik.** Nr. 6. W. Kuraszkiewicz. Historische Grammatik der polnischen Sprache. 1981. 200 S. — *Vergriffen.*

38. **Rodde, J.**: Russische Sprachlehre. Ausgabe Riga 1773. Nachdruck besorgt von G. Freidhof und B. Scholz. 1982. XIV, 249 S. 50.- DM./ 390.- öS./ 51.- sFr. (3-87690-198-7)

51. **Murav'ev, V. N.**: Ovladenie vremenem. Moskva 1924. Nachdruck nebst einer einführenden Studie von M. Hagemeister. 1983. 27, 127 S. 25.- DM./ 195.- öS./ 26.- sFr. (3-87690-231-2)

56. **Novák, K.**: Slovník k českým spisum Husovým. Praha 1934. 1984 XIII, 221 S. 41.- DM./ 320.- öS./ 42.- sFr. (3-87690-239-8)

58. **Červins'ka, L. F., A. T. Dykyj**: Pokaźčyk z ukrajins'koji movy. Charkiv 1929-1930. Materialien zu einer ukrainistischen sprachwissenschaftlichen Bibliographie bis zum Jahre 1929. Herausgegeben und eingeleitet von O. Horbatsch. 1985. III, 290 S. 45.- DM./ 351.- öS./ 46.- sFr. (3-87690-296-7)

60. **Hulákovský, J. M.**: Abbreviaturae vocabulorum usitatae in scripturis praecipue Latinis medii aevi, tum etiam Slavicis et Germanicis. Pragae 1852. 1988. 78 S. 25.- DM./ 195.- öS./ 26.- sFr. (3-87690-305-X)

63. **Igry narodov SSSR.** M.-L. 1933. Nachdruck in Auswahl und Einleitung von W. Koschmal. 1987. XI, 131 S. 26.- DM./ 203.- öS./ 27.- sFr. (3-87690-335-1)

66. **Tuwim, J.**: Pegaz dęba. Reprint and introduction by J. Sawicka. XXIII, 431 S. 86.- DM./ 671.- öS./ 87.- sFr. (3-87690-339-4)

69-70. **Sohler, J.**: Grammaire et Méthode Russes et Françoises. 1724. I-II. 1987. XLI, 453, 432 S. 198.- DM. Teil I. 108.- DM./ 834.- öS./ 110.- sFr. (3-87690-364-5). Teil II. 90.- DM./ 702.- öS./ 91.- sFr. (3-87690-365-3)

71. **The Slavonic Calvinist Reading-Primer** in Trinity College Dublin Library. Part 2: Word-list to the confesssion and catechism. Compiled by C. B. Roberts. 1987. 89 S. 24.- DM./ 188.- öS./ 25.- sFr. (3-87690-362-9)

72. **Bablaczyk, A.**: Lexikon zur altpolnischen Bibel 1455. Breslau 1906. 1988. 354 S. 74.- DM./ 578.- öS./ 75.- sFr. (3-87690-367-X)

73. **Kozmograffia Czeská**. Praha 1554. In Auswahl nachgedruckt und eingeleitet von G. Freidhof. Teil 1. 1988. XXXVI, 200 S. 63.- DM./ 492.- öS./ 64.- sFr. (3-87690-368-8)

74. **Belinskij, V. G.**: Osnovanija russkoj grammatiki. Čast' pervaja. Grammatika analitičeskaja (Ėtimologija). Moskva 1837. Nachdruck und Aufsatzstudie von G. Freidhof. 1988. XX, 121 S. 34.- DM./ 266.- öS./ 35.- sFr. (3-87690-398-X)

76. **Adelphotes.** L'viv-Lemberg 1591. Herausgegeben und eingeleitet von O. Horbatsch. Zweite, um das Faksimile erweiterte Auflage. 1988. II, XVI, 221, 326, V S. 60.- DM./ 468.- öS./ 61.- sFr. (3-87690-401-3)

77. **Florovskij, A.V.**: Češskaja biblija v istorii russkoj kul'tury i pis'mennosti. Praha 1946. 1988. 108 S. 26.- DM./ 203.- öS./ 27.- sFr. (3-87690-402-1)

78. **Kozmograffia Czeská**. Praha 1554. In Auswahl nachgedruckt und eingeleitet von G. Freidhof. Teil 2. 1988. 158 S. 36.- DM./ 281.- öS./ 37.- sFr. (3-87690-403-X)

79. **Polikarpov, F.**: Leksikon trejazyčnyj. Dictionarium trilingue. Moskva 1704. Nachdruck und Einleitung von H. Keipert. 1988. XXX, 806 S. 190.- DM./ 1482.- öS./ 192.- sFr. (3-87690-404-8)

81. **Knjazev, Ju. P.**: Akcional'nost' i statal'nost': Ich sootnošenie v russkich konstrukcijach s pričastijami na -n, -t. 1989. 271 S. 60.- DM./ 468.- öS./ 61.- sFr. (3-87690-407-2)

82. **Freidhof, G.**: Ausgewählte Vorträge zur slawischen Philologie 1976-1981. 1989. 108 S. 12.- DM./ 94.- öS./ 13.- sFr. (3-87690-429-3)

83. **Bulič, S. K.**: Očerk istorii jazykoznanija v Rossii. T. I (XIII v.-1825 g.). SPb. 1904. Nachdruck und Nachwort von H. Keipert. 1989. XI, 1248, VII S. 220.- DM./ 1716.- öS./ 223.- sFr. (3-87690-430-7)

85. **Vladimirov, P. V.**: Doktor Francisk Skorina. Ego perevody, pečatnyja izdanija i jazyk. SPb. 1888. 1989. XIV, XXVI, 351, XI S. 86.- DM./ 671.- öS./ 87.- sFr. (3-87690-432-3)

86. **Freidhof, G.**: Ausgewählte Vorträge zur slawischen Philologie. 1981-1986. 1989. 110 S. 14.- DM./ 110.- öS./ 15.- sFr. (3-87690-434-X)

87. **Sowjetische Beiträge zum Wortspiel** (Ščerbina, Chodakova). Mit einer Aufsatzstudie von G. Freidhof. 1989. X, 219 S. 52.- DM./ 406.- öS./ 53.- sFr. (3-87690-435-8)

88. **Voznjak, M.**: Hramatyka Lavrentija Zyzanija z 1596 r. Lemberg 1911. 1989. IV, 87 S. 28.- DM./ 219.- öS./ 29.- sFr. (3-87690-436-6)

90. **Carrier**, Capucine: Trediakovskij und die „Argenida". Ein Vorbild, das keines wurde. 1991. 330 S. 70.- DM./ 546.- öS./ 71.- sFr. (3-87690-500-1)

91. **Jedlička, A.**: Josef Jungmann a obrozenská terminologie literárně vědná a linguistiká. (Praha 1948) München 1991. 106 S. 28.- DM./ 219.- öS./ 29.- sFr. (3-87690-473-0)

92. **Göttinger Studien zu Wortschatz und Wortbildung im Polnischen.** Herausgegeben von A. de Vincenz u.a. 1991. XXIII, 211 S. 50.- DM./ 390.- öS./ 51.- sFr. (3-87690-474-9)

93. **Epitome praeceptorum rhetoricorum. (Počajiv 1764)** Die lateinische Schulrhetorik des Basilianerordens aus d. J. 1764. Herausgegeben von Olexa Horbatsch. 1992. 253 S. (Facsimileausgabe) 35.- DM./ 273.- öS./ 36.- sFr. (3-87690-475-7)

95. **Gorbačevskij, N.I.**: Wörterbuch der alten Urkundensprache des Großfürstentums Litauen und des Königreichs Polen. 1992. 397 S. 65.- DM./ 507.- öS./ 66.- sFr. (3-87690-522-2)

96. **A Reader in Slovak linguistics.** Studies in semantics. 1992. IV, 329 S. 50.- DM./ 390.- öS./ 51.- sFr. (3-87690-523-0)

31. **Studia phraseologica et alia.** Festschrift für Josip Matešić zum 65. Geburtstag. Herausgegeben von Wolfgang Eismann und Jürgen Petermann. 1992. XII, 561 S. 130.- DM./ 1014.- öS./ 132.- sFr. (3-87690-520-6)

32. **Fleischer,** Michael: Das lyrische Werk von Tadeusz Peiper. Analyse und Konkordanzwörterbuch. 1992. 597 S., 1 Falttafel. 110.- DM./ 858.- öS./ 112.- sFr. (3-87690-521-4)

33. **Schneider,** Ilse: Poleznyj dialog. Journalistische Textsorten im Spiegel ihrer Schlagzeilen. 1993. 247 S. 68.- DM./ 530.- öS./ 69.- sFr. (3-87690-544-3)

34. **Pfandl,** Heinrich: Textbeziehungen im dichterischen Werk Vladimir Vysockijs. 1993. XIX, 453 S. 80.- DM./ 624.- öS./ 81.- sFr. (3-87690-546-X)

35. **Schindler,** Franz: Das Sprichwort im heutigen Tschechischen. Empirische Untersuchung und semantische Beschreibung. 1993. 572 S. 98.- DM./ 764.- öS./ 99.- sFr. (ISBN 3-87690-561-3)

36. **Birich,** A., V. **Mokienko,** L. **Stepanova**: Bibliographie zur Geschichte und Etymologie der russischen Phraseme (1825-1994). 1994. Ln. 273 S. 70.- DM./ 546.- öS./ 71.- sFr. (3-87690-565-6)

37. **Schmidt,** Peter, Werner **Lehfeldt**: Kongruenz, Rektion, Adjunktion. Systematische und historische Untersuchungen zur allgemeinen Morphosyntax und zu den Wortfügungen (slovosočetanija) im Russischen. 1995. Ln. 360 S. 92.- DM./ 718.- öS./ 93.- sFr. (3-87690-585-0)

38. **Panfilowitsch,** Igor: Aleksandr Puškins „Mednyj vsadnik". Deutungsgeschichte und Gehalt. 1995. Ln. 656 S. 90.- DM./ 702.- öS./ 91.- sFr. (3-87690-586-9)

39. **Fleischer,** Michael: Das System der polnischen Kollektivsymbolik. (Eine empirische Untersuchung.) 1995. Ln. 280 S. 70.- DM./ 546.- öS./ 71.- sFr. (3-87690-588-5)

40. **Zachar'in,** D. B.: Evropejskie naučnye metody v tradicii starinnych russkich grammatik (XV–ser. XVIII v.). 1995. Ln. 244 S. 70.- DM./ 546.- öS./ 71.- sFr. (3-87690-589-3)

41. **Aničkov,** E.V.: Jazyčestvo i Drevnjaja Rus'. St. Petersburg 1914. 1995. XXXVIII, 386 S. 98.- DM./ 764.- öS./ 99.- sFr. (3-87690-597-4)

42. **Dippong,** Horst (Hrsg.): Linguistische Beiträge zur Slavistik aus Deutschland, Österreich und der Schweiz. III. JungslavistInnen-Treffen Hamburg 1994. Unter Mitwirkung von E. Rauschenecker u. D. Marszk. 1995. 286 S. 64.- DM./ 499.- öS./ 65.- sFr. (3-87690-599-0)

43. **Anstatt,** Tanja: 'Zeit'. Motivierungen und Strukturen der Bedeutungen von Zeitbezeichnungen in slavischen und anderen Sprachen. 1996. 262 S. 84.- DM./ 655.- öS./ 85.- sFr. (3-87690-630-X)

44. **Appel,** Daniela: Textsortenbedingter Aspekt-Tempus-Gebrauch im Russischen. 1996. 226 S. 76.- DM./ 593.- öS./ 77.- sFr. (3-87690-631-8)

45. **Dippong,** Horst: Über den Ort der Einstellungen im Satz. Überlegungen im Grenzgebiet von Syntax und Pragmatik. 1996. XI, 269 S. 86.- DM./ 671.- öS./ 87.- sFr. (3-87690-632-6)

46. **Hansen,** Björn: Zur Grammatik von Referenz und Episodizität. 1996. 233 S. 78.- DM./ 608.- öS./ 79.- sFr. (3-87690-633-4)

47. **Marszk,** Doris: Russische Verben und Granularität. 1996. 129 S. 58.- DM./ 452.- öS./ 59.- sFr. (3-87690-634-2)

48. **Fleischer,** Michael: Weltbildgesteuerte Wirklichkeitskonstruktion. (Beiträge zum Phänomen Weltbild). 1996. 225 S. 70.- DM./ 546.- öS./ 71.- sFr. (3-87690-600-8)

49. **Fleischer,** Michael: Die weltbildgesteuerte kulturelle Zeit- und Raumkonstruktion. 1996. 184 S. 60.- DM./ 468.- öS./ 61.- sFr. (3-87690-643-1)

50. **Spraul,** H., W. **Peters** (Hrsg.): Russkij jazyk v perelomnoe vremja: 1985–1995 gg. Vystuplenija na VIII Meždunarodnom kongresse MAPRJAL. Regensburg 1994 g. 1996. 173 S. 44.- DM./ 343.- öS./ 45.- sFr. (3-87690-652-0)

51. **Schindler,** F. (Hrsg.): Linguistische Beiträge zur Slavistik aus Deutschland und Österreich. IV. JungslavistInnen-Treffen Frankfurt a.M. 1995. 1996. 356 S. 70.- DM./ 546.- öS./ 71.- sFr. (3-87690-653-9)

52. **Späth,** Andreas: Der Imperativsatz im Slowakischen mit Blick auf andere westslawische Sprachen. Syntax, Semantik und Pragmatik eines Satztyps. 1996. 173 S. 50.- DM./ 390.- öS./ 51.- sFr. (3-87690-654-7)

53. **Fan,** Yong: Nominale Mehrworttermini der russischen Fachsprache. 1997. 237 S. 60.- DM./ 468.- öS./ 61.- sFr. (3-87690-657-1)

97. **Bierich**, A.K., S.S. **Volkov**, T.G. **Nikitina**: Slovar' russkoj frazeologičeskoj terminologii. Herausgegeben von Alexander Bierich. 1993. X+136 S. 30.- DM./ 234.- öS./ 30.- sFr. (3-87690-524-9)

100. **Grimm**, Anja: Metasprachlich indizierte Reformulierungen im Russischen. 1993. 218 S. 44.- DM./ 343.- öS./45.- sFr. (3-87690-547-8)

101. **Archiepiskop Amvrosij**: Živoe slovo. Izdanie vtoroe, Char'kov 1903. Nachdruck und Einleitung von Holger Kuße. 1994. XLIV, 128 S. 44.- DM./ 343.- öS./ 45.- sFr. (3-87690-562-1)

102. **Birjulin**, L. A.: Semantika i sintaksis russkogo impersonala: verba meteorologica i ich diatezy. 1994. 161 S. 36.- DM./ 281.- öS./ 36.- sFr. (3-87690-563-X)

103. **Hansen**, Björn: Typologie. Ein Forschungsbericht für Slavisten. 1994. 149 S. 38.- DM./ 296.- öS./ 38.- sFr. (3-87690-564-8)

104. **Freidhof**, Gerd: Služebnye jazykovye sredstva v strukture slavjanskogo dialoga. 1995. 104 S. 26.- DM./ 203.- öS./ 26.- sFr. (3-87690-587-7)

105. **Gladrow**, Wolfgang (Hrsg.): Das Russische in seiner Geschichte, Gegenwart und Literatur. Festschrift für Erika Günther. 1995. 228 S. 56.- DM./ 437.- öS./ 57.- sFr. (3-87690-506-0)

106. **Freidhof**, G., H. **Kuße**, F. **Schindler** (Hrsg.): Slavische Sprachwissenschaft und Interdisziplinarität. Sammelband 1. 1995. 180 S. 44.- DM./ 343.- öS./ 45.- sFr. (3-87690-598-2)

107. **Beljanin**, Valerij: Vvedenie v psichiatričeskoe literaturovedenie. 1996. 281 S. 68.- DM./ 530.- öS./ 69.- sFr. (3-87690-644-X)

108. **Freidhof**, G., H. **Kuße**, F. **Schindler** (Hrsg.): Slavische Sprachwissenschaft und Interdisziplinarität. Sammelband 2. 1996. 242 S. 62.- DM./ 483.- öS./ 63.- sFr. (3-87690-646-6)

109. **Filipec**, Josef: Studia lexicologica. Nachdruck besorgt von Ernst Eichler. 1996. 159 S. 44.- DM./ 343.- öS./ 45.- sFr. (3-87690-645-8),

110. **Roguski**, Piotr: Aufsätze zur polnischen und deutschen Romantik. 1996. 115 S. 36.- DM./ 281.- öS./ 36.- sFr. (3-87690-647-4)

111. **Freidhof**, G., H. **Kuße**, F. **Schindler** (Hrsg.): Slavische Sprachwissenschaft und Interdisziplinarität. Sammelband 3. 1996. 304 S. 70.- DM./ 546.- öS./ 71.- sFr. (3-87690-655-5)

112. **Freidhof**, Gerd: Dialoganalyse und Partikelgebrauch. Zwei Aufsatzstudien zum Slavischen, insbesondere Russischen. 1996. 136 S. 28.- DM./ 219.- öS./ 29.- sFr. (3-87690-656-3)

113. **Weber**, Petra: Kommentierung und Ankündigung von Sprechhandlungen: Metakommunikative Strukturen im russischen dramatischen Text. 1997. 146 S. 38.- DM./ 296.- öS./ 38.- sFr. (3-87690-660-1)

114. **Müllerová**, Olga: Komunikativní složky výstavby dialogického textu. Nachdruck der Ausgabe Praha 1979. 1997. 161 S. 38.- DM./ 296.- öS./ 38.- sFr. (3-87690-661-X)

115. **Dukova**, Ute: Die Bezeichnung der Dämonen im Bulgarischen. 1997. 150 S. 38.- DM./ 296.- öS./ 38.- sFr. (3-87690-676-8)

Supplementbände

(= SphsS)

22. **Schweier**, U.: Zum Flexionsakzent in der großrussischen Literatursprache des 16. und des 17. Jahrhunderts. Beschreibung und vergleichende Einordnung der Akzentsysteme der Ostroger Bibel (Neues Testament) von 1580-1581 und der Moskauer Bibel von 1663. 1987. 390 S. 89.- DM./ 695.- öS./ 90.- sFr. (3-87690-363-7)

27. **Comati**, S: Sravnitelen, strukturen i funkcionalen analiz na bălgarski i nemski publicistični zaglavija. 1989. 173 S. 44.- DM./ 344.- öS./ 45.- sFr. (3-87690-406-4)

29. **Timković**, Ulrike: Das Wortspiel und seine Übersetzung in slavische Sprachen. 1990. 256 S. 64.- DM./ 500.- öS./ 65.- sFr. (3-87690-437-4)

30. **Reitz**, Karen: Die Entwicklung analytischer Konstruktionen in der russischen Fachsprache der Mathematik seit dem 18. Jahrhundert. 1990. 339 S. 98.- DM./ 765.- öS./ 99.- sFr. (3-87690-472-2)

Zeitfracht Medien GmbH
Ferdinand-Jühlke-Straße 7
99095 Erfurt, Deutschland
produktsicherheit@kolibri360.de

Druck:
CPI Druckdienstleistungen GmbH
im Auftrag der
Zeitfracht Medien GmbH
Ein Unternehmen der Zeitfracht - Gruppe
Ferdinand-Jühlke-Str. 7
99095 Erfurt